KB070598

외상의 치유 인생의 향유

- 트라우마의 수용전념치료 -

Finding Life
Beyond Trauma

외상의 치유
인생의 향유

트라우마의 수용전념치료

Victoria M. Follette · Jacqueline Pistorello 공저
유성진 · 김진숙 · 하승수 · 정지현 · 조현석 공역

학지사

심리치료자들은 어린 시절에 이뤄지는 '애착(attachment)'의 안정성을 중요하게 생각합니다. 양육자와의 관계에서 불안정한 애착을 형성한 사람은 불안장애, 우울장애, 성격장애를 비롯한 여러 유형의 심리적 문제에 상대적으로 취약하기 때문입니다. 그런데 불안정한 애착의 비율은 약 15% 정도의 소수이므로, 다수의 사람은 충분히 좋은 양육환경에서 안정적인 애착을 형성하고 대체로 평온한 삶을 살아가는 행운을 누린다고 말하더라도 그리 잘못된 표현은 아닐 것입니다. 하지만 이 책에서 주목하고 있는 '외상(trauma)'은 애착과는 상당히 다른 성격을 지니고 있습니다.

단언컨대, 애착의 문제로부터 자유로운 사람은 있어도 외상의 문제로부터 자유로운 사람은 없습니다. 대부분의 외상사건은 예상치 못한 순간에 갑자기 엄습해서 강력한 충격과 심각한 고통을 유발합니다. 외상사건은 성별의 차이, 연령의 고저, 소득의 다소, 신분의 귀천, 지위의 고하, 지식의 경중, 종교의 유무, 선악의 판단, 책임의 소재를 따지지 않고 모든 사람에게 일어납니다. 예컨대, 교통사고와 자연재해는 특별한 사람만 겪는 문제가 아닙니다. 물론 지금껏 살아오면서 외상사건을 전혀 경험하지 않은 사람도 있겠지만, 그 역시도 미래를 완벽하게 장담할 수는 없기 때문에 예외가 아닙니다. 과연 당신은 오늘 저녁에 무슨 일이 벌어질지 확신할 수 있습니까? 오히려 인생의 어떤 순간에는 반드시 외상사건을 겪게 될 것이라고 예측하는 편이 더 정확합니다.

지난 100년의 역사를 근대화, 산업화, 민주화의 흐름으로 축약할 때 대한민국은 외상사건으로 점철된 역사를 지니고 있다고 해도 과언이 아닐 것입니다. 우리는 식민지배의 외상을 충분히 극복하지 못한 상태에서 4·3사건과 한국전쟁의 혹독한 외상을 겪었고, 독재정치에 신음하고 저항하는 과정에서 투옥과 암살과 고문과 협박의 외상을 직접적 및 간접적으로 체험했으며, 끊임없이 일어나는 각종 안전사고와 교통사고와 자연재해와 산업재해의 외상을 여전히 경험하면서 괴로워하고 있습니다. 저녁뉴스에서는 날마다 살인, 강도, 강간, 폭력, 방화, 학대 등의 사건소식이 숱하게 전해지고 있으며, 스무 살 이상의 성인이라면 누구나 성수대교 붕괴사고, 삼풍백화점 붕괴사고, 대구지하철 화재사고 등의 참사를 아프게 기억하고 있습니다. 이 글을 쓰고 있는 지금도 300명 이상의 소중한 목숨을 앗아간 여객선 침몰사고 소식에 비통하고 참담한 마음을 가누기가 어렵습니다. 이처럼 외상사건은 개인의 고통을 넘어서 가족과 집단과 사회의 고통으로 이어지기에 돌봄과 치유가 절실하게 필요합니다.

외상사건은 인간의 취약성을 여실히 드러냅니다. 외상사건이 우리가 그동안 붙들고 있었던 자신과 타인과 세상과 미래에 대한 믿음을 송두리째 박살내기 때문입니다. 그럼에도 불구하고, 대부분의 외상 생존자는 부인, 분노, 흥정, 우울, 수용의 단계를 거치면서 점진적으로 회복되는 모습을 보입니다. 이것은 인간이 취약성의 반대인 탄력성도 지니고 있기 때문에 가능한 일입니다. 하지만 외상후 스트레스장애로 발전되어 심각한 후유증을 겪을 뿐만 아니라 2차적 및 3차적 문제로 이어지는 극심한 부적응을 호소하는 분들도 상당히 많습니다. 무엇보다 안타까운 현상은, 외상사건이 우리가 진정으로 소중히 여기는 가치에 부합하는 삶을 살지 못하도록 방해한다는 것입니다. 만약 당신이 외상사건과 연합된 심리적 고통을 회피하는 데 필사적으로 몰두한다면 당신은 자신에게 진정으로 소중한 것을 전혀 돌보지 못하게 되어 오히려 더 큰 고통을 겪게 될 가능성이 높습니다. 이 책을 읽는 동안 역설적 괴로움의 의미와 결과를 체험적으로 이해하실 수 있기를 간절히 바랍니다.

개인적으로, 심리플러스상담센터에서 내담자를 돌보고 있는 동료들과 이 책을 읽으면서 제게 가장 도움이 되었던 부분은 고통(pain)과 괴로움(suffering)은 다르다는 통찰이었습니다. 고통은 인간이기 때문에 피할 수 없는 것이지만, 괴로움은 그렇지 않습니다. 비록 외상사건이 유발한 고통 자체는 어쩌지 못한다 하더라도, 고통을 필사적으로 회피하는 과정에서 덧붙여지는 괴로움은 지혜롭게 대처한다면 충분히 감당할 수 있습니다. 아울러, 외상사건은 자신에게 진정으로 소중한 것이 무엇인지를 돌이켜 볼 수 있는 기회가 된다는 깨달음도 유익했습니다. 그래서 번역서의 제목을 '외상의 치유 인생의 향유'라고 붙인 것입니다. 다만, 이 책을 모두 읽으시기 전에 그런 말씀을 드리는 것이 한편으로는 죄송스럽고 한편으로는 우려스럽기 때문에 뒤로 미루려고 합니다. 부디 이 책을 끝까지 읽으시고 연습과제를 실행하시면서 부드럽고 지혜로운 알아차림에 다다르실 수 있기를 바랍니다.

역자 대표
유성진

이른바 선진국에서 먹을 것이나 마실 물이 부족해서 굶어 죽는 사람은 거의 없습니다. 혹시 그런 안타까운 일이 벌어진다 하더라도 그것은 극히 예외적인 사건일 것입니다. 그동안 인류는 외부 환경을 통제할 수 있는 다양한 기술을 발전시켜 왔고 충분한 자원을 확보했습니다. 따라서 우리를 둘러싼 세상이 합리적인 예측과 논리적인 기대에 근거해서 돌아간다고 굳게 믿습니다.

하지만 미처 예상하지 못한 고통과 충격이 갑작스럽게 엄습해 올 때, 이러한 믿음은 와르르 무너집니다. 예컨대, 갑작스럽게 발생한 폭행사건, 교통사고, 자연재해, 국제 전쟁, 성폭행, 아동학대 등의 외상사건은 우리가 외부 환경을 언제나 효과적으로 통제할 수 있는 것은 아니라는 사실을 잘 보여 줍니다. 아무리 많은 지식과 자원을 보유하고 있더라도 외상사건 앞에서는 누구나 속수무책일 수 있습니다. 그런데 이런 고통스러운 사건을 겪고 나면, 우리는 외부 환경이 아니라 내부 경험을 통제하려고 시도하게 됩니다. 통제의 초점이 문제의 근원인 외부가 아니라 문제의 결과인 내부에 맞춰지는 것입니다. 즉, 우리는 외상사건과 관련된 고통스러운 기억, 다루기 힘든 감정, 부정적인 생각, 불쾌한 충동을 통제하는 데 골몰하게 됩니다. 그러나 안타깝게도, 이러한 통제시도는 종종 역설적으로 더 큰 문제를 일으킬 뿐입니다.

외부 환경을 다루는 데 동원했던 기술을 내부 경험을 다루는 데 적용하면 심각한 대가를 치르게 됩니다. 고통스러운 기억을 제거하고, 다루기 힘든 감정을 감소시키며, 부정적인 생각과 불쾌한 충동을 떨쳐 내는 것이 얼마나 어려운지는 당신도 이미 잘 알고 계실 것입니다. 최근의 심리학 연구에 따르면, 우리의 몸 밖에서 벌어지는 사건을 다루는 데 유익했던 바로 그 기술, 즉 문제를 판단하고, 계획하고, 해결하고, 통제하는 기술을 우리의 몸 안에서 벌어지는 사건에 똑같이 적용하는 것은 결코 현명한 방법이 아닙니다.

마음은 문제를 해결하는 기관입니다. 그것을 멈출 수는 없습니다. 끔찍한 고통을 겪는 도중에 그것을 판단하지 않으려고 애쓰거나, 경과를 예측하지 않으려고 애쓰거나, 원인을 추론하지 않으려고 애쓰거나, 고통을 떨쳐 내지 않으려고 애쓰는 시도를 중단하는 것은 모두 불가능하다는 뜻입니다. 마음이 수행하는 기능이 바로 그것이기에, 때로는 이러한 시도가 유익한 경우도 물론 있습니다. 그러나 당신이 이 책을 선택한 이유는 그러한 필사적인 노력이 아무런 쓸모가 없었기 때문일 것입니다. 다시 말해, 당신은 이전에 동원했던 낡은 방법이 아닌 새로운 방법을 찾고 있는 중입니다.

그리고 당신은 하나의 실마리를 발견했습니다.

마음이 실제로 어떻게 작동하는지를 깨닫기 전까지 당신은 과거의 습관에 따라서 대처할 수밖에 없을 것입니다. 하지만 최근의 심리학 연구에서 마음의 비밀이 밝혀졌습니다. 당신은 과거와는 완전히 다른 새로운 방법으로 고통스러운 기억과 감정과 생각과 충동을 다룰 수 있습니다. 지금부터 당신은 더 이상 이러한 고통과 맞서 싸우지 않아도 됩니다. 수용과 마음챙김이라는 새로운 방법을 통해서 당신이 소중히 여기는 가치에 부합하는 삶을 살아갈 수 있기 때문입니다.

이 책을 읽는 동안 당신은 그러한 대안을 이해하고 실천하게 될 것입니다.

수용전념치료의 철학에 따르면, 당신의 삶은 반드시 해결해야만 하는 문젯거리가 아닙니다. 그러므로 과거에 일어난 외상사건을 떨쳐 내는 것이 아니라 그것과 더불어 살아가는 것이 중요합니다. 아울러, 당신이 소중히 여기는 가치에 한 발짝 더 가까이 다가가기 위해 최선을 다해 노력하는 것이 필요합니다. 이렇게 새로운 방향으로 나아가려면 문제를 해결하려고 했던 지금까지의 모든 시도를 포기하고 내려놓아야 합니다. 대신에, 당신은 감정을 감정으로 인식하고 생각을 생각으로 바라볼 수 있는 방법을 배우고 익히게 될 것입니다. 이 책을 통해서 그러한 방법을 이해하고 실천할 수 있을 것입니다. 그러나 머리로 이해하는 수준으로는 부족합니다. 반드시 실천하고 훈련해야 합니다. 우리의 마음은 판단을 멈추지 않기 때문입니다. 사실, 마음이 원래 담당하는 일이 판단과 계획이니까요.

수용전념치료는 지금껏 우리가 신봉해 왔던 통제 시도가 아무런 쓸모도 발휘하지 못하는 상황에서 어떤 대안을 채택하는 것이 지혜로운 선택인지를 체험적으로 일깨워 줍니다. 비록 당신의 직관에 반한다고 할지라도, 우리의 제안에 귀를 기울여 주시면 좋겠습니다. 충분히 고려해 볼 만한 대안이 될 것입니다.

수용전념치료의 과학적 근거는 외상, 통증, 불안, 우울 등의 치료효과 연구를 통해서 꾸준히 축적되고 있습니다. 비록 전통적인 심리치료만큼 널리 알려져 있지는 않지만, 기존의 인지행동치료 모형을 접하지 못한 분들이나 혹은 경험적 근거에 기반한 치료를 선호하시는 분들은 외상경험을 다루는 수용전념치료 모형에 흥미를 느끼실 것입니다. 우리가 소개하는 새로운 방법이 쓸모가 있다는 것을 보여 주는 확고한 증거들이 상당히 풍부하기 때문입니다.

개인적으로, 저는 이 책의 저자 두 사람과 오랫동안 교분을 쌓아 왔습니다. 소중한 동료이자 친구인 Victoria Follette은 외상경험의 심리치료에 처음으로 수용과 마음챙김 기술을 적용한 임상가이며, Jacqueline Pistorello는 제가 아는 최고의 수용전념치료자일 뿐만 아니라 제 사랑하는 아내이기도 합니다. 팔이 안으로 굽을지는 모르지만, 이 책의 집필과정을 옆에서 지켜본 사람으로서, 두 저자가 이 책에 쏟은 열정과 노력을 높이 평가하고 싶습니다. 아울러, 당신을 비롯한 여러 사람이 이 책을 통해 도움을 받을 수 있으리라 생각하니 몹시 기쁩니다.

지금 이 순간, 당신의 선택이 무엇보다 중요합니다. 외상사건이 초래한 고통을 회피하지 않고 기꺼이 들여다보면, 고통을 대하는 새로운 방법을 배울 수 있습니다. 당신이 이 책을 읽게 된 것은 우연일 수도 있고 운명일 수도 있지만, 한 가지는 분명합니다. 지금까지 당신이 필사적으로 시도해 온 노력이 쓸모가 있었다면 당신은 이 책을 읽지 않았을 것입니다. 부디 제가 존경하고 신뢰하는 두 사람과 함께 새로운 배움의 과정에 전념하시기를 바랍니다.

준비가 되셨다면, 책을 읽으십시오. 새로운 방법을 배울 시간입니다.

— Steven C. Hayes (University of Nevada)

차 례

■ 역자 서문 / 5

■ 추천 서문 / 9

■ 들어가며 / 21

Chapter 1 _ 외상 이해하기 / 35

• 외상이란 무엇인가 / 37

• 당신만 그런 고통을 겪는 것은 아닙니다: 외상에 대한 진실과 거짓 / 40

• 외상은 우리에게 어떤 영향을 주는가 / 49

• 외상과 기억에 대한 쟁점과 논란 / 70

• 막막한 느낌 / 72

• 마음을 기록하기 / 80

Chapter 2 _ 마음챙김으로 안전한 토대 구축하기 / 83

• 지금 이 순간 / 85

• 마음챙김 / 90

• 마음챙김으로 살아가기 / 121

● Chapter 3 _ 고통과 괴로움 / 125

• 고통의 보편성 / 126

• 우리는 자신의 내면과 타인의 외면을 비교합니다 / 130

• 고통은 피할 수 없지만, 괴로움은 피할 수 있습니다 / 132

• 괴로움의 고리를 덧붙이지 마십시오 / 136

• 그렇다면 무엇을 할 수 있을까 / 148

● Chapter 4 _ 정말로 문제가 되는 것은 통제입니다 / 151

• 통제하라는 메시지 / 154

• 기꺼이 받아들이지 않으면, 오히려 사로잡히게 됩니다 / 158

• 체험회피의 심층적 이해 / 172

● Chapter 5 _ 기꺼이 경험하기 / 187

• 기꺼이 경험하기 / 189

• 기꺼이 경험하기란 무엇인가 / 193

• 기꺼이 경험하기에서 수용으로 / 200

• 수용은 인정도 아니고 용서도 아닙니다 / 210

• 피부 안쪽에서 벌어지는 사건을 수용하기 / 215

● **Chapter 6 _ 수용을 방해하는 장애물 / 217**

- 첫 번째 장애물: 언어의 양면성 / 220
- 두 번째 장애물: 자기연민의 결핍 / 258
- 세 번째 장애물: 옳고 그름을 따지기 / 263
- 네 번째 장애물: 비난에 사로잡히기 / 267

● **Chapter 7 _ 진정한 자기를 발견하라 / 273**

- 외상과 자기 / 275

● **Chapter 8 _ 가치의 명료화 / 309**

- 더 큰 삶 / 311
- 가치란 무엇인가 / 314
- 길에서 벗어날 위험 / 319
- 당신의 가치는 무엇입니까 / 322
- 외상, 공포, 회피, 그리고 가치 / 342
- 우리는 여기까지 함께 왔습니다 / 346

● **Chapter 9 _ 전념행동 / 351**

- 심리학 연구를 통해 밝혀진 것 / 354
- 목표를 설정하기 / 357
- 회피의 수렁에 빠지지 않기 / 370
- 전념행동의 장애물 / 373
- 전념행동의 장애물 극복하기 / 382
- 근본적인 질문 / 400

● **Chapter 10 _ 안전과 진실을 위한 인간관계 기술 / 403**

- 외상경험과 인간관계 / 406
- 외상반복 / 406
- 회피행동과 외상반복 / 410
- 현재에 존재하지 못하도록 방해하는 해리 현상 / 426
- 위험 상황을 파악하기 / 429
- 외상반복과 약물 및 음주의 관계 / 430
- 운전석을 지키도록 도와주는 인간관계 기술 / 433
- 외상경험 털어놓기 / 447
- 당신이 선택한 가치 있는 삶 / 454

●━━ **Chapter 11 _ 가치를 추구하는 삶 / 457**

　• 당신은 혼자가 아닙니다 / 459

　• 심리치료를 받는 것이 바람직한 경우 / 460

　• 심리치료에 대한 기대 / 461

　• 심리치료에 회의적이거나 혹은 너무 불안하십니까 / 463

　• 외상후 스트레스장애에 효과적인 심리치료 / 464

■ 참고문헌 / 467

들어가며

"삶이 신비로운 이유는 해결할 문제가 있기 때문이 아니라 경험하는 실제가 있기 때문이다."

– 선종 불교의 가르침

외상은 견디기 어려운 고통과 괴로움을 유발합니다. 그러나 우리는 외상의 고통을 견뎌 냈을 뿐만 아니라 심지어 외상을 겪은 후에 전보다 더욱 충만한 삶을 살아가는 방법을 발견한 외상 생존자의 사례도 자주 목격합니다. 이 책에서 우리는 당신이 소중히 여기는 가치에 부합하는 삶을 회복하는 방법에 대해 이야기하려고 합니다. 외상의 고통 뒤편에 잠시 가려져 있는 당신의 삶을 다시 발견하는 과정을 통해서 당신이 활기차고 풍성하며 깨어 있는 삶을 살 수 있게 되기를 바랍니다.

외상이란 무엇인가

외상(外傷, trauma)은 막대한 손상, 고통, 혼란을 야기할 수 있는 심각한 신체적 상해 혹은 정서적 충격을 의미합니다. 교통사고나 인간관계 갈등처럼 일상에서 흔히 경험하는 사건이 외상을 유발하는 경우도 있고, 전쟁이나 자연재해, 테러행위처럼 일상과는 동떨어진 끔찍한 사건이 외상을 유발하는 경우도 있습니다. 아무리 조심한다고 하더라도, 거의 모든 사람이 평생 동안 적어도 한 번 이상의 외상사건을 경험합니다. 당신이 지금 이 책을 읽고 있는 이유 역시 당신 자신 혹은 주변 사람이 외상을 겪었고, 아직 그 고통에서 벗어나지 못했기 때문일 것입니다.

외상으로 인한 상처와 외상에 대한 공포가 자연스럽게 완화되지 않고 오히려 점점 더 악화되는 이유를 궁금하게 여기는 분들이 많습니다. 외상사건을 겪은 사람들은 공허감, 두려움, 절망감을 느끼고, 모든 것이 자신의 통제범위를 벗어났다고 인식하며, 심지어 죽은 것이나 마찬가지라고 말하기도 합니다. 이것은 외상 생존자에게서 공통적으로 관찰되는 반응입니다. 하지만 그런 감정만 느끼는 것은 아닙니다. 당신은 외상사건에서 살아남았다는 것을 오히려 자랑스러워할 수도 있습니다. 당신은 외상을 겪었음에도 불구하고 살아남았고 외상에 굴복하지 않고 잘 버티고 있습니다. 비록 지금까지 무척 힘들었겠지만 당신은 지금 이 책을 선택해서 읽고 있습니다. 아마도 당신은 삶을 회복하고 향상시킬 방법을 간절하게 찾고 있을 것입니다. 우리가 그 과정에 함께하겠습니다. 이 책은 우리가 외상의 후유증을 겪는 분들을 치료하면서 15년 이상 적용해 온 수용전념치료에 기반을 두고 있습니다.

수용전념치료

수용전념치료(Acceptance and Commitment Therapy: ACT)는 행동치료, 인지치료, 가치명료화, 마음챙김을 통합한 심리치료 방법입니다(Hayes, Strosahl, & Wilson, 1999; Hayes & Smith, 2005). 수용전념치료는 당신 내면의 가장 깊숙한 곳에서 벌어지고 있는 내적 경험을 관찰하고 기술하는 치료방법인데, 이런 작업을 통해서 당신이 외상사건에 어떻게 반응하고 있는지를 새로운 관점에서 바라볼 수 있도록 돕습니다. 이를 위해, 외상사건에 대한 당신의 반응이 결과적으로 당신에게 유익한지 혹은 무익한지를 따져 볼 것입니다. 아울러 우리는 당신이 가장 소중히 여기는 삶이 무엇인지 확인하고, 그러한 삶을 살지 못하게 방해하는 반응들을 중단하라고 요청할 것입니다. 수용전념치료에서는 고통을 억압하거나 회피하려고 노력하면 할수록 오히려 더 큰 괴로움에 사로잡히게 된다고 가정합니다. 예컨대, 우리는 때때로 '절대로 고통을 느껴서는 안 돼.'라는 나름의 해결책을 붙들고 고통을 회피하기 위해서 노력하지만, 사실상 그것은 해결책이 아니라 문제의 일부일 뿐입니다. 이렇게 새로운 관점에서 자신을 바라보아야 옴짝달싹할 수 없는 처지에서 벗어날 수 있습니다. 그렇게 하기 위해서 수용전념치료에서는 당신의 직관에 반하는 전략, 때로는 의외로 여겨지는 전략을 사용할 것입니다. 여기서는 이런 개념들을 간략하게 소개하고, 이후에 개별적인 장에서 자세히 살펴보겠습니다.

앞으로 우리가 함께할 작업을 미리 살펴보기 위해서 수용전념치료의 기본가정 몇 가지를 요약하여 제시하겠습니다. 수용전념치료(ACT)는 수용하기(accept), 선택하기(choose), 전념하기(take action)라는 세 가지 요소로 구성됩니다.

당신의 반응을 수용하고 현재에 주의를 기울이십시오

고통(pain)과 괴로움(suffering)은 다릅니다. 우리의 삶에서 고통은 피할 수 없지만 괴로움은 피할 수 있습니다. 부질없는 괴로움은 인간이기 때문에 경험할 수밖에 없는 고통을 피하거나 없애려고 필사적으로 노력하는 과정에서 생겨납니다. 이런 필사적인 노력을 체험회피라고 부릅니다.

우리는 원하지 않는 생각, 감정, 기억, 신체감각을 제거하고 통제하며 억제하려고 노력합니다. 특히 이것들이 그 자체로는 우리에게 아무런 직접적 위협도 되지 않는 개인적 경험일 뿐이라는 것을 망각할 때 필사적으로 노력하게 됩니다. 당신이 그렇게 하도록 내버려 두지만 않는다면, 슬픔이라는 감정 혹은 '나는 나쁜 사람이다.'라는 생각 그 자체는 우리에게 어떤 위협도 되지 못합니다.

생각은 그저 생각일 뿐이라는 진실을 자주 망각하는 이유는 우리가 언어를 사용하기 때문입니다. 비록 언어가 유용하다는 것은 명백하지만 언어에는 어두운 측면도 있습니다. 우리의 마음이 끔찍한 미래를 꾸며 내게 만들고, 도달하지 못한 이상적 기준과 비교하게 만들며, 오직 마음속에만 존재하는 착각의 현실을 창조하게 만드는 것이 바로 언어이기 때문입니다.

마음챙김(mindfulness)은 현재의 순간에 주의를 기울이면서 마음에 무엇이 떠오르든지 그것을 판단하지 않고 있는 그대로 바라보는 방법입니다. 마음챙김을 수련하고 실천하면 생각은 그저 생각일 뿐이고, 감정은 그저 감정일 뿐이고, 신체반응은 그저 신체반응일 뿐이며, 기억은 그저 기억일 뿐이라는 것을 알아차릴 수 있습니다. 이러한 자각은 오랜 역사를 지닌 명상수행의 가르침을 바탕으로 하며, 우리로 하여금 자신의 경험을 더 개방적인 태도로 대할 수 있게 도와줍니다.

당신이 소중히 여기는 가치를 선택하십시오

이미 지나가 버린 과거를 변화시킬 수는 없습니다. 수용전념치료는 변화가 불가능한 과거에 집착하는 대신에 현재의 소망과 미래의 지향에 주목하여 목표를 설정하도록 도와줍니다. 우리가 진정으로 소중히 여기는 것, 다시 말해 인생에서 가치 있게 여기는 것에 주의를 돌리는 순간 우리의 삶은 이전과 달라집니다.

아무리 감당하기 힘든 외상의 역사를 지니고 있다고 하더라도, 가치명료화 작업을 통해서 당신이 진정으로 소중하게 여기는 삶의 방향을 선택할 수 있습니다. 이때 당신에게 가장 큰 자유로움을 선사하는 가치는 죄책감을 회피하거나 혹은 타인을 기쁘게 하기 위해서 선택한 가치가 아니라 당신의 내재적 동기에 따라서 선택한 가치입니다. 그러한 가치를 추구할 때 당신의 삶은 활기를 띠게 될 것입니다.

행동으로 실천하십시오

수용, 마음챙김, 가치가 무엇인지 이해하고 그것을 현재의 순간에서 활용하는 지속적인 훈련을 통해서 당신의 행동도 바람직한 방향으로 재조정할 수 있습니다. 가치에 부합하는 행동의 종류가 늘어나고 전념행동이 단계적으로 증가하면, 당신의 삶은 더 활기차고 열정적으로 변모할 것입니다. 이러한 노력은 어느 순간에 완성되는 성질의 것이 아니며 그렇게 할 필요도 없습니다. 당신의 삶은 과정이지 결과가 아닙니다. 당신의 삶은 또 다른 순간에 또 다른 상황에서 당신에게 다음의 질문을 반복해서 던질 것입니다. 당신이 원하는 열정적인 삶을 살기 위해서, 때때로 내면의 불편감을 경험하더라도, 당신이 해야 할 필요가 있는 바람직한 행동을 기꺼이 실행하시겠습니까?

수용전념치료에서는 당신 자신을 사랑으로 보살피면서 당신의 온전한 전체를 자비롭게 드러내는 삶에 대해서 이야기합니다. 수용전념치료는 우울, 불안, 약물남용, 만성통증, 심지어 정신증을 포함한 다양한 심리적 문제를 개선하는 데 유익한 것으로 입증되었습니다(Hayes & Strosahl, 2004). 또한 언어가 체험회피를 야기하고 대부분의 심리적 문제를 초래한다는 수용전념치료의 기본가정은 여러 실험연구에서 경험적으로 지지되었습니다(Hayes, Barnes-Holmes, & Roche, 2001; Hayes et al., 2006).

외상 생존자의 수용전념치료

수용전념치료는 외상으로 인한 고통을 겪고 있는 분들에게 도움이 됩니다. 우리는 당신이 지금 고통을 겪는 이유가 적어도 부분적으로는 외상의 잔재 혹은 삶의 역경을 제거하고, 회피하고, 도망치고, 억제하려는 필사적인 시도를 하기 때문이라고 생각합니다. 그러한 노력의 결과로 우울, 외상후 스트레스장애, 무감각증, 과도한 음주, 인간관계 고립 등이 나타나는 것입니다. 이런 맥락에서, 수용전념치료는 당신이라는 온전한 전체의 일부인 과거의 경험(그것이 긍정적이든 부정적이든)과 단절하지 않으면서도 의미 있는 삶을 살 수 있는 방법에 대해서 안내할 것입니다.

앞으로 우리가 함께할 과정이 쉽지는 않겠지만, 고통스러운 과거를 수용하고 그것을 치유하며 더 충만한 삶을 살 수 있는 방법이 있는 것만은 분명합니다. 『외상과 회복(Trauma and Recovery)』이라는 책을 쓴 주디스 허먼(Judith Herman, 1992)은 서문에서 이렇게 이야기합니다. "끔찍한 사건을 부정하려는 의지와 그것과 맞서 싸우려는 의지

사이에서 벌어지는 갈등이 심리적 외상이 초래하는 변증법적 긴장이다." 외상을 경험한 이후의 삶은 종종 수치심, 모멸감, 공포감으로 가득 찬 경험을 견뎌 내야 하는 삶이며, 앞의 인용문에서 언급한 것처럼 갈등하는 양쪽의 의지 사이에서 줄타기를 하는 삶입니다. 당신은 다른 사람에게 고통을 드러내고 싶기도 할 것이고, 다른 사람에게 고통을 감추고 싶기도 할 것입니다. 심지어 고통으로부터 완전히 도망쳐서 그런 일이 있었다는 사실조차 잊어버리고 싶어 할지도 모릅니다. 우리는 다른 사람이 외상을 겪었다는 이야기만 들어도 마음이 쓰이고, 그가 겪은 외상에 대해서 쉬쉬하면서 비밀을 지키는 것이 바람직하다고 여기는 사회에서 살고 있습니다. 하지만 이런 분위기는 우리가 겪은 외상에 대해서 언급해서는 안 되며 그것을 건드리지 않으려고 서로 조심해야 한다는 믿음을 강화시킵니다. 이른바 회피사회가 유지되는 것입니다. 당신도 TV에서 무언가 고통스러운 장면이 방영될 때 곧바로 채널을 돌린 적이 있지 않습니까? 우리는 뉴스를 통해 전쟁과 기근에 대한 소식을 접하고 우리가 조금도 덜어 줄 수 없는 온갖 괴로움에 대한 기사를 봅니다. 이때 우리가 채널을 돌리는 이유는 그 장면을 보는 것 자체가 고통스럽고, 그들이 겪는 괴로움을 조금도 경감시켜 줄 수 없다는 무력감을 느끼기 때문입니다. 이와 마찬가지로, 외상 생존자는 자신이 겪었던 불쾌한 기억, 생각, 감정을 회피하기 위해서 필사적으로 노력합니다. 마치 TV의 채널을 돌리듯이, 외상경험을 떠올리지 않으려고 노력하고 주의를 다른 곳으로 돌리려고 애씁니다. 하지만 이렇게 회피하는 것은 바람직한 노력이 아니며 오히려 해롭습니다.

물론 우리는 회피하는 것이 적어도 일시적으로는 유익하다는 것을 잘 알고 있습니다. 그러나 장기적인 관점에서 볼 때, 회피는 전혀 도움이 되지 않습니다. 특히 당신이 선택할 수 있는 유일한 반응이 회피일 때는 더욱 그렇습니다. 외상 생존자의 대다수가 회피를 주된 대처전략으로 사용하는데, 안타깝게도 회피는 오히려 상황을 악화시킵니다. 하지만 우리의 내면에서 어떤 일이 벌어지고 있는지 회피하지 않고 관찰할 수 있다면, 지금까지 시도했던 방식과는 다른 무언가를 새롭게 시도해 볼 수 있는 힘을 얻게 됩니다. 당신의 내면에서 벌어지고 있는 일을 자각하는 작업은 그러한 체험을 회피하려는 시도와 정면으로 반대되는 선택입니다. 이 책에서 내면의 경험을 살펴보는 방법을 가르쳐 드리겠습니다.

당신에게 벌어진 일 자체가 곧 당신은 아닙니다. 당신은 당신에게 벌어진 일보다 훨씬 더 큰 존재입니다. 우리는 당신이 이러한 사실을 깨닫고 삶을 회복하기를 바랍니다. 당신은 당신의 외상기억이 아니고, 당신의 생각이 아니며, 당신의 감정도 아닙니다. 당신은 이 모든 경험을 아우르고 있는 사람입니다. 당신이 이런 문제들을 만들어 낸 것이 아니며, 당신이 외상을 경험하겠다고 선택하지 않았다는 것도 분명합니다. 하지만 이 시점에서 당신의 삶을 지탱하기 위해서는 외상과 관련된 문제들을 다뤄야만 합니다. 비록 자각의 과정에는 어쩔 수 없는 고통이 뒤따르겠지만, 그 과정을 잘 버틴다면 당신은 장차 어떤 방향으로 나아갈 것인지를 선택할 수 있는 자유를 누리게 될 것입니다. 이 책을 통해서 다음과 같은 도움을 얻으시기 바랍니다.

- 당신의 외상경험, 기억, 공포, 슬픔, 후회와 '함께'('불구하고'가 아니라) 당신의 삶을 자각하고 현재에 주의를 기울이기
- 당신에게 새롭고 활기찬 삶의 방향을 선택할 수 있는 자유가 있음을 인식하기
- 당신이 소중히 여기는 삶을 살기 위해 행동으로 실천하기

이 책의 활용방법

여기서는 수용전념치료의 관점에서 이 책을 가장 효과적으로 활용하는 방법을 소개하겠습니다. 중요한 부분이니 건너뛰지 마십시오. 만약 이런 유형의 책을 대할 때 처음의 기대와 달라서 실망하신 적이 있다면, 다음의 조언과 격려가 도움이 될 것 같습니다. 동양 속담에 "준비된 제자에게 스승이 나타난다."는 말이 있습니다. 다음에 제시한 몇 가지 지침을 따른다면 당신은 이 책에서 이야기하는 지혜를 더 잘 받아들일 수 있을 것입니다.

당신의 의도를 분명히 하십시오

이 책을 유익하게 활용하고 싶으십니까? 무엇인가 의미 있는 내용이 담겨 있을 것이라는 기대를 품고서 이 책을 펼치시겠습니까? 우리는 지금 당신에게 맹목적인 믿음을 요구하는 것이 아닙니다. 다만 당신이 원하는 방향으로 삶을 변화시킬 수 있는 무언가를 이 책에서 얻을 수 있을지 모른다는 가능성을 기꺼이 열어 두시라는 말씀입니다. 이런 관점으로 이 책을 읽으실 수 있겠습니까? 만약 그동안 여러 가지 방법을 시도해 보았지만 어떤 것도 도움이 되지 않았다면, 냉소적인 태도에 빠지거나 무력감에 사로잡히기 쉽습니다. 그 심정이 이해됩니다. 사실, 수용전념치료는 이전에 여러 번 실패를 겪었던 분들에게 특히 도움이 되는 것 같습니다. 그러므로 이 책을 당신에게 유익하게 활용하기 위해서 바로 여기, 바로 지금부터 전념하실 것을 부탁드립니다.

당신의 경험을 되돌아보십시오

우리는 당신에게 어떤 생각이나 신념을 강요하고 싶지 않습니다. 당신의 경험과 직접 접촉해 볼 수 있도록 도우려는 것뿐입니다. 이 책에서 소개하는 몇몇 개념들이 얼마나 유익한지는 궁극적으로 당신이 체험해 보아야만 알 수 있습니다. 오직 당신의 경험만이 무엇이 당신에게 도움이 되는지, 당신이 소중히 여기는 가치는 무엇인지, 당신에게 의미 있고 활기차게 느껴지는 것은 무엇인지를 말해 줄 수 있습니다. 그런데 당신의 마음과 당신의 경험은 서로 다르다는 점을 유념하십시오. 예컨대, 당신의 마음은 다른 사람들과 거리를 두고 떨어져 지내는 것이 유익하다고 말하지만, 외로움이라는 당신의 경험은 전혀 다른 이야기를 할지도 모릅니다. 이 책을 읽으시면서 당신의 경험을 되돌아보십시오. 연습과제를 그냥 읽는 것만으로는 부족하니 반드시 실행해 보십시오. 그렇게 하면 훨씬 더 도움이 될 것입니다. 그렇게 해야만 당신의 지적인 체험이 아닌 실제적 체험에 오롯이 접촉할 수 있습니다.

자신을 수용과 자비로 대하십시오

이 책을 계속 읽기로 작정하셨다면, 자신을 자비로운 연민의 마음으로 대하실 필요가 있습니다. 만약 책을 읽거나 연습과제를 수행하는 동안 당신 자신을 비난하거나 판단하는 생각이 떠오르고 죄책감이나 수치심을 느낀다면, 그것을 판단하지 말고 있는 그대로 부드럽게 알아차리시기 바랍니다. 이 책에는 그런 노력이 필요한 부분이 여러 군데 포함되어 있습니다. 여정을 시작하는 시점에서, 당신 자신에게 자비로운 친절을 베푸실 수 있으시겠습니까? 만약 어느새 당신 자신을 판단하고 있는 모습을 발견한다면, '그 판단마저도 판단하지 마시기를' 바랍니다(Linehan, 1993b). 현재 시점에서, 판단하는 것은 당신의 자연스러운 습관일 수 있습니다. 하지만 그것 때문에 당신이 비난을 받을 이유는 전혀 없습니다.

심리적 유연성을 발휘하십시오

수용전념치료에서는 심리적 유연성이 심리적 건강의 핵심요소라고 가정합니다. 우리는 이 여정의 마지막 단계에 이르렀을 때 당신이 어떤 모습으로 변해 있어야만 한다는 획일적인 목표를 추구하지 않습니다. 다만 심리적 유연성이 증진되어 당신이 원하는 삶의 방향에 부합하는 폭넓은 선택을 할 수 있게 되기를 바랄 뿐입니다. 우리가 함께 작업하는 동안 심리적 유연성은 두 가지 측면에서 도움이 될 것입니다. 첫째, 이 책의 관심사인 '외상 생존자'는 상당히 큰 범주이기 때문에 다양한 사례와 경험을 소개할 것입니다. 그런데 당신은 당신만의 고유한 상황에 처해 있고 당신만의 고유한 가치를 추구하는 고유한 사람입니다. 그러므로 우리가 소개하는 모든 사례가 당신에게 적합하다고 여겨지지는 않을 것입니다. 당신에게 유익한 것은 받아들이고 그렇지 못한 것은 유연하게 버리십시오. 둘째, 우리가 함께 작업하는 과정에서 당신이 그동안 지니고 있었던 자신과 세상에 대한 견해가 상당히 변화될 수 있습니다. 그렇다면 작업을 계속할 수 있도록 여유를 가지시고, 옳고 그름의 판단이나 항상 일관적이어야 한다는 생각을 유연하게 내려놓으십시오. 수용전념치료는 세상을 살아가는 새로운 방법을 발견하는 작업입니다. 그래서 우리는 삶이 끊임없는 성장과 변화의 여정이라고 생각합니다.

당신의 안전이 우선입니다

당신의 안전이 가장 중요합니다. 당신은 외상사건에서 살아남았으므로 이 작업을 하는 동안 자신을 잘 돌보는 것이 필요합니다. 그런 이유에서, 우리는 2장에서 당신의 한계를 인식하고 외상과 씨름하는 동안에 건강한 행동을 하도록 돕는 몇 가지 기본적인 기술, 특히 마음챙김에 대해서 살펴볼 것입니다. 아울러 마지막 장에서는 당신이 언제라도 자문을 구할 수 있고 전문적인 도움을 얻을 수 있는 참고자료를 제공할 것입니다.

이 책의 구성방식

이 책은 구체적으로 실행에 옮길 수 있는 내용을 소개하는 워크북입니다. 따라서 각 장마다 몇 가지씩 제시되는 연습과제를 수행하는 것이 매우 중요합니다. 전부는 아니지만 대부분의 연습과제에는 기록하는 작업이 포함됩니다. 워크북에 아주 개인적인 내용까지도 적게 될 수 있으므로, 혼자 살고 있는 것이 아니라면 워크북을 잘 보관하십시오. 일단 연습과제를 기록하기 시작하신 뒤에는 특히 잘 간수하시기 바랍니다. 끝으로, 좀 더 적극적으로 활용하실 수 있도록, 이 책만이 갖고 있는 몇 가지의 독특한 점을 말씀드리겠습니다.

언어의 어두운 측면을 약화시키는 전략

수용전념치료는 언어가 우리의 절친한 우군이면서 동시에 심리적 적군이 될 수 있다는 관점을 취하고 있습니다. 그래서 우리가 함께 할 몇몇 연습과제에서는 언어의 영향력을 약화시키는 방법 혹은 언어를 가볍게 붙드는 방법을 소개할 것입니다. 이를 위해서 우리는 새로운 언어습관, 여러 가지 비유와 이야기, 즉흥연습 등을 고안했는데, 이것들 중에서 일부는 다소 우스꽝스러워 보일 수도 있습니다. 예컨대, '그러나'라는 접속사가 사용될 만한 문맥에서 엉뚱하게 '그리고'라는 접속사가 튀어나올지도 모릅니다. 나중에 설명하겠지만, 동전의 양면이 동시에 함께 존재한다는 것을 강조하기 위해서 이런 방법을 고안했습니다. 가령, "나는 직장에 출근했다. 그러나 나는 우울했다."는 문장 대신에 "나는 직장에 출근했다. 그리고 나는 우울했다."는 문장을 보시게 될 것입니다. 직장에 출근했던 것과 우울했던 것 모두가 사실이니까요. 여기서 우리가 진정으로 말하고 싶은 것은, 당신이 온전하고 충만한 삶을 살기 위해서 우울, 불안, 심지어 외상경험을 모조리 제거해야 할 필요는 없다는 것입니다.

마음챙김의 종

  자신의 생각, 감정, 신체반응, 판단, 기억을 온전하게 자각하는 능력을 계발하는 것이 수용전념치료의 핵심입니다. 마음챙김 수련의 어떤 분파에서는 수행자가 자신의 내면을 더 잘 자각하도록 돕기 위해서 갑자기 종소리가 울릴 때마다 하던 일을 멈추고 자신의 마음을 확인하고 관찰하도록 가르칩니다. 우리는 이 책에서 이와 유사한 방법을 사용할 것입니다. 종소리를 직접 들려 드릴 수는 없으므로 마음챙김을 유도하는 종 그림(🔔)을 보여 드리겠습니다. 이 책의 곳곳에서 마음챙김의 종이 울리면, 현재의 순간에 머무르면서 당신의 호흡, 생각, 감정, 신체감각, 심상, 기억을 알아차려 보십시오. 혹은 마음이 당신을 어디로 데리고 가고 있었는지 알아차려 보는 것도 좋습니다. 아울러 마음챙김의 종은 당신이 이 책을 읽으면서 고통스러워지는 순간이나 해리되고 있는 순간이 언제인지 확인하는 데도 유익할 것입니다. 부디 당신에게 도움이 되는 방향으로 활용하시기를 바랍니다. 만약 마음챙김의 종이 울릴 때 당신의 내면에서 다루기 힘든 반응이 일어난다면, 각 장의 마지막에 있는 마음기록장을 펼쳐서 그것을 적어 보시기 바랍니다.

마음기록장

각 장의 마지막 부분에는 마음기록장을 마련해 두었습니다. 책을 읽거나 연습과제를 하면서 당신에게 떠오르는 모든 반응(생각, 감정, 자기판단, 신체감각, 충동)을 여기에 기록할 수 있습니다. 앞서 언급한 것처럼 마음챙김의 종이 울렸을 때도 마음기록장을 활용할 수 있습니다. 물론, 어떤 장을 모두 읽고 나서 느낀 소감을 기록해도 괜찮습니다. 심리학 연구에 따르면, 감정을 유발하는 민감한 주제에 대해서 글을 쓰는 작업은 매우 치유적입니다(Pennebaker, 2004; 7장 참고). 그래서 이 책 곳곳에서 글쓰기를 시도하고 있는 것입니다. 만약 우리가 제공한 공간이 부족하다면 뒷면을 활용해도 좋고 별도의 종이에 적으셔도 괜찮습니다.

사 례

사례는 요점을 명쾌하게 제시하는 데 도움이 됩니다. 이 책에서 제시한 사례들은 특정한 내담자 한 사람의 경험이 아니라, 우리가 임상장면에서 만났던 여러 사람의 경험을 각색한 것임을 미리 밝힙니다. 내담자의 이름을 비롯한 모든 개인정보는 의도적으로 꾸며 냈으며, 세부사항 역시 여러 사례에서 발췌했습니다. 어떤 사례도 한 개인의 이야기가 아니라는 점을 유념하십시오. 그러나 모든 사례는 그동안 우리가 만났던 분들이 실제로 경험한 사실에 근거하여 구성된 것이라는 점도 참고하십시오.

당신을 위한 메시지

우리는 다양한 외상사건의 생존자들과 함께 수년에 걸쳐서 이 작업을 해 오고 있습니다. 우리는 정신병원, 심리상담센터, 지역사회단체 등에서 강간, 아동학대, 전쟁, 자연재해, 테러사건의 생존자들과 함께 고민해 왔습니다. 이러한 작업을 통해서 우리는 인간의 위대함에 깊은 감동을 받았습니다. 우리는 접근성, 비용, 자발성 등의 문제 때문에 심리치료에 선뜻 참여하지 못하는 분들이 많다는 것도 잘 알고 있습니다. 그동안 우리가 알게 된 것들을 당신과 나누고 싶습니다. 또한 당신이 저력과 정체성을 회복해서 소중히 여기는 삶을 살아갈 수 있도록 돕고 싶습니다. 이것이 이 책을 쓴 목적입니다.

Chapter 01

외상 이해하기

외상의 치유
인생의 향유

01

외상 이해하기

"비록 세상이 고통으로 가득할지라도, 그것을 극복하는 사람들 또한 가득하다."

– 헬렌 켈러

외상이란 무엇인가

역사의 기록이 시작된 이래, 인간은 다양한 종류의 고통스러운 외상사건을 겪으면서 살아왔습니다. 인류는 자연재해를 겪었고, 전쟁을 체험했으며, 상실의 고통에 몸부림쳤고, 다른 인간에 의해 저질러진 폭력의 피해자가 되기도 했습니다.

외상은 특별한 사람만 겪는 사건이 아니며 우리들 중의 누구라도 외상의 희생자가 될 수 있습니다. 일반적으로 강렬한 불안감, 공포감, 무력감, 경악감 등이 동반되는 다양한 종류의 극단적인 스트레스 상황을 통칭할 때 '외상(外傷, trauma)'이라는 단어를 사용하는데, 이런 상황에 처하면 대부분의 사람들이 심각한 심리적 고통을 겪습니다 (American Psychiatric Association, 1994). 외상이라고 부를 수 있는 전형적인 사건에는 다음과 같은 것들이 포함됩니다. 하지만 여기에 미처 언급하지 못한 외상사건도 많습니다.

• 아동기에 겪은 성적 혹은 신체적 학대

- 배우자(파트너)에 의한 정서적, 성적 혹은 신체적 학대
- 성폭행
- 강간
- 신체적 공격 혹은 폭행
- 심각한 교통사고
- 고문
- 전쟁, 전투
- 화재
- 허리케인, 토네이도, 지진 등의 자연재해
- 타인에게 발생한 끔찍한 일을 목격한 것 혹은 들은 것

외상은 우리의 삶에 다양하고 광범위한 영향을 미치며, 때로는 외상후 스트레스장애(post-traumatic stress disorder)를 유발하기도 합니다(Follette & Ruzek, 2006; Herman, 1992). 많은 경우, 외상의 생존자는 외상을 겪기 이전에는 전혀 경험한 적이 없었던 여러 가지 문제들을 경험하게 됩니다. 이때 나타나는 증상과 문제는 사람에 따라 다르므로 연속선상에서 살펴보아야 합니다. 어떤 사람은 상대적으로 한정된 범위에서 경미한 수준의 어려움을 경험하지만, 어떤 사람은 상대적으로 다양한 범위에서 심각한 수준의 어려움을 경험합니다. 더 나아가서, 외상의 영향력은 누적될 수 있습니다. 즉, 외상을 더 많이 경험할수록 결과적으로 더 많은 증상과 문제로 고통스러울 수 있다는 말입니다. 따라서 외상을 여러 번 경험하면 어느 정도 익숙해질 수도 있다는 생각은 잘못된 생각입니다.

외상이 초래하는 심리적 영향은 사람마다 크게 다릅니다. 🔔[지금 이 순간, 당신의 호흡에 주의를 기울여 보십시오. 앞에서 언급했듯이, 책을 읽는 도중에 마음챙김의 종이 울리면 당신의 신체 내부에서 어떤 일이 벌어지고 있는지 알아차려 보십시오. 당신은 호흡, 생각, 감정 또는 다른 반응들을 가만히 알아차릴 수도 있고, 혹은 잠시 시간을 내서 각 장의 마지막에 마련된 마음기록장에 그 내용을 적을 수도 있습니다.] 외상

생존자 중에는 외상이 발생한 직후에만 적응하는 데 경미한 어려움을 겪다가 이내 완전하게 회복되어 외상과 관련된 부수적인 문제들을 전혀 경험하지 않는 사람도 있습니다. 그러나 외상의 후유증이 반복적으로 재발되는 경우도 있는데, 특히 일상생활을 하다가 스트레스가 많아질 때 증상이 심해지는 사람도 있습니다. 또한 외상 직후에 발생한 증상이 점점 더 심해지면서 시간이 흐를수록 악화되어 결국에는 복합성의 장기적인 후유증을 겪는 사람도 있습니다.

지난 30년간의 연구를 통해서 외상이 유발하는 스트레스에 대한 심리학적 지식이 축적되기는 했지만, 그 지식을 가장 간절히 필요로 하는 분들에게 항상 적절한 도움을 드리지는 못했다는 점을 시인해야 하겠습니다. 당신이 직접 경험해 봐서 잘 알고 있듯이, 우리가 삶에서 어떤 곤란이나 문제를 겪고 있을 때 그것을 있는 그대로 인정하는 것은 결코 쉬운 일이 아닙니다. 자신에게 심리적인 문제가 있음을 인정하고 그것을 다른 사람에게 공개하기를 주저하는 것은 지극히 자연스러운 현상입니다. 특히 당신이 그런 곤란을 겪고 있는 이유가 외상 때문이라는 점을 주변 사람들이 이해하지 못하는 것처럼 여겨질 때는 더욱 그렇습니다. 대부분의 외상 생존자는 자신이 겪고 있는 고통을 다른 사람들이 이해하지 못할까 봐 걱정하며, 다른 사람들은 아무렇지도 않은데 자신만 그런 고통을 겪고 있는 것은 아닌지 두려워합니다. 만약 외상이 일반적으로 사람들이 생각하는 것보다 훨씬 더 빈번하게 벌어지는 보편적인 사건이라면, 어째서 사람들은 자신이 겪은 외상경험을 흔쾌히 털어놓지 못하는 것일까요? 만약 당신이 자신에게 (혹은 다른 사람이 당신에게) "그까짓 것 그냥 극복해 버려." 혹은 "그것에 관해서 더 이상 생각하지 마."라고 이야기한다면 기분이 어떻겠습니까? 아마도 당신이 겪는 고통을 애써 축소시키거나 혹은 전혀 이해받지 못하는 것처럼 느낄 것입니다. 외상의 후유증을 극복하는 것이 말처럼 쉬운 일이라면 얼마나 좋겠습니까! 그런데 심지어 어떤 사람들은 당신이 경험했던 외상에 대해서 전혀 듣고 싶지 않다고 공공연히 내색하기도 합니다. 그러니 외상경험을 공개하는 것은 매우 어려울 수밖에 없습니다.

최근에 신문과 방송에서 외상사건과 그 여파를 자주 보도하면서 조금씩 감소하는 추세이기는 하지만, 외상사건은 특별한 사람들만 경험한다는 사회적 낙인이 여전히 존재하는 것이 사실입니다. 따라서 유사한 스트레스 상황에서 다른 사람은 성공적으로 대처하는데 자신은 그렇지 못하다는 것을 이유로 자신이 미쳐 가고 있다는 생각에 빠져들거나, 혹은 자신은 부적절하고 망가진 사람이라는 인식을 갖게 되기도 합니다. 안타깝게도, 정신건강 분야의 전문가를 포함한 많은 사람이 외상에 대해 이야기하는 것 자체를 두려워하고 꺼려하며 몹시 불편해합니다. 그러므로 당신의 두려움도 충분히 이해할 수 있습니다. 어쩌면 당신은 이미 외상에 대해서 주변 사람에게 공개했다가 그들이 별로 좋지 않은 반응을 보여서 당황했던 경험을 가지고 있을 수도 있습니다. 심지어 당신의 고통을 잘 이해해 줄 것이라고 기대했던 배우자, 파트너, 부모, 치료자, 가족 혹은 가장 친한 친구마저도 당신이 어떤 고통을 겪고 있는지 전혀 이해하지 못할 수 있습니다. 그러나 당신은 미치지 않았고, 나약하지 않으며, 망가지지 않았다는 것을 명심하십시오. 당신이 지금 겪고 있는 고통은 외상에 대한 보편적인 반응일 뿐입니다.

당신만 그런 고통을 겪는 것은 아닙니다: 외상에 대한 진실과 거짓

외상에 대한 진실은 오랜 세월 동안 그릇된 통념의 베일에 가려져 있었습니다. 사람들은 외상이 얼마나 빈번하게 일어나는지 사실대로 받아들이지 않으려고 하며, 외상이 생존자와 가족과 사회에 얼마나 강력한 영향을 미치는지 사실대로 인정하지 않으려고 합니다. 여기서 외상과 관련된 그릇된 통념들을 하나씩 살펴보겠습니다.

그릇된 통념 1: 외상은 흔하지 않다

외상경험의 유병률을 말씀드리면 깜짝 놀라실 겁니다. 일반적인 성인 중에서 70% 이상이 평생에 한 번 이상 외상사건을 경험합니다(Breslau, 2002). 외상경험의 유병률에 대한 연구들에서 사용한 방법 및 적용한 정의가 각기 다르기 때문에 논란의 소지는 있을 수 있습니다. 그러나 외상사건이 매우 빈번하게 발생한다는 점만은 분명합니다. 과거에는 외상을 일반인에게는 발생하지 않는 희귀한 사건으로 인식하는 경향이 있었지만, 지금은 해마다 수많은 일반인이 외상을 경험한다는 사실을 잘 알고 있습니다. 🔔[지금 이 순간, 어떤 생각이 떠오르십니까? 어떤 감정을 느끼십니까?]

그릇된 통념 2: 강한 사람이 아니라서 외상을 극복하지 못한다

외상이 유발하는 고통과 증상이 심각한 사람도 있고 그렇지 않은 사람도 있습니다. 하지만 외상을 전혀 경험하지 않는 사람은 있을 수 없고, 외상을 경험하더라도 전혀 고통스럽지 않은 사람도 있을 수 없습니다. 외상에 대처하는 과정에서 여러 가지 문제가 발생하는 것이 일반적입니다. 외상 이후에 주로 어떤 반응이 나타나는지는 이 장의 후반부에서 자세히 살펴보겠습니다. 외상 후유증의 심각도는 몇 가지 요인에 의해서 결정됩니다. 과거에도 외상을 겪은 적이 있고, 스트레스 대처능력이 취약하고, 외상을 매우 끔찍한 것으로 받아들이며, 특히 외상 이후에 주변 사람들(가족, 친구, 전문가)로부터 적절한 지지를 받지 못할 경우에 문제가 더 심각해집니다(Herman, 1992). 이렇게 복잡한 요인들에 대한 연구가 활발하게 진행되고 있습니다.

그릇된 통념 3: 모든 외상 생존자가 심리치료를 받아야 한다

외상사건이나 스트레스와 같은 삶의 역경에 처하더라도 그것을 잘 극복하고 심지어 이전보다 더 성숙한 삶을 사는 사람들도 있습니다. 그 이유는 무엇일까요? 이런 분들은 도대체 어떤 기술과 특징을 지니고 있기에 잘 적응하는 것일까요? 우리는 이 질문에 답변하기 위해서 꾸준히 연구해 왔는데, 이것은 외견상 상반되는 답변들이 모두 정답이 될 수 있는 질문들 가운데 하나입니다. 비록 외상의 후유증으로 나타나는 일반적인 반응이 있기는 하지만 외상이 반드시 당신의 삶을 망가뜨리는 것은 아니라는 점을 기억하시기 바랍니다. 여기서, 외상에 대처하는 과정에서 심리적인 어려움을 겪는다면 그것은 당신의 책임이므로 당신이 비난받아야 한다는 취지의 말씀을 드리려고 하는 것이 아닙니다. 외상으로부터 회복된다는 것의 의미는 사람마다 다르며, 이 책을 읽는 분들 또한 각자의 생각을 가지고 있을 것입니다.

우리는 당신이 삶을 의미 있고 만족스럽게 영위할 수 있는 힘을 갖고 있다고 믿는데, 그것은 외상사건 이후에 당신이 어떤 선택을 하느냐에 따라서 달라집니다. '탄력성(resilience)'은 물체가 어떤 충격을 받은 뒤에 다시 원상태로 돌아가는 성질을 뜻하는 용어인데, 외상에 대한 반응을 묘사할 때도 유사한 표현을 자주 사용합니다. 그러나 물체와 달리 인간은 치유의 과정을 거쳐서 이전의 기능 수준을 점진적으로 회복하는 양상을 보이기 때문에, 이 단어가 완전히 적합한 것은 아닙니다. 외상을 겪더라도 전혀 힘겹지 않거나 고통스럽지 않다는 의미에서 혹은 외상이 어떤 영향도 미치지 못한다는 의미에서 탄력적이라고 말하는 것이 아닙니다. 외상이 유발한 심리적 고통을 경험하고 있음에도 불구하고 당신은 여전히 자신이 소중히 여기는 삶의 방향으로 나아갈 수 있는 힘을 갖고 있다는 의미에서 탄력성, 달리 말하면 '회복력'이라는 용어를 사용하는 것입니다. 당신은 단순히 외상을 경험하기 이전의 상태로 회복하는 것이 아니라 그때보다 훨씬 더 만족스러운 상태까지 나아갈 수 있습니다. 우리는 그렇게 믿습니다. 🔔[지금 이 순간, 어떤 생각이나 감정이 떠오르십니까? 심장박동이나 호흡에 어떤 변화가 느껴지십니까?]

당신은 이 책을 읽겠다고 선택했고 기꺼이 당신의 삶을 변화시키겠다고 작정했습니다. 그 선택 자체가 이미 당신이 회복력을 지니고 있다는 사실을 증명하고 있습니다. 당신은 주저앉지 않고 고군분투해 왔고 도움을 얻기 위한 발걸음을 내디뎠습니다.

자신의 강점을 알아차리기

외상으로부터 회복하는 과정에 있을 때, 당신이 바람직한 노력을 꾸준히 시도하고 있다는 사실을 알아차리고 기억하는 것이 중요합니다. 당신이 소중히 여기는 삶으로 나아가기 위해서 어떤 노력을 시도해 왔고 시도하고 있는지 기록해 보십시오. 이를테면, 외상의 후유증에 대해 공부하는 것이 바람직한 노력의 좋은 예가 될 수 있습니다.

1. _____

2. _____

3. _____

4. _____

5. _____

6. _____

7. _____

그릇된 통념 4: 주로 여성이 외상을 경험한다

전쟁과 관련된 외상을 제외하면 오직 여성만 외상을 경험한다는 그릇된 통념이 있는데, 이것은 사실과 다릅니다. 정부 차원의 조사에 따르면, 조사에 참여한 남성의 60% 이상이 적어도 한 가지의 잠재적 외상경험을 보고했으며, 그중의 상당수는 두 종류 이상의 외상을 경험했다고 응답했습니다(Kessler et al., 1995). 정부의 조사 및 다른 연구들에 의하면, 상해 혹은 살해의 장면을 목격한 사람, 생명을 위협하는 사고나 자연재해를 경험한 사람, 신체적 폭력이나 전투에 노출된 사람의 경우는 오히려 남성이 여성보다 더 많았습니다(Breslau et al., 1998; Kessler et al., 1995).

그릇된 통념 5: 남성이 성적 외상의 희생자가 되는 경우는 드물다

우리 사회에는 성인, 청소년, 아동을 막론하고 남성이 성적 학대의 피해자가 되는 경우는 드물다는 그릇된 통념이 있습니다. 자료를 수집한 대상과 성적 학대의 정의에 따라서 다르지만, 남자 아동 혹은 남자 청소년 중에서 성적 학대를 경험한 사람의 비율은 4~16%에 이릅니다(Dong et al., 2003). 한 연구에 따르면, 미국 해군에 신규 지원한 남성 중에서 12%가 아동기에 성적 학대를 당했다고 보고했습니다(Merrill et al., 2001). 남성을 성적으로 학대하는 사람은 (여성도 포함되지만) 대부분 남성이며, 대개 주변의 권위적인 인물이거나 혹은 전혀 모르는 사람입니다. 아울러 대부분의 남성 희생자는 자신이 경험한 성적 외상을 타인에게 공개하지 않습니다. 그렇기에 더 큰 수치심과 고립감을 경험하게 됩니다.

그릇된 통념 6: 매스컴에서 외상의 발생 빈도를 과장한다

어떤 사람들은 매스컴(뉴스, 고발 프로그램, 토크쇼)이 외상에 대한 소재를 자주 다루기 때문에 외상사건의 빈도와 영향이 근거도 없이 과장되고 있다고 반발하기도 합니다. 그러나 여성을 대상으로 행해지는 대인폭력의 발생 빈도를 조사한 자료를 살펴보면 결코 과장이 아니라는 것을 알 수 있습니다.

미국에서 성인 여성을 대상으로 조사한 자료에 따르면, 조사에 응한 여성 중에서 약 13%가 강간을 경험했고, 약 14%가 성추행 혹은 성폭행을 경험했습니다(Resnick et al., 1993). 평생 동안 여성 6명 가운데 1명이 적어도 1회 이상의 강간을 경험하는 것입니다(Brenner, McMahon, & Douglas, 1999; Tjaden & Thoennes, 1998). 다른 조사에서는 약 25%의 여성이 평생 동안 적어도 1회 이상 배우자(파트너)로부터 학대를 당하는 것으로 나타났습니다(Tjaden & Thoennes, 2000).

🔔[지금 이 순간, 당신의 마음이 어디로 향하고 있습니까? 혹시 불편해서 다른 곳으로 주의를 돌리고 있지는 않습니까?]

그릇된 통념 7: 학대는 빈곤 계층에서만 발생한다

빈곤 계층에서만 학대가 발생한다고 생각하는 분들이 많습니다. 그래서 강간, 아동에 대한 성적 혹은 신체적 학대, 가정폭력 등과 같은 대인폭력은 사회경제적 취약 계층의 전유물인 것으로 오해합니다. 예컨대, 멋지게 차려입은 의사보다는 알코올의존 상태의 실직자가 자신의 배우자를 폭행한다고 믿는 것입니다. 하지만 외상사건은 모든 사회경제적 계층에서 발생한다는 명백한 증거가 있습니다. 경제적으로 궁핍한 환경, 특히 우범지역에서 생활하는 것 자체가 어떤 의미에서 외상과 유사한 경험이기는 하지만(Kiser & Black, 2005), 외상사건은 성별, 연령, 인종, 교육 수준, 재정 상태와 관계없이 언제나, 어디서나, 그리고 누구에게나 발생할 수 있습니다.

그릇된 통념 8: 군인이 외상후 스트레스장애를 겪는 경우는 드물다

성별에 상관없이, 군인은 전쟁 지역에서 경험한 외상 때문에 심리적 곤란을 겪는 경우가 많습니다. 베트남전에 참전했던 군인 중에서 약 30%가 외상후 스트레스장애를 지니고 있습니다(Kulka et al., 1988). 최근의 조사에서는 이라크 및 아프가니스탄에 주둔했던 미군의 경우, 외상후 스트레스장애, 우울장애, 불안장애의 유병률이 높은 것으로 밝혀졌습니다. 이라크 파병 후 복귀한 군인 중에서 외상후 스트레스장애로 진단된 인원은 전체의 17%에 육박합니다. 더 큰 문제는 이들이 심각한 증상을 지니고 있음에도 불구하고 심리치료와 같은 심리학적 서비스를 받으려고 하지 않는다는 것입니다(Hoge et al., 2004). 또한 참전했던 군인들이 전장에서 복귀하여 현재 잘 적응하고 있다고 할지라도, 그들 중에서 상당수는 앞으로 외상후 스트레스장애를 경험하게 될 것입니다(Friedman, 2006).

그릇된 통념 9: 심리치료는 극심한 고통을 겪는 사람에게만 도움이 된다

모든 사람에게 완전하게 적용되는 진리는 없습니다. 극심한 고통을 겪는 사람에게만 심리치료가 도움이 되느냐 하는 질문은 전문가들 사이에서도 뜨거운 논쟁거리입니다. 아무리 건강하고 강인하고 자원이 풍부한 사람이라고 할지라도, 외상사건을 경험할 수 있고 외상의 후유증을 겪을 수 있습니다. 만약 외상사건이 종료된 뒤 몇 주 혹은 몇 개월이 지났는데도 여전히 심리적 고통을 겪고 있다면, 이 책을 읽는 것을 포함하여 전문적인 치료를 받는 것이 좋습니다. 외상경험 직후에 심리학적 도움을 받는 사람도 있지만, 시간이 흐르면서 자연스럽게 증상이 호전되는 사람도 있습니다. 그러므로 당신의 경우는 어떠한지 살펴보고 당신의 욕구와 목적에 적합한 개입 방향을 선택하는 것이 바람직합니다. 이것이 우리가 이 책을 쓴 목적이기도 합니다.

그릇된 통념 10: 외상을 극복하지 못한 희생자만 가득한 사회가 되어 버렸다

외상을 극복하지 못한 희생자만 가득한 사회가 되어 버렸다는 생각은 두 번째로 살펴보았던 그릇된 통념(강한 사람이 아니라서 외상을 극복하지 못한다)과 관련이 있습니다. 안타깝게도, 이런 말씀을 하는 분들이 많습니다. "자신이 외상의 희생자라고 말하는 사람은 언덕 위에 또 하나의 언덕을 쌓아 올리고 있는 셈이다. 진정으로 원한다면 그 언덕에서 얼마든지 벗어날 수 있는데도 그렇게 하지 않는 것일 뿐이다. 나도 외상을 겪어 봤고, 주변에도 비슷한 경험을 한 사람이 많은데, 우리는 아무 문제없이 잘 지내고 있다."

당신도 누군가로부터 이런 이야기를 들어 보셨을 것입니다. 혹은 어쩌면 당신 자신에게 그렇게 강변하고 있을지도 모르겠습니다. 가끔씩 그런 생각에 휩싸일 수는 있겠지만 그것을 믿지는 마십시오. 자신의 경험과 타인의 경험을 비교하는 것은 언어를 사용하는 인간의 본성입니다(6장 참고). 그러한 본성을 당신도 갖고 있다는 사실이 당신이 타인과 다르지 않다는 동질감을 느끼게는 해 주겠지만, 거기에는 결코 도움이 되지 않는 어두운 측면이 있습니다. 자신의 경험을 타인의 경험과 비교하지 않는 편이 유익한 까닭을 말씀드리겠습니다.

첫째, 비교하고 귀인하는 과정에서 오류를 범하기 때문입니다. 🐘[지금 이 순간, 당신이 어떤 생각을 하고 어떤 판단을 내리고 있는지 주의를 기울여 보십시오.] 일반적으로 인간은 자신이 어떤 문제를 겪는 이유는 외부요인에서 찾아내고, 타인이 어떤 문제를 겪는 이유는 내부요인에서 찾아내어 비난하는 경향이 있습니다(Kelley, 1973). 예컨대, "내가 겪었던 외상은 정말로 끔찍했다. 그래서 이렇게 쩔쩔매고 있는 것이다. 하지만 저 사람은 별것도 아닌 문제 때문에 저렇게 야단법석을 떨고 있다. 인생을 제대로 살고 싶은 마음이 없는 것이다."라고 귀인하는 것입니다. 이와 달리, 정서적으로 우울할 때 혹은 자존감이 낮을 때는 귀인의 방향이 정반대로 바뀌게 됩니다. 즉, 자신의 부정적인 행동은 내부적, 전반적, 불변적 원인으로 설명하고("나는 그저 실패자일 뿐이야."), 타인의 부정적인 행동은 외부적, 특정적, 가변적 원인으로 설명합니다("그녀는 아버지에게 학대당했잖아. 그러니 저렇게 고통스러울 수밖에 없지."). 알코올중독에서 벗어나기 위해 자조모임을 운영하는 사람들이 자주 사용하는 문구를 꼭 기억하십시오. 당신에게 도움이 될 것입니다. "우리는 종종 자신의 내면을 타인의 외면과 비교한다." 이 주제에 대해서 3장에서 다시 살펴보겠습니다.

둘째, 상당한 시간이 지나고 뒤늦게 외상 후유증이 나타날 수도 있기 때문입니다. 아동학대의 피해자 중에는 몇 년이 지나도록 학대의 후유증을 전혀 경험하지 않다가 어떤 사건을 계기로 갑작스럽게 고통을 겪는 분들이 있습니다. 예컨대, 자녀가 태어날 때, 자녀가 어떤 나이에 이를 때, 새로운 전쟁영화가 개봉될 때 예기치 못했던 외상후 스트레스 증상이 나타날 수 있습니다. 현역 시절에 아무런 문제없이 적응했는데 퇴역 직후에 외상후 스트레스 증상을 갖게 된 참전군인도 있습니다(Friedman, 2006). 그러므로 외상에도 불구하고 잘 적응하는 것처럼 보이는 타인의 경험과 당신의 경험을 비교하는 것은 바람직하지 않습니다. 타인이 어떤 고통과 괴로움을 겪고 있는지 당신이 항상 잘 알아차릴 수도 없는 것 아니겠습니까?

셋째, 모든 사람은 저마다 다른 삶의 역사를 지니고 있기 때문에, 겉으로 보기에는 똑같아 보여도 사실은 그렇지 않기 때문입니다. 아마도 이것이 자신의 경험을 타인의 경험과 비교하지 말아야 하는 가장 중요한 이유일 것입니다. 예컨대, 사랑받고 보호받는 가정에서 성장하다가 참전한 사람은 학대받고 위협적인 가정에서 성장하다가 참전한 사람과 사뭇 다른 전쟁을 경험하게 됩니다. 심지어 두 사람이 같은 부대에 배속되어 동일한 전투를 치렀다고 하더라도 그렇습니다. 우리는 두 사람의 외상경험에 현저한 차이를 만들어 내는 요인이 무엇인지 아직 잘 모르며, 설령 그 요인을 파악하더라도 장차 어떤 결과가 초래될지 정확히 예측할 수는 없습니다. 일반적으로, 학대받는 가정에서 성장한 사람이 외상후 스트레스 증상을 보일 가능성이 더 높다는 것을 알고 있을 뿐입니다. 하지만 사람마다 개인차를 보이기 때문에 일반적인 견해가 반드시 모든 사람에게 적용되는 것은 아닙니다. 사랑받는 가정에서 성장하면서 세상은 안전한 곳이라는 믿음을 가졌던 사람이 전쟁을 치르는 과정에서 정반대의 세계관을 갖게 되어 충격에 빠질 수도 있고, 학대받는 가정에서 성장하면서 세상은 위험한 곳이라는 믿음을 가졌던 사람이 오히려 그동안 단련된 마음가짐으로 전쟁에 임해서 잘 적응할 수도 있습니다. 비록 상대적으로 확률이 낮겠지만 가능성은 충분합니다. 사람이 저마다 다르듯이 세상을 경험하는 방식도 사람마다 다르기 때문입니다. 그러므로 사람들의 경험을 뭉뚱그려서 서로 비교하는 것은 아무런 도움이 안 됩니다. 당신의 고통을 타인의 고통과 비교하는 마음을 내려놓으시고, 당신이 앞으로 어떻게 살기를 원하는지 곰곰이 생각해 보십시오. 이 책의 후반부에서 이것을 다시 살펴보겠습니다.

 **연습과제 1-2**   **그릇된 통념을 확인하고 수정하기**

앞에서 살펴본 그릇된 통념에 대해서 어떻게 생각하십니까? 당신이 지니고 있었던 그릇된 통념과 주변 사람들의 그릇된 통념이 당신의 삶에 어떤 영향을 주었습니까? 혹시 또 다른 그릇된 통념을 갖고 계시지는 않습니까? 혹시 외상사건을 겪으면서 당신이 만들어 낸 그릇된 통념이 있다면, 그것은 무엇입니까? 진실과 거짓을 따져 보십시오.

_____

_____

_____

_____

_____

_____

_____

_____

_____

_____

- -

외상은 우리에게 어떤 영향을 주는가

극단적인 상황에서 나타나는 일반적인 반응, 이것이 외상에 대한 반응의 정의입니다. 외상을 경험할 때는 누구나 몇 가지 반응을 하게 되는데, 비록 혼란스럽게 여겨질지라도 그 반응은 당신만 겪는 특이한 반응이 아니라 대부분의 사람이 겪는 평범한 반응이라는 점을 기억하십시오. 이것이 매우 중요합니다. 외상을 경험할 때 나타나는 반응은 상당히 복잡하고 다양한데, 다음과 같은 반응이 우리의 몸과 마음에서 공통적으로 나타납니다.

노파심 때문에 강조해서 말씀드리고 싶습니다. 당신이 외상 생존자라고 해서, 다음에 기술한 외상의 후유증을 모두 지니고 있는데 다만 스스로 인식하지 못하고 있을 뿐이라고 가정하지는 마십시오. 그렇지 않습니다. 이것은 가능성 있는 반응을 나열한 것일 뿐입니다. 앞서 그릇된 통념에서 살펴보았듯이, 사람은 저마다 다르기 때문에 외상에 대한 반응도 제각각 다르게 나타납니다.

급성 스트레스장애

급성 스트레스장애(acute stress disorder)는 외상사건이 발생한 뒤 1개월 이내에 관찰되는 스트레스 반응을 의미하는 진단명입니다. 급성 스트레스장애의 증상은 다음에 기술한 외상후 스트레스장애의 증상과 동일합니다. 급성 스트레스장애는 위협적인 사건을 경험하거나 목격한 후에 발생할 수 있으며, 일반적으로 강렬한 공포감, 무력감 혹은 경악감 등의 반응이 나타납니다. 아울러, 다음과 같은 증상이 포함됩니다.

- 무감각 혹은 거리 두기: 어떤 감정도 강하게 느껴지지 않거나 혹은 타인에게 전혀 사랑의 감정을 느끼지 못한다고 호소함
- 주변 환경에 대한 자각의 축소: 소외감을 느끼거나 혹은 어리둥절하고 혼란스럽다고 호소함
- 비현실감: 주변 세상이 달라졌고 낯설다고 느끼거나 혹은 주변 환경으로부터 거리감을 느낀다고 호소함
- 이인증: 자기인식의 변화와 더불어 자기 자신, 경험, 신체로부터 이탈한 것 같다고 호소함
- 해리성 기억상실증: 외상사건의 일부분 혹은 중요한 세부사항을 기억하지 못함

외상사건이 발생한 뒤 1개월 이내에 급성 스트레스장애를 보이는 사람은 이후에 외상후 스트레스장애 진단을 받을 가능성이 높습니다. 하지만 1개월 이내에 급성 스트

레스장애 증상을 거의 보이지 않았던 사람이 이후에 외상후 스트레스장애로 발전되는 경우도 있습니다. 🔔[지금 이 순간, 당신의 마음속에서 벌어지고 있는 일에 주의를 기울여 보십시오. 어떤 일이 벌어지고 있는지 알아차려 보십시오.]

외상후 스트레스장애

외상을 경험한 모든 사람이 외상후 스트레스장애(post-traumatic stress disorder)를 겪는 것은 아닙니다. 외상사건이 발생한 뒤 적어도 1개월 이상 고통스러운 문제와 증상이 지속되는 경우에 한해서 외상후 스트레스장애의 진단을 내립니다. 외상후 스트레스장애는 외상과 관련하여 가장 널리 알려져 있는 심리적 문제로서, 동반되는 증상들은 외상 생존자 본인의 노력만으로는 잘 호전되지 않거나 혹은 시간이 지날수록 더 악화되는 경향이 있습니다.

● 재경험 증상

외상후 스트레스장애를 겪는 사람들은 다음과 같은 형태의 고통을 반복적으로 재경험합니다.

• 외상사건에 대한 고통스러운 기억 혹은 추억(예: 외상사건에 대한 심상, 사고)
• 외상사건과 관련된 불쾌한 꿈 혹은 악몽
• 마치 현재 시점에서 외상이 재발한 것처럼 행동하는 회상 삽화 및 끔찍한 생각
• 침투적 경험을 촉발시키는 냄새, 소리, 장소, 사람에 의한 심각한 동요
• 임박한 위험요소가 없음에도 불구하고, 외상경험의 잔재에 의해 자기방어적으로 유발되는 생리적 반응(예: 심장박동 증가), 위험 반응 혹은 생존 반응

일반적으로, 외상사건을 경험했던 시점과 비슷한 시점을 전후로 이러한 증상들이 더욱 빈번하고 강력하게 나타납니다. 이것을 기념일 반응이라고 하는데, 심지어 외상

사건이 발생한 지 수십 년이 지난 뒤에도 지속될 수 있습니다.

● 회피 증상

외상후 스트레스장애를 겪는 사람들은 외상사건과 관련이 있는 다양한 자극 혹은 상황을 회피합니다. 외상경험을 떠올리게 해서 심리적 고통을 촉발시키는 물건, 냄새, 소리, 장소, 사람 등을 적극적으로 회피하는 것입니다. 그 이유는 심리적 고통 혹은 정서적 무감각 상태에 빠지는 것을 원하지 않기 때문입니다. 대체로 다음과 같은 양상이 관찰됩니다.

• 외상사건과 관련된 생각, 감정, 기억을 회피하려고 필사적으로 시도함
• 외상사건과 관련된 활동, 장소, 대화를 회피하려고 필사적으로 시도함
• 외상사건의 중요한 일부분을 회상하기 어려워하거나 혹은 전혀 기억하지 못함
• 외상사건 발생 전에 중요했거나 즐거움을 느꼈던 활동에 대한 관심이 현저히 감소됨
• 주변 사람들에게 거리감 혹은 낯설음을 느낌
• 정서를 체험하는 범위가 제한됨(예: 둔마된 감정, 애정의 상실)
• 미래가 단축된 것처럼 느끼고, 미래에 대해 생각하고 계획하는 방식이 변화됨
🔔[지금 이 순간, 어떤 생각, 감정, 신체감각이 떠오르는지 알아차려 보십시오.]

● 과도한 각성 증상

외상후 스트레스장애는 생리적 수준의 변화를 동반하는데, 외상사건이 발생하기 전에는 체험한 적이 없었던 과도한 각성 증상이 나타납니다. 다음과 같은 양상이 관찰됩니다.

• 수면을 시작하거나 혹은 유지하는 것이 힘듦
• 생리적 반응(예: 심장박동, 떨림, 땀 흘림)이 증가됨

- 주의집중의 곤란 혹은 명료한 생각의 곤란
- 위험요소에 대해 과도한 경계 반응을 보이며 지나치게 동요됨
- 과도한 놀람 반응(예: 예기치 않은 소음 혹은 사람이 출현하면 지나치게 깜짝 놀람)

당신도 가끔씩 이러한 증상을 경험하고 있을지 모르지만, 외상사건을 겪은 사람은 이러한 증상을 매우 흔하게 경험합니다. 왜냐하면 그의 몸과 마음이 과거의 외상사건에 대처하려고 노력하고 있고, 그렇게 노력하는 것이 미래의 안전을 보장하는 데 도움이 되기 때문입니다. 하지만 과도한 각성 증상은 심각한 문제를 야기할 수 있습니다. 왜냐하면 외상을 떠올리게 만드는 자극을 접할 때마다, 심지어 실제로는 전혀 위험하지 않은 상황에서조차 자동적인 각성 반응을 하기 때문입니다. 연구에 따르면, 전체 인구의 약 8% 정도가 외상후 스트레스장애를 겪는다고 합니다(Kessler et al., 1995). 그러므로 외상사건을 경험했지만 외상후 스트레스장애로 진행되지 않는 사람도 상당히 많다는 사실을 유념해야 합니다. 사실, 상당수의 외상 생존자들은 심각한 수준의 심리장애를 경험하지 않습니다(Breslau & Kessler, 2001; Resnick et al., 1993).

우울: "나는 항상 우울해."

상당수의 외상 생존자가 우울과 슬픔을 느끼면서 인생의 의미를 상실했다고 이야기합니다. 우울한 사람은 슬픔에 휩싸여서 시간을 보내고, 저조하게 가라앉아 있으며, 이전에 즐겼던 일들에 대한 흥미와 즐거움마저 잃어버립니다. 우울할 때는 식욕과 수면의 변화가 나타나고, 집중력이 저하되고, 자신을 무가치한 존재로 인식하며, 미래에 대한 희망을 내려놓습니다. 우울할 때는 활력이 저하되기 때문에, 그리고 자신을 부정적으로 지각하기 때문에 다른 사람과 어울리지 않는 고립된 생활을 하게 됩니다. 외상사건을 경험한 사람도 주변 사람을 회피하는데, 인간관계를 회피하면 즐거운 경험을 할 기회가 줄어들어서 결과적으로 우울해질 수 있습니다. 때로는 '더 이상 살고 싶지 않다.' 혹은 '차라리 죽고 싶다.'와 같은 자살사고에 빠져들기도 합니다. 혹시 당

신도 비슷한 생각을 가지고 있다면, 전문적인 심리치료자의 도움을 받으시거나 가까운 위기상담센터에 전화해서 도움을 청하시기 바랍니다. 훈련받은 전문가와 함께 고통의 순간을 견뎌 내는 것이 바람직합니다. 이 순간도 언젠가 지나갈 것이라는 점을 명심하십시오.

외상은 심각한 상실감을 초래합니다. 따라서 외상을 겪은 사람은 우울증에 빠져들 위험성이 높습니다. 고통스러운 경험과 외상이 초래하는 상실에 대처하는 것은 결코 쉬운 일이 아닙니다. 외상으로 인해 자신의 일부가 무너져 버린 것 같다고 이야기하는 사람도 있습니다('나는 과거의 내가 아니다.' '나는 망가졌다.'). 전쟁에 참전했던 끔찍한 기억과 죄책감 때문에 고통을 겪는 사람도 있습니다. 스스로 외상에 대처할 수 없다고 느끼거나 혹은 다시 좋아질 가능성이 없다고 생각하는 사람도 있습니다. 하지만 차츰 시간이 흐르고 이 책과 주변 사람들의 도움을 받으면서 당신은 회복될 것이며, 당신이 소중히 원하는 삶을 다시 살아가게 될 것입니다.

● 일반적인 우울 증상
• 슬픔, 불안감, 공허감의 지속
• 절망감, 비관주의
• 과거에 즐겼던 취미활동에 대한 흥미와 즐거움의 상실(예: 친구들과의 어울림, 운동, 독서 등)
• 죄책감, 무가치감, 무기력감
• 활력의 감소, 피로감
• 주의집중 곤란, 기억 곤란, 의사결정 곤란
• 수면 곤란, 기상 곤란, 혹은 과도한 수면
• 식욕 감소, 체중 감소, 혹은 과도한 섭취 및 체중 증가
• 좌불안석, 성마름, 초조감
• 적절한 치료에도 반응하지 않는 신체 증상의 지속(예: 두통, 소화불량, 근육긴장, 만성통증)

- 낮은 자존감
- 죽음이나 자살에 대한 생각, 혹은 자살시도

분노: "왜 이렇게 자꾸 화나지?"

혹시 주변 사람들에게 전보다 더 자주 화를 내십니까? 자꾸 짜증이 밀려와서 힘드신 가요? 배우자나 자녀에게 잔소리하는 횟수가 늘어났습니까? 외상사건의 전후 사정을 고려한다면, 상당수의 외상 생존자가 분노 감정을 느끼는 이유를 어렵지 않게 이해할 수 있습니다. 외상사건을 겪을 때, 인간은 자신을 보호하려는 생존 반응을 하게 됩니다. 분노 감정을 느끼는 것은 외상 상황에서 자연스럽게 나타나는 일반적인 생존 반응 가운데 하나입니다. 만약 당신이 신체적 공격이나 끔찍한 사고를 당한다면 당연히 분노 감정을 느낄 것입니다. 왜냐하면 당신이 통제할 수 있는 범위를 넘어서는 사건, 특히 절대로 일어나서는 안 되는 사건이 일어났기 때문입니다. 대부분의 사람은 정서적 혹은 신체적으로 공격당할 때, 누군가가 규칙을 위반하는 장면을 목격할 때 분노를 느낍니다. 예컨대, 강도 혹은 살인 장면을 목격하거나 아버지가 어머니를 구타하는 모습을 보면 분노할 것입니다. 분노 감정은 신체적 에너지를 증가시켜서 위험요소 혹은 외상사건에 직면했을 때 생존할 수 있도록 돕는 기능을 합니다. 하지만 외상사건이 종료되었다고 해서 분노 감정까지 함께 사라지는 것은 아닙니다. 외상이 촉발시킨 강력한 분노 반응은 뇌에 깊이 각인되어 있다가 당신이 굳이 분노할 필요도 없고 의도도 없는 상황에서 다시 활성화됩니다. 따라서 어떤 상황에서는 분노가 적응적인 반응일 수 있겠지만, 일상생활이나 직장생활과 같은 안전한 상황에서 활성화되는 충분한 자각 없는 분노 반응 및 분노 감정이 유도하는 충동적 행동은 더 심각한 고통과 비극을 초래할 수 있다는 점을 유념해야 합니다.

어떤 연구(Orth & Wieland, 2006)에 따르면, 외상경험은 우리의 감정조절 능력을 망가뜨린다고 합니다. 특히 외상을 반복해서 경험하는 사람은 격렬한 분노를 극단적으로 폭발시키기 쉽습니다. 뿐만 아니라, 어떤 감정도 잘 느끼지 못하게 되어 결과적으로 타인에게 감정을 표현하는 것이 어려워집니다. 외상경험 이후에 짜증과 긴장이 늘어났다고 이야기하는 분들이 많은데, 이것은 그들이 정서적으로 취약한 상태임을 암시합니다. 다시 말해, 분노 반응을 보일 가능성이 더 높아진 상태에 처해 있는 것입니다.

외상을 겪은 후에 슬픔, 고통, 공포 등의 다양한 감정을 느끼지만, 그중에서도 분노를 경험할 가능성이 높다는 점을 기억하십시오. 🔔[지금 이 순간, 어떤 생각이 드십니까? 어떤 감정을 느끼고 있는지 알아차려 보십시오.]

연습과제 1-3   분노 반응을 검토하기

• 어떤 상황에서 분노를 느끼십니까?

_____

_____

_____

• 분노를 주로 어떤 방식으로 표현하십니까?

_____

_____

_____

• 분노를 어떤 방식으로 표현했을 때 당신에게 도움이 되었습니까?

_____

_____

_____

• 분노를 어떤 방식으로 표현했을 때 당신에게 해로웠습니까?

_____

_____

_____

인간관계 곤란: "왜 남들과 잘 지내지 못할까?"

주변 사람들과 어울리지 못하거나 인간관계에서 갈등을 겪게 되는 것도 외상사건이 초래하는 일반적인 후유증입니다. 외상사건은 친밀감을 느끼지 못하고 단절감에 사로잡히도록 만드는데, 이런 현상은 일시적으로 나타날 수도 있고 만성적으로 지속될 수도 있습니다. 예컨대, 아동기에 학대를 당했던 여성은 연인과의 관계에서 공포감, 불신감, 불만감을 자주 경험할 가능성이 높습니다(Herman, 1981). 교통사고나 자연재해와 달리, 사람이 개입되어 있는 외상사건을 경험한 경우에는 유대감, 친밀감, 친근감 등을 느끼지 못하는 현상이 더 빈번하게 나타납니다. 참전군인의 경우, 가정 문제 혹은 부부 문제를 호소하는 비율이 상당히 높으며, 주변 사람들을 신뢰하지 못하거나 어울리지 못하는 사례가 많습니다(Stretch, 1991). 외상사건으로 인한 변화가 타인과의 관계 형성에 부정적 영향을 미치는 것입니다. 🔔[지금 이 순간, 어떤 생각 혹은 판단이 떠올랐습니까? 알아차려 보십시오.] 예컨대, 성폭행처럼 사람이 개입되어 있는 외상사건을 겪은 경우에는 타인을 신뢰하는 것이 몹시 어려워집니다.

• 다른 사람을 믿지 못하십니까? 만약 그렇다면, 당신이 다른 사람을 믿지 못하는 이유가 수긍이
되십니까?

_____

_____

_____

• 믿고 의지할 수 있는 친구 혹은 가족이 있습니까?

_____

_____

_____

• 연인관계 혹은 부부관계에서 어떤 어려움을 겪고 계십니까? 다시 말해, 당신이 힘들어하는 부
분이 무엇입니까? (예: 신뢰감, 친밀감, 성 문제, 자기공개 등)

_____

_____

_____

• 어떤 유형의 사람에게 매력을 느끼십니까? 예컨대, 아동기에 부모에게 학대를 당했던 여성의
경우, 신체적 혹은 심리적 측면에서 부모와 비슷한 사람에게 끌린다고 이야기하는 사람이 많
습니다. 당신은 어떠십니까?

_____

_____

_____

• 다른 사람이 가까이 다가오지 못하도록 거리를 두시지는 않습니까? 예컨대, 참전군인 중에는 타
  인과 어울리기 힘들다고 이야기하는 사람이 많습니다. 그들의 배우자(파트너) 입장에서는 거리감
  을 느끼기 쉽고, 상대방이 말문을 닫아 버린 것처럼 인식하기 쉽습니다. 당신은 어떠십니까?

_____

_____

_____

• 다른 사람과 가까워지기 위해 어떤 노력을 하고 계십니까? 반대로, 다른 사람과 거리를 유지하
  기 위해 어떤 노력을 하고 계십니까?

_____

_____

_____

자기정체감 혼란: "나에게 도대체 무슨 일이 생긴 거지?"

　인간은 사별, 실연, 실패, 좌절 등과 같은 생활사건을 겪으면서 상처와 아픔을 경험
합니다. 하지만 외상사건은 그것과는 비교할 수 없는 엄청난 고통을 유발합니다. 왜냐
하면 외상사건은 당신의 자기(self)에 부정적인 영향을 끼치기 때문입니다. 가장 극단
적인 경우, 당신은 더 이상 자기존재감을 느끼지 못할 수도 있습니다. 외상사건 혹은

그것을 유발한 사람에게 모든 것을 빼앗겨 버렸다는 느낌이 들고, 무서운 상황에 홀로 외롭게 내동댕이쳐졌다는 생각이 들며, 내가 누구인지 혹은 내가 진정으로 원하는 것이 무엇인지 몰라서 혼란스러울 것입니다. 외상사건을 겪은 뒤에 자신이 망가지고 부서지고 더럽혀졌다는 느낌에 사로잡히는 분들이 상당히 많습니다. 혹시 당신도 그렇게 느끼십니까? 만약 그렇다고 해도, 당신은 혼자가 아닙니다. 대부분의 외상 생존자가 자기정체감의 혼란 때문에 방황합니다.

외상사건이 종료되고 나서 한참의 시간이 흐를 때까지, 자신의 경험이 낯설게 여겨지거나 혹은 어떤 감정도 느끼지 못하는 마비감에 빠지거나 혹은 몸과 마음으로부터 해리되는 현상이 흔히 나타납니다. 외상사건의 와중에 느꼈던 강렬한 감정에 압도되면, 몸과 마음이 정보처리를 중단하고 스스로를 마비시키는 것입니다. 외상사건이 엄습하는 동안 혹은 직후에는 이런 반응이 당신을 보호하는 적응적인 기능을 담당하지만, 오랜 기간 지속된다면 부적응을 초래할 수 있습니다.

자신과 세상으로부터 어느 정도 해리 혹은 단절되어 외상사건이나 일상사건에 다소 무감각해지는 현상은 드문 일이 아닙니다. 해리 현상은 온전한 의식부터 완전한 해리까지의 연속선상에서 정도를 따져 보아야 하는 경험입니다. 온전한 의식 상태일 때는 신체와 환경의 변화를 제대로 인식할 수 있지만, 완전한 해리 상태일 때는 자신과 세상을 전혀 인식하지 못합니다. 해리 현상의 심각성은 다양한 요인에 의해서 결정됩니다. 혹시 퇴근길에 이용하는 익숙한 도로를 자동차로 달리다가 온전한 의식이 없는 채로 상당한 거리를 운전했던 경험이 있으십니까? 그것도 일종의 해리 현상입니다. 하지만 석양의 아름다움을 느끼고 모든 자극을 세밀하게 인식하면서 운전했던 경험도 가지고 계실 것입니다. 대부분의 사람이 이런 의식의 변화를 경험합니다. 특히 극심한 스트레스를 겪거나 생생한 외상경험이 떠오를 때는 당신 자신과 주변 세상이 마치 현실이 아닌 것처럼 느껴질 것입니다. 높은 수준의 해리 상태에 처해 있을 때, 당신은 '내 몸은 여기에 있지만, 진정한 나는 여기에 없는' 것처럼 느낄 수 있습니다. 예컨대, 심리치료자에게 무언가를 이야기하면서 몸은 그곳에 있지만 진정한 당신은 그곳에 존재하지 않는 것 같은 현상이 일어날 수 있습니다. 상당수의 외상 생존자가 외상사건의 와중에 그런 해리 현상을 경험합니다. 예컨대, 아동기에 성적 학대를 당했던 사람들 중에는 학대 사건이 벌어지던 당시에 자신의 감정은 몸을 떠났었다고, 그래서 무감각했었다고 말씀하시는 분들이 있습니다.

 **연습과제 1-5   온전한 의식 상태를 유지하기 힘든 경우**

당신은 언제 해리 현상을 경험합니까? 어떤 경우에 당신의 경험과 단절되는 듯한 느낌이 드십니까? 잠깐 시간을 내어 그런 상황들을 기록해 보십시오.

_____

_____

_____

_____

_____

🔔[이 연습과제를 하고 나서, 어떤 생각이 떠오르는지 알아차려 보십시오.]

수치심과 죄책감: 흔히 함께 느끼는 두 가지 감정

외상사건을 겪은 뒤에 수치심, 죄책감, 자기비난에 사로잡히는 분들이 많습니다. 수치심은 우리의 몸과 마음을 쇠약하게 만드는데, 특히 주로 느끼는 감정이 수치심이면서도 그것을 잘 알아차리지 못할 때 매우 부정적인 영향을 끼칩니다. 우리는 고통스러운 감정을 느끼지 않으려고 애써서 노력할 때 역설적으로 더 심각한 괴로움을 느끼게 된다는 사실을 잘 알고 있습니다. 괴로움은 시간이 갈수록 누적됩니다. 때로는 수치심을 느끼는 것 자체에 대해서 또다시 수치심을 느끼기도 합니다.

외상사건을 겪는 동안 반드시 했어야 했는데 하지 못한 행동과 반드시 하지 말았어야 했는데 행한 행동을 떠올리면서 사후비판에 빠져드는 현상도 외상의 생존자에게서 흔히 나타납니다. 많은 사람이 외상사건의 발생 이전, 도중, 이후에 적절하게 행동하지 못한 자기 자신을 비난합니다. 예컨대, '좀 더 강력하게 반항했어야 했는데.' '애초에 군대에 자원하지 말았어야 했는데.' '그날 밤에 술을 마시지 말았어야 했는데.' 혹은 '다른 사람들이 여럿 죽었는데, 나는 왜 그것을 견디면서 살아야만 하지?' 등의 생각에 빠져드는 것입니다. 이런 생각은 죄책감과 밀접한 관련이 있습니다. 수치심과 죄책감을 느끼는 이유를 이해한다면, 당신은 외상사건을 자신의 탓으로 돌리며 자책하는 일을 멈출 수 있을 것입니다. 외상사건을 겪을 때 자기를 비난하는 것은 아무런 도움도 안 되며, 오히려 회복의 과정을 방해합니다. 비유컨대, 수치심과 자기비난에 사로잡히는 것은 불빛 한 점 없는 방에 혼자 쪼그려 앉아 있는 것과 비슷합니다. 당신은 어두운 방에 갇혀서 아무것도 할 수 없고 옴짝달싹도 하지 못하는 처지에 놓여 있습니다. 당신 마음의 현명한 일부는 가까운 곳에 출입문이 있다는 것을 알고 있습니다. 그러나 당신 마음의 다른 일부는 수치심에 사로잡혀 마비된 상태라서 자리에서 일어나지도 못하고 불을 켤 수 있는 스위치를 찾지도 못합니다. 만약 당신이 불을 켠다면, 자신을 비난하거나 판단하지 않으면서 현재의 상황을 냉철히 볼 수 있다면, 진실을 발견할 수 있을 것입니다. 외상사건은 당신의 잘못으로 일어난 것이 아닙니다. 어서 출입문을 찾아서 밖으로 나와야 합니다. 불을 켜려면 팔을 뻗어서 스위치를 찾아야 합니다. 지금 당신이 얼마나 큰 수치심과 죄책감을 느끼고 있는지 알아차려 보십시오. 그런 감정이 당신을 마비시키도록 내버려 둘 필요는 전혀 없습니다.

해리: "나는 어디로 가고 있나?"

심각한 외상의 생존자는 일상생활이 낯설어지고 주변 세상과 단절된 것 같은 느낌을 경험합니다. 이렇게 자신의 내적 경험 혹은 외적 경험과 접촉하기 어려운 상태를 해리(解離, dissociation)라고 부릅니다. 모든 외상 생존자가 해리 상태에 빠져드는 것은 아닙니다. 그런데 외상사건이 매우 극심했기 때문에 생존자가 해리될 수밖에 없었던 경우(성폭행 혹은 전투 경험)라면, 외상사건이 종료된 이후에 더 심각한 심리적 문제를 경험할 가능성이 높습니다. 🔔[지금 이 순간, 당신의 호흡에 주의를 기울여 보십시오. 천천히 숨을 들이쉬셨다가 천천히 숨을 내쉬는 호흡을 반복하십시오.]

　해리 현상이 빈번하게 유발되는 특수한 상황이 있습니다. 예컨대, 과거에 성폭행 혹은 성추행을 당했던 사람은 현재의 친밀한 대상과 성관계를 맺을 때 자신의 몸에 집중하지 못할 수 있습니다. 지금은 더 이상 위험한 관계가 아니고 만족스러운 관계임에도 불구하고 말입니다. 해리 현상은 마비된 것 같은 무감각증 혹은 어떤 감정도 잘 느끼지 못하는 거리감으로 나타날 수 있습니다. 예컨대, 외상 생존자 중에는 자신이 겪었던 외상사건에 대해서 매우 건조하게 사무적으로 설명하는 사람이 있습니다. 자신의 감정과 거리를 두고 있기 때문에 생생한 감정을 느끼거나 표현하지 못하는 것입니다. 해리 현상이 문제가 되는 이유는 해리를 통해서 자기 자신으로부터 단절될 뿐만 아니라 주변 사람들로부터 단절될 가능성이 높기 때문입니다. 다른 사람과 깊은 관계를 맺기 어려워지는 것입니다.

 **연습과제 1-6**　　당신은 지금 어디에 계십니까?

　현재, 당신의 경험과 얼마나 잘 접촉하고 있는지 따져 보십시오. 지금 이 순간을 온전히 인식하고 있다면 10점에 가깝게, 전혀 인식하지 못하고 있다면 0점에 가깝게 점수를 매겨 보십시오. 당신은 지금 어디에 계십니까?

0 ——————————————————————————— 10

이번에는 당신이 머물기 원하는 곳은 어디인지 체크해 보십시오. 당신이 머물고 싶은 곳을 온전히 인식하고 있다면 10점에 가깝게, 전혀 인식하지 못하고 있다면 0점에 가깝게 점수를 매겨 보십시오.

0 _____ 10

이어지는 2장에서, 여기서 살펴본 인식과 마음챙김에 대해서 곧 논의할 것입니다.

약물과 술: 위험천만한 선택

스트레스 해소라는 명분으로 불법약물이나 알코올에 눈을 돌리는 사람이 있는데, 특히 외상 생존자 중에는 이런 분들이 상당히 많습니다.

누군들 외상과 관련된 불편하고 고통스러운 감정으로부터 벗어나고 싶지 않겠습니까? 그 심정은 충분히 이해할 수 있습니다. 약물을 복용하거나 술을 마시면 부정적인 기억과 감정이 일시적으로 완화됩니다. 아마 당신도 약물이나 술의 도움을 빌려서 괴로운 감정을 떨쳐 내고 외상의 고통을 무뎌지게 했던 경험이 있을 것입니다. 처음에는 복약과 음주가 문제를 개선시키는 것처럼 보이지만, 이런 물질에 의존하거나 중독되면 대개의 경우 오히려 문제가 악화됩니다. 비록 중독 단계에까지 이르지는 않았다고 하더라도, 혹시 당신도 불쾌한 경험을 회피하기 위해서 자꾸 약물이나 알코올에 눈을 돌리고 있지는 않은지 점검해 보시기 바랍니다. 외상 생존자 중에는 만성적인 공허감을 달래기 위해서 술을 마신다고 이야기하는 분들이 있습니다. 하지만 안타깝게도, 그것을 반복하는 과정에서 몸과 마음이 더욱 소진된다는 것을 그들도 모르지 않습니다. 때로는 우울 증상 혹은 외상후 스트레스 증상에서 벗어나기 위해 약물과 알코올에 의지하는 경우도 있습니다. 예컨대, 군 관계자에 따르면, 군인들 중에는 불안을 감소시키려는 목적뿐 아니라 전투에서 겪었던 심각한 외상경험을 다루려는 목적으로 술을 마시는 사람이 많다고 합니다. 참전군인을 대상으로 한 연구(Walser, 2004)에 의하면, 외상 생존자의 입장에서 복약과 음주는 다음과 같은 다양한 기능을 합니다.

- 잠드는 데 도움이 됨
- 긴장을 풀고 이완하는 데 도움이 됨
- 정서적 고통에 둔감해지는 데 도움이 됨
- 걱정과 불안을 줄이는 데 도움이 됨
- 감정을 조절하는 데 도움이 됨
- 현재의 곤경을 피하는 데 도움이 됨
- 불쾌한 기억을 잊는 데 도움이 됨
- 우울감과 실망감을 줄이는 데 도움이 됨
- 수치심을 줄이는 데 도움이 됨
- 타인과 어울리는 데 도움이 됨
- 긍정적 경험을 늘리는 데 도움이 됨
- 공허감을 피하는 데 도움이 됨
- 몽롱하게 마비되는 데 도움이 됨

 연습과제 1-7　　**당신이 약물 혹은 알코올을 복용하는 이유?**

- 이런 긍정적 효과를 얻기 때문이다.

_____

_____

_____

_____

• 하지만 이런 부정적 대가가 뒤따른다.

_____

_____

_____

_____

_____

약물과 알코올을 남용하면 삶의 여러 영역에서 심각한 문제가 더해집니다. 예컨대, 외상경험을 술로 달래는 과정에서 배우자, 파트너, 자녀, 가족, 친구들과의 관계가 나빠질 수 있습니다. 술에 취한 상태 혹은 약물로 흥분된 상태에서는 친밀한 관계를 형성하고 유지하는 것이 어려워지고 효과적인 의사소통이 힘들어집니다. 특히 약물중독자의 배우자(파트너)는 그가 자신과 친밀해지는 것을 원하지 않기 때문에 술을 마신다는 잘못된 생각을 갖기 쉽습니다. 혹은 그 사람과 관계를 유지하기 위해서 어쩔 수 없이 함께 약물을 남용하거나 알코올을 복용하게 될 수도 있습니다. 가장 심각한 문제는 약물중독 혹은 알코올의존 상태에서 아동학대 및 가정폭력을 범하게 될 가능성이 높다는 것입니다(Roberts, Roberts, & Leonard, 1999). 약물에 의존하려는 의도를 가지고 복용을 시작하는 사람은 거의 없습니다. 일반적으로, 고통을 회피하기 위해서 시작한 행동이 점진적으로 악화되어 남용 혹은 의존으로 발전하게 되는 것입니다.

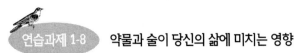

연습과제 1-8 약물과 술이 당신의 삶에 미치는 영향

• 약물이나 술의 힘을 빌어야만 다른 사람들과 어울릴 수 있다고 생각하십니까?

_____

_____

_____

• 약물이나 술의 힘을 빌지 않으면, 긴장을 풀기 힘들거나 즐기기 어렵습니까?

_____

_____

_____

• 불안을 완화시키거나 불쾌한 감정을 떨쳐 내기 위해서 약물이나 술을 복용하고 있습니까?

_____

_____

_____

• 당신의 약물복용 혹은 음주행동에 대해서 걱정하는 사람이 있습니까? 그 사람이 누구입니까?

_____

_____

_____

지금까지는 외상사건을 겪은 사람들에게 일반적으로 나타나는 외상 후유증을 살펴보았습니다. 지금부터는 당신의 개인적 체험에 근거해서 작업하시기 바랍니다. 당신이 겪은 외상사건은 당신에게 어떤 부정적 영향을 미쳤습니까? 외상사건이 당신의 몸과 마음에 끼친 부정적 영향을 살펴보십시오. 아울러, 외상사건이 당신의 인간관계에 끼친 부정적 영향을 살펴보십시오. 안타깝지만, 이 책을 읽는 분 중에는 외상사건을 여러 번 경험했던 분도 계실 것입니다. 이를테면, 아동학대, 가정폭력, 전쟁참전이라는 외상경험을 모두 지니고 계신 분 말입니다. 혹시 그렇다면, 이번 연습과제를 수행할 때는 그 사건들 중에서 한 가지 외상사건만 선택하시기 바랍니다. 당신이 어떤 외상사건을 경험했는지 아래에 간략히 적으십시오.

• 내가 경험했던 외상사건

_____

_____

_____

앞에서 언급했듯이, 외상사건의 후유증은 사람마다 모두 다른 형태로 나타납니다. 그러나 외상 생존자들에게 공통적으로 나타나는 반응도 많습니다. 당신은 "외상사건이 당신에게 어떤 부정적 영향을 미쳤습니까?"라는 질문을 듣고 나서, 너무나 많은 영향을 받았기 때문에 무슨 대답을 해야 할지 몰라서 당황하셨을 수도 있습니다. 혹시 그렇더라도, 그것은 매우 자연스러운 반응이니 염려하지 마십시오. 당신의 경험과 당신 자신에 대해서 글을 쓰는 것이 어려울 수도 있습니다. 당신 내면의 느낌을 제대로 묘사하는 적절한 단어가 떠오르지 않아서 힘들 수도 있습니다. 그래도 괜찮습니다. 거의 모든 외상 생존자가 당신과 비슷한 경험을 합니다. 그러니 할 수 있는 만큼 최선을 다하시기만 하면 됩니다. 혹시 말이 안 되는 것처럼 생각되더라도 개의치 말고 적어 보십시오. 이 연습과제에는 정답도 없고 오답도 없습니다. 아무리 생각해 봐도 적을 것이 없다면 빈칸으로 남겨 두셔도 괜찮습니다. 그것도 외상이 초래하는 정상적인 반응 중의 하나이기 때문입니다.

　우리는 당신이 겪고 있는 외상의 후유증을 정리할 수 있게 도와드리려고 합니다. 그러려면 외상이 당신에게 끼친 부정적 영향을 종류별로 분류할 필요가 있습니다. 또한 각 후유증들이 현재 시점에서 당신의 삶을 얼마나 방해하고 있는지 평정할 필요가 있습니다. 0부터 10까지의 점수를 매겨 보십시오. 0은 전혀 문제되지 않는다는 것을 뜻하고, 10은 매우 심각하게 문제된다는 것을 뜻합니다. 앞으로 이 책의 곳곳에서 당신이 겪고 있는 후유증을 극복할 수 있도록 도와드리겠습니다.

• 먼저, 다음에 제시된 표의 왼쪽 칸에 당신이 겪은 외상경험이 어떤 부정적 영향을 미치고 있는지를 기록하십시오. 다음으로, 오른쪽 칸에 그 후유증의 심각성을 0부터 10까지의 점수로 평정하십시오. 예를 들어 보겠습니다.

외상사건이 미친 부정적 영향	심각성 점수
다른 사람을 믿지 못한다.	8
분노를 폭발시킬 때가 있다.	5

• 앞의 예시를 참고하면서 당신의 경험을 기록해 보십시오.

외상사건이 미친 부정적 영향	심각성 점수

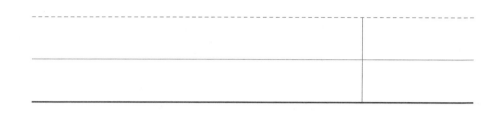

어려운 과제를 수행하시느라 수고하셨습니다. 당신이 기록한 내용을 한 번 더 천천히 훑어보십시오. 외상사건이 당신에게 미친 부정적 영향이 참 다양할 것입니다. 그런데 혹시 그것들이 어떤 비슷한 기능을 공유하고 있는 것처럼 보이지는 않으십니까? 당신이 기록한 것 중에서 일부는 혹시 불쾌한 경험을 회피하는 데 도움이 되는 것이 아닐까요? 곰곰이 생각해 보시기 바랍니다.

외상과 기억에 대한 쟁점과 논란

외상후 스트레스장애 연구자들 사이에서 외상과 기억에 대한 논쟁이 벌어지고 있습니다. 뇌의 기억 시스템이 복잡하기 때문에, 뇌에서 진행되는 정보처리 과정의 강점과 약점에 대한 지식은 여전히 축적되고 있는 중입니다. 일반적으로, 기억이란 과거 경험에서 비롯된 지식을 현재 시점에서 사용하기 위해 되살리는 정보처리 과정을 의미합니다. 그런데 저명한 연구자들의 주장에 따르면, 우리의 마음은 외상과 관련된 불쾌한 경험을 떠올리지 못하도록 막는다고 합니다. 이를테면, 우리의 마음이 아동기 학대 혹은 끔찍한 전투와 같은 외상기억을 부지불식간에 배제하거나 혹은 차단하는 것입니다. 왜냐하면 정보처리를 중단하는 것이 외상에 대처하는 유용한 방법이기 때문입니다.

이 장의 전반부에서 살펴본 것처럼 외상사건을 경험하는 와중에 해리 현상을 보이는 사람이 있습니다. 해리는 외상사건의 충격 때문에 정서적 및 신체적으로 압도되어,

몸과 마음이 정보처리를 중단하고 외부환경과 단절되는 현상을 의미합니다. 해리는 외상 생존자의 입장에서 매우 유익한 자동적 정보처리 과정입니다. 왜냐하면 그 순간에 엄습하고 있는 외상사건에 대처하는 데 도움이 되기 때문입니다. 하지만 해리 상태에서는 기억의 곤란이라는 부작용이 뒤따릅니다. 그래서 외상사건의 일부 혹은 전부를 기억하지 못하는 외상 생존자가 있는 것입니다. 예컨대, 교통사고 생존자들은 해리 현상을 자주 경험합니다. 심각한 교통사고로 인해 신체적 상해를 입었음에도 불구하고, 자신이 교통사고를 당했다는 것 자체를 기억하지 못하는 현상이 바로 해리입니다.

자신이 직접 겪은 외상사건을 분명하고 공고하게 기억하지 못하는 것도 외상과 기억의 관계를 보여 주는 흥미로운 현상입니다. 🔔[지금 이 순간, 당신의 호흡에 주의를 기울여 보십시오.] 인간의 기억은 완전하지 않습니다. 비디오테이프처럼 낱낱이 기록하는 것이 아니기 때문입니다. 경험에 대한 기억은 시간의 흐름에 따라서 변합니다. 외상경험에 대한 기억도 마찬가지입니다. 당신도 "외상사건에 대한 기억을 복구했다."는 표현을 들어 보신 적이 있을 것입니다. 이때 복구된 기억은 때때로 부정확하거나 혹은 완전히 왜곡되었을 수도 있다는 점이 문제입니다. 왜곡된 기억이란 실제로 발생하지 않았던 일까지 끼워 넣어서 완성된 형태로 외상사건을 기억해 내는 현상을 말합니다. 예컨대, 자신은 억울하게 성범죄자의 누명을 쓰고 있다고 주장하는 사람, 처음에는 성적 학대를 당했다고 보고하지만 나중에는 기억이 왜곡되었다고 부인하는 사람이 존재합니다(Loftus, 1993). 더 나아가서, 왜곡된 기억이 만들어진다는 사실은 심리학적 실험을 통해서도 입증되었습니다. 실험에서 사건의 목격자에게 실제와 불일치하는 정보를 추가로 제공했더니, 사건에 대한 기억이 불일치하는 정보에 부합하는 쪽으로 종종 왜곡된 것입니다. 실험 결과를 고려할 때, 외상 생존자를 돌보는 심리치료자는 왜곡된 기억이 우연한 계기에 의해 만들어질 가능성이 있다는 점을 충분히 감안해야 할 것입니다.

복구된 기억의 정확성을 확인할 수 있는 뚜렷한 증거나 방법은 아직까지 개발되지 않았습니다. 그러나 외상후 스트레스 연구자와 치료자들은 차단된 기억, 복구된 기억, 억압된 기억이 실제로 존재한다는 것에 대해서는 전반적으로 동의하고 있습니다

(DePrince & Freyd, 2004). 외상 생존자 중에는 특정한 외상기억을 완전히 차단시킨 사람도 있고, 명료하게 의식하지 못하는 사람도 있습니다. 물론, 당신에게 벌어진 사건의 일부 혹은 전부를 기억하지 못한다면 몹시 고통스러울 것입니다. 그런데 외상사건 자체에 대해서는 기억하지만 그 당시에 어떤 감정을 느꼈는지에 대해서는 전혀 기억하지 못하는 생존자도 있습니다.

우리는 외상과 기억의 관계를 꾸준히 연구하고 있습니다. 우리는 이 정보를 접하면서 당신이 상처받지 않았기를, 그리고 자신에게 문제가 있다고 느끼지 않았기를 바랍니다. 여기서 중요한 것은, 대부분의 외상 생존자가 외상경험에 대해서 무언가를 기억하고 있다는 사실입니다. 비록 그것이 부분적인 기억일 뿐이라고 하더라도 말입니다. 우리가 만났던 외상 생존자들은 "외상과 기억의 관계를 이해하고 나니, 그동안 내가 외상을 극복하기 위해서 나름대로 노력하고 있었다는 느낌이 든다."라고 이야기해 주었습니다. 외상경험과 쉽게 화해하지 못하는 것은 당신만의 반응이 아니며, 넓은 의미로 볼 때 일종의 회피 반응입니다. 하지만 당신이 이 주제에 관심을 갖는다면 외상기억의 권위자인 브레윈(Brewin)의 책 『외상후 스트레스장애: 병폐인가 신화인가? (*Posttraumatic Stress Disorder: Malady or Myth?*)』(2003)를 참고하시기 바랍니다.

막막한 느낌

앞의 연습과제를 수행하시면서 막막한 느낌이 드셨다면, 혹시 인간이 심각한 외상사건을 겪을 때 흔히 동원하는 거의 모든 종류의 노력을 동원하여 외상에 대처하고 있는 것은 아닌지 여쭤 보고 싶습니다. 즉, 당신은 외상경험을 숨기고, 외상경험에서 도망치고, 외상경험을 제거하고, 혹은 외상경험을 덮어 두려고 노력하고 있을지 모릅니다. 당신은 외상과 관련된 기억을 뇌에서 밀어내 버렸거나 혹은 뇌의 깊숙한 곳에 묻어 버렸을 수도 있습니다. 외상의 기억을 들추어내서 굳이 고통을 느낄 필요는 없다고 생각하는 것입니다.

🔔[지금 이 순간, 당신 자신을 어떻게 판단하고 있는지 알아차려 보십시오.]

당신의 심정이 이해가 됩니다. 하지만 외상경험을 억제하고 회피하려는 시도는 시간이 흐를수록 역효과를 일으킵니다. 작은 주전자에 찬물을 가득 넣어 불에 올려 두었다고 가정해 봅시다. 처음에는 별다른 변화가 없겠지만 언젠가는 물이 끓어 넘치지 않겠습니까? 감정을 회피하면 처음에는 고요한 상태를 유지할 수 있을지 모르나, 결국에는 고통스럽고 갈등적인 감정, 생각, 기억이 쌓이고 넘쳐서 당신이 그것을 통제할 수 없는 지경에 이르게 될 것입니다. 비록 좋은 의도에서 시작한 것이라고 하더라도, 필사적인 회피는 당신을 옴짝달싹할 수 없는 상태로 이끌어 갈 것입니다. 외상기억이 문제가 되는 이유는, 때로는 그것이 더 이상 고통스럽지 않은 것처럼 잘못 느껴지기도 하고 때로는 이미 그것을 없애 버린 것처럼 잘못 느껴지기도 하기 때문입니다. 그러나 우리의 경험에 의하면, 당신이 회피를 중단하고 고통에 주목하지 않는 한 외상기억은 당신이 생각지도 못한 상황에서 다시 솟구쳐 오를 것입니다. 그것도 반복해서 말입니다.

자동항법장치의 비유

회피는 삶을 자동항법장치에 내맡긴 채로 살아가는 것과 유사합니다. 자동항법장치 모드로 비행하는 조종사는 조종석에 앉아 있기는 하지만 계기를 살피지도 않고 조종간을 조작하지도 않습니다. 비유컨대, 이런 모드는 당신이 진정으로 원하는 삶의 방향이 무엇인지 인식하여 그곳을 향해 적극적으로 나아가지 못하는 상태를 의미합니다. 앞으로, 어떻게 하면 당신이 다시 조종간을 붙들 수 있는지, 어떻게 해야 삶의 능동적 주체로 회복될 수 있는지 함께 살펴보겠습니다. 그렇게 하기 위해서는 당신이 겪은 외상을 철저하게 인식해야 하며, 외상이 당신의 행동에 어떤 부정적 영향을 끼쳤는지 알아차려야 합니다. 이렇게 자문해 보십시오. "나는 얼마나 오랫동안 자동항법장치 모드에서 살아왔나?"

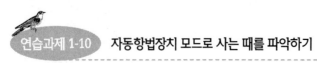

연습과제 1-10 자동항법장치 모드로 사는 때를 파악하기

이 시점에서, 당신이 어떻게 회피하는지 혹은 언제 자동항법장치 모드로 사는지를 몇 가지 영역에서 살펴보겠습니다.

가정생활

• 언제, 어떻게 자각하지 못한 채 자동적으로 행동하십니까?

_____

_____

_____

• 그렇게 행동하는 것이 당신이 원하는 삶을 사는 데 어떤 도움이 됩니까?

_____

_____

_____

• 그렇게 행동하는 것이 당신이 원하는 삶을 사는 데 어떤 방해가 됩니까?

_____

_____

_____

건강

• 언제, 어떻게 자각하지 못한 채 자동적으로 행동하십니까?

_____

- 그렇게 행동하는 것이 당신이 원하는 삶을 사는 데 어떤 도움이 됩니까?

- 그렇게 행동하는 것이 당신이 원하는 삶을 사는 데 어떤 방해가 됩니까?

직장생활

- 언제, 어떻게 자각하지 못한 채 자동적으로 행동하십니까?

- 그렇게 행동하는 것이 당신이 원하는 삶을 사는 데 어떤 도움이 됩니까?

• 그렇게 행동하는 것이 당신이 원하는 삶을 사는 데 어떤 방해가 됩니까?

_____

_____

_____

자동항법장치 모드에 있는 동안에는 당신이 소중히 여기는 가치 있는 삶을 살 수 없습니다. 혹시 자동항법장치 모드는 당신의 삶에서 실제로 벌어지고 있는 현실을 회피하는 수단이 아닐까요? 잘 생각해 보십시오. 곧이어 우리는 체험회피에 대해서 자세하게 살펴보려고 합니다. 체험회피는 다양한 외상 후유증과 밀접한 관련이 있는 가장 일반적인 외상반응입니다. 앞서 언급한 심리적 문제, 이를 테면 외상경험과 관련된 불안, 우울, 스트레스 등을 모두 아우르는 포괄적인 개념이 바로 체험회피입니다(Polusny & Follette, 1995).

체험회피

회피는 거의 모든 외상 생존자가 나타내는 일반적인 외상반응입니다. 외상경험을 회피하고 싶은 심정은 충분히 이해할 수 있지만, 회피가 여러 가지 문제를 일으킨다는 사실을 부인하기는 어렵습니다. 회피가 초래하는 가장 큰 문제는 외상의 치유와 회복을 늦추거나 심지어 방해한다는 것입니다. 앞에서 언급했듯이, 외상사건을 생각하지 않고 불쾌 감정을 느끼지 않으려는 심정은 얼마든지 이해할 수 있지만, 우리가 체험회피라고 칭하는 현상이 결과적으로 더 큰 단절감과 괴로움을 유발한다는 것을 당신도 받아들이셔야 합니다(Hayes et al., 1996).

체험회피(experiential avoidance)란 당신이 경험하고 있는 것을 회피하려는 시도, 피부로 둘러싸인 당신의 내면(즉, 몸과 마음)에서 벌어지고 있는 일을 회피하려는 시도를 의미합니다. 외상사건은 불쾌한 기억, 생각, 감정, 신체감각과 연합되어 있으므로, 외상사건을 겪은 거의 모든 사람은 내면의 고통스러운 체험을 (의식하든지 혹은 의식하지 못하든지) 회피하려고 노력합니다. 예컨대, 강간을 당한 여성은 일상생활을 하다가도 다양한 계기에 의해 강간의 기억을 다시 떠올립니다. 그 기억과 생각이 엄청난 고통을 불러일으키므로, 그녀는 외상기억 대신에 다른 것을 떠올리려고 필사적으로 노력합니다. 이러한 대응전략(사고억제 혹은 사고회피)은 단기적으로 긍정적 효과를 발휘합니다. 왜냐하면 고통스럽지 않은 것을 생각하는 도중에는 직전 순간에 찾아왔던 불쾌감을 더 이상 체험하지 않을 수 있기 때문입니다. 하지만 시간이 흐르면서 체험회피는 장기적으로 부정적 역효과를 초래합니다. 반복적으로 기억, 사고, 감정, 신체감각을 회피하는 과정에서 그녀는 감정 전반을 경험하고 조절하지 못하게 됩니다. 즉, 고통스러운 감정뿐만 아니라 그렇지 않은 감정까지도 제대로 다루지 못하게 되어, 결국에는 자신이 진정으로 원하는 삶을 사는 데 지장을 겪게 되는 것입니다.

많은 심리학자가 사고억제가 무엇이고 그것이 어떻게 작동하는지를 연구하고 있습니다(Wegner, 1994). 예컨대, 당신은 갓 구워 낸 빵이 얼마나 먹음직스러운지 잘 알고 계실 것입니다. 벌써 입에 침이 고였을지도 모릅니다. 그런데 만약 우리가 당신에게 "지금부터 갓 구워 낸 빵에 대해서 '절대로' 생각하지 말라."라고 지시한다면 과연 어떤 일이 벌어질까요? 당신은 갓 구워 낸 빵의 이미지, 냄새, 식감, 풍미 등 어떤 것도 절대로 떠올려서는 안 됩니다. 하지만 당신은 갓 구워 낸 빵을 벌써 떠올렸을 것이 분명합니다! 당신이 아무리 최선을 다한다고 할지라도, 어떤 생각과 감정을 통제하고 무시하고 억제하려고 노력하면 할수록 정확히 그 반대의 결과를 얻게 됩니다. 필사적으로 억제하고자 했던 경험이 오히려 유지되거나 심지어 증가되는 역설적 반동효과가 초래되는 것입니다(Salkovskis & Campbell, 1994; Wegner, Erber, & Zanakos, 1993). 다시 강간을 당했던 여성의 사례로 돌아갑시다. 그녀는 외상기억을 떠올릴 때마다 두려움과 슬픔을 체험하고 그것을 무시하거나 변화시키려고 노력합니다. 하지만 그런 노력은 외상경험을 훈습하는 능력과 감정 반응을 수용하는 능력을 훼손할 뿐입니다. 그러나 만약 그녀가 외상경험을 훈습하고 감정 반응을 수용한다면, 외상경험에 휘둘리는 일이 줄어들 것이며 종국에는 외상경험을 자신의 일부로 통합할 수 있을 것입니다. 만약 당신이 부정적 감정을 회피하고 차단한다면, 당신은 긍정적 감정까지도 회피하고 차단하게 될 가능성이 높습니다. 만약 당신의 삶에서 진정한 정서체험이 완전히 사라진다면 어떤 일이 벌어지겠습니까? 그 결과는 우리가 앞에서 논의했던 심리적 문제, 즉 자동항법장치 모드에서 살면서 겪게 되는 우울증, 인간관계 곤란, 혹은 약물남용 등입니다.

인간은 외상사건과 연합된 고통스러운 생각과 감정을 회피하는 데 도움이 된다면 그것이 무슨 일이든 기꺼이 행동으로 실행하는 경향이 있습니다. 예컨대, 여러 번의 전투경험이 있는 참전군인의 사례를 생각해 봅시다. 그에게는 불쾌감을 유발하기 때문에 회피하고 싶은 외상기억이 많습니다. 아마도 그가 술을 마시는 이유는 술에 취하면 그 기억과 연합된 불쾌감의 체험을 회피할 수 있기 때문일 것입니다. 아마도 그가 주변 사람들에게 자신의 전투 경험이나 무용담을 이야기하지 않는 이유도 비슷할 것입니다. 그는 외상기억을 떠올리게 만드는 상황이나 대화를 회피하기 위해서 다른 사람들과 어울리지 않고 외롭게 혼자 지냅니다. 그가 구사하는 모든 대처전략은 불쾌감으로부터 자신을 보호하기 위한 수단입니다. 하지만 그의 회피행동은 장기적인 역효과를 초래합니다. 그는 가족과 어울리지 못하고, 친구를 사귀지 못하며, 알코올의존 상태에 빠지게 될지 모릅니다. 이것이 행동적 회피(behavioral avoidance)입니다. 즉, 수치심이나 외상기억과 같은 내현적 체험을 회피하기 위해 외현적으로 행동하는 것을 뜻합니다. 앞의 사례에 대입하면, 강간을 당했던 여성은 그 기억을 촉발시키는 장소에 가지 않는 행동적 회피, 그 기억을 떠올리게 만들지 모르는 TV 뉴스를 시청하지 않는 행동적 회피를 반복하고 있습니다. 취약하고 두려운 상태에 놓이는 것을 피하기 위해서 그녀가 더 이상 남자들과 데이트를 하지 않는 것도 행동적 회피의 한 예가 될 수 있을 것입니다.

 **불쾌감을 회피하기 위해서 당신이 하는 행동**

당신은 불쾌감을 회피하기 위해서 어떤 행동을 하고 있습니까? 행동적 회피는 의식적일 수도 있고 의식하지 못한 채 일어날 수도 있습니다. 외상경험과 연합되어 있는 고통스러운 기억, 생각, 감정을 회피하기 위해서 당신이 주로 하는 행동은 무엇입니까? 당신이 그런 행동을 하는 이유가 적어도 단기적으로는 당신에게 도움이 되기 때문이라는 점을 기억하십시오. 그러니 당신을 비난할 필요는 없습니다. 당신이 어떤 회피전략을 사용하고 있는지 알아차려 보시고, 그것이 단기적으로 어떤 도움을 주는지 살펴보십시오. 아울러, 그런 행동이 장기적으로는 어떤 이득과 손해를 가져다주는지 따져 보십시오. 첫째 줄의 예시를 참고해서 기록해 보십시오.

불쾌 감정 회피행동	단기적 이득	장기적 이득	장기적 손해
파티에 가지 않음	당황하지 않게 됨	남들이 나를 괜찮은 사람이라고 여김	친구가 없음

마음을 기록하기

이 책의 남은 부분에서, 당신이 무엇을 회피해 왔는지 살펴보고 그 경험에 한 발짝 가까이 다가갈 수 있도록 우리가 도와 드리겠습니다. 🐚[방금 우리가 한 이야기를 들으면서 당신의 내면에 어떤 반응이 일어났습니까? 알아차려 보십시오.] 우리가 함께하는 과정에서 당신의 참 자기를 발견하고, 당신에게 소중한 가치와 목표를 확인하며, 당신이 진정으로 원하는 삶의 방향으로 나아갈 수 있게 되기를 바랍니다. 이를 위해 가장 먼저 해야 할 작업은 당신의 내면과 외면에서 어떤 일이 벌어지고 있는지를 알아차리는 것입니다. 그런 의미에서, 각 장의 마지막에 마음기록장을 마련해 두었습니다. 각 장을 읽으면서 당신이 경험한 내용을 이곳에 적어 보시기 바랍니다. 아직 아무것도 기록하지 않으셨다면, 지금 잠깐 시간을 내서 당신의 내면에 대해서 관찰했던 내용을 적어 보십시오.

 마음기록장

◆ 생각

_____

_____

_____

◆ 감정

_____

_____

_____

◆ 자기판단

_____

_____

_____

◆ 신체감각

_____

_____

_____

◆ 행동하고 싶은 충동(어떻게 하고 싶습니까?)

_____

_____

Chapter 02

마음챙김으로
안전한 토대 구축하기

외상의 치유
인생의 향유

마음챙김으로
안전한 토대 구축하기

"바로 지금, 이 순간이 지나가고 있다! …… 이 순간에 주목해야 한다."

– 폴 세잔

지금 이 순간

다음에 제시한 그림이 어떤 그림인지 말씀하실 수 있겠습니까? 평범한 풍경화처럼 보이기 때문에 처음에는 특별한 점을 발견하지 못하셨을 것입니다. 하지만 그렇지 않습니다. 주의를 기울여서 다시 살펴보면 뚜렷하게 구분되는 두 개의 대상을 찾아낼 수 있습니다. 이젤 위에 그림이 그려진 캔버스가 놓여 있고, 그 캔버스의 오른쪽과 위쪽에는 그림의 피사체인 실제 풍경이 묘사되어 있습니다. 아직 모르시겠다면 다시 한 번 살펴보십시오. 이젤 위에 놓여 있는 캔버스가 보이십니까? 그 캔버스 오른쪽의 하얀색 모서리에 스테이플러 자국이 일정하게 찍혀 있고, 그것을 경계로 그림과 풍경이 구분된다는 것도 발견하셨습니까? 그림과 풍경이 동일하기 때문에 의문을 품고 자세히 살펴보지 않으면 여간해서는 변별하기 어렵습니다. 하지만 두 개의 대상은 완전히 다릅니다. 실제 풍경에는 젖소와 외양간이 있을지 모릅니다. 그러나 화가는, 이유는 모르겠지만, 오직 나무와 초원과 동산을 그려 놓았습니다. 그러므로 만약 우리가 이 그림이 실제 풍경을 정확하게 표상하고 있다고 가정한다면 엄청난 실수를 범하게 될 것

르네 마그리트, 〈인간의 조건〉(1993).

입니다. 르네 마그리트(René Magritte)가 이 그림을 통해서 말하고 싶었던 것은 무엇일까요? 그것은 이 그림의 제목 〈인간의 조건〉에 함축되어 있습니다. 인간은 어떤 사건에 대한 자신의 지각, 생각, 걱정, 예상, 감정, 기억, 신체감각(즉, 그림)과 실제로 벌어진 사건(즉, 풍경)을 혼동하는 속성을 가지고 있다는 것을 화가가 예리하게 간파한 것입니다. 우리는 지각과 사건을 제대로 구분하지 못합니다. 그런데 바로 이러한 혼동 때문에 우리가 심각한 고통을 겪게 됩니다(Hayes, Strosahl, & Wilson, 1999).

비유컨대, 2장의 핵심주제인 마음챙김(mindfulness)은 풍경으로부터 그림을 구분하고 또한 그림으로부터 풍경을 변별하기 위해서 주의를 기울이는 작업입니다. 마음챙김을 소개하는 이유는 그것이 외상사건을 다루는 작업에 도움이 되기 때문입니다. 외상경험이 당신을 동요시키는 순간에 즉각적 반응을 하지 않은 채 한 발짝 물러나서 건강한 반응을 선택하기를 원한다면, 결정적인 첫 단계인 마음챙김 기술을 훈련해야 합니다. 아울러, 마음챙김은 우리가 앞으로 함께 할 모든 작업의 근본적 토대를 마련해 줄 것입니다.

 **연습과제 2-1** **당신이 현재 사용하고 있는 전략**

새로운 기술을 연마하기에 앞서, 외상경험에 대처하기 위해서 당신이 지금까지 어떤 전략을 사용해 왔는지 살펴봅시다. 다음에 제시한 표의 첫째 칸에는 당신이 사용하는 대처전략을 종류별로 기록하십시오. 가운데 칸에는 각 대처전략을 얼마나 오랫동안 사용하고 있는지 적으십시오. 마지막 칸에는 각 대처전략이 얼마나 효과적이었고 유용했는지를 따져 본 후, 0점부터 10점까지의 점수를 매기십시오. 0점은 전혀 유용하지 않다는 것을 뜻하고, 10점은 매우 유용하다는 것을 뜻합니다.

대처전략	사용기간	유용성(0~10)

잠시 시간을 내어 당신이 구사하는 대처전략 목록을 살펴보십시오. 유용성이 떨어지는 대처전략들은 어떤 공통점을 가지고 있습니까? 그것을 알아차려 보십시오. 효과적이지 못한 대처전략은 대부분 과거 시점에 겪었던 외상사건 혹은 현재 시점에 문제되는 생활사건이 유발하는 고통스러운 감정과 접촉하거나 체험하는 것을 회피하려는 목적으로 사용되는 전략들입니다. 당신은 지금 첫 번째 단계를 진행하고 있습니다. 그러므로 지금까지 어떤 대처전략을 구사해 왔고 그 전략이 과연 유용했는지를 기꺼이 알아차리기만 하면 됩니다. 당신 자신을 비난하지 마십시오. 어쩌면 당신은 어느 정도는 유익하다고 평가할 수 있는 미묘한 회피전략을 구사해 왔을지도 모릅니다. 예컨대, 어떤 학생이 관계 상실의 슬픔을 잊으려고 공부에 몰두해서 결과적으로 좋은 성적을 받았다면, 그 대처전략이 어느 정도는 유익하다고 평가할 수 있을 것입니다. 우리는 이런 유형의 대처전략을 구사해서 전체 과목에서 A학점을 받은 학생 혹은 직장에서 상당한 성취를 이룬 사람을 알고 있습니다. 우리는 이런 대처전략이 나쁜 것이라고 판단하고 싶지는 않습니다. 다만 당신의 삶에서 그런 대처전략이 어떤 기능을 하는지 곰곰이 따져 보시기를 바랄 뿐입니다. 만약 당신이 정말로 즐거워서 일에 몰두하는 것이

아니라, 당신이 나쁜 사람이라는 느낌을 회피하려고 혹은 괴로운 기억을 떠올리지 않으려고 혹은 주변 사람을 기쁘게 해 주려고 일에 몰두하는 것이라면, 그것이 진정으로 당신이 원하는 삶인지 한번 점검해 보시기 바랍니다.

과도한 음주, 약물남용, 힘겨운 감정을 회피하려는 그 밖의 방편 등도 사람들이 흔히 구사하는 부적응적 대처전략입니다. 어떤 사람들은 칼로 손목을 긋거나, 담뱃불로 몸을 지지거나, 갖가지 방법으로 자기 몸에 상처를 입히는 자해행동을 하기도 합니다. 그 사람 입장에서는 이것도 대처전략이겠지만 부적응적이라는 것이 큰 문제입니다. 당신이 구사하는 대처전략이 무엇이든, 수많은 사람이 당신과 비슷한 방법으로 고통을 다루려고 노력하고 있다는 것을 기억하십시오. 해 아래 새로운 것은 없습니다. 그러나 이러한 대처전략을 구사하는 사람들은 대부분 비밀스럽게 행동하며, 자기 자신에 대해서 엄청난 수치심을 느낍니다. 우리가 이 책을 쓴 이유는 당신을 판단하기 위해서가 아니라 새로운 행동을 시도해 보도록 권유하기 위함입니다.

회피하지 마십시오

체험회피가 자연스러운 외상반응이라는 점에 대해서는 여러 번 이야기했습니다. 그러나 우리의 임상 경험에 의하면, 고통과 괴로움을 다루는 적절한 방법은 그것을 밀어내고 회피하는 것이 아니라 오히려 겪어 내고 훈습하는 것입니다. 예컨대, 거미공포증을 극복하려면 어떤 방식으로든 거미에 노출하고 접촉해야 합니다. 물론, 거미에 노출한다고 해서 거미가 우글거리는 방에 들어가게 하거나 혹은 경고도 없이 거미를 얼굴에 집어던지는 것은 결코 아닙니다. 그런 식으로 노출하면 거미에 대한 공포가 감소되는 것이 아니라 오히려 증가되는 역효과가 나타납니다. 마찬가지로, 외상사건과 연합된 괴로움을 줄이려면 외상사건의 본질에 조심스럽게 점진적으로 다가가서 견뎌 내고 훈습해야 합니다. 다만 무엇에, 어떻게, 그리고 언제 다가갈지는 당신이 선택하고 통제할 수 있습니다(Riggs, Cahill, & Foa, 2006). 우리는 절대로 당신에게 거미를 집어던지지 않겠습니다.

그래서 우리는 안전한 토대를 먼저 구축하려고 합니다. 장차 외상경험을 다루는 몹시 힘겨운 작업을 해내려면, 당신의 내면과 외면에서 지금 어떤 일이 벌어지고 있는지를 전보다 더 잘 알아차릴 수 있어야 합니다. 잘 알아차리는 것, 즉 마음챙김은 체험회피와 정반대의 과정이며, 당신이 소중히 여기는 삶을 효과적으로 살아갈 수 있도록 도와주는 안전한 토대입니다. 우리의 임상경험에 비춰 보면, 외상사건을 겪은 사람들 중에는 어렸을 적에 이런 기술을 전혀 배우지 못했거나 혹은 건강하지 못한 대처전략에 함몰되어 버려서 자신이 구사하던 것 외에는 다른 대처전략이 유익할 수 있다는 것조차 모르는 사람이 있습니다. 우리는 당신이 더 효과적인 대처전략을 배우고 익혀서 외상 작업을 하는 동안에 자신을 잘 돌볼 수 있기를 바랍니다. 그런 이유에서, 우리가 소개하는 마음챙김 기술을 일종의 도구로 받아들이시기를 권합니다. 마음챙김 기술은 당신이 원하는 삶의 목표에 다가가도록 도와주는 한 가지 방법입니다. 어쩌면 당신은 이런 작업이 당신에게 별로 도움이 되지 않는다고 느낄 수도 있고, 그것을 매우 어리석은 일이라고 여기고 계실 수도 있습니다. 앞에서 말씀드렸듯이, 우리는 개방적인 태도로 시도해 보시라고 권하고 싶습니다. 어떤 의미에서 우리 모두는 각자의 삶에 대한 전문지식을 갖고 있는 심리학자입니다. 우리는 자신이 왜 어떤 행동을 하는지 이해하고 싶어 하며, 삶에서 겪는 문제를 좀 더 잘 다룰 수 있는 방법을 찾고 싶어 합니다. 심리학자가 하는 일은 새로운 가설을 실험해 보고 무엇이 효과적인 방법인지 찾아내는 것입니다. 당신도 그렇게 노력해 보시면 좋겠습니다.

마음챙김

안전한 토대를 구축하고, 새로운 기술을 학습하며, 당신의 삶을 변화시키는 첫 단계는 당신이 지금 이 순간에 경험하고 있는 것을 더욱 세밀하게 알아차리는 작업입니다. 앞에서 언급했듯이, 우리가 고통(pain)을 회피하고 밀어내려고 필사적으로 노력할 때 부질없는 괴로움(suffering)이 추가로 찾아옵니다. 대부분의 괴로움은 미래를 예측하거나 과거를 반추하는 과정에서 발생합니다. 다시 말해, 현재 시점에 엄청난 고통이 실재하는 경우는 거의 없습니다. 대개의 경우, 괴로움은 과거 혹은 미래에 대한 것입니다. 잠깐 생각해 보십시오. 당신이 지금 지니고 있는 고통 중에서 미래에 관한 것("내일 출근시간을 지킬 수 있을까?") 혹은 과거에 관한 것("지난 번 발표 때 내가 얼마나 바보처럼 보였을까!")이 얼마나 많은 비중을 차지하고 있습니까?

이 작업의 목표가 지금 이 순간에 당신의 삶에서 벌어지고 있는 것을 알아차리고 그것과 함께 현재에 머무는 것이므로, 먼저 마음챙김이 무엇인지 이야기하겠습니다. 앞에서 설명했듯이, 마음챙김은 안전한 토대를 구축하는 핵심과정이며 이 책에서 소개하는 여러 개념을 성공적으로 적용하기 위해 꼭 필요합니다.

지난 한 주를 어떻게 보냈는지 생각해 보십시오. 다음 중에서 어떤 행동이라도 한 적이 있습니까?

- 운전하면서 휴대전화로 통화하기
- 독서하면서 혹은 대화하면서 음악 듣기
- 배우자 혹은 친구의 이야기를 들으면서 계획 세우기 혹은 목록 만들기
- 통화하면서 설거지하기 혹은 컴퓨터 조작하기
- 식사하면서 TV 시청하기
- 식사와 동시에 통화하면서 TV 시청하기
- 식사 및 통화와 동시에 잡지 보면서 TV 시청하기

이 중에서 하나 혹은 그 이상의 행동을 해 본 적이 있다면, 한 번에 한 가지 일에 주의를 기울이는 것이 얼마나 어려운지 잘 알고 계실 것입니다. 요즘처럼 한 번에 여러 가지 일을 해내야 하는 멀티태스킹 시대에 마음챙김을 잘하려면 어떻게 해야 되겠습니까? 오로지 연습하고, 연습하고, 연습하는 방법뿐입니다.

마음챙김의 개념은 주로 심리학과 전통종교에서 논의되어 왔습니다(Brach, 2003; Chodron, 2001; Hayes & Smith, 2005; Linehan, 1993a, 1993b; Kabat-Zinn, 2005; Nhat Hanh,

1987; Zindel, Williams, & Teasdale, 2002를 참고하십시오). 마음챙김에 대한 견해가 제각 각 다르기는 하지만, 기본적으로 당신의 신체, 당신의 마음, 당신의 인생을 자각하는 과정이 포함된다는 점에서는 동등합니다. 마음챙김의 목표는 다음과 같습니다.

- 내적 및 외적 경험에 주목하면서 현재의 삶을 살기
- 주의를 기울이는 대상이 아니라 주의 그 자체를 통제하기
- 과거나 미래가 아닌 현재의 순간에 존재하기
- 판단하거나 회피하지 않으면서 경험을 인식하고 자각하기

마음챙김은 외상에서 빠져나와 삶으로 돌아가기 위해 거쳐야 할 첫 단계입니다. 마음챙김은 특정한 외상사건의 생존자뿐만 아니라 모든 사람에게 적용할 수 있습니다. 현대 사회는 우리로 하여금 자신의 삶에 현존하지 못하도록 강요합니다. 이 책을 선택 했다면, 당신이 자신의 삶을 더 의미 있고 활기차게 변화시키려는 충분한 동기와 그렇 게 하기 위해서는 어떤 일을 해야 하는지를 자각하는 힘을 지니고 있다는 뜻입니다. 잘 알아차리려면 속도를 충분히 늦춰야 합니다. 속도를 늦춰야 우리의 행동에 영향을 미치는 다채로운 요소들을 온전하게 인식할 수 있습니다.

당신은 늘 자동변속기 차량만 운전해 왔는데 갑자기 수동변속기 차량의 운전방법을 배워야 할 일이 생겼다고 가정해 봅시다. 아마 학습의 초반에는 몇몇 작업에 모든 주 의 자원을 집중해야 할 것입니다. 예컨대, 왼발로 클러치페달을 밟고 있다가, 오른발 로 가속페달을 밟으면서, 클러치를 밟고 있는 왼발을 자연스럽게 떼는 데 모든 에너지 를 소모해야 할 것입니다. 시간이 흘러 익숙해지면 이 과정을 자동적으로 해낼 수 있 지만, 처음 배울 때는 모든 주의 역량을 그 과제에 쏟아야 합니다. 새로운 기술을 배울 때 혹은 기존의 습관을 교정할 때는 언제나 이와 비슷한 과정을 겪습니다. 예컨대, 테 니스에서 백핸드 스트로크 기술을 향상시키려고 할 때, 새끼손가락을 포함시켜서 타 자를 치려고 할 때, 악보의 특정 부분을 더 유려하게 연주하려고 시도할 때는 그렇게 해야 합니다.

우리의 내면에서 벌어지는 학습과정도 별반 다르지 않습니다. 기존에 익숙했던 방식과 다르게 행동하기 위해서는 그 경험에 꾸준히 주의를 기울여서 알아차려야 합니다. 만약 당신이 동료, 친구, 파트너에게 불같이 성질을 내는 행동을 그만두고 싶다면, 당신의 내면과 외면에서 어떤 일이 벌어지고 있는지를 먼저 알아차려야 합니다. 당신이 분노감정을 느끼고 있다는 것을 먼저 알아차려야 차츰 분노행동을 중단할 수 있습니다. 특히 당신의 안전과 직결된 주제일수록 더욱 그렇습니다. 충동적으로 행동하거나 무분별하게 행동할 때 당신의 안전에 위협이 생기기 때문입니다. 충동성과 무분별은 알아차림의 적입니다.

앞으로 우리는 지금 이 순간에 당신이 어떤 경험을 하고 있는지를 잘 알아차릴 수 있도록 도와주는 다양한 연습과제를 수행하면서 마음챙김 기술을 함께 연마할 것입니다. 위기의 순간이 찾아왔을 때 감정과 생각이 이끄는 방향으로 휩쓸리지 않고 당신이 소중히 여기는 가치에 부합하는 행동을 선택하기 위해서는 연습을 게을리하지 말아야 합니다.

마음챙김과 외상 생존자

외상 생존자는 각자의 방식으로 외상경험에 대처합니다. 사람마다 스트레스를 다루는 방식이 다르고, 심지어 동일한 사람의 대처방식도 시간 혹은 상황에 따라서 현저하게 다를 수 있습니다. 이렇게 판이하게 다른 대처방식(예: 접근-회피, 억제-폭발)을 번갈아 구사하면 외상경험을 온전히 소화시키는 데 어려움을 겪습니다. 이것을 '외상이 초래하는 변증법적 긴장'이라고 부릅니다(Herman, 1992). 어떤 사람은 고통에 무감각해지고, 어떤 사람은 고통에 과민해집니다. 2장 첫머리에서 인용한 인상파 화가 폴 세잔(Paul Cezanne)의 말처럼 마음챙김은 지금 이 순간에 온전히 주목하는 것입니다.

🔔[지금 이 순간, 당신의 주의는 어디에 놓여 있습니까?]

당신을 둘러싸고 있는 주위 환경을 새로운 관점에서 알아차리는 것도 마음챙김의 일부입니다. 흥미롭게도, 외상 생존자 중에는 주위 환경을 전혀 인식하지 못하는 사람도 있고 혹은 극도로 예민해지는 사람도 있습니다. 이것도 외상 생존자에게서 관찰되는 정반대의 패턴입니다. 어떤 사람은 정보처리를 중단하고 아무것도 인식하지 못한 채 생활하기 때문에 현실감각이 훼손되고 신체감각을 느끼지 못합니다. 비유컨대, 짙은 안개로 인해 주변 상황을 전혀 인식할 수 없는 상태와 비슷한 것입니다. 반면, 어떤 사람은 자기의 내부와 외부에서 일어나는 경험을 너무 세밀하고 강렬하게 인식하기 때문에 고통스러워지는 과잉경계 상태에 빠집니다.

위험한 상황에서 살아남은 사람 중에는 주위 환경에 지나치게 예민하게 반응하는 분이 있습니다. 때로는 주위 환경에 극도로 민감해지는 것이 적응에 도움이 되기도 합니다. 예컨대, 전투 중인 군인은 작은 소리에도 예민하게 반응해야 위험을 미리 발견하고 대응할 수 있을 것입니다. 그러나 전투 상황이 아닌 일상생활에서 그렇게 과민해진다면 적응하는 데 어려움을 겪게 됩니다. 만약 당신이 심각한 가정폭력의 피해자라면, 당신은 주변 사람의 미묘한 심경 변화에 신경을 곤두세우면서 폭력사태가 임박했다는 징후를 포착하기 위해 노력했을 것입니다. 적군에게 노출되기 전에 적군의 동태를 먼저 파악하는 것이 유익한 것처럼, 과잉경계는 당신의 목숨을 부지하는 데 때때로 도움이 되었을 것입니다. 혹은 과잉경계를 통해서 당신은 통제감을 느낄 수 있었을지도 모릅니다. 즉, 과민하게 경계했기 때문에 부정적인 사건이 언제 벌어질지 미리 예측할 수 있었을 것이라는 말입니다. 우리가 만났던 참전군인들은 국가를 위해서 전투에 참여했을 때만큼 자신이 살아 있다는 느낌을 절실하게 느껴 본 적이 없었다고 이야기합니다. 이것은 일종의 흥미로운 역설인 셈입니다. 현재 당신의 삶에서 과잉경계가 어떻게 작동하고 있는지 살펴보시기 바랍니다.

이처럼 모든 자극에 극도로 예민하게 반응하는 것은 우리가 이야기하는 진정한 마음챙김이 아닙니다. 오히려 이것은 극심한 스트레스 상황에서 유발되는 과잉각성 상태로서 심리적 및 신체적으로 상당한 부담을 초래합니다. 심리적 측면에서, 사소한 세부사항에 지나치게 몰두하면 전체적인 조망을 잃어버리기 쉽습니다. 2장의 첫머리에서 살펴봤던 그림의 경우처럼 말입니다. 또한 과잉각성 상태에서는 상황을 잘못된 방식으로 해석하기 쉽습니다. 예컨대, 만약 당신이 밤중에 집 안에서 나는 작은 소리들을 모두 위험신호로 해석한다면, 불안해서 결코 숙면을 취할 수 없을 것입니다. 만약 당신이 주변 사람의 미세한 행동 변화에 극도로 예민해진다면, 별스럽지 않은 변화에 대해서도 그들이 흥분해서 당신에게 화를 내고 있다는 잘못된 해석을 내릴 가능성이 높아집니다. 사실 그들은 자신들의 문제를 다루고 있을 뿐인데도 말입니다. 신체적 측면에서, 극도의 스트레스 상태에서 오랫동안 과잉각성이 지속되면 신체건강에 여러 가지 문제(예: 심장병, 고혈압, 스트레스 질환 등)가 생길 수 있습니다(Kabat-Zinn, 2005).

🔔[지금 이 순간, 어떤 생각, 판단, 감정이 떠올랐습니까?]

우리의 경험에 의하면, 외상경험과 씨름하는 사람은 자신의 고통스러운 생각 및 감정에 접촉하지 않고 회피할 수 있는 방법을 잘 찾아냅니다. 비록 항상 그런 것은 아닐지라도, 사소한 촉발자극에 의해서도 회피 반응이 유발되어 현재의 삶과 단절되는 일이 벌어질 수 있습니다. 이런 식으로 외상경험에서 벗어난다면 그것은 진정한 치유가 아니라 일시적 눈속임에 불과합니다. 결과적으로, 회피하고 싶은 고통스러운 생각과 감정의 덫에 더 자주 빠져들게 되기 때문입니다. 외상을 훈습하기 위해서는 치유과정을 고수해야 합니다. 다시 말해, 당신의 생각과 감정이 당신에게 도망치라고 종용할지라도 이 책을 회피하지 않고 읽는 행동과 같은 바람직한 노력을 지속해야 합니다. 그래서 우리는 당신에게 지금 이 순간으로 돌아올 수 있는 몇 가지 방법을 소개하고 연습하려고 합니다. 이 책의 곳곳에서 마음챙김의 종(🔔)이 울릴 때마다 당신의 경험을 살펴보는 것도 그러한 노력의 일부입니다.

연습과제 2-2 **이번 주의 알아차림을 평정하기**

- 0점부터 10점까지의 점수를 매기십시오. 0점은 전혀 무감각하지 않았음을 의미하고, 10점은 완전히 무감각해서 아무것도 알아차릴 수 없었음을 의미합니다. 이번 주에 당신은 얼마나 무감각했습니까? _____

• 0점부터 10점까지의 점수를 매기십시오. 0점은 전혀 과잉경계하지 않았음을 의미하고, 10점은 완전히 과잉경계해서 자신의 느낌과 타인의 행동을 모조리 알아차렸음을 의미합니다. 이번 주에 당신은 얼마나 과도하게 경계했습니까? _____

당신의 행동을 변화시키기 위해서는 지금 이 순간에 당신이 어디에 있는지를 더욱 면밀하게 관찰하고 알아차릴 수 있어야 합니다. 앞으로 일주일 동안 0점(낮은 자각)부터 10점(높은 자각)까지의 척도를 사용해서 '자각의 온도'를 측정해 보시기 바랍니다. 이를 통해서 당신이 어떤 상황에서 무감각해지는지, 어떤 상황에서 과잉경계하게 되는지 파악해 보십시오. 무감각 혹은 과잉경계 때문에 자각의 온도가 낮아지는 일이 생기면, 현재의 순간으로 주의를 되돌려서 집중하기 위해 노력하십시오. 아울러, 이 작업을 하는 동안 자신을 판단하지 말고 친절하게 대하시기 바랍니다.

앞으로 당신에게 다양한 연습과제를 제시할 텐데, 그 이유는 연습과제의 효과가 사람마다 다르게 나타나기 때문입니다. 각 연습과제를 통해서 최대의 효과를 얻기 위해서는 먼저 1~2회 정독하신 뒤에 수행하는 것이 좋습니다. 여러 번 연습하신 다음에는 그 과제를 수행한 경험에 대해서 간단한 글을 쓰시라고 요청하겠습니다.

마음챙김은 당신의 내부 및 외부에서 벌어지고 있는 사건에 접촉하는 작업과 머무르는 작업 사이에서 미묘한 균형을 유지하는 것입니다. 이렇게 접촉하는 이유는 당신이 어떤 경험을 하더라도 그것을 자비로운 태도로 지혜롭게 대할 수 있도록 이끌기 위해서입니다. 또한 당신의 경험에 휘둘리지 않으면서 그것을 인식하고 음미하며 조망할 수 있도록 돕고, 당신 자신과 당신의 정체감을 유지할 수 있도록 돕기 위해서입니다. 더 나아가서, 마음챙김을 훈련하는 궁극적인 이유는 그렇게 할 때 삶을 더욱 효율적으로 살 수 있기 때문입니다. 반복적으로 지금 이 순간에 주의를 기울이는 작업은 다른 고려사항은 무시하고 한 가지만 지나치게 생각하는 방식의 알아차림과는 질적으로 다릅니다. 마음챙김은 당신이 진정으로 소중하게 여기는 가치 있는 삶의 방향으로 나아가는 수단입니다. 지금부터 다양한 방식으로 마음챙김을 훈련할 수 있도록 몇 가지 연습과제를 소개하겠습니다. 여기서 가장 중요한 요소는 마음챙김 상태로 깨어 있는 것입니다.

연습과제 2-3   마음챙김으로 알아차리기

지금 이 순간을 알아차리는 가장 기본적인 연습부터 시작하겠습니다. 지시문을 정독하신 뒤에 조용히 자리에 앉으십시오. 그리고 당신의 주위에서 어떤 일이 일어나고 있는지 알아차려 보십시오. 서두르지 말고 천천히 하시기 바랍니다.

- 당신이 앉아 있는 의자에 주의를 기울여 보십시오. 의자가 어떤 색깔입니까? 질감이 어떻습니까? 온도는 얼마나 됩니까? 어떤 재질로 만들어졌습니까?
- 당신이 머물고 있는 방의 불빛에 주의를 기울여 보십시오. 얼마나 밝습니까? 벽면의 어느 한 쪽을 밝히고 있습니까, 아니면 방 안을 두루 비추고 있습니까? 불빛이 내는 열감은 얼마나 되는지 느껴지십니까?
- 당신이 머물고 있는 방에 있는 다른 가구들의 색깔에 주의를 기울여 보십시오. 아울러, 바닥과 천장의 색깔에도 주의를 기울여 보십시오.
- 잠시 시간을 내서 당신이 지금 어디에 머물고 있는지 천천히 둘러보십시오. 당신은 이곳에 벌써 수백 번도 넘게 머물렀을 수 있지만, 이처럼 익숙한 공간을 제대로 알아차린 적은 한 번도 없었을지 모릅니다. 이곳에 처음 방문했다는 마음을 품고 새로운 시각으로 바라보십시오.

무엇을 알아차리셨습니까? 과거에는 인식하지 못했던 새로운 점을 발견하셨습니까? 어떤 판단이 떠오릅니까? 어떤 감정 반응이 일어납니까? 어떤 생각이 떠오릅니까? 그것을 간단히 적어 보십시오.

_____

_____

_____

_____

　이 연습과제를 수행하는 데 어떤 어려움이 있었습니까? 혹시 '이건 어리석은 짓이야.' 또는 '이게 무슨 도움이 될까?'라는 생각이 떠올랐습니까? 혹시 과거 또는 미래에 대한 생각을 하느라 주의가 흐트러졌나요? 그동안 늘 당신 주위에 있었지만 제대로 인식하지 못했던 무언가를 알아차리셨습니까? 이런 반응들은 모두 정상적이고 자연스러운 반응입니다. 그러한 반응 역시 있는 그대로 알아차려 보십시오. 이것이 모두 마음챙김의 일부입니다. 당신이 주의를 기울이는 대상이 아니라 주의 그 자체를 통제하는 것이 진정한 마음챙김입니다. 즉, 당신이 주의를 기울이는 대상을 반드시 좋아할 필요는 없다는 말입니다. 스트레스 상황에서는 특히 그렇습니다.

　마음챙김은 당신이 현재의 순간에 존재하고 있는 바로 그 자리에 머무르는 과정입니다. 그러나 놀랍게도, 마음챙김을 위해서는 부단한 훈련이 필요합니다. 외상 생존자만 그런 것이 아닙니다. 우리 모두는 너무 바쁘게 살고 있어서 종종 가장 기본적인 경험을 놓치곤 합니다. 아마 당신도 "잠시 시간을 내서 장미의 향기를 맡아 보라."는 표현을 들어 보셨을 것입니다. 이것은 우리의 삶이 진정으로 의미 있는 경험을 놓친 채 빠른 속도로 흘러가고 있다는 것을 잘 보여 주는 표현입니다. 자, 이번에는 마음챙김으로 섭취하는 연습을 해 보겠습니다.

과일 한 개를 준비하십시오. 어떤 과일이라도 좋으니 오렌지, 건포도, 바나나 등 당신이 자주 드시는 과일 중에서 선택하십시오. 단, 매우 익숙한 것을 더 잘 알아차리는 것이 이 연습과제의 목적이므로 생소한 과일을 고르지는 마십시오.

먼저, 잠깐 동안 과일을 물끄러미 바라보십시오. 이제, 손으로 과일을 집어서 색깔과 모양을 제대로 살펴보십시오. 한 가지 색깔로 되어 있습니까, 아니면 미세한 색감의 차이가 느껴집니까? 살짝 파인 부분이나 갈변된 부분이 있습니까? 모양은 어떻습니까? 과일을 바라보면서, 이것이 얼마나 고유하고 독특한 성질을 띠고 있는지 알아차릴 수 있습니까?

이제, 과일의 냄새를 잠깐 동안 맡아 보십시오. 달콤합니까, 아니면 시큼합니까? 그 밖에 다른 향기를 맡으실 수 있습니까?

다음으로, 잠깐 동안 과일을 제대로 만지면서 감촉을 느껴 보십시오. 당신의 손에 어떤 느낌이 전해집니까? 거칠거칠합니까, 아니면 부드럽습니까? 혹시 끈적거리지는 않습니까?

만약 껍질을 벗겨야 먹을 수 있다면, 부드럽게 껍질을 벗기십시오. 과일의 속살이 새롭게 드러나는 부분에 주의를 기울이면서 거기서 무엇이 느껴지는지 알아차려 보십시오. 만약 껍질을 벗길 필요가 없다면, 다음 단계로 넘어가십시오.

이제, 과일 한 조각을 당신의 입 안에 넣으십시오. 작은 조각을 골라서 살며시 입 안에 넣으신 다음, 과일의 느낌과 맛을 알아차려 보십시오. 과일 조각이 당신의 혀에 닿을 때 어떤 느낌이 드는지 알아차려 보십시오.

이제, 과일을 씹으십시오. 과일의 질감이 어떻게 변하는지, 풍미가 어떻게 달라지는지 알아차려 보십시오. 과일을 당신의 목으로 삼킬 때 어떤 느낌이 드는지 알아차려 보십시오.

몇 분 정도 시간을 투자하셔서 이 연습과제를 수행하시기 바랍니다. 연습을 마친 뒤, 당신이 알아차린 내용 및 평소에 과일을 먹었을 때 느꼈던 체험과 이번 체험이 어떻게 다른지 간단히 적어 보십시오.

- 내가 고른 과일은 _____ 이었다.

- 과일의 색깔과 모양에 대해서 _____을 알아차렸다.

- 과일의 향기에 대해서 _____을 알아차렸다.

- 과일의 질감에 대해서 _____을 알아차렸다.

- 과일의 맛에 대해서 _____을 알아차렸다.

여기서, 과일을 섭취하는 방법보다 더 중요한 것은 마음챙김입니다. 하지만 만약 당신이 음식 섭취와 관련된 문제로 씨름하고 있다면, 이번 연습과제가 중요한 출발점이 될 것입니다. 당신이 대부분의 사람과 크게 다르지 않다면, 과일을 섭취하는 동안 당신은 아마도 과거에 전혀 인식한 적이 없었던 무언가를 알아차렸을 것입니다.

처음 마음챙김을 연습했을 때, 우리는 건포도를 섭취했었습니다. 그리고 솔직히 이런 생각을 떠올렸습니다. '건포도 한 알을 먹는 데 왜 이렇게 많은 시간을 들여야 하지?' 그리고 '이것 참 멍청한 짓이군.' 그랬던 우리가 지금은 거의 모든 내담자에게 다양한 방법으로 마음챙김을 가르치고 있습니다. 당신도 마찬가지일 수 있습니다. 이런 식으로 느리게 연습하는 것이 지루하거나 혹은 불신과 의혹의 마음이 떠오르더라도, 그러한 생각과 감정에 감사를 표한 뒤 계속 책을 읽으시기 바랍니다. 오늘날 서양에서 발전되고 있는 최신의 심리치료 모델들이 사람을 변화시키기 위해 마음챙김의 기술을 공통적으로 활용하고 있는 현상은 단순한 우연의 일치가 아닙니다(Hayes, Follette, & Linehan, 2004; Hayes & Smith, 2005; Linehan, 1993a, 1993b; Kabat-Zinn, 2005; Zindel, Williams, & Teasdale, 2002). 이렇게 과일을 섭취하는 연습은 마음챙김을 훈련하는 한 가지 방법일 뿐입니다. 마음챙김으로 깨어 있는 작업은 당신의 모든 행동과 경험(즉, 생각, 감정, 신체감각)에 활용할 수 있습니다.

 **연습과제 2-5** **마음챙김으로 걷기**

외상을 치유하는 작업을 시작할 때, 혼자 있으면 외상경험과 관련된 고통이 엄습해 오기 때문에 가만히 앉아 있는 것조차 힘겹다고 말씀하시는 분들이 간혹 있습니다. 특히 이런 경우에는 마음챙김으로 걷는 훈련부터 시작하는 것이 좋습니다. 물론, 그렇지 않은 분들에게도 충분히 유익합니다. 마음챙김으로 걷기는 사람들이 흔히 생각하는 평범한 운동이나 산책이 아닙니다. 이것은 신체의 움직임을 새로운 시각에서 알아차리는 방법을 배우는 훈련입니다.

안전하게 걸을 수 있는 조용한 장소를 고르십시오. 마당이나 야외에서 걷는 것이 제일 좋지만, 여의치 않다면 실내에서도 가능합니다. 먼저, 가만히 서서 당신의 신체를 알아차리는 연습부터 시작하겠습니다. 당신이 어디에 서 있는지, 발이 땅에 닿은 느낌이 어떤지, 전신의 균형은 어떻게 유지되고 있는지 주의를 기울여 알아차리십시오.

다음으로, 천천히 발걸음을 옮기면서 당신의 발이 땅에 닿는 순간의 느낌을 알아차리십시오. 그다음 발걸음을 내딛을 때는 발의 각 부위가 구부러지고 움직이는 것을 알아차리십시오.

눈을 뜬 채로 천천히 걸으십시오. 걷는 동안 당신의 몸이 어떻게 움직이고 있는지 알아차리십시오.

이때 생각이나 감정이 생겨날 수 있습니다. 그것까지도 알아차리시면서 계속 걸으십시오.

혹시 정확하지 않은 방법으로 걷고 있는 것은 아닌지 염려하지 마십시오. 당신도 잘할 수 있습니다.

만약 당신의 마음이 번잡해지고 생각이 많아진다면, 그것을 알아차리십시오.

만약 걸음이 빨라지고 있다는 것을 인식하셨다면, 다시 속도를 늦춰서 걸음을 옮길 때마다 경험하는 모든 감각을 알아차리십시오. 그냥 부드럽게 주의를 기울이면서, 걷는 동안 당신 주위에서 벌어지고 있는 일들을 알아차리시면 됩니다. 당신의 발에서 잔디의 감촉이 어떻게 느껴지는지, 혹은 차가운 바닥의 느낌은 어떤지 알아차리십시오. 당신의 피부에 닿는 잔잔한 바람의 느낌, 혹은 움직임 없는 따뜻한 공기의 느낌을 알아차리십시오.

걷는 동안 어떤 소리를 들을 수 있고, 그것이 무슨 소리인지 궁금해질 수 있습니다. 그것도 그저 알아차리십시오.

일주일 동안 매일 10분씩 마음챙김으로 걷는 연습을 반복하십시오. 연습을 마친 뒤에는 당신이 어떤 경험을 했는지 간단히 적어 보십시오.

• 이번 연습을 거듭하면서 당신은 어떤 변화를 알아차렸습니까?

_____

• 당신의 몸에서 무엇을 알아차렸습니까?

_____

• 연습을 하는 동안 생각이 더 많아졌습니까, 아니면 줄어들었습니까?

_____

• 아침에 연습할 때와 저녁에 연습할 때, 어떤 차이가 있었습니까?

_____

마음챙김으로 걷는 동안 당신이 어떤 경험을 하신다면, 그것이 무엇이든 상관하지 말고 그저 알아차려 보시기 바랍니다. 마음챙김으로 걷는 훈련은 조용하고 평화로운 방식으로 당신의 신체를 조금씩 더 잘 알아차리게 되는 한 과정입니다.

 연습과제 2-6   마음챙김으로 생각하기

이번 연습과제에서는 당신의 생각과 감정을 바라보는 것이 중요합니다. 당신이 조용하고 안전한 장소에 앉아서 유유히 흘러가는 강물을 물끄러미 바라보는 모습을 상상하십시오(Hayes, Strosahl, & Wilson, 1999). 가만히 눈을 감으십시오. 흘러가는 강물을 떠올리십시오. 그 상상 속에 조용히 머무르십시오. 앉아 있는 동안 떠오르는 생각이 있다면 거기에 주의를 기울이십시오. 마음속에 떠오르는 생각, 심상, 단어, 혹은 소리를 알아차리십시오.

이제, 당신이 알아차린 각각의 생각을 강물 위에 떠 있는 큰 나뭇잎 위에 살며시 올려놓으십시오. 어떤 생각이 당신을 찾아올 때마다 그것을 나뭇잎 위에 올려놓고, 그 나뭇잎이 강물을 따라 떠내려가는 모습을 관찰하십시오. 동일한 생각이 다시 찾아올 수 있습니다. 그 생각도 같은 방법으로 나뭇잎에 실어서 흘러가게 하십시오. 어떤 심상이 찾아오면, 그것도 나뭇잎에 실어서 흘러가게 하십시오. 당신에게 '뭐 이런 이상한 연습이 있나.' 라는 생각이 찾아올 수도 있습니다. 그것도 나뭇잎에 실어서 흘러가게 내버려 두십시오. 생각은 끊임없이 찾아옵니다. 하지만 이번 연습과제를 반복하는 과정에서 당신은 시간이 흐르면 그 생각도 사라진다는 것을 알아차릴 수 있을 것입니다. 당신은 마음에 찾아오는 모든 생각을 알아차릴 수 있고, 어떤 통제나 노력도 가하지 않으면서 그것이 흘러가도록 내버려 둘 수 있습니다. 그냥 사라지도록 내버려 두기만 하면 됩니다.

• 이번 연습을 거듭하면서 당신은 무엇을 알아차렸습니까?

_____

• 흘러가는 강물과 그 위에 떠 있는 나뭇잎들의 이미지를 그려 낼 수 있었습니까?

_____

• 이미지로 그려 내거나 혹은 흘러가도록 내버려 두기가 더 어려웠던 나뭇잎들이 있었습니까?

_____

이번 연습과제를 수행하면서 유유히 흘러가도록 내버려 두기가 유난히 더 어려웠던 생각(혹은 심상, 단어, 소리)이 무엇이었는지 기록해 보십시오. 아마도 당신은 바로 그 생각의 내용 때문에 심란해졌을 것입니다. 그래서 그것을 합리화하고, 설명하고, 기억하고, 어떻게 다룰지 계획했을지도 모릅니다.

_____

_____

_____

_____

_____

 **연습과제 2-7** **마음챙김으로 호흡하기**

가만히 눈을 감고, 호흡에 주의를 기울이십시오. 당신의 코로 들어와서 폐까지 내려가는 공기의 흐름을 알아차리십시오. 코로 들어오는 공기가 얼마나 시원한지 느낄 수 있습니까? 숨을 들이쉬면서, 폐에 공기가 차면서 가슴이 부푸는 것을 알아차리십시오. 숨을 내쉬면서, 폐가 줄어들고 따뜻해진 공기가 코를 통해 나와서 윗입술에 닿는 것을 알아차리십시오.

호흡을 계속하면서, 공기가 들어오고 나가는 것에 주의를 기울이십시오. 숨을 빨리 쉴 필요도 없고, 느리게 쉴 필요도 없습니다. 그저 주의 깊게 호흡하기를 반복하시면 됩니다. 이 과정에서 필연적으로 주의가 다른 곳으로 분산되거나 혹은 어떤 경험이 당신의 주의를 끌어당길 것입니다. 그래도 괜찮습니다. 다시 호흡에 주의를 기울이시면 됩니다. 이렇게 마음챙김 호흡으로 되돌아오는 것이 언제라도 시도할 수 있는 가장 중요하고 기본적인 훈련입니다.

사실, 이 책을 읽으려고 자리에 앉을 때마다 몇 분씩 시간을 내서 호흡에 주의를 기울이는 것이 가장 쉬운 방법입니다. 비록 짧은 시간이지만, 이렇게 하면 현재의 순간으로 주의를 가져올 수 있습니다. 그러면 본격적인 호흡 훈련을 하는 데 도움이 될 것입니다. 마음챙김으로 호흡하는 것은 당신 자신을 부드럽게 대할 수 있는 기회입니다. 당신에게 연민을 베풀면서 숨을 들이쉬고, 당신이 살고 있는 세상을 따뜻하게 돌보면서 숨을 내쉬십시오.

• 이번 연습을 거듭하면서 당신은 무엇을 알아차렸습니까?

_____

• 들숨과 날숨에 차이가 있다는 것을 알아차렸습니까?

_____

• 공기가 들어올 때와 나갈 때, 그 온도와 통로에 차이가 있다는 것을 알아차렸습니까?

_____

연습과제 2-8 마음챙김으로 몸 살피기

외상 생존자는 자신의 몸을 새로운 시각으로 알아차리는 방법을 배워야 합니다. 그래서 마음챙김으로 몸 살피기 연습과제가 특히 중요합니다. 외상사건을 경험한 사람, 특히 신체적 고통이 동반된 외상사건을 경험한 사람은 흔히 무감각증을 겪거나 혹은 자신의 몸과 단절된 느낌에 사로잡히는 경우가 많습니다. 반대로, 외상 후유증으로 나타나는 여러 신체 증상 때문에 고통스러워하시는 분도 있습니다. 즉, 의학적인 이유로는 설명되지 않는 심인성 신체 증상을 호소하는 것입니다. 간혹 외상 생존자가 과거의 외상경험 때문에 실제로 질병을 갖게 되는 경우도 있으므로, 이것은 다소 혼란스러운 문제입니다. 그러므로 당신 스스로 자신의 의사 역할을 해서는 안 된다는 점을 주의하십시오. 만약 당신에게 신체적으로 불편한 부분이 있다면, 반드시 의사를 만나서 그 문제를 다뤄야 합니다.

당신이 현재 자신의 몸 상태를 잘 알고 있든지 그렇지 않든지 간에, 이번 연습은 당신에게 상당히 중요합니다. 그러므로 연습과제의 지시문을 몇 차례 반복해서 읽으신 다음, 지시문의 도움을 받지 않고 스스로 훈련할 수 있도록 준비하시기 바랍니다. 완벽하게 수행할 필요는 없습니다. 당신의 몸에 다가가는 작업을 시작하는 것이 무엇보다 중요합니다.

일반적으로, 마음챙김으로 몸 살피기는 눈을 감고 누워서 하는 것이 바람직합니다. 그러나 반드시 그렇게 해야만 하는 것은 아닙니다. 만약 눕는 것이 부담스럽거나 혹은 눈을 감는 것이 불안하게 느껴진다면, 당신에게 편한 방식으로 훈련하셔도 괜찮습니다.

누구에게도 방해받지 않을 수 있는 편안하고 안전한 장소를 선택하십시오. 애완동물을 기른다면, 밖으로 내보내는 것이 좋습니다. 당신이 바닥에 누우면 그 녀석은 함께 놀자고 덤벼들 테니까요. 딱딱한 바닥에 눕는 것이 싫으면 매트를 깔아도 좋습니다.

눈을 감고, 호흡에 주의를 기울이십시오.

이제, 당신의 머리에 주의를 기울이십시오. 긴장감이 느껴집니까? 머리카락이 느껴집니까? 얼굴에 주의를 기울이고, 모든 감각을 알아차리십시오. 당신의 모든 주의자원을 머리에 집중시키십시오. 긴장감이 느껴집니까? 혹시 그것을 있는 그대로 내버려 둘 수 있는지 알아차려 보십시오.

이제, 당신의 목과 어깨에 주의를 기울이십시오. 긴장감이 느껴집니까? 만약 그렇다면, 어느 부위에서 얼마나 강한 긴장감이 느껴집니까? 혹시 그것을 있는 그대로 내버려 둘 수 있는지 알아차려 보십시오.

이제, 당신의 몸통에 주의를 기울이십시오. 긴장감이 느껴집니까? 만약 그렇다면, 어느 부위에서 얼마나 강한 긴장감이 느껴집니까? 혹시 그것을 있는 그대로 내버려 둘 수 있는지 알아차려 보십시오.

이제, 당신의 팔과 손에 주의를 기울이십시오. 먼저, 당신의 왼팔에 주의를 집중시키십시오. 다음에 왼손, 그다음에 오른팔, 마지막으로 오른손에 주의를 기울이십시오. 거기서 어떤 감각이나 움직이고 싶은 충동이 느껴지는지 알아차려 보십시오.

이제 당신의 배와 엉덩이에 주의를 기울이십시오. 긴장감 혹은 특이감각이 느껴집니까? 만약 그렇다면, 어느 부위에서 얼마나 느껴집니까? 혹시 그것을 있는 그대로 내버려 둘 수 있는지 알아차려 보십시오.

이제, 당신의 왼쪽 다리와 오른쪽 다리에 주의를 기울이십시오. 긴장감, 특이감각, 혹은 움직이고 싶은 충동이 느껴집니까? 만약 그렇다면, 어느 부위에서 느껴집니까?

이제, 당신의 왼발과 오른발에 주의를 기울이십시오. 긴장감, 특이감각, 혹은 움직이고 싶은 충동이 느껴집니까? 만약 그렇다면, 어느 부위에서 느껴집니까?

• 이번 연습과제를 수행하면서 당신의 몸에서 긴장되어 있는 곳을 발견했습니까?

_____

• 그 긴장감을 내버려 둘 수 있었습니까?

_____

• 마음챙김으로 몸을 살피는 것이 더 어려웠던 부위는 어디였습니까?

_____

• 이번 연습과제를 수행하면서 자기판단이 떠올랐습니까? 만약 그렇다면, 그 자기판단의 내용은 무엇이었습니까? 그리고 당신은 그것을 있는 그대로 내버려 둘 수 있었습니까?

_____

- -

외상경험과 씨름하고 있는 분에게는 마음챙김 훈련이 매우 중요합니다. 하지만 다른 사람의 도움이나 지도를 받지 않고 연습하시려니 상당히 힘드실 것입니다. 만약 혼자서 연습하는 것이 어렵다면, 마음챙김을 훈련하는 데 도움이 되는 시청각자료를 활용하는 것도 좋습니다. 마음챙김으로 명상하기 및 몸 살피기에 관한 자료는 웹사이트 (www.mindfulnesstapes.com)를 참고하시기 바랍니다. 또한 추가적인 사례와 지침은 관련서적(Kabat-Zinn, 2005)을 참고하시기 바랍니다.

마음챙김으로 신체, 정서, 관계 측면의 기본적 욕구 보살피기

1장에서 살펴봤듯이, 외상경험은 수면장애, 섭식장애, 물질남용, 과잉경계, 소진감, 사회적 위축, 인간관계 단절 등의 문제를 야기합니다. 즉, 외상사건은 안전하고 싶은 욕구를 비롯하여 신체적, 정서적, 관계적 측면에서 우리가 지니고 있는 기본적 욕구의 충족을 방해합니다.

기본적 욕구가 충분히 충족될 때, 혹은 만약 충족되지 않는다면 그것을 잘 알아차리고 있을 때, 우리는 삶의 역경에 적절히 대처할 수 있습니다. 기본적 욕구가 충족되지 못해서 취약해졌을 때는 마음챙김 상태를 유지하는 것이 어렵습니다. 실제로, 기본적 욕구의 충족 여부는 외상사건과 연합된 자살 행동 및 생명위협 행동을 범할 가능성과 밀접한 관련이 있습니다.

혹시 어떤 상황에서는 삶의 역경에 전문가처럼 우아하게 대처하면서도, 다른 상황에서는 그것에 전혀 대처하지 못해서 당황했던 경험이 있으십니까? 만약 그렇다면, 당신과 당신의 주변 사람들은 이렇게 불안정한 기복이 나타나는 이유를 궁금해할 것입니다. 자기 자신을 잘 돌보고 있을 때는 고통스러운 생각과 감정을 비롯한 삶의 역경에 비교적 잘 대처할 수 있지만, 기본적 욕구가 충족되지 않았을 때 그리고 그러한 사실조차 인식하지 못했을 때는 적응적인 대처가 힘들어집니다.

그런데 아무리 발버둥을 치더라도 기본적 욕구를 충족시키기는 것이 불가능한 때가 종종 있습니다. 예컨대, 밤낮으로 일해야 하거나, 경제적 곤란을 겪거나, 어린아이 혹은 아픈 가족을 돌봐야 할 때가 그렇습니다. 이런 경우라면, 기본적 욕구의 결핍이 당신에게 어떤 부정적 영향을 미치고 있는지를 각별히 인식해야 합니다. 그렇게 하는 것만으로도 비효율적인 행동을 방지할 수 있기 때문입니다.

다음 연습과제를 수행하면서, 이러한 요인들이 당신에게 얼마나 강력한 영향을 미치고 있는지 마음챙김으로 살펴보시기 바랍니다. 예컨대, 당신이 피곤하고 지쳐 있는 상태에서는 성급하게 운전하고, 사람들에게 잔소리를 퍼붓고, 과제 수행을 미루고, 인간관계를 회피하고, 작업을 엉망진창으로 해치우고, 빨리 절망하고, 바람직한 노력을 포기하는 행동을 평소보다 더 쉽게 범하지 않습니까? 아마 그럴 것입니다.

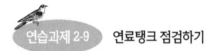

연습과제 2-9　　**연료탱크 점검하기**

- 당신의 활력 수준에 주목하십시오. 0점(방전 상태)부터 10점(충전 상태)까지 점수를 매겨 보십시오. 지금 이 순간, 당신은 육체적으로 얼마나 지쳐 있습니까?

• 활력 수준이 떨어지고 육체적으로 지치면, 당신은 어떤 상태가 됩니까? 과거의 경험에 비추어 생각해 보십시오.

_____

_____

• 어젯밤에 몇 시간 주무셨습니까? 혹시 수면의 시작 또는 유지에 어려움이 있었습니까? 혹시 낮잠을 길게 자거나 또는 낮에 침대에서 꾸물거렸습니까? 주무시는 동안 악몽을 꾸셨습니까?

_____

_____

• 잠을 너무 많이 자거나 또는 너무 적게 잤을 때, 당신은 어떤 상태가 됩니까? 과거의 경험에 비추어 생각해 보십시오. 만약 악몽을 꾼다면, 잠에서 깼을 때 그 꿈이 어떤 영향을 줍니까? 외상 생존자 중에는 악몽을 꾸면 특정한 인물에 대한 분노, 죄책감, 수치심 등의 찌꺼기가 남는다고 이야기하는 분들이 있습니다. 당신은 어떻습니까?

_____

_____

• 삶의 역경에 대처하기 위해서 술을 마시거나 약물을 복용하고 계십니까? 얼마나 자주 그렇게 하십니까? 혹시 '긴장을 풀거나 사람들과 어울리기 위해서는 술을 마셔야만 해.'라는 생각을 하십니까? 술을 마시거나 약물을 복용한 후에 죄책감을 느끼십니까? 주변 사람이 당신의 음주 혹은 약물 문제에 대해서 조언을 하면 화가 나십니까? 혹시 잠에서 깨어나자마자 또는 아침부터 술을 마시거나 약물을 복용한 적이 있습니까?

_____

_____

_____

_____

• 음주 혹은 약물 복용이 당신에게 어떤 영향을 미치고 있습니까? 당신의 경험에 비추어 생각해 보십시오. 오직 술을 마시거나 약물을 복용했을 때에만 범하게 되는 문제행동이 있습니까? 만약 그 문제가 염려된다면, 술과 약물이 당신에게 끼치고 있는 부정적 영향을 마음챙김으로 알아차릴 수 있는지 살펴보십시오. 비록 아직 어떤 행동 변화도 시작할 준비가 되어 있지 않더라도 괜찮습니다. 일단 알아차려 보십시오.

_____

_____

_____

• 오늘 어떤 음식을 드셨습니까? 언제, 무엇을, 얼마나 드셨습니까? 애초에 의도했던 것보다 많았습니까, 아니면 적었습니까? 만약 주변 사람에게 이 정보를 공개하면, 그들이 당신이 오늘 섭취한 음식의 양에 대해서 (너무 많거나 혹은 너무 적어서) 걱정할 것 같습니까? 주변 사람이 당신의 식사습관에 대해 조언을 하면 화가 나거나 혹은 죄책감을 느끼십니까?

_____

_____

_____

• 너무 적게 혹은 너무 많이 먹는 패턴은 당신의 생각, 감정, 행동에 어떤 영향을 미칩니까? 과거의 경험에 비추어 생각해 보십시오. 만약 그 문제가 염려된다면, 음식의 과다섭취 혹은 과소섭취 문

제가 당신에게 끼치고 있는 부정적 영향을 마음챙김으로 알아차릴 수 있는지 살펴보십시오. 비록 아직 어떤 행동 변화도 시작할 준비가 되어 있지 않더라도 괜찮습니다. 일단 알아차려 보십시오.

_____

_____

_____

- 지금 이 순간, 주의를 집중하지 못하게 만드는 특별한 스트레스가 있습니까? 스트레스는 두 종류로 나뉩니다. 예컨대, 재정 문제, 이혼, 사별 등은 부정적 스트레스입니다. 반면, 결혼, 졸업, 승진 등은 긍정적 스트레스입니다. 심리학 연구에 따르면, 개인의 삶에서 중요한 변화와 관련이 있는 생활사건은 (비록 그것이 간절히 바라는 것일지라도) 스트레스를 유발할 수 있습니다 (Rahe, 1978).

_____

_____

_____

- 스트레스 사건(부정적 및 긍정적 사건)이 당신의 마음챙김 상태를 유지하는 능력에 영향을 미치고 있습니까? 당신의 경험에 비추어 생각해 보십시오.

_____

_____

_____

고통스러운 생각과 감정에 융합되는 것은 인간의 자연스러운 본성이지만, 취약성 요인이 존재할 때는 그러한 양상이 더욱 심화됩니다. 취약성 요인에는 다음과 같은 것들이 포함됩니다. 활력감퇴 혹은 원기소진(우울해지면, 충분한 수면을 취하더라도 피로감 혹은 활력감퇴를 경험함), 수면곤란(혹은 과다수면), 영양결핍(혹은 과잉섭취), 주기적인 음주 혹은 약물 사용, 강력한 스트레스 사건 등. 따라서 이러한 취약성 요인을 조기에 파악하고 최소한으로 조절할 수 있다면, 당신은 지금 이 순간에 더욱 효과적으로 대처할 수 있을 것입니다(Linehan, 1993b).

우리 모두는 취약성을 지니고 있으며, 바로 그 취약성 때문에 또 다른 문제에 봉착할 가능성이 높아집니다. 예컨대, 충분한 수면을 취하지 못해서 피곤한 상태에서는 운전 중에 주의가 산만해지고 결과적으로 교통위반 딱지를 끊게 될 수 있습니다. 술이나 약물에 취한 상태에서는 사소한 문제로 사람들과 언쟁을 벌이고 나중에 후회할 수 있습니다. 어떤 의미에서, 기본적인 신체적 욕구를 돌보고 충족시키는 작업은 연료탱크에 기름을 채우는 작업에 비유할 수 있습니다. 때때로 우리는 연료탱크를 거의 비운채 운전합니다. 하루 정도는 괜찮을 것이라는 생각에 일종의 도박을 하는 셈이지요. 그리고 대부분의 경우에는 특별한 문제가 생기지 않습니다. 하지만 연료탱크에 기름이 바닥난 상태에서 계속 운전하다가는 원하지 않는 봉변을 당하게 될 수 있습니다. 예컨대, 평소보다 일찍 출근해야 하는데 주유소를 찾지 못한 경우, 길을 헤매느라 예상치 못하게 연료를 소모하는 경우, 돈이 없는 십대 자녀에게 자동차를 빌려 주는 경우에는 분명히 문제가 생길 것입니다. 항상 그런 일이 벌어진다는 뜻은 아닙니다. 그럴 가능성이 높아진다는 것입니다. 이러한 비유가 앞에서 설명한 취약성(활력, 수면, 약물, 섭식, 스트레스의 문제)을 이해하는 데 도움이 될 것입니다. 이런 영역에서 당신의 연료탱크가 비었다고 해서 필연적으로 고통이 증가되는 것은 아니겠지만, 당신이 얼마든지 조절할 수 있었던 불필요한 고통이 추가될 가능성이 높다는 점은 분명합니다. 그래서 이러한 신체적 및 정서적 취약성을 조절하는 몇 가지 방법을 소개하려고 합니다. 취약성 요인 자체를 변화시키지는 못하더라도, 그것을 마음챙김으로 알아차리는 능력을 증진시킬 수 있으면 좋겠습니다.

- 활력감퇴 및 원기소진은 관찰하고 수정할 필요가 있는 취약성 요인입니다. 당신은 육체적으로 힘든 직업에 종사하고 있습니까? 수면을 취한 뒤에도 활력이 회복되지 않습니까? 병원에서 치료받을 필요가 있는 신체 증상을 가지고 있습니까? 예컨대, 두통이 찾아오면 아스피린을 복용하거나 혹은 피곤할 때 충분한 휴식을 취하십니까? 운동을 너무 많이 하거나 혹은 너무 적게 하지 않습니까?

- 외상 생존자 중에는 수면곤란을 겪고 있는 분들이 많은데, 수면과 관련된 고통은 대단히 심각합니다(Polusny & Follette, 1995). 수면부족 상태에서 헛것을 보는 경우도 있습니다. 결코 가볍게 여길 문제가 아닙니다. 당신은 충분한 휴식을 취하고 있습니까? 그렇지 않다면, 당신의 수면과 휴식을 방해하는 것은 무엇입니까? 불면의 나날을 보내고 있다면, 조용히 쉴 수 있는 시간은 있습니까?

- 적절한 영양 섭취를 못하면 활력이 감퇴됩니다. 요즘 당신은 규칙적인 식사를 하고 있습니까? 섭식 문제는 여러 가지 형태로 나타날 수 있습니다. 몸에 좋지 않은 음식을 끊임없이 먹는 사람이 있는가 하면, 먹는 것을 회피하는 사람이 있고, 심지어 먹는 것을 아예 거부하는 사람도 있습니다. 우리 사회의 상당수 사람, 특히 여성들이 음식과 관련된 복잡한 문제를 갖고 있습니다. 섭식장애는 이 책의 범위를 벗어나므로, 만약 섭식장애를 갖고 계시다면 다른 경로를 통해 전문적인 도움을 받으시기 바랍니다. 여기서는 당신이 언제, 어떻게 먹는지를 더 잘 알아차리기 위해서 마음챙김을 훈련하는 것에 대해서만 이야기하겠습니다. 즉, 우리는 당신의 몸을 돌보는 것을 비롯한 여러 가지 방식으로 당신 자신에게 연민의 태도를 취할 수 있게 도우려고 합니다. 건강한 음식을 섭취하면서 적절한 휴식과 운동을 병행하는 것이 당신의 몸을 보살피는 방법이며, 그것은 결국 당신 자신을 연민으로 돌보는 첫 번째 단계입니다. 섭식 문제와 관련된 추가자료를 얻으려면 『섭식장애의 수용전념치료 워크북(The Anorexia workbook: How to accept yourself, heal your suffering, and reclaim your life)』(Heffner & Eifert, 2004)을 참고하시기 바랍니다. 🔔 [지금 이 순간, 어떤 생각이나 판단 혹은 감정이 떠올랐습니까? 주의 깊게 알아차려 보십시오.]

• 알코올남용과 약물의존은 개인의 삶에 광범위한 부정적 영향을 끼치며, 때로는 생명에 치명적인 위험이 되기도 합니다. 그런데 이것은 외상 생존자가 빈번하게 선택하는 부적응적 대처방식입니다(Walser, 2004). 물질사용 문제가 외상의 치유에 어떤 부정적 영향을 끼치는지에 대해서 이 책의 곳곳에서 다양한 사례를 들어 다시 논의하겠습니다.

삶의 특정한 시점에서 당신이 얼마나 스트레스를 경험하고 있는지, 그 빈도와 강도를 마음챙김으로 알아차리려는 노력이 필요합니다. 그렇게 할 수 있으면, 어떤 때는 삶의 역경(예: 청소년 자녀의 반항)에 잘 대처하다가도 다른 때는 그것이 몹시 힘들어지는 이유를 설명할 수 있습니다. 흥미로운 사실은, 부정적 생활사건뿐만 아니라 긍정적 생활사건도 마음챙김 상태에서 현재의 삶에 집중하는 능력을 약화시킨다는 것입니다(Rahe, 1978). 예컨대, 낯선 도시로 이주하고, 새로운 직업을 구하고, 전학시킨 자녀의 학교적응을 돕는 데 정신을 쏟느라고 그런 생활사건이 당신에게 어떤 영향을 미치고 있는지 알아차리지 못한다면, 당신은 소중한 친구에게 쓸데없이 짜증을 부리거나 혹은 중요한 세금납부를 빠뜨리는 낭패를 겪을지 모릅니다.

마음챙김을 방해하는 결정적인 취약성 요인으로 한 가지 더 고려해야 할 것은 사회적 연결과 지지의 질적인 측면입니다. 주변 사람과의 유대관계 및 그들이 보내 주는 성원과 지지는 외상을 치유하는 데 중요한 역할을 합니다(Herman, 1992). 이 점에 대해서는 10장에서 다시 자세하게 이야기하겠습니다. 여기서는 다음 연습과제인 '사회적 지지세력 목록'을 작성하는 정도로 다루려고 합니다. 이때 사회적 지지세력의 숫자는 그다지 중요하지 않습니다. 양보다는 질이 중요하고, 그들에게 얼마나 잘 다가갈 수 있는지 여부가 더 결정적입니다. 외상을 치유하는 동안 당신에게 적절한 도움을 줄 수 있는 지지세력이 누구인지 떠올려 보시고, 그들에게 어떤 도움을 어떻게 받을 수 있는지 마음챙김으로 알아차려 보십시오.

사회적 지지세력 목록

1. 첫 번째 칸에는 당신과 가까운 사람들이 누구인지 최대 5명까지 기록하십시오.

2. 두 번째 칸에는 각 사람에게 느끼는 친밀감의 정도를 0점(전혀 친밀하지 않음)부터 10점(매우 친밀함)까지의 숫자로 기록하십시오.

3. 세 번째 칸에는 각 사람이 당신에게 어떤 종류(예: 정서적, 경제적 등)의 지지를 제공해 주는지, 그리고 어떤 영역(예: 직업, 관계, 양육 등)에서 도움이 되는지 기록하십시오.

4. 당신이 늦은 저녁이나 이른 새벽에 도움을 청하고 싶을 때, 각 사람이 당신의 전화를 받거나 혹은 당신을 돌보려고 방문할 가능성이 얼마나 된다고 생각하십니까? 마지막 칸에 그 가능성을 0점(전혀 그렇지 않음)부터 10점(매우 그러함)까지의 숫자로 기록하십시오. 두 개의 사례를 제시했으니 참고하십시오.

지지세력	친밀감(0~10)	지지유형, 지지영역	가능성(0~10)
여동생	7	정서적	9, 정말로 중요한 일일 때
사장님	6	업무기술	0~2, 경우에 따라서

• 사회적 지지 세력 목록

지지세력	친밀감(0~10)	지지유형, 지지영역	가능성(0~10)

🔔 [지금 이 순간, 당신에게 떠오른 생각, 판단, 감정을 알아차려 보십시오.]

엄밀히 말하자면, 외상의 치유에 결정적인 역할을 하는 요인은 당신이 보유하고 있는 사회적 지지세력 그 자체가 아니라 당신이 그러한 지지세력을 보유하고 있다는 사실을 마음챙김으로 알아차리는 것입니다. 이것은 분명히 다릅니다. 때로는 이것을 알아차리는 것이 고통스러울 수 있습니다. 왜냐하면 당신이 원할 때 다가갈 수 있는 지지세력이 상대적으로 빈약하다는 현실에 직면해야 할지도 모르기 때문입니다. 하지만 아무리 고통스럽다고 하더라도, 마음챙김으로 알아차리는 작업은 훌륭한 시작이 될 것입니다. 알아차림이 앞으로 당신이 어떻게 할 수 있고 해야 하는지를 알려주기 때문입니다. 방금 기록한 사회적 지지세력 목록을 살펴보시면서 다음의 주제에 대해서 주의를 기울이십시오.

- 외상 생존자는 흔히 사회적 고립 상태에 빠져드는 경향이 있는데, 이것은 그리 단순한 문제가 아닙니다. 당신이 양적 및 질적으로 빈약한 사회적 지지세력을 갖고 있다는 사실이 또 다른 문제를 야기하지는 않습니까? 혹시 당신 주위에는 그와 어울리는 것이 안전하지 않게 느껴지기 때문에 오히려 회피하는 것이 더 바람직해 보이는 사람이 있습니까?
- 당신은 얼마나 자주, 얼마나 강하게 주변 사람을 회피하십니까? 당신이 가지고 있는 문제를 주변의 중요한 사람에게 숨기지는 않습니까? 그 사람과의 관계에서 실제로 어떤 경험이 있었기에 그렇게 하십니까?
- 소외감과 외로움을 지금보다 덜 느낄 수 있는 방법을 찾아보십시오. 주변에 당신이 겪은 고통을 털어놓을 만한 사람이 있습니까? 어떤 형태로든지 지지모임에 참여하고 싶으십니까? 혹은 관심이나 활동을 공유하는 사람들과 어울리고 싶을 수도 있습니다. 무엇을 선택하든지 분명한 것은, 주변 사람의 성원과 지지가 외상을 극복하는 데 매우 중요하다는 사실입니다. 지지세력의 숫자는 그리 중요한 문제가 아닙니다. 하지만 당신의 성장과 발견과 수용을 지원해 줄 믿을 만한 사람을 적어도 한 명은 찾아내야 합니다. 당신은 그 작업을 제일 먼저 수행해야 합니다. 그

밖에 인간관계를 돌보는 방법에 대해서는 10장에서 더 자세하게 살펴보겠습니다.

마음챙김 주의전환

외상을 치유하는 과정에서, 가끔은 주의를 다른 대상으로 전환하는 것이 도움이 되는 경우도 있습니다. 즉, 외상경험이 아닌 다른 대상에 주의를 기울이고 집중하는 것도 때로는 지혜로운 선택이 될 수 있다는 말입니다. 🔔[지금 이 순간, 당신의 마음은 어디에 있습니까?] 하지만 마음챙김 주의전환은 가장 마지막에 논의하고 싶은 최후의 방법입니다. 기억하시겠지만, 거미공포증을 극복하는 근본적인 방법은 거미에 직접적으로 노출하는 것이기 때문입니다. 다시 말해, 외상을 훈습하고 치유하기 위해서는 주의를 기울여서 고통스러운 감정을 느껴야 하고 불편한 생각을 떠올려야 합니다. 그래서 우리는 당신에게 고통스러운 감정을 회피하고, 제거하고, 감소시키기 위해서 노력하라고 권유하지 않는 것입니다. 사실, 앞에서 살펴봤듯이, 고통스러운 생각과 감정과 기억을 제거하려는 필사적인 노력은 오히려 부질없는 괴로움을 증폭시킬 뿐입니다. 이처럼 알아차림이 결여된 주의전환은 위험하기 때문에, 또한 그것은 회피의 수단으로 오용될 수 있기 때문에, 마음챙김 주의전환이라는 잠정적으로 유용할 수 있는 기술을 가장 나중에 소개하는 것입니다. 여기서 우리가 진정으로 하고 싶은 이야기는 "그것이 무엇이든 간에, 그냥 잊어버리십시오."가 결코 아닙니다. 먼저 당신의 내면에서 어떤 일이 벌어지고 있는지 마음챙김으로 알아차린 상태에서, 당신이 어떤 고통으로부터 벗어나기를 원하는지 충분히 인식한 뒤, 언제 어떻게 잠깐 동안 주의를 다른 곳으로 전환할지 선택해야 합니다. 그러나 만약 당신의 안전에 문제가 생길 가능성이 있다면 이 전략을 사용하는 것을 신중히 재고할 필요가 있습니다.

외상경험으로부터 어느 정도 거리를 둘 필요가 있는 상황을 떠올려 보십시오. 그 상황에서 당신은 어떤 전략을 사용할 수 있습니까? 예컨대, 사업상 중요한 회의를 앞두고 긴장되거나 불안하다면, 회의가 시작되기 전까지 편안한 의자에 앉아서 그 경험에 적절한 이름을 붙인 뒤에 차를 마시는 방법으로 잠시 주의를 전환할 수 있습니다. 즉, 불편한 경험과 거리를 두고 한 발짝 물러나서 그 상황에서 더 중요하게 부각되고 있는 욕구에 주목하는 것입니다. 외상 생존자 중에는 고통스러운 기억에 압도되기 때문에 현재의 순간에 머물기 힘들다고 말씀하시는 분들이 있습니다. 이런 경우에는 얼음조각을 손에 쥐고 자리에 앉아서 방 안을 살펴보는 것이 현재로 되돌아오는 방법이 될 수 있습니다(Linehan, 1993b). 잠자리에 들기 전에 따뜻한 우유를 마시는 것도 좋습니다. 목욕을 하거나, 차를 마시거나, 평화롭고 조용한 장소에 있는 모습을 상상하는 것도 스스로를 돌보는 방법입니다. 자신이 고통을 겪고 있다는 것을 알아차리고, 지금 이 순간에 자신을 보살피기 위해서 무엇을 할 것인지 결정하는 핵심과정이 포함된다면 무엇이든 도움이 될 것입니다. 이것은 회피가 아니며, 현재로 되돌아오는 간단한 방법입니다.

당신이 사용할 수 있는 건강한 주의전환 방법은 무엇인지 생각해 보시고 기록하십시오. 예컨대, 술에 취해서 고통을 잊고 싶을 때 운동하기, 절망감에 사로잡혀 죽고 싶은 생각이 들 때 노숙자 쉼터에서 자원봉사 하기 등이 가능할 수 있습니다.

_____

_____

_____

_____

_____

_____

마음챙김으로 살아가기

마음챙김은 당신의 삶과 다시 접촉하는 방법을 찾는 결정적인 첫 번째 단계입니다. 마음챙김은 당신이 지금까지 해 왔던 것과는 완전히 다른 방식으로 당신의 생각, 감정, 신체와 관계를 맺는 작업입니다. 당신이 진정으로 소중히 여기는 가치가 무엇인지 선택하고 그 방향으로 나아가려면, 지금 이 순간 당신이 어디에 있는지를 먼저 알아차려야 합니다. 마음챙김이 아직은 낯설게 느껴질 것이고 처음에는 우스꽝스럽게 생각될 수도 있습니다. 모든 기술이 그렇듯이, 마음챙김 기술도 저절로 향상되지는 않습니다. 하지만 다양한 연습을 반복하는 과정에서 자연스럽게 마음챙김 기술이 향상되어 일상생활에 사용할 수 있게 됩니다. 외상기억을 더욱 생생하게 들여다보는 작업을 하다 보면 적잖이 동요될 때가 있을 것이고, 과거에 사용했던 부적응적 대처방식을 다시 동원하고 싶은 충동이 찾아올 수도 있습니다. 그런 일이 벌어지면, 먼저 그 충동에 주의를 기울이십시오. 어떤 생각과 감정이 그 충동을 촉발시켰는지 알아차리십시오. 다음으로, 과거에 동일한 상황에서 당신이 동원했던 전략 대신에 어떤 새로운 전략을 동원하는 것이 바람직한지 살펴보고 선택하시기 바랍니다. 🔔[지금 이 순간, 당신의 마음에 무엇이 찾아왔습니까? 알아차려 보십시오.]

과거와 다른 전략을 선택하는 것에 대해서 어떤 느낌이 드는지 알아차릴 수 있으십니까? 여기서 가장 중요한 것은 당신을 더욱 안전하게 해 주는 방향으로 나아가야 한다는 것입니다. 당신은 고통스러운 외상사건을 겪었음에도 불구하고 무너지지 않고 살아남았습니다. 우리는 외상경험을 수용하는 방법을 함께 찾아갈 것이며, 당신의 내면에서 어떤 일이 벌어지더라도 당신이 진정으로 원하는 삶을 향해서 함께 나아갈 것입니다. 우리는 지금 외상을 치유하는 과정의 초입에 서 있습니다. 이 과정을 진행하는 동안 분명히 과거의 강력한 고통이 다시 솟아나서 몹시 두려워질 것입니다. 그런 일이 벌어지면 과거의 생각과 감정을 마음챙김의 태도로 알아차리면서 당신에게 해롭지 않은 행동을 선택하십시오. 앞에서 이야기했듯이, 때로는 마음챙김 주의전환도 쓸모가 있습니다. 외상경험에 얽매이지 말고 당신의 가치에 부합하는 행동을 선택하십시오. 갈팡질팡하고 있는 당신의 현재 모습을 연민의 태도로 돌보고 보살피십시오. 당신이 소중히 여기는 삶을 향해 나아가기 위해서는 그렇게 해야 합니다.

마음기록장

◆ 생각

_____

_____

_____

◆ 감정

_____

_____

_____

◆ 자기판단

_____

_____

_____

◆ 신체감각

_____

_____

_____

◆ 행동하고 싶은 충동(어떻게 하고 싶습니까?)

_____

_____

_____

Chapter 03

고통과 괴로움

외상의 치유
인생의 향유

고통과 괴로움

"빠져나가려면 견디는 수밖에 없다."

– 로버트 프로스트

고통의 보편성

인간의 삶에서 고통은 필연입니다. 전혀 고통스럽지 않은 삶을 살고 있는 사람은 없습니다. 감당하기 힘든 외상사건이 일어나지 않았다면, 아마도 당신은 이 책을 읽지 않았을 것입니다. 겉으로 드러나는 모습과 달리, 인생을 살면서 단 한 번도 고통을 경험해 보지 않은 사람은 없습니다. 대부분의 사람이 적어도 한 번 이상 다음과 같은 고통스러운 사건을 이미 경험했거나 혹은 앞으로 경험할 것입니다.

- 이혼
- 친밀한 사람의 사망
- 재정적 혹은 법률적 문제
- 비자발적 실직
- 승진 실패, 학점 불량
- 믿었던 사람의 배신

- 지속적 치료를 요하는 만성질환
- 교통사고
- 사회적 배척
- 심각한 상해
- 청력상실, 시력상실
- 불안, 우울, 약물남용
- 나이, 종교, 성별, 인종, 장애, 매력으로 인한 차별
- 공개적인 모욕과 당황
- 자신이 타인에게 상처를 주었다는 것을 알게 됨

　우울하고 울적할 때는 자신을 제외한 모든 사람이 행복해 보이고, 잘 적응하고 있는 것 같고, 대접받을 만한 가치가 있는 것처럼 느껴지는데 이것은 자연스러운 현상입니다. 반대로, 삶이 순조롭게 진행되고 성공 경험을 거듭할 때는 최선을 다하기만 한다면 앞으로 계속 비슷한 상태가 유지될 것이라고 전망하게 되는 것도 자연스러운 일입니다. 하지만 이러한 믿음은 현실과는 상당히 동떨어진 것입니다. 어느 누구도 고통을 계속해서 회피할 수는 없기 때문입니다. 🔔[지금 이 순간, 마음속에 어떤 생각, 감정, 판단이 떠올랐습니까? 알아차려 보십시오.]

　신하들에게 "슬픈 사람을 행복하게 만들고 행복한 사람을 슬프게 만드는 반지를 가져오라."고 명령한 솔로몬 왕의 우화가 있습니다(Forest, 1996). 여러 신하들이 반지를 찾아서 동분서주했지만 모두 헛수고였습니다. 그런데 어느 날, 왕의 명령을 받들지 못해 실의에 빠진 신하가 쓸쓸히 시장을 지나가다가 우연히 반지를 발견했습니다. 반지를 살펴본 뒤, 신하는 기쁜 마음으로 그것을 구입하여 왕에게 가지고 갔습니다. 그 시점에 솔로몬 왕은 가무와 음식을 즐기며 희망에 부풀어 행복해하고 있는 참이었습니다. 신하는 왕에게 반지를 진상했고, 반지를 받아든 왕은 그 순간 깊은 시름에 잠겼습니다. 정말로 반지는 슬픈 사람을 행복하게 만들었고 행복한 사람을 슬프게 만들었습니다. 반지의 안쪽에는 이런 구절이 새겨져 있었습니다. "이것 또한 지나가리라."

솔로몬 왕의 우화는 세상 모든 것이 결코 영원하지 않다는 부인할 수 없는 사실을 일깨워 줍니다. 그러한 사실 자체가 고통일 수 있습니다. 대부분의 사람들은 행복이 영원하지 않다는 사실은 쉽게 인정하면서도, 고통을 피할 수 없다는 사실은 잘 받아들이지 않으려고 합니다. 당신은 어떻습니까? 고통스러운 상태가 찾아왔을 때는 오직 당신만 고통을 겪고 있다는 생각이 들지 않습니까? 더 나아가서, 이렇게까지 심각한 고통을 경험하는 사람은 오직 당신뿐이고, 이렇게 심각한 고통을 이처럼 자주 경험하는 사람은 정말로 당신뿐이라는 생각에 사로잡힐 것입니다. 그러나 가벼운 불평을 토로하는 내담자부터 심각한 외상을 겪은 내담자까지 다양한 분들을 만났던 심리치료자로서, 우리는 이렇게 말씀드리고 싶습니다. 당신만 외롭게 고통을 겪는 것처럼 보이겠지만, 사실 모든 사람이 어느 정도 비슷한 처지에 놓여 있습니다. 우리는 같은 배에 타고 있는 것입니다. 당신의 삶에서 이 점을 확인해 봅시다.

연습과제 3-1 　**고통스러운 사건 목록**

[1단계] 당신이 잘 아는 주위 사람(가족, 친척, 친구, 동료 등)을 떠올린 뒤, 그중에서 5~10명의 이름을 빈칸에 적으십시오. 혹시 다른 사람이 이 목록을 볼까 봐 걱정스럽다면 당신만 파악할 수 있는 약자 혹은 기호를 사용해도 좋습니다.

_____ 　 _____

_____ 　 _____

_____ 　 _____

_____ 　 _____

_____ 　 _____

[2단계] 위의 목록에 포함된 사람들 중에 다음에 제시한 사건을 경험한 사람이 있습니까? 만약 해당되는 사람이 있으면, 이름에 가위표를 하십시오. ① 아동기 학대(정서적, 신체적, 성적 학대), ② 전쟁, ③ 강간, ④ 신체적 폭행, ⑤ 가정폭력, ⑥ 자연재해 혹은 인재, ⑦ 그 밖의 외상. 얼마나 많은 사람이 목록에서 지워졌습니까?

[3단계] 위의 목록에 포함된 사람들 중에 가족이나 친구가 사망한 사람, 이혼한 사람, 신체장애 혹은 심리장애를 가지고 있는 사람, 가족(부모, 자녀, 형제)이 심각한 문제를 가지고 있는 사람이 있으면, 이름에 가위표를 하십시오. 얼마나 많은 사람이 목록에서 지워졌습니까? 그리고 몇 명이 남았습니까?

[4단계] 위의 목록에 포함된 사람들 중에 무언가 중요한 일에서 실패한 사람, 믿었던 사람에게 배신당한 사람, 재정적 곤란을 겪고 있는 사람, 교통사고나 안전사고를 당한 사람, 승진에서 탈락한 사람, 거절당한 사람, 모욕당한 사람, 창피당한 사람이 있다면, 이름에 가위표를 하십시오. 마지막까지 남은 사람은 모두 몇 명입니까?

🔔[지금 이 순간, 당신의 몸에서 어떤 감각이 느껴지는지 알아차려 보십시오.]

우리는 자신의 내면과 타인의 외면을 비교합니다

앞선 연습과제에서 당신이 작성한 목록이 특이하지 않다면, 그 목록에서 지워지지 않은 사람은 아무도 없을 것입니다. 만약 마지막까지 남은 사람이 있다면, 혹시 다음과 같은 경우에 해당되지 않는지 고려해 보십시오.

- 고통스러운 경험을 공개하는 것을 수치스럽게 여기는 사람이 많습니다. 실제로는 그 사람도 당신에게 털어놓지 못한 고통을 경험했을 가능성이 있습니다.

- 우리는 종종 자신의 내면과 타인의 외면을 비교합니다. 따라서 우리가 항상 타인이 어떤 고통을 겪고 있는지 모조리 파악할 수는 없습니다. 예컨대, 당신을 잘 아는 사람들 중에서 얼마나 많은 사람이 앞선 연습과제의 4단계에서 당신의 이름을 주저 없이 지울 수 있을까요? 그들은 당신이 겪은 고통의 모든 측면을 속속들이 알고 있을까요? 아마도 그렇지 않을 것입니다. 동의하시지요? 사실, 우리가 목록에 포함시키지 않았던 고통스러운 사건들도 얼마든지 많습니다. 예컨대, 외로움, 비밀, 당신에 대해서 모든 것을 알게 되면 아무도 당신을 사랑하지 않을 것 같은 느낌 등을 포함시키면 결과는 또 달라질 것입니다.

- 외상사건은 누구에게나 일어나며, 우리 삶에는 여러 종류의 고통스러운 경험이 엄연히 존재합니다(Kessler et al., 1995). 만약 당신이 작성한 목록에서 아직도 지워지지 않은 사람이 있다면, 그 사람도 언젠가는 그런 일을 겪을 가능성이 있다는 점을 생각해 보십시오. 고통은 누구도 피할 수 없습니다. 그렇기에, 여러 전통적 종교에서 인간의 본질적 조건으로 고통을 언급하고 있는 것입니다.

- 당신의 삶에서 벌어지는 수많은 사건 중에는 제발 일어나지 않기를 간절히 바라는 사건도 포함될 것입니다. 아무리 선한 사람이라도 그것을 막거나 피하지 못합니다. 예컨대, 죽음을 생각해 봅시다. 우리는 종종 죽음이 다른 사람에게만 일어나는 사건이라는 착각에 빠집니다. 그러나 죽음은 이미 우리의 삶에 내재되어 있는 일부이며, 언젠가는 우리 모두에게 일어날 사건입니다. 죽음은 시기의 문제이지, 선택의 문제가 아니기 때문입니다. 🔔[지금 이 순간, 당신의 몸에서 어떤 감각이 느껴지는지 알아차려 보십시오.]

고통은 피할 수 없지만, 괴로움은 피할 수 있습니다

고통의 보편성을 알아차리는 작업을 강조한 까닭은 "고통은 피할 수 없지만, 괴로움은 피할 수 있다."는 사실을 당신과 논의하고 싶기 때문입니다(Chodron, 2001; Hayes & Smith, 2005; Linehan, 1993b). 우리가 생각하기에, 인간의 삶에는 두 가지 유형의 불편감이 존재합니다.

① 첫 번째 유형의 불편감은 고통스러운 사건에 의해서 유발됩니다. 이것은 본질적으로 피할 수 없는 고통이며, 아무리 우리가 주의를 기울이고 심사숙고하고 올바르게 행동하더라도, 어느 정도의 고통은 필연적으로 겪을 수밖에 없습니다.

② 두 번째 유형의 불편감은 첫 번째 유형의 불편감을 회피하고, 억제하고, 제거하고, 감소시키기 위해서 필사적으로 노력하는 과정에서 본의 아니게 더해지는 불편감입니다. 이것은 본질적으로 피할 수 있는 괴로움입니다. 즉, 당신이 굳이 겪지 않아도 되는 부차적인 불편감이라는 뜻입니다.

고통과 괴로움의 차이

이 시점에서, 고통과 괴로움의 차이가 무엇인지 궁금하실 것입니다. 두 개념을 뚜렷하게 구분할 수 있도록 일상생활에서 흔히 접하는 사건에 빗대어 설명하겠습니다. 저자 중의 한 사람인 피스토렐로(J. Pistorello)는 자동차로 출근하다가 가끔 지각을 합니다. 그런 때는 제한시간이 있는 유료주차장에 자동차를 세우는데, 제한시간을 넘기기 전에 정산기에 요금을 투입하면 아무런 문제도 생기지 않습니다. 하지만 제한시간을 초과하면 15달러를 범칙금으로 더 지불해야 합니다. 이 사례에서는 15달러가 고통에 해당되며, 그림으로 표현하면 가장 안쪽에 있는 동그라미에 해당됩니다.

이 문제를 제대로 다루지 못할 때, 그녀는 자신을 가혹하게 타박하면서 당황하거나

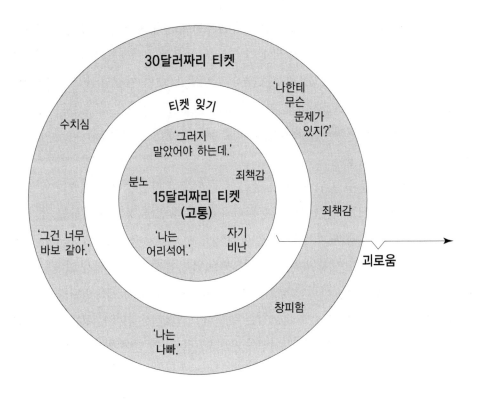

30달러짜리 티켓

수치심

티켓 잊기

'나한테 무슨 문제가 있지?'

'그러지 말았어야 하는데.'

분노

죄책감

15달러짜리 티켓 (고통)

죄책감

'그건 너무 바보 같아.'

'나는 어리석어.'

자기 비난

괴로움

창피함

'나는 나빠.'

'이렇게 바보 같은 짓을 하다니.' 혹은 '규칙을 정확히 알았어야 했는데.' 혹은 '15달러를 더 유용하게 쓸 수 있었는데, 낭비해 버렸잖아.' 라는 생각을 떠올립니다. 그리고 이러한 감정과 생각을 모두 떨쳐 내려고 노력하면서 범칙금 고지서를 앞좌석 보관함에 던져 버립니다. 나중에 범칙금을 내야겠다고 생각하고 미루는 것이죠. 하지만 그녀는 가끔 그 사실마저 까맣게 잊어버립니다. 2주일 이상 미납하면 범칙금은 두 배로 늘어납니다. 즉, 15달러가 아니라 30달러를 추가로 지불해야 하는 것입니다.

만약 그녀가 첫 번째 고통의 존재를 회피하거나 부인하지 않고 곧바로 범칙금을 납부했다면 15달러를 절약할 수 있었을 것입니다. 물론, 이 사례는 비교적 사소한 문제에 해당합니다. 우리가 이 사례를 선택한 이유는 괴로움이 어떤 방식으로 고통에 덧붙여지는지를 설명하고 싶었기 때문입니다. 뒤에서는 더 사소한 사례를 제시하기도 할텐데, 그렇게 하면 판단을 내려놓고 있는 그대로 바라보기가 쉬워집니다. 즉, 우리가 소개하는 개념의 옳고 그름을 따지는 판단에 과도하게 몰두하지 않고 열린 마음으로 받아들일 수 있을 것입니다. 하지만 당신이 겪은 외상경험이 이렇게 사소한 문제라는 뜻은 결코 아닙니다. 우리는 고통과 괴로움의 차이를 당신이 이해할 수 있기를 바랄 뿐입니다.

불행하게도, 두 번째 유형의 불편감인 괴로움 때문에 당신은 단지 15달러가 아닌 그 이상의 대가를 치러야 할지도 모릅니다. 결혼생활, 직장생활, 친구관계, 자기존중감에 심각한 문제가 생길 수 있고, 심지어 당신의 꿈과 삶이 희생될 수도 있습니다. 고통과 괴로움의 문제는 모든 인간에게 적용됩니다. 우리의 임상 경험에 의하면, 실제로 많은 사람이 이러한 덫에 빠져서 굳이 겪지 않아도 될 괴로움을 겪고 있습니다. 하지만 덫에 빠졌다는 것이 당신이 망가졌다거나 혹은 당신에게 어떤 문제가 있다는 것을 의미하지는 않습니다. 모든 사람이 동일한 조건 속에서 살고 있기 때문입니다. 우리는 당신이 어떤 식으로 덫에 빠지게 되는지를 설명하고 있는 것입니다. 🔔[지금 이 순간, 이 문장을 읽고 당신의 마음속에 어떤 반응이 일어나는지 알아차려 보십시오.]

● 사례: 앤지가 겪은 고통과 괴로움의 덫

어린 시절에 계부로부터 신체적 및 성적 학대를 당했던 앤지(Angie)의 사례를 살펴보겠습니다. 계부는 그녀의 어머니에게도 가정폭력을 휘둘렀는데, 앤지는 그 장면을 여러 차례 목격했습니다. 어머니가 계부와의 결별을 두려워했기 때문에, 그들은 공포 상황에 지속적으로 노출되었습니다. 계부가 제시한 규칙을 위반하면 어김없이 학대를 당했습니다. 사실, 학대를 막을 수 있는 방법은 없었습니다. 그녀는 어머니처럼 어리석고 못된 아이라는 비난을 반복해서 들어야 했습니다. 18세에 독립한 뒤 더 이상 학대를 당하지는 않았지만, 과거의 외상경험과 관련된 그녀의 괴로움은 여전히 지속되고 있습니다.

다음 그림의 가장 안쪽 동그라미에 적었듯이, 앤지가 겪은 고통의 근본적 원인은 아동기 성학대일 것입니다. 그녀에게는 아무런 잘못이 없는데도 부당하고 불공평하며 고통스러운 외상사건이 벌어졌습니다. 이로 인해 그녀는 슬픔, 공포, 죄책감, 수치심을 느꼈고, '나는 나빠.' 그리고 '난 끝장이야.'라고 생각하게 되었습니다. 이제, 그녀가 안쪽 동그라미에서 벗어나거나 그것을 떨쳐 버리려고 노력했을 때 어떤 일이 벌어졌는지 살펴봅시다.

앤지는 대학에 입학하면서 부모로부터 독립했고 학교생활에 적응했습니다. 그녀는 자신이 완벽해지면 주변환경을 통제할 수 있고 잠재적인 비난을 회피할 수 있다고 생각했습니다. 하지만 안타깝게도, 완벽을 향한 그녀의 노력은 자신이 진정으로 원하는 삶을 추구하는 것이 아니라 아동학대와 연합된 내면의 공포를 회피하기 위한 시도였습니다. 그녀는 자신의 삶을 완벽하게 통제하면 자신이 어리석거나 혹은 못된 아이라는 느낌을 떨쳐 낼 수 있을 것이라고 기대했던 것입니다.

그녀는 누구와도 친밀한 관계를 맺지 않았고, 아무도 자신의 본모습을 모를 것이라고 생각했습니다. 그녀는 다른 사람에게 친절하게 대하려고 노력했지만, 그들과 가깝게 어울리는 것을 두려워했습니다. 이러한 공포를 다루는 한 가지 방법은 술을 마시는 것이었습니다. 앤지는 주 중에는 줄곧 공부를 하면서 혼자 지냈고, 주말에는 파티에 가서 폭음을 하기 시작했습니다. 이것이 그녀의 고통에 덧붙여진 첫 번째 괴로움의 고리입니다.

폭음과 약물남용이 반복되면서, 그녀가 겪었던 최초의 고통(즉, 아동학대와 관련된 고통)이 재발되었습니다. 술과 약물을 남용하는 자신을 가혹하게 판단했고 엄청난 수치심을 느꼈으며 죄책감을 경험했습니다. 그러면서 오전 강의에 결석하기 시작했습니다. 그 결과, 좋지 못한 성적을 받아야 했습니다. 두 번째 괴로움의 고리가 추가로 덧붙여진 것입니다.

절친한 친구가 과도한 음주 문제를 지적하자 그녀는 친구에게 소리를 지르며 크게 싸웠습니다. 이것도 음주에 대한 죄책감과 수치심을 회피하려는 시도였습니다. 그 결과, 그녀는 별로 도움이 되지 않는 사람들과 어울리는 시간이 더 많아졌고 성적은 형편없을 정도로 더 나빠졌습니다. 폭음을 했던 어느 날, 그녀는 외로움을 달래기 위해서 스치듯 만나던 남자와 성관계를 가졌습니다. 세 번째 괴로움의 고리가 추가로 덧붙여진 것입니다. 🔔[지금 이 순간, 어떤 생각이나 감정이 드는지 알아차려 보십시오.]

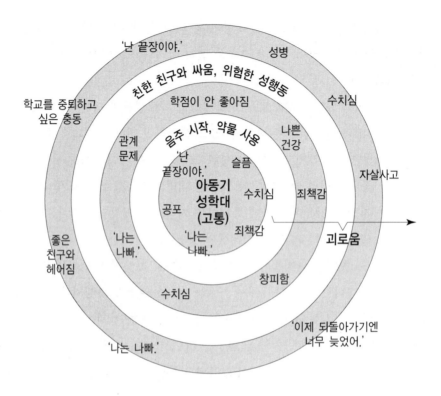

어쩌다 만난 남자와 위험한 성관계를 맺은 결과, 그녀는 성병에 걸렸습니다. 증상이 나타나기 시작했을 때, 그녀는 폭음과 신중하지 못한 성관계에 대해 수치심을 느꼈고 적잖이 당황했습니다. 그녀는 죄책감을 느꼈고, 부적절한 성관계를 가진 것을 뼈저리게 후회했습니다. 이에 더해, 그녀는 계부의 이야기가 맞다는 생각을 하기 시작했습니다. 계부는 항상 그녀를 헤픈 여자라고 비난했었습니다. 이 시점에서, 그녀는 자살하고 싶은 충동을 느꼈습니다. 네 번째 괴로움의 고리가 추가로 덧붙여진 것입니다.

괴로움의 고리를 덧붙이지 마십시오

앞의 그림은 고통이 괴로움으로 변질되는 과정을 설명하기 위해서 그렸습니다. 가장 안쪽의 동그라미에서부터 순차적으로 동그라미가 추가되어 새로운 고리가 계속 덧붙여지는 것이 보이십니까?

비록 앞의 사례에서는 네 번째 고리에서 중단되었지만, 괴로움의 고리는 화살표 방향으로 끝없이 덧붙여질 수 있습니다. 예컨대, 앤지는 점점 나빠지고 있는 학점에 대한 수치심을 회피하기 위해서 대학을 중퇴하거나 혹은 음주로는 고통을 회피할 수 없는 지경에 이르러서 급기야 불법약물을 사용하게 될지도 모릅니다. 안타깝게도, 이런 궤적을 계속해서 따르면 삶의 회복을 기대하기 어려워집니다. 고통을 회피하려는 시도로써 괴로움의 고리가 덧붙여질 때마다 그것은 다시 비극적인 결과와 만족스럽지 못한 삶을 초래하기 때문입니다. 결국, 본인도 알아차리지 못한 채 점점 더 깊은 나락으로 떨어지게 되는 것입니다.

하지만 우리는 괴로움의 고리를 덧붙이는 부적절한 행동을 언제든지 멈출 수 있습니다. 그것은 바로 지금, 바로 여기에서 시작됩니다. 비록 고통스러운 사건의 발생 자체는 막을 수 없더라도, 바깥쪽 동그라미를 덧붙이는 해로운 시도는 언제든지 멈출 수 있습니다. 당신의 마음에 혹시 이런 의문이 떠오를지도 모르겠습니다. '만약 내가 괴로움의 고리를 이미 여러 개나 덧붙여 왔으면 어떡하지?' 그러나 그것은 문제가 되지 않습니다. 그동안 당신이 최초의 고통에 아무리 많은 괴로움의 고리를 덧붙였다고 하더라도, 당신은 새로운 괴로움을 추가하는 행동을 중단할 수는 있습니다. 예컨대, 당신이 작년에 이혼한 아동학대 피해자 혹은 베트남 참전군인이라고 가정해 봅시다. 이경우, 이혼은 당신에게 이미 추가된 괴로움의 고리이거나 혹은 당신이 씨름하고 있는 최초 고통의 일부일 수 있습니다. 그러나 그것은 문제가 되지 않습니다. 불필요한 괴로움을 덧붙이지 않을 힘을 당신이 여전히 가지고 있기 때문입니다. 물론, 그렇게 하는 것이 결코 쉽지는 않을 것입니다. 그렇기에, 당신이 원한다면 우리가 그 과정을 안내하고 싶습니다. 🔔[지금 이 순간, 당신의 호흡에 주의를 기울여 알아차려 보십시오.]

처음으로 해야 할 작업은 당신이 느끼는 고통의 주된 근원을 확인하는 것입니다. 아울러, 당신이 그 고통을 제거하고 억제하고 감소시키기 위해서 지금까지 어떤 시도를 해 왔는지 알아차리고, 그러한 시도가 고통을 감소시켰는지 아니면 오히려 증가시켰는지 살펴보아야 합니다. 그동안 당신에게 어떤 일이 벌어졌든지 상관하지 말고, 당신 자신을 사랑과 연민의 마음으로 대하면서 솔직하고 개방적인 태도를 유지하시기 바랍니다.

베일에 가려진 괴로움

최초의 고통에 괴로움을 덧붙이는 방식은 사람마다 다르다는 점을 명심하십시오. 때로는 덧붙여진 괴로움이 겉으로는 오히려 긍정적인 것처럼 보이는 경우도 있습니다. 전장에서 돌아온 뒤 무감각증을 경험하면서 인간의 본성을 불신하게 된 베트남 참전군인의 사례가 그렇습니다. 그는 완벽한 부양자와 보호자가 되는 방법으로 전쟁의 고통과 공포에서 벗어나기 위해서 초과근무와 주말근무를 했고, 집안 곳곳을 혼자서 수리했고, 잠재적인 문제의 발생에 대비하여 착실하게 돈을 저축했으며, 자녀가 방문하는 곳이나 집에 오는 손님을 엄격히 제한함으로써 자신의 가족을 잠재적인 위험으로부터 보호하려고 필사적으로 노력했습니다. 그리고 그 과정에서 가족과 보내는 시간이 줄어들었고, 사랑하는 사람들로부터 멀어졌으며, 아이들이 성장하는 것을 지켜보지 못했습니다. 그런데 그의 아내는 20년간의 결혼생활을 청산하자며 갑자기 이혼을 요구했고, 자녀들은 아버지가 어떤 사람인지 잘 모르겠다고 말하며 그를 비난했습니다. 뒤늦게 허를 찔린 것입니다. 애석하게도, 이러한 상황은 흔히 벌어집니다.

연습과제 3-2 **고통과 괴로움의 고리를 알아차리기**

당신이 겪은 최초의 고통 및 그동안 거기에 덧붙여진 괴로움을 다음 그림에 적어 넣으시기 바랍니다. 부디 자신에게 사랑과 연민을 베풀면서 이번 연습과제를 수행하시기 바랍니다. 이번 과제의 목적은 당신의 허물을 들춰내고 비난하는 것이 아닙니다. 당신에게 일어난 불행한 일과 살아남기 위해서 그동안 당신이 해 왔던 일을 알아차리는 것이 목적입니다. 그동안 당신은 어떻게 대처하는 것이 효과적인지 잘 몰랐을 뿐입니다. 혹은 무언가 다른 대처방법이 있을 것 같다는 생각을 하면서도, 어떻게 해야 하는지 확신하지 못했을 뿐입니다. 지금 당신은 그동안 살아온 삶의 궤적을 기꺼이 들여다보는 첫 번째 작업을 시작하고 있습니다. 우리의 경험에 따르면, 이번 연습과제는 당신의 삶을 변화시키는 데 도움이 될 것입니다. 당신이 기꺼이 그렇게 하겠다고 결심한다면 말입니다.

다음에 제시한 빈 동그라미들을 당신의 경험으로 채워 보십시오. 가장 안쪽 동그라미는 당신이 겪은 최초의 고통을 의미하며, 그 바깥쪽 동그라미 네 개는 고통에 덧붙여진 괴로움을 의미합니다. 가능한 한 철저하게 이번 연습과제를 수행하시기 바랍니다. 지우고 다시 쓰는 경우가 있을 수 있으므로 가급적 연필을 사용하시는 것이 좋습니다.

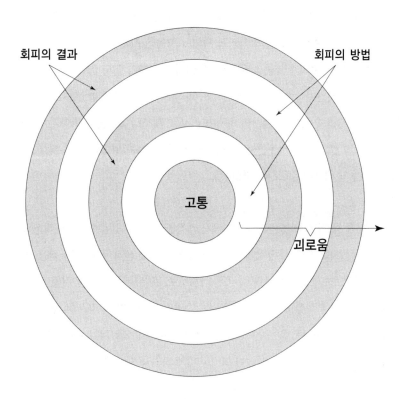

[1단계] '고통'이라고 적혀 있는 가장 안쪽 동그라미(회색)부터 시작하겠습니다. 당신이 겪은 가장 지독하고 고통스러운 사건, 이 책을 읽게 된 직접적 계기가 된 사건, 혹은 당신이 여전히 씨름하고 있는 사건을 기꺼이 떠올릴 수 있겠습니까? 그것이 어떤 사건이었는지 기록하십시오. 가장 안쪽 동그라미의 가장자리에는 최초의 고통을 떠올릴 때마다 당신이 경험하는 감정, 생각, 기억, 신체감각을 모두 기록하십시오. 만약 당신이 공포, 분노, 슬픔, 후회, 죄책감, 수치심, 외로움 등의 불편한 감정을 경험한다면 그것을 기록하십시오. 만약 당신이 '난 끝장이야.' '모두 내 잘못이야.', '나는 사랑받을 만한 사람이 아니야.' 등의 불편한 생각을 경험한다면 그것을 기록하십시오. 만약 당신이 통증, 긴장, 신체기억 등의 불편한 신체감각을 경험한다면 그것을 기록하십시오. 만약 당신이 외상사건이 재현되는 것 같은 착각 혹은 반복적으로 침투하는 이미지를 경험한다면 그것을 기록하십시오.

[2단계] 두 번째 동그라미(흰색)에는 1단계에서 기록한 감정, 생각, 기억, 신체감각을 밀어내고, 억제하고, 회피하고, 축소하고, 감소시키기 위해서 처음에 시도했던 방법들을 모두 기록하십시오. 이러한 방법들 중의 일부는 너무 오래 되어서 기억하기 쉽지 않을 수 있으므로 열심히 생각해 보셔야 할 것입니다. 앞에서 우리는 음주와 약물 사용을 예로 들었습니다. 그 밖에도 여러 가지 방법이 있을 수 있으니 곰곰이 따져 보십시오. 최초의 고통을 회피하기 위해서 필사적으로 사용했으나 결과적으로 더 큰 괴로움을 유발했던 방법은 무엇이었습니까? 그동안 당신이 어떤 노력을 해 왔는지 알아차려 보십시오.

[3단계] 세 번째 동그라미(회색)에는 2단계에서 기록한 회피 시도가 초래한 내적 및 외적 결과를 모두 기록하십시오. 먼저, 2단계에서 기록한 것들을 다시 생각할 때 어떤 감정, 생각, 기억, 신체감각이 떠오르는지 알아차려 보십시오. 다음으로, 2단계에서 기록한 것들이 당신의 삶에 지금까지 어떤 영향을 끼쳤고 또한 끼치고 있는지 곰곰이 따져 보십시오. 예컨대, 과도한 음주를 시작한 뒤로 술을 마시지 않는 친구와는 거의 만나지 않게 되었거나 혹은 지나치게 일에 몰두한 뒤로 중요한 타인과는 거의 시간을 보내지 않게 되었을 수 있습니다.

[4단계] 네 번째 동그라미(흰색)에는 3단계에서 기록한 불편한 감정과 생각을 밀어내기 위해서 추가적으로 어떤 회피 시도를 했는지 모두 기록하십시오. 예컨대, 앞에서 소개했던 앤지는 절친한 친구가 음주 문제를 지적했을 때 당혹감과 수치심을 느꼈고, 이를 회피하기 위해서 그 친구를 멀리하고 오히려 부적절한 사람들과 어울리기 시작했습니다. 당신은 3단계에서 기록한 불편한 생각과 감정을 억제하고, 제거하고, 축소하고, 감소시키기 위해서 어떤 시도를 했습니까? 알아차려 보십시오.

[5단계] 다섯 번째 동그라미(회색)에는 4단계에서 기록한 추가적 회피 시도가 초래한 내적 및 외적 결과를 모두 기록하십시오. 먼저, 4단계에서 기록한 것들을 다시 생각할 때 어떤 감정, 생각, 기억, 신체감각이 떠오르는지 알아차려 보십시오. 다음으로, 4단계에서 기록한 것들이 당신의 삶에 지금 어떤 영향을 끼치고 있는지 곰곰이 따져 보십시오. 4단계에서 기록한 불편한 생각과 감정을 회피하려는 시도가 초래하고 있는 결과가 무엇인지 알아차리십시오.

이번 연습과제는 5단계에서 멈추었지만, 당신이 겪고 있는 고통과 괴로움의 고리는 이것보다 몇 겹이나 더 두꺼울 수도 있습니다. 당신이 원한다면 혼자서 몇 단계를 더 진행해 보시는 것도 괜찮습니다.

반대로, 당신은 몇 개의 동그라미밖에 채우지 못했을 수도 있습니다. 그것도 충분히 이해할 만한 일입니다. 특히 괴로움의 고리가 덧붙여지지 않도록 하는 적절한 대처방법을 이미 스스로 발견했다면 더욱 그렇습니다. 하지만 몇 개의 동그라미가 더 있을 것 같은 의구심이 들지만 지금은 그것을 분명하게 확인할 수 없는 경우라면, 나중에 마음이 내킬 때 이번 연습과제를 다시 해 보시는 것도 괜찮습니다.

고통과 괴로움의 덫과 관련된 두 가지 '어디에' 질문

앞의 동그라미 그림을 살펴보면서, 다음의 두 가지 질문에 답변하십시오.

[질문 1] 당신의 고통은 어디에 있습니까?

• 지금도 여전히 최초의 고통에 어느 정도 사로잡혀 계십니까? 그것이 날카롭든지 무뎌졌든
지, 울컥하든지 덤덤하든지, 혹은 휴화산 상태이든지 활화산 상태이든지 간에, 여전히 최초
의 고통을 어느 정도 경험하고 계십니까? 지금 이 순간, 비록 여러 종류의 괴로움이 덧붙여
졌다고 하더라도, 여전히 최초의 고통을 느낄 수 있습니까? 최초의 고통을 어떻게 그리고 언
제 경험할 가능성이 높습니까?

_____

_____

_____

[질문 2] 당신은 어디에 있습니까? 안쪽 동그라미입니까, 아니면 바깥쪽 동그라미입니까?

• 당신이 이 책을 읽고 있는 주된 이유, 즉 당신이 현재 처해 있는 상황이 어떠한지 그리고 당
신을 가장 불편하게 만드는 문제가 무엇인지 생각하면서, 다음과 같은 질문을 스스로에게
던져 보십시오. 당신이 가지고 있는 능력을 발휘하지 못하도록 방해하는 불편감의 관점에서
볼 때, 지금 당신은 어디에 있습니까? 당신은 지금 가장 안쪽의 동그라미(최초의 고통)에 주목
하고 있습니까, 아니면 바깥쪽 동그라미(회피시도) 중의 하나에 사로잡혀 있습니까?

_____

_____

_____

앞의 연습과제의 목적은 지금 이 순간에 당신이 어디에 있는지를 더욱 명료하게 알아차리는 것입니다. 당신이 덧붙인 괴로움이 삶의 다양한 영역으로 어떻게 확장되어 어떤 파급효과를 끼치고 있는지 진지하게 검토해 보시기를 바랍니다. 당신을 판단하거나 비난하라는 뜻이 결코 아닙니다. 당신의 회피 시도가 당신을 어디로 이끌어 가고 있는지 알아차리는 것이 중요합니다. 과연 그것은 당신이 진정으로 소중히 여기는 삶의 방향으로 당신을 이끌어 가고 있습니까? 이 책의 나머지 부분에서 우리는 괴로움을 덧붙이지 않으면서 고통(가장 안쪽 동그라미)에 머무르는 방법을 제시하려고 합니다. 지금부터 시작해야 합니다. 만약 당신이 지금 바깥쪽 동그라미에 발을 담그고 있다면, 부적절한 회피 시도를 중단하고 불필요한 괴로움을 덧붙이지 않는 새로운 무언가를 시도할 수 있는지 살펴보십시오. 당신 자신을 판단하거나 변명하거나 방어하지 않으면서 마음챙김의 태도로 이 작업을 진행하십시오. 이것이 고통에 새롭게 반응하는 한 가지 방법입니다.

괴로움을 제거하기

이번 장을 마무리하기 전에 고통과 괴로움의 세 가지 특징을 다시 강조하고 싶습니다. 첫째, 고통은 아무도 피할 수 없습니다. 둘째, 회복의 과정은 덧붙여진 괴로움에 사로잡혔다가 빠져나오기를 반복하면서 이루어집니다. 셋째, 과거의 경험과 궤적은 제거할 수 없습니다. 당신이 영향을 미칠 수 있는 것은 오직 지금부터 고통에 대처하는 방식입니다. 그것은 과거와는 달라야 합니다.

● 안쪽 동그라미(최초의 고통)는 제거할 수 없습니다
당신은 〈연습과제 3-3〉의 질문 1에 어떻게 답변했습니까? 그곳으로 돌아가서 살펴보십시오. 아무리 많은 괴로움이 덧붙여졌다고 하더라도, 즉 당신이 그동안 아무리 필사적으로 노력했다고 하더라도 최초의 고통은 여전히 그곳에 남아 있지 않습니까? 몇 가지 사례를 소개하겠습니다.

어떤 사람이 당장 내일부터 술을 끊거나 혹은 몇 년 뒤에 술을 끊더라도, 그가 지나치게 술을 마시기 시작했던 최초의 이유(예: 이혼의 슬픔)는 여전히 그대로 남아 있을 것입니다. 혹은 거기에 몇 가지 괴로움(예: 신체 질병)이 덧붙었을 것입니다.

경제적으로 아무리 성공하거나 혹은 학문적으로 아무리 성취하더라도 '나는 무가치해.' 혹은 '나는 무능해.'라는 생각을 제거하기에는 충분하지 않습니다. 그런 생각을 영원히 잠재울 정도로 충분한 성공은 세상에 존재하지 않습니다. 이것은 다국적기업의 최고경영자를 비롯해 소위 성공한 사람들이 입증해 줄 수 있는 사실입니다. 빌 게이츠나 간디에게도 비교하는 대상이 있으며, 자신의 딸과 사랑스러운 대화를 나누고 있는 노점상에게도 비교하는 대상이 있습니다. 우리가 가지고 있는 기준이 각자 다를 뿐입니다.

누군가가 당신을 똑똑하고 사랑스럽고 매력적이라고 인정한다고 하더라도, 그것의 효과는 그리 오래 지속되지 않습니다. 우리는 자신과 타인을 끊임없이 시험합니다. '당신을 미워한다고 말하거나 혹은 3시간이나 당신을 기다리게 했어도 내가 여전히 사랑스럽나요?' 혹은 '비록 고등학교 때 모든 과목에서 A를 받기는 했지만, 진정한 성공은 내가 대학(혹은 대학원, 사업, 의대 등)에서 성공하느냐의 여부에 달려 있다.'라는 내면의 목소리가 바로 그것입니다. 당신이 겪는 고통이 화수분처럼 끊임없이 샘솟아 오른다고 느껴진다면, 그 이유는 아마도 자신이나 타인이 제공하는 위안으로는 제거될 수 없는 성질의 고통을 겪었기 때문일 것입니다.

심지어 어떤 사람은 자신에게 자상이나 화상을 입히는 방식으로 고통스러운 감정에서 즉각적으로 벗어나려고 시도하기도 합니다. 그러나 자해행동을 시도한 다음에는 그것에 대한 수치심과 죄책감이 덧붙여진 더욱 고통스러운 감정이 분명히 다시 찾아옵니다.

고통이 완전히 사라진 것처럼 보였는데, 예상치 않게 되돌아오는 경우도 종종 있습니다. 아이를 먼저 저 세상으로 떠나보낸 아버지의 경우가 그렇습니다. 최초의 고통이 점점 누그러지면서 그는 그럭저럭 살아갑니다. 남은 자녀를 열심히 돌보고, 때로는 코미디 프로그램을 보면서 웃기도 하고, 때로는 바닷가에서 휴가를 보내기도 합니다. 그리고 한참이 지난 뒤에 갑자기, 아마 남은 자녀가 대학을 졸업하는 때 혹은 죽은 아이의 생일이 돌아왔을 때, 다시 슬픔과 비판에 사로잡힐 수 있습니다.

앞에서 소개한 모든 사례는 가장 안쪽의 동그라미는 완전하게 제거될 수 없다는 사실을 잘 보여 줍니다. 밀물과 썰물처럼 밀려왔다 빠져나가기를 반복하는 것이 최초의 고통이 지니고 있는 본질적 특징입니다. 이것은 믿음의 문제가 아니라 사실의 문제입니다. 고통은 절대로 제거되지 않으며 영원히 회피할 수 없다는 사실을 받아들일 수 있겠습니까? 🔔[지금 이 순간, 어떤 생각이나 판단이 떠오릅니까? 그것을 알아차려 보십시오.]

참으로 안타깝지만, 평범한 방법이나 일반적 수단으로는 최초의 고통에서 결코 벗어날 수 없습니다. 즐겁게 살면서 긍정적인 경험을 많이 하면 더 이상 고통을 겪지 않는다고 주장하는 사람도 있습니다. 하지만 당신은 진실을 알고 있습니다. 사랑하는 자녀의 대학 졸업과 같은 긍정적인 사건도 오래된 고통을 다시 촉발시킬 수 있기 때문입니다. 긍정적인 사건이 일어난 순간에 오히려 짙은 외로움을 느끼기도 합니다. 아름다운 노을의 감흥을 함께 향유할 사람이 아무도 곁에 없다면 기분이 어떻겠습니까? 그 순간도 덧없이 지나가 버릴 것입니다. 극장에서 재미있는 영화를 보다가 문득 관계상실의 고통을 회피하기 위해 혼자서 극장에 왔다는 사실을 깨닫는다면 기분이 어떻겠습니까? 고통은 완전히 사라지지 않습니다. 만약 고통을 무찌르거나 혹은 방어하려는 태도를 취한다면, 당신의 필사적인 시도는 전혀 효과적이지 못할 것입니다. 아울러, 괴로움의 고리를 쓸데없이 덧붙이게 될 것입니다.

● 괴로움에 사로잡히고 벗어나기를 반복하는 것은 자연스러운 일입니다

이제, 〈연습과제 3-3〉의 질문 2에 대한 당신의 답변을 살펴봅시다. 대부분의 사람과 크게 다르지 않다면, 아마도 당신은 바깥쪽 동그라미에 있거나 혹은 안쪽과 바깥쪽 동그라미를 반복해서 왕래하고 있다는 것을 알아차렸을 것입니다. 충분히 예상했던 일이니 너무 염려하지 마십시오.

만약 바깥쪽 동그라미에 있다는 이유로 자신을 가혹하게 판단하고 있다면, 그것을

알아차린 다음에 그저 내버려 두십시오. 이번 과제의 목적은 당신의 허물을 들춰내서 비난하는 것이 아니라는 점을 명심하십시오. 자기비난에 초점을 맞추는 대신에, 괴로움의 고리를 덧붙이는 시도를 가능한 한 빨리 중단하는 데 초점을 맞추십시오. 그것이 당신이 진정으로 소중히 여기는 삶을 살아갈 수 있는 방법입니다.

● 역사는 더해지는 것이지 빼 버릴 수 있는 것이 아닙니다

과거는 절대로 제거할 수 없습니다. 과거를 제거하려고 노력할수록 더욱 강력한 괴로움에 사로잡히게 됩니다. 우리는 종종 개인적 역사의 일부분을 제거할 방법을 찾아내려고 노력하는데, 이것은 마치 뇌의 일부를 잘라 내는 뇌절제술을 시행하는 것에 비유할 수 있습니다. 하지만 그것은 불가능합니다. 외상경험과 연합된 기억, 감정, 감각을 떨쳐 내기 위한 필사적인 시도는 오히려 뇌의 기억영역에 여러 겹의 층을 덧붙이는 결과를 초래할 뿐입니다. 사실상, 당신은 아무것도 제거할 수 없습니다. 우리는 불쾌한 경험을 떨쳐 내기 위해서 음주, 주의분산, 망각, 심지어 해리와 같은 전략을 수시로 동원합니다. 비록 해리 상태에서는 불쾌한 기억, 생각, 감정으로부터 일시적으로 벗어날 수 있겠지만, 시간이 흐르면 더욱 강력한 괴로움이 엄습한다는 것을 잘 알고 있습니다(Polusny & Follette, 1995). 삶의 역사는 더해지는 것이지 빼 버릴 수 있는 것이 결코 아닙니다. 이것을 입증하기 위해 한 가지 실험을 해 보겠습니다(Hayes, Strosahl, & Wilson, 1999).

 **연습과제 3-4** **어떤 글자입니까?**

다음과 같은 시나리오를 상상해 보십시오. 우리가 당신에게 이렇게 주문합니다. "기억과제입니다. 이번 과제를 성공적으로 수행하시면 당신에게 100만 달러를 드리겠습니다. 당신은 우리가 언급한 세 글자만 기억하시면 됩니다. 그러면 100만 달러를 받을 수 있습니다. 우리는 오직 세 번만 언급할 텐데, 당신은 그것을 잘 기억해야 합니다. 자, 준비되셨습니까? 당신을 부자로 만들

어 줄 세 글자를 들을 준비가 되셨습니까? 잘 들으세요. 가, 나, 다. 다시 한 번 들려 드립니다. 가, 나, 다."

- 어떤 글자였습니까? _____
- 세 글자를 큰 소리로 말해 보십시오. 기억나십니까? 세 글자는 가, 나, 다였습니다.
- 자, 어떤 글자였습니까? _____
- 세 글자를 큰 소리로 말해 보십시오. 자, 한 시간 뒤에 다시 어떤 글자였는지 묻겠습니다. 그때 까지 기억할 수 있겠습니까? 하루가 지난 뒤에는 어떨까요? 일주일이 지난 뒤에는 어떨까요?
- 어떤 글자였습니까? _____
- 자, 이번에는 다른 실험을 해 봅시다. 당신도 눈치를 채셨겠지만, 사실 우리에게는 100만 달 러가 없습니다. 일종의 속임수였습니다. 그래서 우리는 당신에게 다른 것을 요구할 참입니다. 앞으로 무슨 수단을 써서라도, 우리가 당신에게 들려준 세 글자를 절대로 생각하지 마십시오.
- 그런데 어떤 글자였습니까? _____

　지금 어떤 생각이 떠오릅니까? 혹시 당신이 우리가 들려 드린 글자가 아니라 엉뚱한 글자를 기억해 냈더라도 한 번쯤 살펴보십시오. 당신이 회상한 글자가 우리가 들려준 글자와 다르다는 것을 어떻게 아셨습니까? 아마도 마음에서 이런 일이 벌어졌을 것입 니다. '라, 마, 바는 가, 나, 다가 아니야.' 이것은 당신의 마음에 여전히 '정답은 가, 나, 다.'라는 생각이 자리 잡고 있음을 보여 줍니다. '가, 나, 다'를 생각하지 않으려 고 최선을 다해서, 정말로 열심히, 안간힘을 쏟아서 노력해 보십시오. 그것이 가능합 니까? 아마도 불가능할 것입니다. 그렇지요? 흥미롭지 않습니까? 무언가가 머릿속에 일단 들어오면, 아무리 밀어내려고 노력하더라도 그것은 거의 물러나지 않습니다. 수 업시간에 공부한 내용이나 해야 할 일의 목록을 무심코 잊어버리기는 쉽습니다. 하지 만 무언가를 잊으려고 의도적으로 노력하면 오히려 기억이 더 선명해집니다(Wegner,

1994). 그렇기 때문에 '정답은 가, 나, 다.'라는 생각을 '정답은 가, 나, 다가 아니고 라, 마, 바.' 혹은 '나는 가, 나, 다 글자를 잊어야만 해.'라는 생각으로 대치할 수 있는 방법은 전혀 없습니다. 그런 시도를 할 때, 당신은 '가, 나, 다'를 세 번이나 더 생각하게 됩니다. 우리의 뇌는 오직 더하기만 가능하며, 어떤 것도 의도적으로 빼내기는 불가능합니다. 원래 그런 것입니다.

이번 연습과제는 개인적 삶의 역사가 더해지는 것이지 결코 빼내지는 것이 아니라는 것을 보여 주며, 심지어 우리가 잘 모르는 사람에 대해서조차 아주 사소하고 부정확한 정보라도 쉽게 저장한다는 것을 입증합니다. 아무리 하찮은 경험이라도 상당히 오랫동안 우리의 마음에 머무를 수 있습니다. 지금 이 순간에도 당신은 듣기 싫었거나 혹은 반박하고 싶었던 농담을 기억해 낼지 모릅니다. 심지어 당신이 그것을 과거에는 한 번도 떠올렸던 적이 없었는데도 말입니다. 당신의 경험은 어떤지 세심하게 살펴보십시오. '가, 나, 다'와 같은 단순한 글자조차도 의도적으로는 잊을 수 없습니다. 하물며 당신이 누구인지를 말해 주는 중요한 삶의 역사를 어떻게 잊을 수 있겠습니까? 그것은 불가능합니다.

당신이 이러한 사실을 문자적으로 말고 체험적으로 알아차릴 수 있기를 바랍니다. 왜냐하면 외상사건 이후에 당신의 삶을 회복할 수 있는 유일한 방법은 외상경험을 배제하는 것이 아니라 그것과 '함께'하는 것이기 때문입니다. 이 주제에 대해서 앞으로 더 이야기하겠습니다.

그렇다면 무엇을 할 수 있을까

아마도 당신은 외상경험에 동반되는 불편한 감정(슬픔, 죄책감, 수치심, 분노)과 생각(자기비판, 자기비난)과 기억을 제거하는 방법을 찾기 위해서 이 책을 읽기 시작했을 것입니다. 즉, 당신은 가장 안쪽 동그라미의 가장자리에 적혀 있는 것들을 말끔하게 제거하고 싶었을 것입니다. 당신도 알고 있듯이, 우리에게는 당신이 겪은 최초의 고통이 완전히 사라지게 할 능력이 없습니다. 하지만 외상의 고통을 적절하게 다루는 과정에서 당신이 진정으로 원하는 삶을 살 수 있게 될 것입니다. 3장의 첫머리에 인용한 프로스트(R. Frost)의 "빠져나가려면 견디는 수밖에 없다."는 말에 대해서 어떻게 생각하십니까?

다음 장에서는 당신이 어떤 방식으로 바깥쪽 동그라미에 머물게 되는지, 그리고 어째서 괴로움의 고리를 덧붙이는 시도를 중단하는 것이 어려운지 살펴볼 것입니다. 대부분의 사람과 크게 다르지 않다면, 당신도 그것이 어렵다는 데 동의할 것입니다. 지금까지 필사적으로 노력했지만, 당신은 여전히 그 자리에 머물고 있으니까요.

 마음기록장

◆ 생각

_____

_____

_____

◆ 감정

_____

_____

_____

◆ 자기판단

_____

_____

_____

◆ 신체감각

_____

_____

_____

◆ 행동하고 싶은 충동(어떻게 하고 싶습니까?)

_____

_____

_____

Chapter 04

정말로 문제가 되는 것은
통제입니다

외상의 치유
인생의 향유

정말로 문제가 되는 것은
통제입니다

"애초에 문제를 일으킨 수준에 여전히 머물러 있는 한, 그것을 해결할 방법은 없다."

– 알베르트 아인슈타인

지금부터 당신이 살아온 역사를 완전히 새롭게 바라보는 방법을 이야기하려고 합니다. 처음에는 우리의 이야기가 직관에 어긋나는 것처럼 보이거나 혹은 이상하고 엉뚱한 소리로 들릴 수도 있습니다. 그리고 당신에게는 상당히 낯선 이야기일 것입니다. 그래서 당신의 외상경험을 새로운 관점에서 꾸준히 살펴보시라고 먼저 당부하고 싶습니다. '정말로 문제가 되는 것은 통제입니다' 라는 4장의 제목은 수용전념치료를 개발한 헤이즈, 스트로잘과 윌슨(Hayes, Strosahl, & Wilson, 1999)의 책에서 인용한 것으로, 고통을 통제하려고 노력하는 과정에서 오히려 괴로움이 증폭되는 역설을 의미합니다. 추측건대, 당신은 지금까지 외상경험과 연합된 생각, 감정, 기억을 제거하고, 조절하고, 회피하고, 통제하겠다는 목표를 가지고 필사적으로 노력해 왔을 것입니다. 이 책을 읽는 것도 그런 노력의 일환일지 모릅니다. 당신이 지금까지 시도해 온 전략은 어느 정도 효과를 발휘했을 수 있습니다. 그렇다고 하더라도, 통제전략을 동원하면서 어떤 대가를 치러야 했는지 혹은 그것이 일종의 미봉책에 불과한 것은 아니었는지 곰곰이 따져 보시기 바랍니다. 아울러 한 가지 부탁을 드리겠습니다. 앞으로 몇 페이지는 당신의 경험을 되새기면서 열린 마음으로 읽으시기 바랍니다. 이 장의 목적은,

아인슈타인(A. Einstein)이 예리하게 지적한 것처럼, 애초의 문제와 수준을 달리하여 해법을 생각하는 힘을 기르는 것입니다. 이것은 당신이 진정으로 원하는 삶을 살기 위한 첫 번째 단계입니다. 그럼, 시작하겠습니다.

통제하라는 메시지

그동안 당신은 공정하지 못한 경기를 했던 것이 아닐까요? 고통에서 벗어나려고 필사적으로 노력했지만 거의 효과가 없었지요? 열심히 노력했고, 모든 전략을 동원했고, 규칙에 맞춰 경기에 임했는데도 당신이 문제라고 생각했던 것을 전혀 고칠 수 없었다면, 도대체 무엇이 문제일까요? 그동안 당신은 외상경험과 힘겨운 줄다리기를 해 왔습니다. 하지만 줄을 놓아 버리지 않는 한 당신이 승리할 가능성은 전혀 없습니다. 지금까지 시도했던 당신의 모든 노력은 전혀 효과적이지 못했습니다. 왜냐하면 사고와 감정의 영역에서는 당신이 어린 시절에 배운 경기규칙이 제대로 작동하지 않기 때문입니다. 혹시 이런 생각을 하고 계실지도 모르겠습니다. '지금 무슨 이야기를 하는 거지? 아무도 나에게 경기규칙을 가르쳐 준 적이 없는데.' 자, 한 발자국 뒤로 물러나서 우리들 대부분이 인생이라는 경기에 대해서 어린 시절에 배웠던 것을 돌이켜 봅시다.

우리는 아주 어릴 적부터 착한 아이는 울지 않고, 소란 피우지 않고, 말썽부리지 않고, 규칙을 지키며, 어른의 신경을 거슬리게 하지 않는다는 이야기를 들으면서 자랐습니다(Hayes, Strosahl, & Wilson, 1999). 착한 아이는 문제를 일으키지 않는다는 생각이 기본 바탕에 깔려 있는 것입니다. 무슨 거대한 음모론을 제기하려는 것이 아닙니다. 이 책의 저자 두 사람 모두 자녀를 양육해 봤기 때문에 이러한 초기교육이 어떻게 시작되는지 잘 알고 있습니다. 부모는 아이가 조용하고 사이좋게 지낼 때 착하다는 칭찬을 해 줍니다. 부모는 아이가 행복감을 드러내고 순순히 달래질 때 미소를 보내 주고 소곤거려 줍니다. 하지만 아이가 떼쓰거나 앙탈을 부릴 때 부모는 그것을 무시하고 묵살합니다. 이러한 부모의 행동을 통해서 아이에게 어떤 메시지가 전달될지 생각해 보십시오. 어쩌면 "아이들은 눈에 보이는 곳에 얌전히 있어야 한다."는 속담을 떠올린 분이 계실 수도 있습니다. 🔔[지금 이 순간, 어떤 감정을 느끼고 있는지 알아차려 보십시오.] 비록 똑같은 이야기를 듣지는 않았다고 하더라도, 당신도 어린 시절에 이와 비슷한 메시지를 수없이 들어 봤을 것입니다.

불평하지 않는 아이를 착하다고 칭찬하는 경우처럼 메시지가 명시적으로 전달되는 때도 더러 있습니다. 하지만 미묘한 메시지가 전달되는 경우가 더 많은데, 안타깝게도 여기서부터 문제가 시작됩니다. 때때로 부모는 아이에게 어른은 공포와 슬픔과 고통을 느끼지도 않고 느껴서도 안 된다는 메시지를 전달합니다. 예컨대, "아빠는 하나도 무섭지 않아." 혹은 "너처럼 큰 아이가 우는 것 봤니?"라고 이야기하는 것입니다. 어떤 가정에서는 "당장 울음을 그치지 못해! 계속 울면 벌을 줄 거야."라는 이야기가 남발되기도 합니다. 학대당하는 아이라면, 이런 메시지가 더욱 강력하고 암담하게 느껴질 것입니다. 학대당하는 아이는 집안에서 무슨 일이 있었는지 절대로 발설하지 말라는 경고를 받았을 것이며, 만약 발설하는 날에는 죽음을 각오해야 하는 위협을 느꼈을 것입니다. 때로는 인간의 자연스러운 본능을 무시하라는 메시지를 전달받았을 것입니다. 학대당한 상처가 너무 아픈데도 "그게 뭐가 아파. 아무렇지도 않아."라는 이야기를 듣는 것처럼 말입니다. 이런 메시지를 통해서 자신이 느끼는 감정을 부인하고 더 나아가서 자기 자신마저 부인하는 패턴이 형성되기 시작합니다. 이런 식으로 성인이 되는 과정에서, 우리는 자신 및 타인에게 불쾌할 수 있는 감정과 생각을 철저히 억제하기 위해서 노력하는 것을 끊임없이 배우게 됩니다.

이렇게 가르치는 부모의 의도는 상당히 다양합니다. 때로는 특별한 의도가 포함되지 않은 일상적 현상일 수도 있고, 때로는 가족의 비밀을 감추려는 고의성이 다분히 포함되었을 수도 있습니다. 어느 쪽이든 간에, 우리는 양육자에게서 삶을 살아가는 기본규칙을 배웁니다. 이런 메시지는 간접적으로 은근하게 전달될 수도 있습니다. 예컨대, 아이는 이혼이나 사별과 같은 엄청난 상황에서조차 결코 슬퍼하거나 두려워하지 않는 부모의 모습을 본보기로 삼을 수도 있고, 모든 상황에서 지나치게 낙관적으로 반응하면서 아이가 공포, 슬픔, 의심을 표현하지 못하도록 미리 막아 버리는 부모의 모습을 본뜰 수도 있습니다. 부모가 전달하는 "할 수 있을 때까지 안간힘을 써 봐." 혹은 "마음만 먹으면 뭐든지 할 수 있어."라는 격려의 말 속에 숨어 있는 메시지가 무엇이 겠습니까? 혹은 아이가 어떤 걱정거리를 털어놓았을 때 부모가 너무 성급하게 해결책을 제시하거나 혹은 "괜찮아. 그냥 하면 돼." 혹은 "걱정하지 마. 다 잘될 거야."라고 무심하게 대꾸한다면 어떤 일이 벌어지겠습니까? 비록 좋은 의도로 이야기한 것이라고 할지라도, 지나치게 낙관적인 메시지는 아이(그리고 어른)에게 부모(혹은 어른)를 불편하게 만드는 감정은 절대로 표현하지 말라고 가르칠 뿐입니다. 때로는 부모에게도 문제를 해결할 뾰족한 방법이 없기 때문에 이런 메시지가 전달되는 경우도 있습니다. 🔔[지금 이 순간, 당신의 호흡에 주의를 기울이십시오.] 아이의 입장에서는 "그냥 긍정적으로 생각해."라는 메시지가 "나를 불편하게 만드는 일에 대해서는 이야기하지 마."라는 의미로 들릴 수 있습니다. 사실, 심리치료를 받는데도 심리장애가 지속되는 사람들 중에는 주위 사람으로부터 '네가 긍정적인 생각을 충분히 하지 않기 때문에 심리장애가 악화되는 것'이라는 비난을 당하는 경우가 종종 있습니다.

이렇게 요약해 보겠습니다. 우리는 중요한 타인으로부터 다음과 같은 메시지의 폭격을 끊임없이 받고 있습니다.

- 불쾌한 감정과 생각을 경험해서는 안 된다.
- 불쾌한 감정과 생각은 반드시 통제해야 한다.
- 우리는 긍정적인 감정을 스스로 만들어 낼 수 있다.
- 긍정적인 감정을 느끼면 나쁜 일이 일어나지 않게 막을 수 있다.

정말로 당신은 마음만 먹으면 얼마든지 다른 감정을 느낄 수 있습니까? 과연 그런지, 실험해 볼까요? 의도적으로 어떤 사람에게 호감을 느끼려고 노력해 봅시다. 일단 한 사람을 선택한 뒤, 그 사람에게 사랑의 열병에 들떠서 얼굴이 붉어지는 낭만적인 감정을 느끼겠다고 굳게 다짐하십시오. 그 사람이 방으로 들어오면 반드시 따뜻한 흥분을 느껴야 하고, 가슴이 울렁거려야 하며, 충만한 행복감을 경험해야 합니다. 그 사람과 데이트를 하거나 혹은 실제로 어떤 상호작용을 하라는 뜻이 아닙니다. 단지 그 사람을 만났을 때 사랑스럽게 달아오르는 다정한 느낌만 경험하시면 됩니다. 그것이 가능합니까? 당신이 우리와 같은 평범한 사람이라면, 아무리 굳게 다짐한다고 하더라도 사랑의 감정을 의도적으로 느낄 수는 없습니다. 우리의 임상 경험에 따르면, 감정은 그런 식으로 느껴지는 것이 아닙니다. 그럼에도 불구하고 우리는 항상 감정을 변화시키라는 이야기를 들으면서 성장했습니다. 🔔[지금 이 순간, 어떤 감정을 느끼고 있는지 알아차려 보십시오.]

연습과제 4-1 **당신에게 전해진 메시지**

이번 연습과제의 목적은 당신이 누구인지, 그리고 당신이 어떤 삶을 살아왔는지 구체적으로 이해하는 것입니다. 잠시 동안, 어린 시절에 당신이 들었던 메시지를 떠올려 보십시오. 슬픔, 분노, 공포, 질투, 시기심, 죄책감, 자기회의 등의 부정적 감정(혹은 부정적이라고 판단된 감정)을 절대로 느껴서는 안 되며, 그런 감정을 반드시 억제해야 한다는 내용의 메시지를 찾아내어 기록하십시오. 이렇게 감정을 통제하라는 메시지를 보낸 사람이 누구입니까? 부모뿐만 아니라 형제, 친척, 교사, 친구, 책, 잡지, 신문, TV, 영화일 수도 있으니 폭넓게 살펴보십시오.

• 부정적 감정과 생각은 잘못된 것이라는 메시지

_____

_____

_____

_____

_____

- 다른 사람들은 부정적 감정과 생각을 경험하지 않거나 혹은 그것을 통제할 수 있다는 메시지

_____

_____

_____

_____

_____

- 어른이 된 뒤에는 어디서 혹은 누구에게서 이런 내용의 메시지를 들었습니까?

_____

_____

_____

_____

_____

_____

기꺼이 받아들이지 않으면, 오히려 사로잡히게 됩니다

지금까지 이야기한 것을 정리해 보겠습니다.

먼저, 당신은 인생을 살아가는 동안 어느 정도 고통을 겪는 것은 누구도 피할 수 없다는 사실을 체험적으로 알아차렸습니다.

하지만 어린 시절부터 당신은 고통을 겪는 것은 무언가 잘못된 것, 나쁜 것, 이상한 것, 바람직하지 못한 것, 수치스러운 것이라는 정반대의 메시지를 들어 왔습니다. 앞

의 연습과제에서 확인했듯이, 당신은 불쾌한 기억과 신체감각뿐만 아니라 불편한 감정과 생각도 억제하고, 제거하고, 감소시키고, 통제해야만 한다는 이야기를 수없이 들어 왔습니다.

그런 학습의 결과, 당신의 삶에 고통이 찾아올 때 어떻게 반응합니까?

네, 그렇습니다. 당신은 최선을 다해서 부정적인 감정, 생각, 기억, 신체감각을 억제하고, 제거하고, 감소시키고, 통제하려고 노력합니다.

하지만 당신의 필사적인 노력도 생각과 감정의 영역에서는 제대로 작동하지 않습니다. 왜냐하면 불편한 생각과 감정을 기꺼이 받아들이지 않으려고 애쓰면 애쓸수록 오히려 그것에 사로잡히게 되기 때문입니다(Hayes, Strosahl, & Wilson, 1999).

그렇다면 도대체 무엇이 문제인가요? 정말로 문제가 되는 것은 당신이 들었던 통제하라는 메시지입니다. 불쾌한 감정을 제거하고, 고통스러운 기억을 억압하며, 그 밖에 당신을 불편하게 만드는 것은 그게 무엇이든지 철저하게 통제하라는 메시지가 사실은 모든 문제의 근원입니다. 솔직히 말해서, 통제규칙은 아무런 쓸모가 없습니다. 당신만 그런 것이 아니라, 외상사건을 겪지 않은 사람들도 일상생활을 하는 도중에 고통을 야기하는 힘들고 불편한 상황과 끊임없이 마주칩니다. 당신만 그런 것이 아니라, 평범한 사람들도 부정적인 감정을 통제하지 못하는 것은 마찬가지입니다. 그런데 심각한 고통과 외상을 경험한 사람은 부정적인 감정을 통제하려고 평범한 사람들보다 더욱 극단적으로 노력하기 때문에 훨씬 고약한 난관에 봉착하게 됩니다. 당신은 엄청난 고통과 괴로움을 겪고 있는데, 주위 사람들은 당신에게 그것을 통제하라고 요구합니다. 고통에 대해서 이야기하지 말고, 절대로 드러내지 말고, 심지어 생각하지도 말라고 주문합니다. 뭐든지 그냥 하지 말라는 것이지요. 그래서 당신은 필사적으로 노력합니다. 당신은 이 책의 앞부분에서 살펴본 회피전략과 통제전략을 더 강하게, 더 빠르게, 그리고 더 정확하게 구사하면 모든 문제가 해결될 것이라는 기대에 부풉니다. 하지만 당신은 진실을 알고 있습니다. 3장에서 살펴본 것처럼, 이러한 필사적인 노력을 반복할수록 오히려 톡톡한 대가를 치르게 될 뿐입니다. 당신은 친밀한 관계를 회피하고, 폭음을 하거나 약물을 사용하고, 음식을 제대로 섭취하지 않고, 오로지 일에만 몰두하고, 당신의 내부 및 외부와의 접촉을 완전히 차단할 방법을 찾고 있었을 것입니다. 그런데 그것이 효과가 있었습니까?

구덩이에 빠진 사람의 비유

들판을 헤매다가 구덩이에 빠진 사람의 비유를 소개하겠습니다. 이 비유는 당신이 처해 있는 현실을 문자적으로가 아니라 체험적으로 이해하는 데 도움이 될 것이며, 무엇이 진정한 문제인지를 알아차리게 해 줄 것입니다(Hayes, Strosahl, & Wilson, 1999). 누군가가 당신의 눈을 가리고 연장가방을 주면서, 나무와 풀과 개울이 있는 들판에서 살도록 했다고 상상해 보십시오. 들판의 곳곳에 깊은 구덩이가 있습니다. 어떤 구덩이는 폭이 좁지만, 어떤 것은 상당히 넓습니다. 어느 날, 당신은 개울을 건너고 껍질이 거친 나무를 지나서 오른쪽으로 돌았습니다. 그런데 갑자기 쿵 하는 소리가 났습니다. 깊은 구덩이에 빠진 것입니다. 구덩이 속은 무척 어둡습니다. 그렇지 않더라도, 당신은 눈가리개를 하고 있기 때문에 무슨 일이 벌어지는지 살펴볼 수 없는 처지라는 점을 기억하십시오. 바닥에 앉아서 잠시 생각하던 당신은 자신이 이런 상황에 처하게 된 것을 몹시 힘들어했습니다. 이윽고 당신은 구덩이에서 빠져나가겠다고 결심합니다. 먼저, 연장가방을 뒤집니다. 가방에는 삽이 한 자루 있습니다. 삽은 땅을 파는 도구라고 배웠으므로 이내 땅을 파기 시작합니다. 부지런한 당신은 잠시도 쉬지 않고 빠른 속도로 삽질을 합니다. 오른쪽 방향으로 계속해서 땅을 파는데, 빠져나갈 만한 출구가 나오지 않습니다. 그래서 왼쪽 방향으로 다시 땅을 팝니다. 막히면 아래쪽으로 다시 땅을 팝니다. 하지만 아무리 열심히 삽질을 해 봐도 소용이 없습니다. 지쳐 버린 당신은 삽질을 중단하고 철저하게 생각해 보기로 결심합니다. '내가 개울을 건넌 게 문제야. 개울을 건너지 말았어야 했어. 그다음에 껍질이 거친 나무를 지나서 오른쪽으로 돌았지. 그때 오른쪽으로 돌지 말았어야 했어. 정말 멍청한 짓을 했어!' 한참 동안 이런 생각을 한 뒤, 당신은 여전히 구덩이에서 벗어나지 못했다는 것을 깨닫고 저번에 작은 구덩이에 빠졌을 때는 어떤 식으로 삽질을 해서 빠져나왔었는지 곰곰이 생각합니다. 그리고 왜 이번에는 아무리 땅을 파도 소용이 없느냐며 화를 내기 시작합니다. 아마도 누군가가 삽을 망가뜨려 버렸기 때문이라고 단정합니다. 오랫동안 이런 생각을 반복하던 당신은 생각을 멈추고 주변을 둘러보겠다는 마음을 먹습니다. 여기저기 더듬어 보니, 이미 구덩이에서 빠져나온 것 같은 착각이 들 정도로 여유공간이 꽤 넓습니다. 사방으로 출구를 찾느라고 삽질을 해 왔기 때문에 구덩이가 더 커진 것입니다. 안타깝게도, 당신은 여전히 구덩이에 빠진 상태입니다. 이 책을 발견했을 때, 당신은 우리가 멋진 삽을 건네줄 것이라고 기대했을지 모릅니다. 빠르고 깊게 팔 수 있는 금빛으로 반짝거리는 삽만 있으면 구덩이에서 쉽게 빠져나올 수 있으리라고 반색했을 것입니다. 사실, 그동안 당신은 삽으로 땅을 파는 데 너무 열중해 왔기 때문에, 우리가 지금 당신에게 사다리를 건네줘도 그것을 땅을 파는 용도로 사용할 가능성이 있습니다. '와! 계단까지 갖추고 있는 새로운 삽이구나.'라고 생각할지 모른다는 말입니다. 🔔[지금 이 순간, 당신의 마음속에 어떤 생각, 감정, 판단이 떠오릅니까? 알아차려 보십시오.]

좋습니다. 당신이 겪고 있는 바로 그 고통을 지금 우리가 똑같이 겪고 있는 것이 아니기 때문에, 당신에게는 우리의 이야기가 실없는 소리처럼 여겨질 수 있습니다. 하지만 우리는 당신이 처해 있는 상황을 결코 가볍게 보고 있지 않습니다. 우리도 불편감에 사로잡혀 본 적이 있기 때문에 당신의 심정을 충분히 이해합니다. 우리는 당신이 빠져나갈 방법이 전혀 없어 보이는 아주 크고 깊고 넓은 고통을 겪고 있다는 사실과 당신은 지금 살아남기 위해서 최선의 노력을 다하고 있다는 사실을 잘 알고 있습니다. 그리고 당신이 지금까지 시도했던 노력은 아무런 효과도 없었다는 사실도 잘 알고 있습니다. 고통을 통제하기 위해서 당신이 지금까지 매달렸던 방법이 일종의 삽질은 아니었는지, 즉 구덩이를 더 커지게 하지는 않았는지 곰곰이 따져 보십시오. 구덩이에 빠진 사람의 비유를 당신의 삶에 적용할 수 있겠습니까? 명심하십시오. 구덩이에 빠진 것은 당신의 잘못이 아닙니다. 당신은 앞을 볼 수 없는 상태에서 구덩이에 빠졌고, 당신이 사용할 수 있는 연장(즉, 어린 시절부터 줄곧 배운 것)은 오직 삽밖에 없었습니다. 이것은 누구를 비난할 일이 아니며 누구의 잘못을 따질 일도 아닙니다. 구덩이에서 빠져나오는 방법에 관한 이야기일 뿐입니다.

당신에게 한 가지 제안을 하고 싶습니다. 부디 삽을 내려놓으십시오. 삽으로 땅을 파는 것을 멈추고 한 걸음을 크게 내딛을 때 우리가 당신의 옆자리에 서 있는 장면을 상상해 보십시오.

● 새로운 관점으로 바라보기

만약 과거에 구사하던 낡은 방법으로 되돌아가기를 원한다면, 그렇게 하십시오. 언제든지 과거의 대처전략으로 회귀할 수 있습니다. 하지만 이 시점에서 우리는 비록 두렵더라도 당신이 새로운 관점으로 모든 것을 다시 살펴보시기를 바랍니다. 떨쳐 버리기 어려운 오래된 문제를 해결하기 위해서 그동안 당신이 시도했던 모든 노력은 전혀 효과가 없었습니다. 만약 그런 노력이 쓸모가 있었다면, 지금쯤은 이미 당신이 원하는 상태에 도달했어야 합니다. 예컨대, 만약 당신이 고통을 잠재우기 위해서 술을 마시는 전략을 그동안 구사해 왔다면, 이렇게 자문해 보십시오. '술에 취해서 고통을 잊으려는 노력이 장기적으로 도움이 되었나? 술에 취하는 것이 슬픈 기억을 정말로 사라지게 했다면, 지금 다시 술을 마시고 싶은 충동이 생기는 이유가 무엇일까? 술에 취하는 것이 사실은 더 큰 구덩이를 만드는 일은 아니었을까?'

만약 음주의 사례가 당신에게 적절하지 않다면, 고통을 다루기 위해서 당신이 사용해 온 전략으로 대체한 뒤 자문해 보십시오. 예컨대, 일에 몰두하거나, 완벽해지려고 노력하거나, 사람들과 어울리지 않거나, 자해행동을 하거나, 상처받지 않으려고 피상적인 관계만 유지하거나, 하루 종일 잠만 자거나, 혹은 외출하지 않는 것이 당신이 사용해 온 전략일 수 있습니다. 사람마다 상당히 다른 고유의 레퍼토리가 있는데, 어떤 레퍼토리는 매우 독특하기까지 합니다. 당신이 사용해 온 삽을 내려놓으시면서, 혹시 우리가 제안한 사다리로 다시 삽질을 시작하고 있지는 않은지 주의 깊게 살펴보십시오.

혹시 약간 혼란스럽습니까? 괜찮습니다. 자연스러운 현상입니다. 🔔[지금 이 순간, 마음속에 떠오르는 것을 알아차려 보십시오.] 만약 당신이 우리가 이야기한 모든 것을 완벽하게 이해하고 앞으로 어떻게 해야 할지 정확하게 안다면, 아마도 당신은 과거에 해 왔던 것처럼 여전히 삽으로 땅을 파고 있는 상태일 가능성이 높습니다. 이번 작업을 제대로 하기 위해서는 아인슈타인이 이야기한 '새로운 수준의 사고'가 필요합니다. 우리의 내면에서 과거와는 완전히 다른 일이 벌어지도록 공간적 여유를 만들려면, 지금까지 당신이 채택해 온 관점의 틀을 내려놓아야 합니다. 낡은 것을 비워야 새로운 것을 채울 수 있습니다. 농부는 다음 해 농사를 짓기 위해서 들판에 불을 지르는데, 새로운 관점으로 바라보는 작업은 이것과 비슷합니다. 세상을 보는 새로운 관점을 이렇게 묘사할 수도 있습니다. 숲에서 나무가 쓰러졌는데 아무도 그 소리를 못 들었다면, 숲에는 소리가 있었습니까, 아니면 없었습니까? 한 손으로 박수를 치면 어떤 소리가 들립니까? 우리가 새롭게 제안하고 있는 방법은 지식의 대상이 아니라 통찰의 대상입니다. 다시 말해, 이성적으로 생각할 문제가 아니라 감성적으로 느껴야 하는 문제입니다. 어떤 비유가 당신에게 도움이 됩니까? 그것을 사용하십시오.

이렇게 정리해 보겠습니다. 우리의 이야기에 너무 쉽게 수긍이 되고 앞으로 해야 할 일이 어려워 보이지 않는다면, 아마도 당신은 아직도 과거와 동일한 패턴에 빠져 있을 가능성이 높습니다. 이제라도 삽을 내려놓으십시오. 구덩이에서 빠져나갈 궁리를 이제 그만 멈추시라는 뜻입니다. 열린 마음을 갖는다면, 세상을 보는 방식은 하나가 아니라 여럿이라는 것을 알 수 있습니다.

연습과제 4-2   대안 모색하기

지금까지 논의한 내용이 매우 중요하므로, 다른 예를 들어서 설명하겠습니다. 다음 그림을 잘 보십시오.

- 그림에서 무엇이 보입니까?

_____

_____

- 하얀색 말을 탄 기사가 보입니까?

_____

_____

- 검정색 말을 탄 기사가 보입니까?

_____

_____

당신이 채택한 관점에 따라서, 하얀색 말을 탄 기사가 보일 수도 있고 검정색 말을 탄 기사가 보일 수도 있습니다. 당신이 하얀색 영역에 초점을 맞추고 있는 동안에는 검정색 영역을 인식하는 것이 매우 어렵습니다. 반대의 경우도 마찬가지입니다. 하지만 검정색 말을 탄 기사 혹은 하얀색 말을 탄 기사라는 대답은 어느 것도 진실이 아닙니다. 이 그림에는 검정색 영역 그리고 하얀색 영역이 모두 존재합니다. 비록 우리의 마음이 어떤 것만 선택하고 다른 것을 배제하는 착각에 빠지지만 말입니다.

앞의 그림에서 알 수 있듯이, 모든 인간은 지각의 문제를 가지고 있습니다. 여러 가지 설명을 동시에 고려하는 것이 어렵고, 일단 어떤 설명을 채택한 뒤에는 다른 설명을 추가로 받아들이기가 힘들기 때문입니다. 인지심리학자들은 이러한 현상을 '기능적 고착'이라고 부릅니다. 특정한 물체를 사용하는 한 가지 방식을 학습하고 나면, 동

일한 물체를 다른 방식으로 사용하는 것은 매우 어려워집니다(Solso, 1991). 그러므로 우리가 처한 상황과 우리의 내면을 아무리 면밀하게 관찰한다고 하더라도 미처 알아차리지 못하고 놓친 것이 있을지도 모른다는 가능성을 고려하는 것이 현명합니다.

사람마다 삶에서 동원하는 전략이 다르듯이, 전략 또한 사람에 따라서 다른 기능을 합니다. 어떤 사람에게는 삽질이 무용하지만, 다른 사람에게는 삽질이 유용할 수도 있다는 말입니다. 새로운 행동이 정말로 과거와 다른 기능을 하는지 여부는 오직 당사자만 알 수 있으며, 심지어 상당한 시간이 지나야만 알 수 있는 경우도 있습니다. 우리가 진정으로 관심을 갖는 부분은 바로 이것입니다. "그 행동이 당신이 원하지 않는 생각과 감정을 회피하는 데 도움이 됩니까?" 혹은 "그 행동이 당신이 현재 시점에서 충만한 삶을 살아가는 데 도움이 됩니까?" 예컨대, 과도한 음주 문제를 갖고 있는 사람이 4장을 모두 읽고 나서 술을 한 잔 마시고 느슨해진다면, 그의 음주행동은 과거와 동일한 기능을 할 것입니다. 하지만 인간관계를 맺지 않는 대처전략을 선택해서 늘 통제된 상태를 유지하는 사람이 퇴근 후에 동료와 술을 한 잔 마시면서 느슨해진다면, 그의 음주행동은 삽질을 멈추는 기능을 할 것입니다. 특정한 행동이 유발하는 기능은 이처럼 경우에 따라 다릅니다. 🔔[지금 이 순간, 어떤 생각이 떠오릅니까? 알아차려 보십시오.] 이 책을 읽는 동안, 삶에서 벌어지고 있는 문제에 대한 당신 자신의 설명과 견해에 꾸준히 의문을 품어 보시기 바랍니다. 의문을 품고 살펴보는 과정에서 당신이 상상하지 못했던 급격한 변화가 일어날 수 있습니다.

우리는 이러한 치유요인을 '창조적 절망(creative hopelessness)'이라고 부릅니다. 오해하지 마십시오. 당신이 절망스럽다는 뜻이 아니라, 당신이 그동안 시도해 온 필사적인 노력이 사실상 무용지물이었으므로 이제는 포기하고 내려놓아야 한다는 뜻입니다. 하지만 혼란스럽고 불명확한 상황에서 유익하고 창조적인 해결책이 튀어나올 수 있습니다. 생각의 수준을 변화시키면 가능합니다. 우리의 이야기가 상당히 급진적이고 근본적이라는 것을 잘 알고 있습니다. 물론, 외상 생존자 중에는 자신의 지각을 의심하고 타인의 지각에 동조하는 사람도 있습니다. 만약 당신도 그렇다면, 당신의 지각에 대한 의문은 새로운 방식이 아니라 오래된 방식입니다. 계속해서 당신의 지각을 의심하는 것이 사실은 진정한 문제일 수 있다는 가능성을 고려하면서, 이전과는 다른 방식으로 살아가도록 과거의 판을 흔들어야 합니다. 우리의 마음이 때때로 속임수를 쓴다는 사실을 명심하십시오. 마치 마음은 우리를 궁지에 몰아넣어서 옴짝달싹 못하게 만들려고 끊임없이 시도하는 것 같다는 생각이 들기도 합니다. 조만간 이러한 마음에 대해서 더 자세하게 이야기하겠습니다. 지금은 당신의 마음이 이야기하는 것을 곧이곧대로 믿어야 할 필요가 없다는 사실에만 주목하십시오. 당신이 진심으로 삽질을 멈추고자 한다면, 이렇게 자문해 보십시오. '나는 정말로 과거와 다르게 행동하고 있는가?' 당신의 행동이 과거와 크게 다르지 않은 기능을 하고 있다면, 무언가 다른 행동을 시도해야 합니다. 🔔[지금 이 순간, 당신의 호흡에 주의를 기울이십시오.]

어떤 내담자가 구덩이에 빠진 사람의 비유를 듣고 나서, "맞아요. 나는 삽을 내려놓을 필요가 있어요."라고 이야기했습니다. 그런데 몇 주 뒤에 다시 만났을 때 "삽을 내려놓았는데 왜 아직도 우울한 겁니까?"라고 항의하더군요. 그분의 전형적인 패턴(즉, 오래된 방식)은 새로운 흐름에 열정적으로 편승하는 것이었습니다. 다시 말해, 즉각적인 효과가 나타나지 않으면 뭐든지 꾸준히 지속하지 않고 포기해 버리는 것이 그분의 진정한 문제였습니다. 사실, 그녀는 심리치료자를 여러 차례 교체했는데, 이전 치료자보다 유능하고 훌륭하다고 생각되는 새로운 치료자를 만나면 맹목적으로 신뢰하는 것이 그녀의 낡은 패턴이었던 것입니다. 삽을 내려놓기 위해서 열성적으로 노력하는 것은 진정으로 삽을 내려놓는 것이 아닙니다. 그것도 과거와 똑같은 패턴의 일부일 수 있습니다.

당신은 어떤 방식으로 구덩이를 파고 있습니까? 그것을 알아차리는 것이 무엇보다 중요합니다. 그것이 쉬운 일이라면 당신은 이미 해냈을 것입니다. 오래된 패턴을 인식하기 위해서는 괴로움이라는 암흑에 연민과 정직이라는 조명을 비춰야 합니다.

바위정원의 비유

일본의 교토에는 아주 특별한 바위정원이 있습니다. 작은 정원임에도 불구하고, 15개의 바위를 모두 볼 수 있는 지점이 한 군데도 없습니다. 어떤 지점에서 다른 지점으로 이동하면 이전에는 보이지 않던 바위가 새로 나타납니다. 그러나 이전에 보이던 바위 중에 어떤 것은 그 순간에 반드시 당신의 시야에서 사라집니다. 구덩이에 빠졌거나 혹은 괴로움의 바깥쪽 고리(3장 참고)에 사로잡혔을 때마다 이렇게 자문하십시오. '(교토 정원의 바위처럼) 혹시 지금 내가 알아차리지 못한 것이 있는가? 지금 놓치고 있는 것을 알아차리려면 어느 쪽으로 가야 하는가? 나는 어떤 관점을 취해야 하는가?' 심지어 정말로 아무것도 놓치지 않았다고 하더라도, 그럴 가능성이 있다는 관점을 취하는 것은 당신 자신을 지탱하는 데 도움이 되며 당신의 반응에 매몰되지 않고 가볍게 붙드는 데 유익할 것입니다.

인생이 교토의 바위정원과 비슷하다면 어떻겠습니까? 과거에 놓쳤던 무언가를 알아차리려면 인생을 다른 지점 그리고 다른 각도에서 살펴볼 필요가 있습니다. 우리가 삶에서 겪는 고통의 순간이 그런 기회를 제공합니다. 고통의 순간에 우리는 지나온 삶을 돌이켜 보게 됩니다. 고통의 순간에 우리는 그동안 몰두해 온 일들을 다른 각도에서 바라보게 됩니다. 어떤 내담자가 얼마 전에 이혼한 친구의 이야기를 하면서 도저히 그 친구의 선택을 이해할 수 없다고 비난했습니다. 그분은 친구를 침울한 성격의 소유자라고 비밀스럽게 판단한 뒤 관계를 청산했습니다. 몇 년 뒤, 그분 역시 갑작스럽게 아내와 이혼했습니다. 엄청난 고통이 찾아왔을 때, 비로소 그분은 친구의 경험을 다른 각도에서 바라볼 수 있었습니다. 자신이 직접 이혼의 고통을 겪고 나서야 친구의 선택을 연민과 이해의 마음으로 헤아릴 수 있었던 것입니다. 고통을 경험하기 전에는 전혀 불가능했던 일입니다.

고통과 괴로움은 분명히 다릅니다. 고통은 당신이 반드시 물리쳐야 하는 적이 아닐 수도 있습니다. 고통은 당신이 과거에 볼 수 없었던 것을 볼 수 있도록 도와주고, 과거와는 다른 방식의 삶을 살 수 있도록 동기를 부여합니다. 또한 고통은 당신의 내면과 외면에 존재하는 새로운 것을 알아차릴 수 있도록 이끌어 갑니다. 낯설게 들릴 수 있지만, 고통은 당신의 적이 아니라 친구일 수 있습니다.

억제가 일으키는 문제

앞에서 언급했듯이, 그동안 우리는 감정을 반드시 통제해야 한다고 배웠습니다. 다음에 소개할 연습과제는 1장에서 수행했던 것과 유사하지만, 다시 한 번 수행할 만한 가치가 있습니다. 우리의 내면에서 일어나는 일을 통제하는 것이 정말로 가능한지 여부를 신중하게 따져 보십시오. 이번 연습과제는 지시대로 정확하게 수행하는 것이 아주 중요합니다.

 **연습과제 4-3**   오렌지를 생각하지 마십시오

1. 오렌지를 생각하지 마십시오.

2. 무슨 수를 써서라도, 달콤한 항기를 풍기고 신선한 과즙이 흘러넘치는 오렌지를 생각하지 마십시오. 껍질을 벗길 때 톡톡 터지는 느낌도, 오렌지의 동그란 모양도 절대로 생각하지 마십시오. 오렌지와 관련된 것은 절대로 아무것도 생각하지 마십시오.

3. 자, 당신의 마음에서 어떤 일이 벌어지고 있습니까? 알아차려 보십시오.

당신이 남들과 크게 다르지 않다면, 오렌지의 이미지를 억제하는 데 분명히 실패했을 것입니다. 적어도, 저명한 심리학자(Wegner, 1994)가 흰 곰의 이미지를 사용하여 이 실험을 수행했을 때 발견한 바로는 그렇습니다. 그는 실험에 참가한 대학생을 두 개의 집단으로 나누었습니다. 첫 번째 집단에게는 흰 곰의 이미지를 생각하라고 지시했고, 두 번째 집단에게는 흰 곰의 이미지를 생각하지 말라고 지시했습니다. 흥미롭게도, 흰 곰을 생각하지 말라는 지시를 받은 사람들이 흰 곰을 생각하라는 지시를 받은 사람들보다 오히려 더 많이 흰 곰을 생각했다는 것이 밝혀졌습니다. 즉, 어떤 생각을 억제하려고 노력하면 할수록 그것을 더 많이 생각하게 되는 역설적 반동효과가 나타난 것입니다. 심리학자들은 감정의 영역에서도 동일한 역설적 반동효과가 나타날 것이라고 추정했고, 이 현상을 더 세밀하게 연구하고 있습니다. 어떤 경우에는 역설적 효과가 즉각적으로 나타납니다. 어떤 경우에는 어느 정도 시간이 지난 뒤에 역설적 효과가 나타납니다. 어느 경우이든 간에, 생각과 감정을 억제하는 것은 거의 불가능합니다. 당신도 실험에 참가했으니, 잘 살펴보십시오. 오렌지의 이미지가 나중에 떠오르는지 혹은 떠오르지 않는지 말입니다. 대개 거의 예상치 못한 순간에 불쑥 떠오를 것입니다.

완벽한 거짓말탐지기의 비유

다른 사례를 들어 보겠습니다. 우리가 당신의 몸에 지금까지 개발된 것 중에서 가장 완벽한 거짓말탐지기를 부착했다고 상상해 보십시오(Hayes, Strosahl, & Wilson, 1999). 거짓말탐지기는 당신의 체온, 심장박동, 호흡, 땀분비를 완벽하게 탐지하는데, 조금이라도 변화가 있으면 여지없이 잡아냅니다. 이것은 완벽한 기계라는 것을 명심하십시오. 당신에게 유인책을 제공하기 위해서 당신의 은행계좌와 거짓말탐지기를 연동시키겠습니다. 이제, 고개를 끄덕이십시오. 그렇게 하지 않으면 당신의 은행계좌에서 1,000달러를 인출할 것입니다. 할 수 있겠습니까? 고개를 끄덕일 수 있겠죠? 당연히 잘할 수 있습니다. 당신이 고개를 끄덕였다는 것을 우리가 충분히 알 수 있을 정도로 확실하게 반응할 수 있을 것입니다. 자, 그러면 두 번째 시나리오를 상상해 보십시오. 이번에도 우리는 당신의 은행계좌와 거짓말탐지기를 연동시킵니다. 그리고 우리는 "돈을 잃을까 봐 절대로 불안해하지 마십시오. 그렇게 하지 않으면 당신의 은행계좌에서 1,000달러를 인출하겠습니다. 당신이 불안한 생각, 감정, 호흡을 경험할 때마다 1,000달러씩 계속 인출하겠습니다."라고 주문합니다. 당신은 그렇게 할 수 있습니까? 만약 잘못하면 당신의 은행계좌에서 뭉칫돈을 꺼내 가겠다고 협박하는데도 불구하고

100% 확실하게 불안해하지 않을 자신이 있습니까? 아마도 당신의 솔직한 응답은 '아니요' 일 것입니다. 이것은 당신만 할 수 없는 것이 아니라, 그 누구도 할 수 없는 일입니다. 당신은 고지서, 대출금, 양육비, 집세, 아무것도 없이 길거리로 나앉는 것 등에 대해서 이미 생각했을지도 모릅니다. 그 생각을 하지 말아야 하는 이유가 아무리 중요하다고 할지라도, 생각을 억제하는 것은 불가능합니다. 진실은 이렇습니다. 당신의 피부 바깥쪽에서 벌어지는 일과는 달리 당신의 피부 안쪽에서 벌어지는 일은 당신 마음 대로 통제할 수 없습니다. 고개를 끄덕이는 행동을 하느냐 마느냐는 당신이 얼마든지 선택할 수 있지만, 특정한 생각과 감정을 느끼느냐 마느냐는 당신이 결코 선택할 수 없습니다. 피부 안쪽에서 벌어지는 일을 통제하려고 하면 오히려 문제가 심각해집니다. 🔔[지금 이 순간, 당신의 몸에서 어떤 감각이 느껴집니까? 알아차려 보십시오.]

통제의 핵심

이제, 몇 가지 주제에 대한 논의를 정리해 보겠습니다. 우리는 다양한 경험을 통해서 무언가를 통제하는 것은 바람직한 일이라고 학습해 왔습니다. 통제의 철학을 이용해서 집을 짓고, 자동차를 운전하고, 물건을 수리하고, 유용한 과제를 수행할 수 있었기 때문입니다. 하지만 실험에서 드러난 것처럼, 피부 안쪽의 세상에서는 통제의 철학이 제대로 작동하지 않습니다. 우리의 생각과 감정과 기억과 신체감각이라는 심리적 현상은 전혀 통제할 수 없습니다.

피부 바깥쪽 세상에서는 통제의 철학이 제대로 작동한다는 것을 알고 있기 때문에, 우리는 생각과 감정에 대해서도 똑같은 통제의 철학을 적용하려고 노력합니다. 이것은 논리적으로 당연한 이야기이며, 많은 사람이 당신에게 그렇게 통제하라는 메시지를 전달했을 것입니다. 예컨대, "울음을 멈춰!" 라는 명령처럼 말입니다. 그리고 우리는 피부 안쪽에서 벌어지는 일을 통제하려는 시도가 고통을 괴로움으로 변질시킨다는 것을 알고 있습니다.

사실, 외상사건의 장기적 후유증(예: 약물남용, 우울증, 자살, 자해행동, 인간관계 곤란

등)은 외상사건과 연합된 감정, 생각, 기억을 통제하려는 필사적인 시도 때문에 발생합니다.

체험회피의 심층적 이해

앞에서 소개했듯이, 불쾌한 감정, 생각, 기억, 신체감각을 떨쳐 내려고 노력하는 통제과정을 체험회피라고 부릅니다(Hayes et al., 1996). 외상후 스트레스 연구에 따르면, 부정적인 감정과 생각에서 벗어나려는 체험회피 시도를 많이 할수록 심리장애가 악화됩니다(Polusny & Follette, 1995). 실제로, 경험적으로 입증된 심리치료 방법들은 내담자에게 적절한 대처전략을 제시하면서 여러 가지 방식으로 외상경험에 직면시키는 노출치료의 형태를 띠고 있습니다(Follette & Ruzek, 2006). 그러므로 외상경험으로부터 회복하기 위해서는 당신의 내면에서 벌어지는 일을 통제하려는 시도를 당장 중단해야 합니다. 즉, 외상사건과 연합된 생각과 감정과 기억과 신체감각에서 벗어나려는 체험회피 시도를 내려놓는 것이 급선무입니다. 당신의 행동 중에서 어떤 것이 체험회피에 해당되는지 다시 한 번 살펴보십시오. 이 과정에서 당신의 오래된 행동패턴을 새롭게 인식할 수 있을 것입니다.

 **연습과제 4-4**   **오래된 행동패턴**

• 내가 가장 두려워하는 감정

_____

• 내가 가장 두려워하는 생각

_____

- 내가 가장 두려워하는 기억(혹은 이미지)

  _____

- 내가 가장 두려워하는 신체감각

  _____

- 위에서 기록한 감정, 생각, 기억, 신체감각이 찾아올 때, 나는 이렇게 행동하는 경향이 있다.

  _____

  _____

  _____

  _____

  _____

  _____

잠깐 시간을 내서, 3장에서 기록한 고통과 괴로움의 고리를 다시 살펴보십시오. 방금 〈연습과제 4-4〉에서 확인한 행동들이 3장에서 괴로움의 고리를 덧붙이는 것으로 밝혀졌던 행동들과 동일합니까? 만약 동일하다면, 괜찮습니다. 만약 다르다면, 이 책을 읽으면서 당신이 자신을 더 많이 이해하고 있는지 살펴보십시오. 이것은 문제라기보다는 사실상 바람직한 징후일 수 있습니다.

외상과 통제

우리가 만났던 내담자들은 외상사건이 일어나고 있는 도중에는 그것을 전혀 통제할 수 없었다고 이야기합니다. 🔔[지금 이 순간, 어떤 신체감각을 경험하고 있습니까? 호흡에 집중하면서 알아차려 보십시오.] 어른에게 성추행을 당하고 있는 아이에게는 고통스러운 상황을 통제할 수 있는 힘이 전혀 없습니다. 전쟁터에 배치된 병사에게는 특정한 국가와의 전쟁에 참여할지 여부를 결정하거나 혹은 특정한 시간대에 공격할 것인지 아니면 방어할 것인지를 스스로 선택할 수 있는 힘이 전혀 없습니다. 쓰나미나 허리케인의 피해자에게는 날씨를 통제할 수 있는 힘이 전혀 없고, 자연재해가 인명과 재산을 앗아가더라도 속수무책으로 당할 수밖에 없습니다.

통제는 상당히 복잡하고 미묘한 문제입니다. 어떤 친구는 외상사건이 발생하지 못하도록 통제할 수 있는 능력이 당신에게 있었다고 주장할지도 모릅니다. 예컨대, "혼자서 거기에 가지 말았어야지." 혹은 "위험한 플로리다로 이사한 게 잘못이야."라는 이야기는 외상사건의 발생을 통제하지 못한 책임을 당신에게 묻는 듯한 뉘앙스를 풍깁니다. 그러나 이런 식의 피드백은 문제의 일부분일 뿐입니다. 대부분의 사람들은 자신이 상황을 통제하고 있다는 착각이라도 하고 싶어 합니다. 비록 착각일지라도 통제감을 지각해야 안전하다고 느끼고, 사랑하는 사람과 자신을 보호할 수 있다고 느끼기 때문입니다. 그리고 이번 장에서 우리는 인생을 사는 동안 절대로 구덩이에 빠지지 않는 사람, 즉 고통스러운 사건을 단 한 번도 경험하지 않는 사람은 없다는 진리를 이해했습니다. 사실상, 인생은 무수한 사건들의 연속입니다. 한 가지 사건이 마무리되면 그다음 사건이 생깁니다. 대부분의 사람들은 자신에게 고통스러운 사건이 벌어질까 봐 염려하면서, 혹시 어떤 행동이 다른 행동을 유발하는 것은 아닌지 의문을 품습니다.

통제가 가능한 경우와 불가능한 경우를 정확하게 변별하는 것은 상당히 어렵습니다. 외상 생존자 중에는 상황을 충분히 통제할 수 있는데도 불구하고 전혀 통제할 수 없다고 지각해서 무기력한 상태에 빠지는 분들이 많습니다. 그러나 당신은 상처를 주는 사람과는 만나지 않을 수 있고, 불법약물을 집 안에서 완전히 치워 버릴 수 있으며,

원하지 않는 일을 하도록 강요하는 사람에게 거절의 뜻을 분명하게 표시할 수 있습니다. 즉, 이러한 상황은 당신이 얼마든지 통제할 수 있다는 말입니다. 그렇지만 이런 상황에 동반되는 심리적 경험은 당신이 통제할 수 없습니다. 통제의 미묘한 역설도 존재합니다. 우리가 만났던 내담자 중에는 삶에서 벌어지는 사건이 뜻대로 통제되지 않을 때는 생각이나 감정만이라도 통제하고 싶은 압박을 강하게 느낀다고 이야기하는 분들이 있습니다. 전혀 유용하지 않은 방법으로 다른 사람의 행동을 통제하려고 시도하는 것도 부적절한 통제의 한 측면입니다. 이러한 시도는 침몰하기 직전의 타이타닉호에 탄 사람들이 갑판의자를 가지런하게 정렬하는 것과 유사합니다. 즉, 심각한 위기상황에 봉착했음에도 불구하고 겉으로는 마치 모든 것이 순조로운 것처럼 보이려고 시도한다는 말입니다. 그리고 우리 모두가 어느 정도는 그렇게 하고 있습니다. 기본적으로, 마음챙김으로 깨어 있는 상태에서 새로운 관점을 가지고 당신의 삶을 바라볼 필요가 있습니다.

수용전념치료의 관점에서 볼 때(Hayes, Strosahl, & Wilson, 1999), 지금 당신에게 정말로 문제가 되는 것은 통제 시도입니다. 외상경험을 치유하기 위해서는 부적절한 통제 시도를 내려놓아야 합니다. 우리는 당신에게만 이런 제안을 하는 것이 아니라, 우리들 자신에게도 똑같은 주문을 하면서 살고 있습니다. 당신은 지금 무엇을 통제하고 계십니까? 그것을 통제하는 이유는 무엇입니까? 이러한 두 가지 질문은 어떤 통제 시도가 건강한지 혹은 그렇지 않은지를 판가름하는 좋은 기준입니다. 그래서 우리는 당신의 피부 안쪽에서 벌어지는 사건과 피부 바깥쪽에서 벌어지는 사건을 통제하려는 시도가 어떻게 다른지 살펴보고, 어떤 것이 효과적인지에 대해서 살펴보려고 합니다. 아울러, 통제행동이 당신의 삶에서 과연 어떤 기능을 하고 있는지를 알아차릴 필요가 있습니다.

● 내면을 통제하는 것은 거의 언제나 유익하지 않습니다

반복되는 이야기이지만, 당신의 피부 안쪽에서 벌어지는 사건인 생각, 감정, 기억, 신체감각을 통제하려는 시도는 거의 언제나 문제를 야기합니다. 부적절한 통제 시도는 최초의 고통에 괴로움을 덧붙이는 결과를 초래할 뿐입니다.

이 시점에서, 당신은 "내가 동원했던 방법 중에는 외상경험에 사로잡히지 않는 데 유익했던 것도 있다. 그것은 괴로움의 고리를 덧붙이지 않았다."라고 반박할지도 모릅니다. 우리도 당신의 의견에 어느 정도 동의합니다. 통제 시도 중에는 그렇게까지 해롭지 않으면서 실제로 도움이 되었던 것도 있었을 것입니다. 사실, 이분법적으로 구분하는 것은 불가능합니다. 2장에서 소개한 마음챙김 주의전환처럼, 불쾌한 생각과 감정에 사로잡히지 않으면서 일상생활을 영위하는 데 도움이 되는 기술적인 방법도 존재하기 때문입니다. 예컨대, 조용한 장소에 앉아서 편안하게 차를 마신다면 무언가 해로운 행동을 하고 싶은 충동을 다루는 데 상당히 도움이 될 것입니다.

하지만 당신이 괴로움의 고리에서 벗어나지 못하고 있는 가장 중요한 이유는 당신의 내면에서 벌어지는 사건(생각, 감정, 기억, 신체감각)을 통제하려고 시도하고 있기 때문입니다. 앞으로 이것을 자세하게 설명하겠습니다.

 연습과제 4-5   **내면을 통제하는 것이 효과가 있는가**

• 당신은 다음과 같은 내면적 경험을 억제하고, 회피하고, 망각하고, 제거하기 위해서 얼마나 필사적으로 노력하십니까? 각 경험에 대해서 0점(전혀 노력하지 않는다)부터 10점(항상 노력한다)까지의 점수를 매겨 보십시오.

부적절감 _____   '내가 나쁘다' 는 생각 _____

분노 _____   불확실감 _____

수치심 _____   외상기억 _____

공포 _____   즐거움 _____

자긍심 _____   사랑 _____

자해충동 _____   기타 _____

- 위와 같은 불쾌한 경험을 지나치게 통제(억제, 회피, 제거, 망각, 축소)하려고 시도하는 것은 당신이 원하지 않는 문제를 일으키고 있을 것입니다. 당신이 얼마나 큰 문제를 겪고 있는지 0점(전혀 문제가 되지 않는다)부터 10점(매우 심각하게 문제가 된다)까지의 점수를 매겨 보십시오. 아울러, 지나친 통제 시도가 어떤 문제를 일으키고 있는지 기록하십시오.

_____

_____

_____

_____

- 내면에서 벌어지고 있는 사건을 통제하려는 시도를 내려놓겠다고 생각할 때, 당신은 얼마나 심각한 불편감을 경험하십니까? 0점(전혀 불편하지 않다)부터 10점(몹시 불편하다)까지의 점수를 매겨 보십시오. 지금 이 순간, 당신은 어떤 감정, 생각, 충동을 가지고 있습니까?

_____

_____

_____

_____

앞선 연습과제의 마지막 질문, 즉 내면에 대한 통제 시도를 내려놓는 선택에 대한 질문은 아마도 당신을 불편하게 만들었을 것입니다. 그것은 자연스러운 일입니다. 당신이 불편감을 감내할 수 있도록 우리가 돕겠습니다. 앞에서도 언급했듯이, 불편감과 두려움이 느껴지더라도 이 책을 읽는 것을 중단하지는 마십시오. 🐚[지금 이 순간, 당신의 마음에 어떤 생각이 찾아왔습니까? 알아차려 보십시오.] 성공적인 외상경험 치유

과정에는 필연적으로 두려움의 체험이 동반됩니다. 그러므로 두려움을 위기의 징후로 받아들이거나 혹은 치유작업을 중단해야 할 이유로 해석하지 마십시오. 불편감과 두려움이 찾아오면, 그것을 밀려왔다가 빠져나가는 파도처럼 내버려 둘 수 있는지 알아차려 보십시오. 험한 파도 속에서 서핑을 즐기는 사람처럼, 파도가 솟구쳐 오를 때 그 위에 사뿐히 올라타면 파도는 당신에게 아무런 영향도 끼치지 못합니다. 감정의 파도가 밀려왔다가 빠져나가는 것을 가만히 지켜보십시오. 원하신다면 〈연습과제 2-7〉로 되돌아가서, 호흡이 들어왔다가 빠져나가는 과정을 마음챙김으로 알아차려 보십시오. 아울러, 이 책을 읽는 동안에 불편감과 두려움이 어느 정도 가라앉으면, 당신이 느끼고 있는 것과 생각하고 있는 것과 행동하고 싶은 것을 마음기록장에 적어 보십시오. 서두에서 이야기했듯이, 이런 훈련을 하는 목적은 당신을 고통스럽게 만들기 위한 것이 결코 아니며, 당신이 진정으로 소중히 여기는 가치 있는 삶을 살 수 있도록 돕는 것입니다. 이 과정을 통해서 당신에게 중요하고 의미 있는 방향으로 한 걸음 더 나아가게 될 것입니다.

〈연습과제 4-5〉를 수행하는 과정에서 당신이 가장 통제하고 싶어 하는 내면적 경험이 무엇인지 그리고 과도한 통제 시도 때문에 결과적으로 당신이 어떤 대가를 치르고 있는지를 알아차리셨기 바랍니다. 내면적 경험에 대한 부적절한 통제 시도 때문에 그동안 어떤 대가를 치렀는지를 인식하고 과도한 통제 시도를 중단하는 훈련은 앞으로도 계속될 것입니다. 그것이 외상경험에 대한 수용전념치료의 핵심이기 때문입니다. 이 책의 대부분에서 '통제'는 효과를 얻기보다는 대가를 치러야 하는 내면적 사고와 감정을 통제하려는 시도를 의미합니다. 덧붙여, 다른 주제로 넘어가기 전에, 당신의 피부 바깥쪽에서 벌어지는 사건을 통제하려는 시도 또한 건강하지 못할 수 있다는 점에 대해서 살펴보겠습니다.

● 외면을 통제하는 것 역시 유익하지 않을 때가 있습니다

수용전념치료에서는 당신의 피부 안쪽이 아니라 바깥쪽에서 벌어지는 사건을 통제하는 것은 대체로 유익하다고 이야기합니다(Hayes, Strosahl, & Wilson, 1999). 물론, 어

느 정도까지는 그렇습니다. 그러나 외상 생존자의 경우에는 외면을 통제하려는 시도 역시 전혀 유익하지 못할 때가 있습니다(Herman, 1992; Pistorello & Follette, 1998). 외상 사건 자체가 예측 불가능하게 발생하기 때문에, 외상 생존자 중에는 주위 환경을 과도 하게 통제함으로써 외상사건의 발생을 막으려고 노력하는 분들이 있습니다. 그렇게 해서라도 안전감을 느끼고 싶은 것입니다. 정반대로, 외상 생존자 중에는 삶의 모든 영역에 대한 통제를 완전히 포기해 버린 분들도 있습니다. 외상경험의 후유증으로 인 해서 주위 환경을 통제할 수 있는 자신의 능력을 과소평가하게 된 것입니다. 두 가지 경우 모두 심각한 문제를 야기합니다.

이와 같이 외상 생존자에게는 내면에 대한 통제 시도뿐만 아니라 외면에 대한 통제 시도 역시 중요한 주제입니다. 왜냐하면 통제하고 있다는 착각이 적어도 일시적으로 는 위안을 주기 때문입니다. 이 책에서, 우리는 통제 시도가 유익한 경우에는 적극적 으로 통제하라고 격려할 것입니다. 지금까지의 논의를 다음의 두 가지 측면으로 정리 할 수 있습니다. 첫째, 외면을 통제하는 것은 유익할 때도 있고(예: 자기주장) 무익할 때도 있습니다(예: 섭식장애). 둘째, 과도하게 외면을 통제하는 것은 당신이 빠져 있는 구덩이를 더 깊어지게 만드는 것일 수도 있습니다. 왜냐하면 과도한 통제 시도가 여러 가지 인간관계 문제를 일으킬 수 있기 때문입니다. 일반적으로, 사람들은 불확실성, 공포심, 불쾌감으로부터 회피하기 위해서 외면을 통제하려고 노력합니다. 그러므로 비록 우리가 당신에게 삶에 대한 통제력을 회복하라고 격려하고 있을지라도, 당신에 게 해당되는 건강한 통제가 무엇인지 알아차려야 합니다. 그것은 오직 당신만 알 수 있습니다. 통제에 과도하게 집착하지 않으면서도 당신의 삶을 통제할 수 있는 방법은 상당히 많습니다.

• 혹시 당신은 주위 환경을 통제하려고 지나치게 애쓰고 있지는 않습니까? 다음 질문에 답변해 보십시오.

- 음식섭취를 지나치게 제한해서 저체중 혹은 거식증 상태에 빠져 있지 않습니까? 혹은 거식증 상태와 폭식증 상태가 번갈아서 나타나지 않습니까?
- 언어적 위협이나 신체적 강압을 통해서 다른 사람의 행동을 통제하려고 애쓰지는 않습니까?
- 다른 사람의 행동이 당신에게 직접적인 영향을 미치지 않는데도, 그들의 행동을 지나치게 통제하려고 애쓰지는 않습니까? 예컨대, 다른 사람이 어떤 직업을 선택하는지, 누구에게 투표하는지, 돈을 어디에 쓰는지, 어떤 교회에 나가는지, 어떤 학위를 취득하려고 하는지 등을 당신이 통제하려고 시도하지는 않습니까? 이렇게 자문해 보십시오. '그 사람의 선택이 나에게 직접적인 영향을 미치는가?' 그리고 '그 사람의 선택이 나에게 직접적인 영향을 미친다고 하더라도, 과연 나에게 그 사람의 행동을 통제할 권리가 있는가?' 🔔[지금 이 순간, 어떤 생각이나 판단이 떠오릅니까? 알아차려 보십시오.]
- 가족이나 친구와 어디로 식사하러 갈지, 어디로 여행을 떠날지, 어떤 영화를 볼지, 집을 어떻게 꾸밀지 항상 당신이 결정하려고 하십니까? 당신이 아니라 다른 사람이 그것을 결정하면 마음이 상하거나 혹은 일이 잘못될까 봐 걱정되십니까?

• 위 질문에 대한 답변에 근거하여, 외면에 대해서 지나치게 통제하려는 시도로 인해서 당신이 얼마나 큰 문제를 겪고 있는지 0점(전혀 문제가 되지 않는다)부터 10점(매우 심각하게 문제가 된다)까지의 점수를 매겨 보십시오. 아울러, 지나친 통제 시도가 어떤 문제를 일으키고 있는지 기록하십시오.

_____

_____

＿＿＿＿＿＿＿＿＿＿＿＿＿＿＿＿＿＿＿＿＿＿＿＿＿＿＿＿＿＿＿

＿＿＿＿＿＿＿＿＿＿＿＿＿＿＿＿＿＿＿＿＿＿＿＿＿＿＿＿＿＿＿

• 만약 앞에서 외면에 대한 과도한 통제 시도가 문제시된다고 응답했다면, 앞으로 외면에서 벌어지고 있는 사건을 통제하려는 시도를 내려놓겠다고 생각할 때, 당신은 얼마나 심각한 불편감을 경험하십니까? 어떤 생각, 감정, 충동이 느껴집니까? 0점(전혀 불편하지 않다)부터 10점(몹시 불편하다)까지의 점수를 매겨 보십시오.

＿＿＿＿＿＿＿＿＿＿＿＿＿＿＿＿＿＿＿＿＿＿＿＿＿＿＿＿＿＿＿

＿＿＿＿＿＿＿＿＿＿＿＿＿＿＿＿＿＿＿＿＿＿＿＿＿＿＿＿＿＿＿

＿＿＿＿＿＿＿＿＿＿＿＿＿＿＿＿＿＿＿＿＿＿＿＿＿＿＿＿＿＿＿

＿＿＿＿＿＿＿＿＿＿＿＿＿＿＿＿＿＿＿＿＿＿＿＿＿＿＿＿＿＿＿

연습과제 4-7 외면을 적절하게 통제하지 못해서 문제가 되는 경우

• 혹시 당신은 주위 환경을 통제하는 것이 바람직함에도 불구하고 적절하게 통제하지 못하고 있는 것은 아닙니까? 다음 질문에 답변해 보십시오.

  – 결과를 고려하지 않은 채 무분별하고 충동적인 행동을 합니까? 예컨대, 폭식을 하거나, 도박을 하거나, 폭음을 하거나, 무분별한 성관계를 갖거나, 난폭운전을 하거나, 직장이나 학교에 결근하거나, 계산을 하지 않고 도망치거나, 자녀양육에 소홀하거나, 어떤 일이든지 문제가 생기면 쉽게 포기해 버리지 않습니까?
  – 어디로 식사하러 갈지, 어떤 놀이를 할지, 집을 어떻게 꾸밀지 등과 같은 일상적인 문제를 항상 다른 사람이 결정하도록 내버려 두십니까? 다른 사람이 당신의 선택을 탐탁찮게 여길까

봐 지나치게 걱정하거나 혹은 다른 사람이 반대하면 재빨리 당신의 의견을 거두어들입니까? 일상사에 대해서 다른 사람과 의논할 때 "나는 아무래도 괜찮아."라는 말을 반복하십니까?

- 중요한 결정을 내릴 때 다른 사람에게 의존하십니까? 예컨대, 누구와 데이트할지, 누구와 결혼할지, 어떤 직업을 선택할지, 누구에게 투표할지, 돈을 어디에 쓸지, 어떤 교회에 나갈지, 어떤 성관계를 맺을지, 어떤 학위를 취득할지 등을 다른 사람이 결정하도록 내버려 두지는 않습니까? 즉, 다른 사람과 의논해서 결정할 일이 아님에도 불구하고 그들이 직접적 혹은 간접적으로 개입해 주기를 원하는 것은 아닌지 따져 보십시오. 이것은 오직 당신만이 결정할 수 있는 문제입니다. 다른 사람들은 당신이 그들의 의견에 따라서 결정을 내린다는 것을 인식조차 못하고 있을 수도 있습니다. 만약 위의 질문에 그렇다고 답변했다면, 당신은 자기정체성과 가치명료화에 대해 설명하는 이 책의 7장과 8장을 주의 깊게 읽으셔야 합니다. 왜냐하면 당신이 누구인지 그리고 당신이 진정으로 원하는 것이 무엇인지 잘 모르고 있기 때문에 다른 사람에게 의존하는 것일 가능성이 높기 때문입니다. 이러한 현상은 외상 생존자에게서 흔히 나타나는 것이므로, 자신을 책망하거나 판단할 필요는 없습니다. 그리고 당신은 분명히 과거와는 다른 선택을 하고 싶을 것입니다.

- 혹시 언어적, 정서적, 신체적 위협 때문에 다른 사람에게 통제당하고 있습니까? 예컨대, 가정폭력 때문에 당신의 주장을 펼치지 못하는 것은 아닙니까? 다른 사람의 압력, 처벌, 학대가 두려워서 주도권을 내준 것은 아닙니까?

• 위 질문에 대한 답변에 근거하여, 외면에 대해서 적절하게 통제하지 못하기 때문에 당신이 얼마나 큰 문제를 겪고 있는지 0점(전혀 문제가 되지 않는다)부터 10점(매우 심각하게 문제가 된다)까지의 점수를 매겨 보십시오. 아울러, 통제의 부족이 어떤 문제를 일으키고 있는지 기록하십시오.

_____

_____

_____

_____

• 만약 앞에서 통제의 부족이 문제시된다고 응답했다면, 앞으로 과거와는 다르게 행동하겠다고 생각할 때 당신은 얼마나 심각한 불편감을 경험하십니까? 어떤 생각, 감정, 충동이 느껴집니까? 0점(전혀 불편하지 않다)부터 10점(몹시 불편하다)까지의 점수를 매겨 보십시오.

_____

_____

_____

_____

인간은 외면에서 벌어지는 사건을 적절하게 통제할 수 없을 때 내면에서 벌어지는 사건을 지나치게 통제하려고 애쓰게 됩니다. 그런 의미에서 외면의 통제와 내면의 통제를 명료하게 구분하는 것이 어려울 수 있습니다. 예컨대, 자녀의 통금시간을 과도하게 제한하는 참전군인이 있습니다. 그가 자녀의 행동을 제한하는 것(즉, 외면의 지나친 통제)은 사실상 자녀의 안전에 대한 걱정과 두려움을 감소시키려고 애쓰는 것(즉, 내면의 통제)일 수 있습니다. 자녀가 토요일 저녁 9시까지 귀가한다면, '혹시 교통사고를 당하지 않을까?'라는 그의 걱정은 분명히 줄어들 것입니다. 이와 비슷하게, 성폭행 생존자가 남자친구에게 주도권을 내주고 휘둘리는 것(즉, 외면의 부족한 통제)은 남자친구를 거역하면 거절당하거나 혹은 버림받을 것이라는 두려움을 회피하기 위한 것(즉, 내면의 통제)일 수 있습니다. 요컨대, 모든 부적절한 통제 시도는 내면의 불편감에서 벗어나기 위한 필사적인 노력과 밀접한 관련이 있습니다.

당신에게 정말로 문제가 되는 것이 외상경험 그 자체가 아니라 내면에 대한 통제 시도라면, 어떤 대안을 선택할 수 있겠습니까? 지금 당신은 말도 안 되는 이야기라고 생각하거나 혹은 아무런 도움이 되지 않는다고 판단하고 있을지도 모릅니다. 그래도 괜찮습니다. 비록 그런 생각을 가지고 있더라도 치유작업은 계속 진행할 수 있습니다.

당신이 힘겹게 노력하고 있다는 것을 우리도 잘 알고 있습니다. 우리는 여러 명의 외상 생존자와 함께 이 과정을 겪어 냈으며, 그들의 삶이 실제로 달라지는 것을 직접 목격했습니다. 구덩이에 빠졌을 때는 암담하고 외로운 느낌이 들고, 탈출할 수 있는 방법을 찾아내려고 안간힘을 쓰게 됩니다. 이 책을 꾸준히 읽는다면, 당신이 진정으로 원하는 삶을 살아갈 새로운 방법을 찾아낼 수 있을 것입니다. 그리고 그 과정에 우리가 동참하겠습니다.

 마음기록장

◆ 생각

_____

_____

_____

◆ 감정

_____

_____

_____

◆ 자기판단

_____

_____

_____

◆ 신체감각

_____

_____

_____

◆ 행동하고 싶은 충동(어떻게 하고 싶습니까?)

_____

_____

_____

Chapter 05

기꺼이 경험하기

외상의 치유
인생의 향유

기꺼이 경험하기

"아름다움이든 끔찍함이든, 모든 것을 기꺼이 경험하라. 어떤 느낌도 그것이 마지막은 아니다."

– 라이너 마리아 릴케

기꺼이 경험하기

지금까지 우리는 체험을 회피하려는 시도가 외상사건과 관련된 고통을 괴로움으로 변질시킨다는 것을 살펴보았고, 외상경험을 치유하기 위해서는 회피의 함정에 빠지지 말아야 한다는 것을 알아차렸습니다. 당신은 이것을 지적으로 수긍할 수 있을 것이고, 체험을 회피하지 않는 것이 바람직하다는 견해에 동의할 것입니다. 적어도 이론적으로는 말입니다. 하지만 단순히 머리로 이해하는 수준에 그치지 않고 한 단계 더 도약할 필요가 있습니다. 당신의 삶을 근본적으로 변화시키기를 원하십니까? 기꺼이 그렇게 하시겠습니까? 만약 그렇다면, 과거와는 다르게 반응하겠다는 이성적인 결심 이상의 변화가 필요합니다. 우리는 지금 당신의 삶을 바라보는 관점을 근본적으로 전환할 준비가 되셨냐고 묻고 있는 것입니다. 이것은 이른바 패러다임의 전환입니다. 시각적인 예시를 통해서 새로운 존재방식이 무엇인지 설명하겠습니다.

중국식 수갑의 비유

혹시 중국식 수갑이라고 불리는 장난감을 보신 적이 있습니까(Hayes, Strosahl, & Wilson, 1999; Hayes & Smith, 2005)?

중국식 수갑은 지푸라기를 느슨하게 엮어서 만든 원통형 튜브로 약간의 탄성을 지니고 있습니다. 먼저, 겁을 내지 않는 어린이나 어른에게 양쪽 집게손가락을 튜브 안으로 단단히 밀어 넣게 합니다. 다음으로, 튜브를 망가뜨리지 않는 범위 내에서 그 손가락을 빼내게 합니다. 과거에 이것을 한 번도 본 적이 없거나 만져 본 적이 없다면, 당신이 직접 시도해 보는 것이 더 좋습니다. 대부분의 사람들은 집게손가락을 빼내기 위해서 바깥쪽으로 당기는데, 이렇게 하면 느슨하던 지푸라기 끈이 팽팽해지면서 손가락 주변이 단단히 조여지게 됩니다. 즉, 수갑이 느슨해지는 것이 아니라 오히려 더 강하게 조여져서 손가락을 빼낼 수 없게 되는 것입니다. 이때 당황해서 잡아당기면 당길수록 상황은 더욱 악화됩니다. 우리는 이런 상태에서 손가락을 빼내려고 애쓰다가 결국 수갑을 망가뜨리는 사람도 만나 본 적이 있습니다. 역설적으로, 수갑에서 손가락을 빼내려면 수갑의 안쪽으로 손가락을 더 깊숙이 집어넣어야 합니다. 그렇게 하면 지푸라기 끈이 느슨해지면서 손가락을 빼낼 수 있는 공간적 여유가 만들어지기 때문입니다. 손가락을 바깥쪽으로 당기는 논리적이고 직관적인 반응은 전혀 효과가 없습니다. 오히려 비논리적이고 반직관적인 해결책이 효과적으로 작동하는 것입니다. 이런

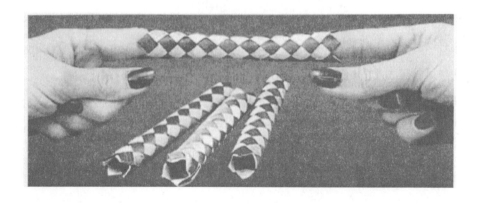

일은 주로 당신이 경험하는 생각과 감정의 영역에서 벌어집니다.

원하지 않는 생각과 감정과 기억을 억제하고, 제거하고, 감소시키려고 노력하는 것은 일종의 올가미입니다. 이것은 표면적으로 납득이 되는 반응입니다. 그러므로 당신이 처음에 그런 노력을 하더라도 아무도 당신을 비난할 수 없습니다. 그러나 외상경험을 다루기 위해서는 전혀 논리적이지 않은 것처럼 여겨지는 노력, 과거와는 전혀 다른 노력을 하는 것이 필요합니다. 중국식 수갑에서 진정으로 벗어나기 위해서는 거기서 벗어나려는 필사적인 시도를 중단하고 옴짝달싹할 수 없는 상태의 불편감을 잠시 감내해야 합니다. 5장의 서두에서 인용한 릴케(R. M. Rilke)의 이야기처럼, 내면에서 벌어지는 모든 경험을 있는 그대로 받아들이는 개방적인 태도를 갖추는 것이 바람직합니다. 불편한 감정을 기꺼이 경험하는 순간, 역설적으로 당신은 그것으로부터 자유로워질 것입니다. 처음에는 이런 발상이 매우 불편하게 여겨질 것입니다. 그래서 우리는 기꺼이 경험하는 것이 당신의 삶에 어떤 영향을 미치는지 상세하게 살펴보려고 합니다. 🔔[지금 이 순간, 어떤 생각이 떠오릅니까? 알아차려 보십시오.]

우리는 내면의 불편감에 주의를 기울이면서 머무르는 능력을 '기꺼이 경험하기(willingness)'라고 부릅니다(Hayes & Smith, 2005). 이것은 개념적으로 말하기는 쉽지만 제대로 이해하거나 실제로 행동하기는 어려운 주제입니다. 그래서 우리는 당신이 경험해 봤음직한 일상생활의 사례를 중심으로 무엇이 기꺼이 경험하기인지, 그리고 무엇은 기꺼이 경험하기가 아닌지를 설명하려고 합니다.

기꺼이 경험하기와 공황상태

내담자 중에 폭행과 강도를 당한 후 공황장애(panic disorder)를 갖게 되어 여러 가지 상황을 회피하고 있는 분이 있습니다. 그는 폭행사건 후 몇 개월만에 어떤 사교모임에 참석했다가 갑자기 정신이 혼미해지면서 첫 번째 공황발작을 경험했습니다. 그 뒤로, 공황발작이 다시 일어날 것 같고 그런 일이 벌어지면 상황에서 벗어나지 못할 것 같은 두려움을 느끼면서 마비상태에 빠졌습니다. 그때부터 밤중에 외출하는 것을 회피하기 시작했습니다. 이후 회피의 대상이 계속해서 늘어났습니다. 사람이 많은 장소(예: 쇼핑센터, 영화관)에 갈 수 없었고, 공황발작이 일어났을 때 즉각적인 도움을 받기 힘든 상황(예: 낯선 장소에서 운전하거나 보행하기)을 피해야 했습니다. 그는 최초의 공황발작 으로부터 1년이 지난 시점에 심리치료를 받으러 왔는데, 애인이 몹시 걱정하면서 원 래의 모습을 회복하기를 간절히 원했기 때문입니다. 애인의 보고에 따르면, 그는 쇼핑 을 가지 않으려 했고, 심부름을 거절했으며, 가까운 거리만 그것도 누군가 함께 있을 때만 운전을 했습니다. 심리치료를 받으러 왔을 때, 그는 애인이 시야에서 사라질 때 마다 매우 불안해하는 상태였고, 직장에 출근하려면 주변 사람들로부터 상당한 위안 과 확신을 구해야 될 정도였습니다. 이런 상황이 연인관계에 부담을 주고 있었기 때문 에 그들이 심리치료자를 찾았던 것입니다.

공황발작은 외상 생존자들이 흔히 경험하는 증상입니다. 독자 중에서 아마도 몇 분 은 앞의 사례와 비슷한 경험을 가지고 계실 것입니다. 🔔[지금 이 순간, 어떤 생각, 감 정, 신체감각이 느껴집니까? 알아차려 보십시오.] 공황발작은 호흡이 짧아지고 곤란 해지는 증상, 심장박동이 빠르고 불규칙해지는 증상, 온도와 무관하게 땀을 흘리는 증상, 분명한 이유가 없는 어지러움, 자신의 신체에서 이탈되는 듯한 느낌, 금방이라 도 죽거나 미칠 것 같은 느낌 등을 동반하는 단기간의 강렬한 불안발작을 의미합니다. 한 번 공황발작을 경험한 사람은 다시 유사한 공황발작이 찾아올까 봐 두려워하며, 흔 히 공공장소에 나가는 것에 대한 공포와 회피를 나타내는 광장공포증(agoraphobia)을 함께 겪게 됩니다(American Psychiatric Association, 1994). 광장공포증을 동반하는 공황 장애는 개인의 일상생활을 심각하게 제한하기 때문에 극단적인 고통을 야기할 수 있 습니다. 공황장애를 겪는 사람은 잠재적인 공황발작의 발생 가능성을 감소시키려고 노력하고 공황발작과 연관되어 있는 모든 생리적 반응을 제거하려고 시도하기 때문 에, 삶의 영역이 점점 더 축소되는 양상을 보입니다. 심리학자들은 공황장애를 '공포 에 대한 공포(fear of fear)'라고 부릅니다. 공포에 대한 공포를 느끼는 사람은 불편한 상황을 적극적으로 회피하거나 혹은 안전을 보증해 줄 사람을 항상 데리고 다닌다면 공포가 사라지거나 혹은 견뎌 낼 수 있을 것이라고 믿습니다. 하지만 이런 전략이 초래하는 결과는 더 강렬한 두려움 및 더 다양한 대상과 상황에 대한 두려움일 뿐입니다. 이것은 먹이를 주면서 돌보면 장차 덜 위협적인 존재가 될 것이라는 그릇된 기대를 품고 어린 사자를 키우는 상태에 비유할 수 있습니다(Hayes, Strosahl, & Wilson, 1999). 이를테면, 가끔 사자 우리를 열어서 고깃덩이를 던진 뒤 재빨리 문을 닫는 것입니다. 그러나 당신이 던져 준 고깃덩이는 어린 사자를 무럭무럭 성장하게 도와줄 뿐이며, 결과적으로 당신은 완전하게 성장한 어른 사자와 맞닥뜨리게 될 것입니다. 중국식 수갑의 경우처럼, 적절한 해결책이라고 여겼던 것이 사실은 진짜 문제라는 통제의 역설을 직시하십시오. 손가락을 수갑에서 빼내려고 노력하면 할수록 옴짝달싹할 수 없는 상황으로 악화되는 것과 마찬가지로, 더 다양한 상황을 회피함으로써 공포를 누그러뜨리려는 시도는 오히려 더 강력한 공포를 만들어 낼 뿐입니다.

그렇다면, 바람직한 해결책은 무엇일까요? 만약 생각과 감정과 기억을 통제하려는 시도는 절대로 당신이 이길 수 없는 싸움이라면, 어떤 대안이 가능하겠습니까? 앞 장에서 논의했듯이, 우리는 구덩이를 깊어지게 만드는 삽을 내려놓고, 부질없는 씨름을 중단하고, 기꺼이 경험하는 작업부터 시작할 것입니다.

기꺼이 경험하기란 무엇인가

먼저, 기꺼이 경험하기가 무엇인지 말씀드리겠습니다. 우리가 함께 하고 있는 치유 작업의 맥락에서 기꺼이 경험하기는 다음과 같이 정의할 수 있습니다.

- 경험을 개방적으로 받아들이기
- 통제하려는 시도를 내려놓기
- 반응의 선택 혹은 선택의 결과(American Heritage, 1976)
- 행동하기 혹은 행동을 준비하기(American Heritage, 1976)
- 하겠다고 마음먹는 것이 아니라, 실제로 하는 것(Hayes, Strosahl, & Wilson 1999)

비유적으로 표현하면, 다음과 같은 것이 기꺼이 경험하기입니다.

- 구덩이에서 빠져나오기 위해 삽질을 했지만 전혀 효과가 없을 때, 삽을 내려놓는 것(Hayes, Strosahl, & Wilson 1999)
- 중국식 수갑에서 벗어나기 위해 손가락을 바깥쪽으로 당겼지만 전혀 효과가 없을 때, 손가락을 안쪽으로 집어넣는 것(Hayes, Strosahl, & Wilson 1999)
- 어떤 것도 회피하려고 시도하지 않으면서, 햇빛과 눈과 비가 떨어지도록 내버려 두는 잔디와 같은 것(Linehan, 1993b)
- 파도의 시기, 크기, 높이를 통제하려고 시도하지 않으면서, 파도가 밀려왔다가 밀려가도록 내버려 두는 해변의 모래와 같은 것

 연습과제 5-1   기꺼이 경험하기는 뛰어내리기와 같습니다

이번 연습과제는 수용전념치료의 창시자인 스티븐 헤이즈(Steven Hayes)와 동료들(Hayes, Strosahl, & Wilson, 1999)의 업적을 변형한 것인데, 기꺼이 경험하기가 무엇인지 어느 정도 감을 잡는 데 도움이 될 것입니다.

1. 겉표지가 두꺼운 책과 당신이 올라서도 괜찮은 튼튼한 상자 혹은 의자를 가져오십시오. 그리고 주변에 어느 정도의 공간을 확보하십시오.
2. 상자(혹은 의자)의 왼쪽 바닥에 두꺼운 책을 내려놓고, 책의 왼쪽에 서십시오.
3. 그 자리에 서 있는 채로, 앞쪽으로 뛰려고 노력하십시오. 어떤 일이 벌어졌습니까? 지금 당신이 해야 할 일은 뛰려고 노력하는 것이지, 실제로 뛰는 것이 아닙니다. 그저 노력만 하십시오.
4. 이러한 시도가 얼마나 이상한 일인지 알아차려 보십시오. 어떤 느낌이 드십니까?
5. 이제, 앞쪽으로 뛰십시오.
6. 다음으로, 두꺼운 책 위에 올라서십시오. 그리고 이렇게 자문하십시오. "나는 100퍼센트 기

꺼이 책에서 뛰어내리려고 하는가?" 만약 그렇다면, 뛰어내리십시오.

7. 다음으로, 상자(혹은 의자) 위에 올라서십시오. 그리고 이렇게 자문하십시오. "나는 100퍼센트 기꺼이 상자(혹은 의자)에서 뛰어내리려고 하는가?" 만약 그렇다면(그리고 당신의 무릎이 허락한다면), 뛰어내리십시오.

이번 연습과제를 하면서, 특히 실제로 뛰어내리지는 않고 뛰어내리려고 노력하기만 하면서 어떤 생각이나 감정을 경험하셨습니까? 100퍼센트 기꺼이 뛰어내리려고 하는지 스스로에게 자문했을 때, 어떤 일이 벌어졌습니까? 책에서 기꺼이 뛰어내리려고 했을 때 어땠습니까? 상자(혹은 의자)에서 기꺼이 뛰어내리려고 했을 때 어땠습니까?

만약 우리가 2미터 높이의 사다리에서 뛰어내리라고 요청했다면 어땠을까요? 당신은 기꺼이 뛰어내릴 수 있었겠습니까? 어떤 분은 기꺼이 그렇게 하셨겠지만, 아마도 대부분은 뛰어내리지 않겠다고 대답하셨을 것입니다. 이번 연습과제는 기꺼이 경험하기의 두 가지 특징을 잘 보여 줍니다. 첫째, 모든 상황에서 항상 기꺼이 경험하기를 선택해야 하는 것은 아닙니다. 어떤 상황에서는 기꺼이 경험하기를 선택할 수도 있고, 어떤 상황에서는 선택하지 않을 수도 있습니다(Hayes, Strosahl, & Wilson, 1999). 상자 혹은 의자에서는 기꺼이 뛰어내리겠다고 선택할 수 있지만, 2미터 높이의 사다리에는 기꺼이 뛰어내리지 않겠다고 선택할 수 있습니다. 2미터 높이의 사다리에서 뛰어내리는 것은 안전하지 않으며, 혹시 안전하다고 하더라도 그것은 당신이 진정으로 가치 있게 여기는 일이 아닐 수 있습니다. 이것이 가장 중요한 요점입니다. 우리는 당신이 경험하는 모든 불편한 감정과 기억과 생각에 기꺼이 머물러야 한다고 주장하는 것이 결코 아닙니다. 하지만 어떤 상황에서는 불편한 감정에 주목해야만 생존할 수 있습니다. 술에 취한 성난 남자들에게 위협감을 느낄 때 술집을 떠나는 퇴역군인의 경우, 어렸을 때 성폭행을 당했던 사람이 성적으로 추근거리는 가해자와 더 이상 어울리지 않기로 결정하는 경우를 고려해 보십시오. 🔔[지금 이 순간, 어떤 생각이 떠오릅니까? 알아

차려 보십시오.]

둘째, 기꺼이 경험하기는 전부이거나 혹은 전무이거나, 둘 중의 하나를 반드시 골라야 하는 이분법적 선택입니다(Hayes, Strosahl, & Wilson, 1999). 당신은 어떤 상황에서 기꺼이 경험할지 혹은 안 할지를 선택할 수는 있지만, 얼마나 많이 기꺼이 경험할지를 선택할 수는 없습니다. 기꺼이 경험하기는 뛰어내리거나 혹은 뛰어내리지 않거나, 둘 중의 하나이기 때문입니다. 왼쪽 발끝이 바닥에 닿아 있다면, 뛰어내렸다고 말할 수 없습니다. 그것은 뛰어내리지 않은 것입니다. 한쪽 발바닥이 상자(혹은 의자)에 닿아 있다면, 뛰어내렸다고 말할 수 없습니다. 그것은 뛰어내리지 않은 것입니다. 기꺼이 경험하기는 이와 같습니다. 당신은 오직 둘 중의 하나만 선택할 수 있습니다. '어느 정도' 기꺼이 경험하는 것은 불가능합니다. 이러한 특징을 더 잘 이해할 수 있는 연습과제를 함께 시도해 봅시다.

 연습과제 5-2 기꺼이 경험하기의 탈을 쓴 기꺼이 경험하지 않기(Unwillingness)

기꺼이 경험하기가 무엇인지 제대로 이해하는 것은 상당히 어렵습니다. 그래서 거꾸로 생각해 보겠습니다. 당신이 기꺼이 경험하지 않고 있는 경우를 파악한다면, 반대로 기꺼이 경험하기가 무엇인지 알아차리는 데 도움이 될 것입니다. 언뜻 보면 기꺼이 경험하기 같지만 사실은 그렇지 못한 경우로 다음과 같은 것들이 있습니다. 모든 사례가 당신에게 해당되지는 않을 것입니다. 그러나 여러 상황에서 기꺼이 경험하지 않는 경우를 생각해 보겠습니다. 이번 연습과제의 목적은 당신의 흠을 들춰내려는 것이 아니라는 것을 유념하십시오. 그리고 이번 연습과제에 몰두하려면 열의가 필요하다는 것도 잊지 마십시오. 다음의 각 문장을 읽고, 당신에게 해당되는 내용의 숫자 혹은 알파벳 글자에 동그라미 표시를 해 보십시오.

1. 거절당하지 않을 것이라고 확신하기 전에는 혹은 거절당하더라도 그것을 묵살할 수 있을 것이라고 확신하기 전에는 다른 사람에게 다가가지 않고 기다린다. 예컨대……

a. "나는 몹시 까다로워." 따위의 핑계나 변명을 대면서 다른 사람과의 잠재적 관계를 회피하는 경향이 있다.

b. 나보다 부족하거나 망가졌다고 생각되는 사람 혹은 나를 거절하지 않을 것이라고 생각되는 사람을 친구나 파트너로 선택하는 경향이 있다.

c. 나에게 특별한 관심이 없다고 생각되는 사람(성적 지향이 다른 사람, 이미 결혼한 사람)과 어울리는 경향이 있다.

d. 연인관계나 친구관계가 발전하면 오히려 거리를 두고 물러나서, 그들이 나의 본모습을 알지 못하게끔 회피하는 경향이 있다.

e. 상처받을까 봐 두려울 때, 연인관계, 친구관계, 혹은 그 밖의 어떤 인간관계도 정말로 원하지 않는다고 스스로를 속이는 경향이 있다.

2. 불편감이 느껴지는 상황(사람이 많은 장소, 교실, 파티, 운전, 구직면접)에 가끔 참여하기는 하지만, 사실상 심리적으로는 그 자리에 머물지 않는 경향이 있다. 예컨대……

a. 그 날 혹은 그 주의 남은 시간을 어떻게 보낼지 마음속으로 궁리하면서, 혹은 신체감각의 변화를 꾸준히 관찰하면서, 혹은 주위 환경의 세부사항에 초점을 맞추면서 주의를 분산시킨다.

b. 불편감이 느껴지는 상황에 참여할 용기를 내기 위해서 술을 마시거나 약물을 복용한다.

c. 불편감이 느껴지는 상황에서 경험을 해리시켜서 무슨 일이 있었는지, 무슨 이야기를 나누었는지 기억하지 못한다.

3. 공포를 불러일으키는 불편감을 강한 의지력을 발휘해서 이겨 내려고 한다. 예컨대……

a. 무언가를 하는 것이 두려울 때, 아무런 두려움 없이 행동할 수 있을 때까지 내 이름을 계속 되뇐다.

b. 어떤 사건에 대한 느낌을 다른 사람에게 절대로 이야기하지 않는다. 왜냐하면 감정을 토로하는 것은 나약한 짓이라고 생각하기 때문이다.

c. 무언가를 하는 능력 혹은 무언가를 하지 않는 능력은 도덕적 가치판단의 문제라고 생각한다.

4. 불편감을 제거하려는 목적으로 일부러 불편한 상황에 참여한다. 예컨대……

    a. 더 이상 불안해지지 않기를 간절히 바라면서 일부러 불안이 유발되는 상황(대중발표, 영화관람, 파티 참가)에 노출한다.

    b. 상실 경험을 한 뒤, 더 이상 슬픔을 느끼지 않으려는 목적으로 슬픔을 수용하려고 노력한다.

5. 불편감을 기꺼이 경험하겠다고 작정해 놓고, '만약 ~한다면, ~일 것이다.'는 조건을 내세워 자신과 타협한다. 예컨대……

    a. 모임에서 음주나 약물 복용을 하지 않겠다고 작정해 놓고, 만약 아무도 내게 술을 권하지 않는다면, 혹은 만약 내가 좋아하는 주류나 약물을 구할 수 없다면, 혹은 만약 누구도 나에게 속상하게 말하거나 행동하지 않는다면, 혹은 불안 수준이 그렇게 높지 않다면 그렇게 하겠다고 속으로 타협한다.

    b. 불편한 상황(대중강연, 학부모모임)에 참여하겠다고 작정해 놓고, 만약 심장이 빠르게 뛰지 않는다면, 혹은 만약 얼굴이 붉어지지 않는다면 그렇게 하겠다고 속으로 타협한다. 만약 그런 일이 벌어지면, 그 자리를 피하거나 참여하지 않을 핑계거리를 찾아낸다.

    c. 어느 정도까지는 불편한 경험에 머물러 있겠지만, 그 이상으로 불편해지면 그동안 변화시키려고 마음먹었던 행동(중단하기, 음주하기, 자해하기, 소리 지르기)을 해도 괜찮다고 정당화하며 시도한다.

    d. 별로 사이가 좋지 않은 친척과 신체적 및 언어적 싸움을 하지 않겠다고 작정하고 가족모임에 참석해 놓고, 만약 그 사람이 특정한 주제를 꺼내지 않는다면, 혹은 만약 그 사람이 나를 모욕하지 않는다면 그렇게 하겠다고 속으로 타협한다.

    e. 존중을 최고의 가치라고 생각하면서 기꺼이 파트너를 존중하겠다고 작정해 놓고, 만약 사랑받는다는 느낌이 들면, 혹은 만약 그 사람도 나를 존중한다고 생각되면, 혹은 만약 그 사람도 성실하게 행동하면 그렇게 하겠다고 속으로 타협한다.

6. 불편한 상황에 머물러 있으려고 노력하고 있지만, 그 이유는 그렇게 하지 않으면 다른 사람으로부터 존중받거나 지지받지 못할까 봐 두렵기 때문이다. 예컨대……

a. 파트너를 안심시키기 위해서 심리치료를 받고 있지만, 심리치료를 받더라도 크게 달라지지 않을 것이라는 믿음을 은밀하게 시험한다.

b. 몹시 겁나는 일(가파른 언덕에서 스키 타기, 불편감이 느껴지는 빠른 속도로 운전하기)을 시도해 보겠다고 동의했지만, 그 이유는 주위 사람에게 좋은 인상을 심어 주기 위해서다.

c. 공황장애로 고통을 겪고 있지만, 친구가 겁쟁이라고 부르는 것이 싫어서 영화관에 같이 가겠다고 이야기한다. 하지만 영화가 상영되는 내내 시계만 보면서 시간을 보낸다.

7. 기꺼이 경험하기가 감정의 문제이고 행동의 문제가 아닌 것처럼 생각하거나 이야기한다. 예컨대……

a. 기꺼이 경험하고 싶은 느낌이 더 많이 들기 전까지는 아무것도 할 수 없다고 생각한다.

b. 별로 심각하지 않은 외상을 겪은 사람은 기꺼이 경험할 수 있겠지만, 나의 경우는 그렇지 않다고 정당화한다.

c. 기꺼이 경험하기와 간절히 바라기를 혼동한다. 사실은 파티에 가고 싶지만 기꺼이 참여하지 않는 것이면서, 아예 파티에 참여하기를 원하지 않는다고 이야기한다.

앞의 연습과제에서 동그라미 표시를 한 항목들을 잠시 살펴보십시오. 이번 연습과제의 요점은 무엇이 기꺼이 경험하기이고 무엇이 기꺼이 경험하기가 아닌지를 제대로 이해하는 것입니다. 앞 장에서 살펴본 것처럼, 우리는 마음이 곧잘 사용하는 속임수를 파악할 필요가 있습니다. 그것이 괴로움을 지속시키기 때문입니다. 이것은 옳고 그름의 문제가 아닙니다. 아무도 점수를 매기지 않습니다. 이것은 당신의 모든 행동에 마음챙김의 주의를 기울이는 작업입니다. 당신을 옴짝달싹 못하게 만드는 행동, 언뜻 보면 삽을 내려놓는 것처럼 보이지만 사실은 여전히 삽질을 계속하는 것과 마찬가지인 오래된 행동에 마음챙김의 주의를 기울이십시오. 🔔[지금 이 순간, 어떤 생각이 떠오릅니까? 호흡에 주의를 기울이면서 알아차려 보십시오.]

기꺼이 경험하기에서 수용으로

불편한 감정을 기꺼이 경험하면 그것을 수용하는 단계로 한 발짝 나아갈 수 있습니다. 내면의 경험을 통제하고, 억제하고, 변화시키려는 시도는 부질없는 싸움을 지속시킵니다. 앞에서 지적했듯이, 언어는 우리의 삶에 대단한 영향을 미칩니다. 당신이 스스로를 어리석고, 서투르고, 역기능적이라고 낙인찍으면서 꼬리표를 붙이면, 그 꼬리표는 글자 그대로의 문자적 진실을 지닌 것처럼 여겨지기 시작하여 결국에는 당신이 무엇을 해야 하는지 혹은 무엇을 하지 말아야 하는지의 문제까지 결정하게 됩니다. 그리고 이런 꼬리표는 실제로 뒷받침할 만한 아무런 증거가 없음에도 불구하고 계속 위세를 떨치게 됩니다. 그것은 우리에게 단단히 들러붙은 학습된 꼬리표에 불과합니다. 그런데 우리는 그 꼬리표의 명령에 순순히 따르고 있습니다. 비유를 통해서 이것을 설명해 보겠습니다.

버스에 탄 승객의 비유

당신의 행동에 영향을 미치는 감정, 생각, 기억, 신체감각 등을 당신이 운전하고 있는 버스에 탄 승객이라고 가정해 보십시오(Hayes, Strosahl, & Wilson, 1999). 당신이 추구하는 삶의 경로와 방향은 오직 당신만이 의도적으로 통제할 수 있기 때문에, 버스의 운전사는 바로 당신입니다. 버스의 운전사인 당신은 종종 여러 가지 결정을 내려야 합니다. 예컨대, 속도를 높일 것인지 낮출 것인지를 결정해야 하며, 그리고 가장 중요한 것으로 교차로가 나올 때마다 어느 방향으로 진행할 것인지를 결정해야 합니다. 당신은 어떤 경로를 따라서 버스를 운전할지 어느 정도 생각해 둔 것이 있습니다. 다시 말해, 당신이 인생에서 진정으로 소중히 여기는 것이 무엇인지 어느 정도 알고 있다는 뜻입니다. 그리고 버스에는 상당히 험상궂어 보이는 승객들이 여러 명 타고 있습니다. 어쩌다가 당신의 버스에 타게 된 승객들 중 일부는 위협적으로 행동합니다. 눈을 부릅뜨고 저속한 소리를 내면서 당신을 조롱하기도 하고 노려보기도 합니다. 어떤 승객은 갑자기 버스 앞쪽으로 달려나와 주먹을 들이대면서 "여기서 왼쪽으로 돌려. 그렇지 않으면 재미없을 거야!"라고 윽박지릅니다. 당신은 겁을 냅니다. 이런 상황에서 누가 겁내지 않겠습니까? 그래서 승객들이 당신에게 요구하는 대로 따르는 것이 최선으로 보입니다. 그렇게 하지 않으면 그들이 미쳐서 날뛰거나 버스를 완전히 장악해 버릴지도 모릅니다. 만약 다른 사람들이 당신이 일부러 그 승객들을 태웠다고 생각한다면 심정이 어떻겠습니까? 모든 사람이 당신이 승객들과 이런 식으로 씨름한다는 것을 알게 된다면 심정이 어떻겠습니까? 그래서 당신은 승객들이 요구하는 대로 방향을 돌립니다. 다른 사람이 당신을 알아보지 못하도록 큰 길을 피해서 운전합니다. 당신은 승객들을 잠잠하게 만들 수 있는 방법이라면 무엇이든 시도해 봅니다. 승객들과 논쟁하려고 하면 그들은 당신에게 더 큰 소리로 명령하고, 심지어 패거리로 몰려와서 당신을 괴롭힙니다. 이렇게 시간이 흐르면서, 당신은 교차로에서 오른쪽으로 방향을 돌리고 싶은데도 마지못해 왼쪽으로 방향을 돌리는 것을 배우게 됩니다. 이런 식으로 승객들의 명령에 따르는 것이 익숙해지면, 교차로에 다다랐을 때 승객들은 더 이상 목소리를 높이지 않아도 됩니다. 굳이 목청을 높이고 손가락질을 하지 않더라도 당신이 진정으로 원하는 오른쪽이 아닌 왼쪽으로 방향을 전환하기 때문입니다.

사실, 버스의 승객들(사고, 감정, 기억, 신체감각)은 당신에게 아무런 영향도 미칠 수 없습니다. 다만 당신이 그것을 인식하지 못하고 있을 뿐입니다. 버스의 운전사는 바로 당신이고, 그들은 소리를 지르고 주먹을 흔드는 승객일 뿐입니다. 그들은 당신을 절대로 건드리지 못하며, 당신이 허용하지 않으면 아무것도 변화시킬 수 없습니다. 그냥 이렇게 소리 지를 수 있을 뿐입니다. "너는 못할 거야." "너는 어리석어." "오른쪽으로 방향을 돌리면 안 좋은 일이 벌어질 거야."라고 말입니다. 그들은 소리 지를 수 있고, 악다구니를 쓸 수 있고, 당신을 위협할 수 있으며, 대체로 아주 설득력 있는 이야기를 늘어놓을 수 있지만, 분명한 사실은 그들이 당신의 버스를 운전할 수는 없다는 것입니다. 소란을 피우면서 당신의 심장박동을 증가시키거나 호흡이 가빠지게 할 수는 있겠지만, 요란하게 짖는 개는 물지 않는다는 말처럼 사실은 아무것도 할 수 없습니다. 당신이 허용하지 않는다면 말입니다.

아마도 당신은 이렇게 소란스러운 승객 없이 버스를 운전하면 훨씬 수월하겠다고 생각할 것입니다. 아마도 당신은 승객만 없으면 원하는 방향으로 정확하게 운전할 수 있겠다고 생각할 것입니다. 그래서 당신은 버스를 멈추고 일부 승객을 내리게 하려고 필사적으로 노력합니다. 하지만 안타깝게도, 아무런 소용이 없습니다. 당신도 잘 아시다시피, 그들은 버스를 떠날 수 없습니다. 그들은 거기서 살고 있습니다. 그들은 버스의 뒷좌석을 떠날 수도 없고, 그렇다고 해서 운전석에 앉을 수도 없습니다. 그들이 버스의 진행방향을 통제할 수 있는 유일한 방법은 당신을 통해서입니다. 당신에게 지시하고, 위협하고, 악쓰고, 손짓하는 방법만 가능합니다. 🔔[지금 이 순간, 당신의 버스에는 어떤 승객이 타고 있습니까? 어떤 생각, 감정, 판단이 떠오릅니까? 그리고 당신은 어떻게 반응하고 있습니까? 주의를 기울여서 알아차려 보십시오.]

당신은 버스를 멈춰 세우고 승객들과 논쟁을 벌일 수 있습니다. 하지만 그 결과가 어떤지 주목해 보십시오. 승객들과 씨름하거나 혹은 승객들을 내리게 하려고 애쓰는 동안 당신의 버스, 즉 당신의 인생도 멈추게 됩니다. 승객과의 싸움에 사로잡혀 있는 한, 당신은 아무데도 갈 수가 없습니다. 아무리 열심히 노력한다고 하더라도, 모든 노력은 헛수고에 지나지 않습니다. 왜냐하면 승객들도 버스에 살고 있기 때문입니다. 당신이 그런 것처럼 승객들도 버스가 자신들의 집인 것입니다. 승객들 중 몇몇은 덩치도 크지 않고 무섭지도 않습니다. 오히려 덩치가 작고 유순하며, "모든 사람이 왼쪽으로 가기를 바라는데 당신만 오른쪽으로 가려고 하다니 매우 이기적이네요."라는 식으로 이야기합니다. 어떤 승객은 덩치도 크고 잘 생겼으며 확신에 차서 이렇게 이야기할지도 모릅니다. "당신은 다른 사람들보다 나은 사람이에요. 그런데 왜 당신이 그들에게 굽신거려야 하는 거죠?" 혹은 "당신은 매우 영리해요."라고 말입니다. 🔔[지금 이 순간, 당신의 버스에도 그런 승객이 타고 있습니까? 혹은 과거에 그런 승객이 있었습니까? 혹시 그들이 주변에서 어슬렁거리고 있지 않습니까? 주의를 기울여서 알아차려 보십시오.]

● 버스에 탄 승객에게 휘둘리기

인생을 살다 보면 버스에 탄 승객들의 목소리가 다른 사람들의 목소리보다 더욱 우렁차고 설득력 있게 들릴 때가 가끔 있습니다. 사람과 상황에 따라서 상당히 다르지만 말입니다. 특히 당신이 취약해진 상태에서는 버스에 탄 승객들이 더욱 강력하게 보일 것입니다. 2장에서 논의한 것처럼, 당신이 충분한 수면을 취하지 못했을 때, 적절한 영양을 섭취하지 못했을 때, 사회적으로 고립되었을 때, 혹은 약물을 복용하거나 그와 관련된 부적절한 행동에 빠져 있을 때 승객들의 목소리에 휘둘릴 가능성이 높습니다. 당신도 잘 알고 있듯이, 피곤하고 졸리고 배고플 때는 "모든 게 정말 짜증스러워." 혹은 "사는 게 정말 지긋지긋해."라고 이야기하는 승객들의 목소리에 귀가 솔깃해지게 됩니다.

우리 사회에는 '부정적'인 승객이 아니라 '긍정적'인 승객에게 초점을 맞추라고 권유하는 분위기가 형성되어 있습니다. 심지어 심리치료자 중에도 그렇게 주장하는 사람이 있습니다. 아마 당신도 '부정적'으로 생각하지 말고 '긍정적'으로 생각하라고 권유하는 치료기법이 있다는 이야기를 들어 보셨을 것입니다. 하지만 마음챙김으로 알아차릴 것을 강조하는 수용전념치료에서는 그렇게 권면하지 않습니다. 왜냐하면 내용(content)보다 과정(process)이 중요하기 때문입니다. 버스에 탄 승객들이 당신에게 뭐라고 이야기하든 간에 내용은 중요하지 않습니다. 오히려 더 결정적인 것은 버스에 탄 승객들에게 휘둘리지 않는 과정입니다. 2장에서 살펴본 것처럼, 마음챙김으로 알아차리는 작업은 생각을 그저 생각으로 간주하고, 감정을 그저 감정으로 간주하며, 기억을 그저 기억으로 간주할 수 있는 능력을 향상시키는 과정입니다. 다시 말해, 생각은 그저 생각일 뿐이므로 거기에 사로잡힐 필요가 없습니다.

앞에서 우리는 '부정적' 혹은 '긍정적'이라는 표현을 사용할 때 일부러 따옴표를 붙였습니다. 왜냐하면 두려움이나 슬픔과 같은 감정 그 자체 혹은 '나는 못났어.'라는 생각 그 자체는 부정적이지도 않고 긍정적이지도 않기 때문입니다. 사실은 우리가 그것을 부정적 혹은 긍정적이라고 판단한 것입니다. 이러한 사실을 일깨우기 위해서, 수용전념치료에서는 기존의 언어습관을 새로운 언어습관으로 변화시킬 필요가 있다고 제안합니다. 지금부터는 당신의 생각, 감정, 기억, 신체감각을 부정적 혹은 긍정적이라고 묘사하지 않고, 그 대신에 '부정적이라고 판단한' 혹은 '긍정적이라고 판단한' 이라는 용어로 묘사하는 새로운 언어습관을 사용할 것입니다(Hayes, Strosahl, & Wilson, 1999). 이것이 더 정확한 표현입니다. 그리고 그렇게 함으로써 당신은 버스에 탄 승객들이 쏟아내는 이야기의 내용에 휘둘리지 않게 될 것입니다.

비록 당신이 경험하는 생각과 감정의 내용 자체가 중요하지는 않더라도, 당신이 어떤 내용(즉, 부정적이라고 판단한 내용 혹은 긍정적이라고 판단한 내용)에 쉽게 휘둘리는 경향이 있는지 그 유형을 알아차리는 것은 상당히 중요합니다. 일반적으로, 우리는 부정적이라고 판단한 내용('나는 실패했다.' 와 같은 생각 혹은 분노와 같은 감정)에 자주 사로잡히게 됩니다. 그래서 심리치료를 진행할 때도 그런 유형의 생각과 감정 및 그것이 미치는 악영향을 자주 인식하고 논의하게 됩니다. 하지만 이러한 패턴은 문제의 소지가 많고 심리장애의 괴로움을 가중시킬 수 있습니다. 사자에게 계속 먹이를 주면 사자는 더 강력하고 설득력 있는 목소리를 낼 것이기 때문입니다. 어떤 사람들은 분노에 가득 찬 사람들과 시간을 보내고, 그들이 겪은 부당한 일들을 곱씹어 생각하며, 그들의 이야기를 확증해 주는 사람들과 어울리면서 분노라는 사자에게 계속 먹이를 줍니다. 그 결과가 어떻겠습니까? 분노는 더 증폭되고 더 강력해질 것입니다. 우울증의 경우도 마찬가지입니다. 당신은 구슬픈 노래를 듣고, 혼자서 시간을 보내고, 옛사랑의 사진을 들여다보고, 슬픔에 겨워 웅크리면서 더 우울해질 수 있습니다. 물론, 일련의 감정에 붙여진 명칭('우울' 혹은 '분노')들은 지나치게 자의적이고 단순합니다. 우리도 삶의 과정에서 때때로 이러한 감정을 느낍니다. 하지만 어떤 사건이 벌어졌을 때 당신이 주로 어떤 감정을 느끼는지를 알아차리는 것은 도움이 됩니다. 왜냐하면 버스에 탄 승객들이 이야기하는 대로 믿어 버리고 휘둘리는 것이 문제이지 승객들 자체는 문제가 아니기 때문입니다. 다시 말해, 분노감과 우울감 그 자체는 전혀 문제가 되지 않습니다. 이것은 매우 타당한 이유로 경험하는 자연스러운 감정, 즉 절대로 피할 수 없는 승객들입니다. 그리고 그것들이 버스를 운전할 필요는 없습니다.

앞에서 언급한 것처럼, 긍정적인 내용을 품은 생각('나는 아주 똑똑해.')을 믿기만 하면 모든 문제가 치유된다고 주장하는 사람들이 있습니다. 하지만 당장은 "당신이 최고예요."라고 이야기하는 승객에게 솔깃하다가도 언젠가는 "당신은 정말로 멍청해."
라고 이야기하는 승객에게 분명히 휘둘리게 될 것입니다. 진정한 치유를 위해서는
'좋은' 내용을 품은 승객을 찾는 것이 아니라, 좋고 나쁜 모든 내용을 그저 당신의 버
스에 탄 승객들 중의 하나로 인식할 수 있어야 합니다.

연습과제 5-3　　**당신의 버스에 타고 있는 승객들**

　　지금 당신의 버스에 어떤 승객들이 타고 있는지 살펴봅시다. 당신에게 겁을 주고, 힘들게 하고,
불쾌하게 만들고, 혹은 당신을 유혹하는 승객이 누구입니까? 앞으로 우리는 당신이 어떤 방향으
로 버스를 운전하기를 원하는지, 즉 당신이 진정으로 소중하게 여기는 삶의 지향점이 무엇인지
명확하게 확인할 수 있도록 안내할 것입니다. 하지만 지금은 당신의 버스에 타고 있는 승객부터
알아차려 보겠습니다.

1. 왼쪽 칸에는 당신이 자주 휘둘리게 되는 승객의 명단을 적으십시오.

2. 가운데 칸에는 승객의 유형을 기록하십시오. 예컨대, 감정, 생각, 기억, 심상, 말, 신체 반응
   등으로 분류하십시오.

3. 오른쪽 칸에는 당신이 그 승객에게 얼마나 쉽게 휘둘리는지 점수를 매겨 보십시오. 그 승객
   이 나타나면 얼마나 쉽게 그 승객의 말을 믿어 버립니까? 얼마나 자주 그 승객과 논쟁합니
   까? 얼마나 자주 그 승객의 견해를 입증하거나 반증하려고 노력합니까? 혹은 얼마나 자주
   그 승객이 이야기하는 대로 반응합니까? 0점(전혀 그렇지 않다)부터 10점(매우 그렇다)까지의
   숫자로 점수를 매겨 보십시오. 세 개의 사례를 제시했으니 참고하십시오.

승객 명단	승객 유형	휘둘리는 정도(0~10)
'이것은 불공평해.'	생각	거의 항상 휘둘림, 10
수치심	감정	거의 항상 휘둘림, 9
외상사건의 기억	기억	전에는 10, 지금은 5~6

외상경험을 수용한다는 것은 무섭고 불쾌한 승객들을 모두 여전히 버스에 태운 채, 당신이 선택한 가치에 입각해 꾸준히 방향을 전환하면서, 당신이 스스로 버스를 운전하는 것을 뜻합니다.

우리는 당신이 새로운 견해, 즉 불편한 생각과 감정은 겉으로 보이는 것과 달리 실제로는 당신에게 아무런 영향도 미치지 못한다는 사실을 체험적으로 깨달을 수 있기를 바랍니다. 당신은 지금 현재의 순간에 존재하고 있으며, 매우 고통스러운 경험들을 견뎌 냈습니다. 당신의 생각과 기억은 오로지 환상 속의 승객일 뿐입니다. 그것은 오직 당신의 마음속에서만 존재하고, 오직 당신의 마음속에서만 강력하며, 오직 당신이 부여한 만큼의 중요성을 갖고 있습니다. 이렇게 이야기해 보겠습니다.

- 전쟁터에서 경험했던 사건의 이미지가 계속 떠오를 수 있지만, 그것이 전쟁 그 자체는 아닙니다. 그것은 오직 당신의 마음이 만들어 낸 시각적 이미지에 불과합니다. 그것이 때로는 정확할 수도 있지만, 실제로 벌어지지 않은 일을 포함하고 있는 악몽의 경우처럼 때로는 정확하지 않을 수도 있습니다.
- '나는 어떻게 해도 안 돼. 이미 글렀어.'와 같은 종류의 생각은 아마도 당신이 부모(혹은 양육자)로부터 반복적으로 들었던 이야기의 변형일 것입니다. 하지만 그들이 항상 옳은 이야기만 한 것은 아닙니다. 이런 생각도 다른 모든 것과 마찬가지로 하나의 생각일 뿐입니다.
- 당신이 지하실에 갇혀 있는 동안 토네이도에 의해서 아수라장이 되어 버린 마을을 바라보면 심장이 빨리 뛰고, 호흡이 가빠지며, 속이 울렁거릴 수 있습니다. 하지만 기억하십시오. 그것은 불안과 연합되어 있는 신체감각일 뿐입니다. 그것이 불쾌할 수는 있지만, 그런 신체감각을 느끼더라도 당신은 견뎌 낼 수 있습니다.

당신은 이런 승객들을 군이 좋아할 필요도 없고, 간절히 원할 필요도 없고, 함께 있어 행복해할 필요도 없습니다. 당신이 겪은 불쾌한 경험이 사실은 별것 아니라고 말하려는 의도는 결코 아닙니다. 당신의 버스에 탄 승객들은 저마다 타당한 이유가 있기 때문에 그 자리에 있는 것입니다. 그것은 어떤 경험에 대한 정확한 기억일 수 있습니다. 누군가가 당신에게 상처를 주었다면, 그 사건에 대해 타당한 반응(슬픔과 분노)을 경험하는 것은 당연하고 자연스러운 일입니다. 승객들은 당신의 버스에 타고 있으며, 그리고 그들은 버스를 운전할 수 없습니다. 당신은 지금 여기에 존재하며, 외상경험 속에서 살아남았습니다. 우리가 바라는 것은 당신이 당신이라는 버스의 운전자가 되는 것입니다.

● 사례: 베트남 참전군인, 마이크

때때로 버스의 승객들은 무리를 지어 몰려다닙니다. 우리는 베트남전에 참전했던 마이크(Mike)라는 내담자를 만난 적이 있는데, 그가 이런 이야기를 들려주었습니다. 그는 가족들과 독립기념일 행사에 참가하는 것을 마지못해 승낙했습니다. 불꽃놀이의 폭죽소리가 거슬렸기 때문입니다. 아내 및 아이들과 저녁 행사를 구경하는 동안, 베트남의 전쟁터에서 경험했던 장면이 섬광처럼 다시 떠오르기 시작했습니다(이것을 승객 A라고 부르겠습니다). 그러자 그에게는 '나는 그때 동료를 구했어야만 했어.' 라는 생각이 떠올랐고(승객 B), 그것은 다시 '나는 형편없는 겁쟁이야.' 라는 생각으로 이어 졌으며(승객 C), 숨이 막히는 느낌과 울부짖고 싶은 감각이 찾아왔습니다(승객 D). 그 는 아이들이 보는 앞에서 눈물을 흘린 것에 대해서 수치심을 느꼈고(승객 E), 자기 자신에게 몹시 화가 났습니다(승객 F). 왜냐하면 자신이 너무 '나약하다' 고 생각되었기 때문입니다(승객 G). 그는 자리를 박차고 나가 버렸는데, 나중에 자신이 나가 버린 이 유를 '너무 시끄럽게 굴고 너무 소란스러운' 여덟 살과 열 살의 자녀들 탓으로 돌리 며 아이들을 비난했습니다. 그의 막내 아이는 아버지의 심기를 불편하게 해서 죄송하 다며 용서를 구했습니다. 그러나 불꽃놀이를 망쳐 버린 사람은 바로 그 자신이었습니 다. 이런 이야기를 하면서 그는 고통스럽게 울었습니다. 집으로 돌아간 뒤, 그는 침실 에 틀어박혀서 아이들이 듣지 못하게 입을 막고 다시 흐느껴 울었습니다.

마이크의 사례는 버스의 승객들이 무리를 지어 몰려다닌다는 것을 잘 보여 줍니다. 한 가지 유형의 승객, 예컨대 생각을 알아차리고 거기에 반응하는 것은 상대적으로 쉽 습니다. 그러나 여러 유형의 승객들이 동시다발적으로 출현하면, 즉 생각에 덧붙여 감 정까지 올라오면, 그것에 사로잡히거나 휘둘리게 될 가능성이 높아집니다.

또한 마이크는 버스에 탄 승객들이 쏟아내는 이야기를 곧이곧대로 믿어 버렸습니 다. 그의 내면에서는 여러 가지 사건이 벌어졌습니다. 외상사건과 관련된 기억과 감정 과 생각과 판단이 솟구쳐 오른 것입니다. 물론, 이것들은 의심할 여지없이 혐오스럽고 원하지 않는 것임에 분명합니다. 하지만 당신은 어떤 내면적 사건에도 반응할 필요가 없습니다. 만약 마이크가 저녁 행사에 계속 참여하고 불꽃놀이를 관람했다면 결과가 어떻게 달라졌을까요? 만약 승객들이 소란을 피우고 괴성을 지르면서 위협하더라도 그냥 내버려 두었다면, 승객들은 그에게 아무런 영향도 미칠 수 없었을 것입니다. 아마도 그는 승객들 때문에 잠시 불편한 감정을 느끼면서 눈물을 흘려야 했을지도 모릅니다. 그러나 승객들이 마이크와 그의 자녀들에게 커다란 상처를 주지는 못했을 것입니다. 그들 모두에게 정말로 커다란 상처를 입힌 것은 다름 아닌 마이크의 행동이었습니다. 안타깝게도, 승객들이 이야기하는 내용('아이들이 보는 데서 눈물을 흘릴 수는 없어.')에 사로잡혀 버린 것입니다.

마이크의 사례에서, 외상사건과 관련된 경험을 수용한다는 것은 구체적으로 무엇을 의미할까요? 속담에도 있듯이, 로마로 통하는 길은 여러 갈래가 있습니다. 가장 중요한 것은 그가 어떤 행동을 중단해야 하는지를 인식하는 것입니다. 아울러 그가 진정으로 갈망하는 삶의 모습과 부합하는 행동은 무엇인지 파악하는 것이 필요합니다. 마이크의 경우, 그를 가장 고통스럽게 했던 문제행동은 불꽃놀이를 망쳐 버린 이유가 아이들 때문이라고 엉뚱하게 비난했던 것이었습니다. 지금 그는 이제는 성인이 된 자녀들과의 관계를 회복하기 위해서 심리치료를 받고 있습니다. 마이크가 엉뚱하게 자녀를 비난하는 행동을 중단하려면, 먼저 자신의 내면에서 어떤 일이 벌어지고 있는지를 마음챙김으로 분명하게 알아차릴 수 있어야 합니다(2장에서 함께 나눴던 내용을 참고하십시오). 다음에 소개하는 마음챙김 연습과제는 그가 승객들의 이야기에 사로잡히지 않도록 도와줄 수 있을 것입니다.

- 호흡으로 되돌아와 주의를 기울이기
- 내면의 사건을 강물 위의 나뭇잎, 하늘에 떠 있는 구름, 버스에 탄 승객으로 바라보기
- 내용이 아니라 과정에 주목하기(예: '이것은 생각이다.' '이것은 감정이다.' '이것은 판단이다.' '이것은 기억이다.'라고 스스로에게 언급하기)

전쟁터에서 겪었던 외상사건의 기억이 섬광처럼 그에게 다시 찾아왔을 때, 부드럽

게 호흡에 주의를 기울이면서 그것이 단지 기억일 뿐이라는 것을 알아차렸더라면 참 좋았을 것입니다. 자신이 지금 안전하고 건강하며 굳이 외상기억에 아무런 대응도 할 필요가 없다는 사실을 알아차렸더라면 말입니다.

만약 그 순간에 자신의 반응패턴을 인식했더라면, 마이크는 자신이 외상기억 때문에 고통을 느끼고 있다는 사실을 아내에게 솔직하게 알릴 수 있었을 것입니다. 아이들과 함께 불꽃놀이를 구경하고 싶어서 참고는 있지만 어쩌면 예정보다 일찍 집으로 돌아가야 할지도 모른다고 아내에게 말할 수 있었을 것입니다. 폭죽소리를 들으면 전쟁터의 외상경험이 떠오르기 때문에 불꽃놀이를 구경하는 것이 그에게는 힘겨운 일이라는 것을 아내와 아이들에게 미리 이야기하고, 만약 불편한 감정이 찾아오면 어떻게 견디고 어떻게 도와줄 것인지 서로 의논했더라면 훨씬 더 좋았을 것입니다. 이것이 바로 수용입니다.

다른 방법도 가능합니다. 그가 소중히 여기는 가치가 무엇인지에 따라서 그리고 외상경험으로부터 회복된 수준에 따라서, 마이크는 독립기념일 행사에 참가하지 않겠다고 결정할 수도 있었습니다. 사람들이 많이 모이는 공공장소에서는 곧잘 심신이 동요되는 자신의 현재 수준에서의 한계를 마음챙김으로 알아차렸더라면, 아직은 불꽃놀이를 구경할 만한 상태가 아니라고 진솔하게 인정하고 아예 그곳에 가지 않았을 수도 있었을 것입니다.

수용은 인정도 아니고 용서도 아닙니다

🔔[지금 이 순간, 위의 제목을 읽으면서 당신의 마음속에 어떤 반응이 찾아왔는지 알아차려 보십시오.]

외상 생존자의 입장에서는 '수용'이라는 단어를 듣는 것 자체가 거북할 수 있습니다. 수용이라는 단어가 "분명히 나쁜 일이 일어났어요. 그런데 내가 어떻게 그것을 수용할 수 있겠습니까?" 혹은 "나를 이 지경으로 만든 정부당국을 절대로 용서하지 않을 거예요!"라는 불편한 승객을 불러내는 것입니다.

그러므로 혹시라도 오해가 없도록 확실하게 말씀드리겠습니다. 우리가 여기서 이야기하는 수용은 당신에게 벌어진 외상사건 혹은 무리지어 몰려다니는 승객들을 인정하고 용서하고 참아 주는 것이 결코 아닙니다. 수용은 당신에게 일어난 외상사건을 눈 감아 주거나 혹은 거기에 동의하는 것이 결코 아닙니다. 과거를 수용하는 작업은 언젠가는 벌어졌어야 하는 사건이 벌어졌던 것이라고 단순히 체념하는 작업이 결코 아닙니다. 과거를 수용한다는 것은 그 과거와 연합되어 있는 기억, 감정, 생각, 신체감각을 회피하고 제거하려는 부질없는 씨름을 중단하는 것을 의미합니다.

당신의 과거를 수용한다고 해서 그 과거에 대해 책임을 져야 하는 사람을 반드시 용서할 필요는 없습니다. 전통적인 의미의 용서 말입니다. 이 점을 명확히 하는 것이 중요합니다. 지금 우리는 당신에게 일어났던 외상사건이 아무렇지도 않은 괜찮은 사건이었다고 주장하는 것이 아닙니다. 내담자들이 겪었던 고통과 괴로움을 생각하면 심리치료자인 우리도 아주 커다란 슬픔과 분노를 느낍니다. 특히 내담자를 돌보아야 할 의무가 있는 사람들이 오히려 그들을 고통스럽게 만든 경우에 더욱 그렇습니다. 우리는 당신을 아프게 한 사람들을 용서해야 한다고 주제넘게 말하지 않을 것입니다. 우리는 당신에게 가장 유익한 방법을 마음속 깊은 곳으로부터 당신이 찾아낼 수 있을 것이라고 믿고 있습니다. 우리가 이야기하는 수용은 지금 현재의 삶을 회복하기 위해서 과거를 내려놓는 방법에 관한 것입니다. 수용은 당신의 남은 인생을 외상경험에 내맡기지 않는 것입니다. 앞으로 9장에서 용서에 대해 다시 이야기할 텐데, 전통적인 의미의 용서가 아니라 당신 자신을 용서하는 것에 대해서, 특히 당신이 진정으로 소중히 여기는 삶의 방향으로 꾸준히 나아가는 방법에 대해서 이야기하겠습니다.

자조모임이나 대중문화에서 수용이 무엇인지 설명하고 안내하는 몇 가지 방법도 당신에게 상당한 도움이 될 수 있기에 여기서 소개하려고 합니다. 두 가지 예시를 같이 살펴보겠습니다.

평온을 구하는 기도

12단계 프로그램에서 자주 언급되는 내용 중에 평온을 구하는 기도라는 것이 있는데, 우리는 여기서 모종의 지혜를 얻을 수 있습니다. 기도문에 우리의 설명을 덧붙여 살펴보겠습니다.

"당신이 변화시킬 수 없는 것은 기꺼이 수용하십시오."

당신의 생각, 감정, 기억, 신체반응, 그리고 다른 사람은 당신이 변화시킬 수 없는 것에 해당됩니다.

"당신이 변화시킬 수 있는 것은 과감히 변화시키십시오."

당신의 행동과 지금 세상에 존재하는 불의는 당신이 변화시킬 수 있는 것에 해당됩니다.

"변화시킬 수 없는 것과 변화시킬 수 있는 것을 변별하는 지혜를 발휘하십시오."

이러한 차이를 변별하는 능력은 당신이 소중히 여기는 가치를 마음챙김으로 알아차리고 명료화하는 과정에서 얻어지게 됩니다. 당신의 마음이 아니라 당신의 경험이 당신을 가르칠 수 있도록 기회를 주십시오.

영화 〈뷰티풀 마인드〉

노벨경제학상 수상자 존 내시(John Nash)가 일생 동안 정신증적 증상과 씨름하는 모습을 그린 2001년작 〈뷰티풀 마인드〉는 우리가 이야기하는 수용이 무엇인지를 잘 보여 줍니다. 이 영화의 강점은 관객이 주인공의 관점에서 세상을 바라본다는 것입니다. 그렇기에 오로지 자신의 마음속에만 존재하는 이미지, 생각, 감정에 주인공이 어떻게 압도당하는지를 실감나게 살펴볼 수 있습니다. 주인공이 빈번하게 경험하는 환각을 우리 식으로 표현하면 그것은 버스에 탄 승객입니다. 영화가 진행되는 동안 관객은, 주인공과 마찬가지로, 서서히 관점이 변화된다는 것을 알게 됩니다. 즉, 시간이 흐르면서 주인공은 매우 설득력 있고 종종 아첨도 하는 등장인물들을 자신의 마음에 의해서 만들어진 허상으로 인식하고 대응하기 시작합니다. 등장인물들은 자신이 특별한 임무를 부여하기 위해 주인공을 고용한 FBI 요원이라고 강변하기도 하고, 자신이 외로움으로부터 주인공을 구원해 주는 절친한 친구라고 주장하기도 하지만, 존 내시는 그들이 사실은 실체가 없는 존재라는 것을 간파해 냅니다. 영화 끝자락의 매우 감동적인 장면에서, 존 내시는 환각 속의 허상에게 "앞으로는 당신과 더 이상 이야기하지 않겠어."라고 말하며 눈길도 주지 않고 지나쳐 버립니다. 재미있는 것은, 주인공이 그의 마음에 의해서 만들어진 허상과 더 이상 대화를 나누지 않는데도 불구하고 허상이 그를 계속 따라다닌다는 것입니다.

〈뷰티풀 마인드〉라는 영화를 보지 못했거나 내용이 생생하게 기억나지 않는다면, 우리가 이야기하는 수용의 관점에서 영화를 감상해 보시기 바랍니다. 이 책의 부교재 구실을 할 만큼 의미 있는 학습자료가 될 것입니다. 주인공의 버스에 탄 승객과 당신의 버스에 탄 승객이 실제로는 상당히 다르겠지만, 그렇게 진짜처럼 보이고 무서워 보이는 승객들에게 휘둘리지 않고 그들로부터 거리를 둔다는 개념을 이 영화보다 잘 묘사한 작품은 없습니다. 오해하지는 마십시오. 지금 우리는 당신이 환각과 씨름하고 있거나 혹은 당신의 정신이 이상하다고 이야기하는 것이 아닙니다. 버스에 탄 승객들이 쏟아내는 이야기의 내용을 곧이곧대로 믿어 버리는 것은 인간의 지극히 정상적인 반응입니다. 2장에서 보셨던 르네 마그리트의 그림 제목이 상기시켜 주듯이, 그것이 바로 인간의 조건입니다.

5장에서 수용의 다양한 방법과 사례를 살펴보면서 당신의 버스에 반복적으로 올라타는 승객, 즉 유력한 용의자가 출현했을 때 어떤 식으로 과거와 다르게 대응할 것인지를 생각해 보셨기 바랍니다. 오래된 행동 대신에 새로운 행동을 한다면 어떤 일이 벌어질 것 같습니까? 이것을 확실하게 짚고 넘어가기 위해서, 까다로운 승객들이 당신으로 하여금 오래된 행동을 다시 하도록 유혹할 때 어떻게 대응할 것인지 다음 연습과제에서 생각해 보겠습니다. 기꺼이 경험하기는 전부 아니면 전무의 문제라는 사실을 유념하십시오. 그리고 당신에게는 두꺼운 책에서는 뛰어내리겠지만 의자에서는 뛰어내리지 않겠다고 선택할 수 있는 능력이 있다는 사실도 기억하십시오. 그러므로 당신이 100퍼센트 기꺼이 전념할 수 있는 수용의 방법을 결정하는 것이 바람직합니다. 당신이라는 버스에 타고 있는 승객들을 통제하거나 억제하지 않으면서 오히려 그것을 수용하려고 노력하는 새로운 시도의 결과를 충분히 음미할 수 있도록, 지금까지 구사해 온 낡은 전략과는 완전히 다른 기능을 하는 새로운 시도를 해 보십시오. 비록 작은 것이라도 무언가 행동하는 것이 중요합니다.

 **연습과제 5-4**   **당신의 승객들을 수용하기**

당신의 버스에는 어떤 승객들이 타고 있습니까? 승객들은 주로 어떤 맥락(언제, 어디서, 누구와 함께)에서 나타납니까? 승객들에게 휘둘릴 때 당신이 주로 하는 전형적인 행동은 무엇입니까? 아울러, 어떤 식으로 다르게 행동하면 당신의 삶에 괴로움을 덧붙이지 않으면서 승객들을 수용할 수 있겠습니까? 아래의 표에 기록해 보십시오. 당신이 나머지 칸을 완성할 수 있도록 우리가 첫 번째 줄에 예시를 적어 두었습니다.

승객 (사고, 감정, 기억, 감각)	맥락 (언제, 어디서, 누구와)	전형적 행동 (승객에게 휘둘릴 때)	수용적 행동 (승객을 수용할 때)
학대당했던 기억	남편과 부부관계를 갖는 동안	자신이 어린 소녀처럼 느껴지는 해리 상태에서 부부관계를 갖음	기억은 기억일 뿐이라는 사실에 주목하고, 눈을 뜨고 남편을 쳐다보자!

피부 안쪽에서 벌어지는 사건을 수용하기

　지금까지 우리는 당신이 얼마나 자주 본질적 고통의 가장 안쪽 동그라미를 회피하고, 제거하고, 감소시키려고 시도하다가 오히려 상처에 괴로움을 덧붙이는 부질없는 씨름에 휘말리게 되는지를 살펴보았습니다. 당신에게 정말로 문제가 되는 것은 피부 안쪽에서 벌어지는 사건을 통제하려는 필사적인 시도입니다. 이제는 본질적 고통을 기꺼이 경험하고 수용하는 대안을 선택하십시오. 당신의 삶이라는 버스를 운전하는 사람은 바로 당신입니다. 비록 결코 원하지 않는 승객들이 버스에 가득 타고 있더라도, 당신은 얼마든지 당신이 진정으로 소중하게 여기는 가치 있는 삶의 방향으로 운전해 나갈 수 있습니다. 당신이 오로지 해야 할 일은 승객들을 그냥 내버려 두는 것입니다. 이러한 작업이 이론적으로는 쉬워 보일지 모르겠지만, 실제적으로 적용하는 것은 상당히 어렵습니다. 우리도 그것을 잘 알고 있습니다. 그래서 당신이 수용의 길로 뚜벅뚜벅 나아갈 수 있도록 돕기 위해서, 다음 장에서는 수용을 방해하는 장애물이 무엇인지 자세하게 살펴보려고 합니다. 만약 불쾌한 생각, 감정, 감각, 기억을 수용하려고 부단히 노력해 왔지만 그것이 어렵거나 불가능하다고 느껴진다면, 그 이유는 무엇일까요? 아마도 당신이 수용을 방해하는 적들 중의 하나에 사로잡혔기 때문일 것입니다. 다음 장에서 그것을 살펴보겠습니다.

마음기록장

◆ 생각

_____

_____

_____

◆ 감정

_____

_____

_____

◆ 자기판단

_____

_____

_____

◆ 신체감각

_____

_____

_____

◆ 행동하고 싶은 충동(어떻게 하고 싶습니까?)

_____

_____

_____

Chapter 06

수용을 방해하는 장애물

외상의 치유
인생의 향유

수용을 방해하는 장애물

"당신이 진리라고 생각하는 것과 진정한 진리는 다릅니다.
만약 그것이 진리라고 무턱대고 가정한다면 어떤 발전도 기대할 수 없습니다."

– 오빌 라이트

감당하기 어려운 생각과 감정을 수용하려고 노력해 왔지만 그것이 의도한 것처럼 쉽지는 않으셨을 것입니다. 당신만 그런 것은 아닙니다. 우리가 이 책에서 이야기하고 있는 방법들은 그동안 당신이 숱하게 들었던 이야기들과 별로 다르지 않다고 느껴질 수도 있습니다. 왜냐하면 당신은 주위 사람들로부터 불행한 사건을 내버려 두고, 과거를 잊어버리고, 미래로 나아가라는 이야기를 이미 여러 번 들었을 것이기 때문입니다. 하지만 우리는 그렇게 이야기하지 않았습니다. 외상경험이 주위 사람들의 말처럼 쉽게 치유할 수 있는 문제라면, 당신도 벌써 극복했을 것입니다. 당신과 우리 모두는 인간이기 때문에 외상경험을 수용하는 것이 어려울 수밖에 없습니다. 이번 장에서는 수용을 방해하는 장애물이 무엇인지 살펴보고, 부질없는 씨름을 중단하는 새로운 방법을 모색하려고 합니다. 이번 장의 핵심주제는 심리치료자인 우리들 자신도 반복해서 걸려드는 문제에 관한 것입니다. 왜냐하면 인간은 누구나 감당하기 어려운 생각과 감정을 거부하거나 부인하려고 애쓰기 마련이기 때문입니다. 앞으로 부질없는 씨름에 다시 빠져들 때마다 이번 장의 핵심주제를 돌이켜 보시기를 바랍니다.

이 시점에서, 우리의 견해를 뒷받침하는 심리학적 이론을 소개하겠습니다. 하지만 이론적인 측면을 자세히 다루는 동안 당신이 새로운 문제로 씨름하게 되지 않을까 걱정스럽습니다. 다름 아닌 지루함 말입니다. 다음 단계의 치유 작업으로 나아가기 위해서는 이론적인 기반과 맥락을 닦아야 하므로, 비록 지루하더라도 우리와 함께 버티시기를 바랍니다. 먼저, 인간이 지니고 있는 가장 큰 약점인 언어의 문제에 대해서 논의하겠습니다. 물론 언어는 인간이 지니고 있는 가장 큰 강점이기도 합니다. 🔔[지금 이 순간, 당신의 마음에 어떤 생각, 감정, 판단이 떠올랐습니까? 주의를 기울여 알아차려 보십시오.] 지금부터 언어가 초래하는 문제점이 무엇인지 본격적으로 살펴보겠습니다.

여태껏 우리가 논의했던 대부분의 주제들처럼 언어는 상반되는 두 가지의 속성을 가지고 있습니다. 인간은 언어라는 막강한 자산 때문에 동물세계에서 독특한 존재로 부각될 수 있었습니다. 그러나 인간은 언어 때문에 부질없는 괴로움을 겪기도 합니다(Hayes, Strosahl, & Wilson, 1999). 그냥 건너뛰고 싶은 유혹이 생기더라도 이번 장을 끝까지 읽으시기 바랍니다. 원하는 방향으로 나아가기 위해서는 기초를 튼튼하게 해야 합니다. 이 장의 목표 중 하나는 우리가 제시하는 내용을 지식적으로 이해하는 수준을 넘어서서 체험적으로 이해하는 것입니다.

첫 번째 장애물: 언어의 양면성

언어가 우리에게 제공하는 혜택을 부인할 수는 없습니다. 언어는 의복과 음식과 건물을 제공하여 의식주를 해결하게 해 주고, 가파른 골짜기를 깎아서 도로를 건설하게 해 주며, 심지어 우주선을 보내서 달을 탐사하게 해 줍니다. 우리가 책을 쓰는 것이나 당신이 책을 읽고 도움을 얻는 것도 언어가 없다면 불가능한 일입니다. 위험하게 급변하는 환경에서 미래를 계획하고 성공적으로 적응하는 것도 언어가 없다면 불가능한 일입니다. 언어는 강력한 도구입니다. 그리고 때로는 언어가 문제를 야기합니다. 다음 연습과제를 통해서 우리가 다룰 핵심주제를 살펴봅시다.

• 몹시 당황스러웠던 순간을 한 가지 떠올려 보십시오. 어떤 상황이었는지 간단히 기록하십시오. 어떤 일이 일어났습니까? 어디였습니까? 누구와 함께 있었습니까? 언제였습니까? 얼마나 당황스러웠습니까?

_____

_____

_____

_____

• 몹시 당황스러웠던 순간에 혹은 지금 그것을 떠올리는 동안에 어떤 생각, 감정, 충동, 신체감각이 찾아왔습니까?

_____

_____

_____

_____

• 당신에게 10억 원이라는 돈이 공짜로 생겼다고 상상해 보십시오. 그 돈으로 무엇을 하시겠습니까?

_____

_____

_____

_____

- 공짜 돈을 어디에 쓸지 기록하는 동안에 혹은 지금 그것을 떠올리는 동안에 어떤 생각, 감정, 충동, 신체감각이 찾아왔습니까?

_____

_____

_____

_____

- 당신의 삶에서 가장 중요한 영역을 세 가지 기록하십시오. 가족, 직업, 친구, 건강, 애완동물 혹은 그 밖에 무엇이든 당신에게 소중한 것을 기록하십시오.

_____

_____

_____

_____

- 이제, 당신의 삶에서 중요한 세 가지 영역이 갑자기 사라져 버렸다고 상상해 보십시오. 그것들이 완전히 사라져 버린다면 어떻겠습니까? 어떤 느낌이 당신에게 찾아왔습니까?

_____

_____

_____

_____

- 이제, 레몬을 두 조각으로 자른 뒤 그중 한 조각을 먹는 장면을 상상해 보십시오. 잠깐 시간을 내서 실제로 그런 일이 벌어지는 것처럼 상상해 보십시오. 당신의 입에서 어떤 감각이 느껴집

니까?

_____

_____

_____

_____

앞의 연습과제에서 기록한 상황들 전부에서 혹은 적어도 일부에서, 당신은 오직 생각만 했을 뿐인데도 어떤 반응이 일어난다는 것을 분명히 경험하셨을 것입니다. 하지만 앞에서 기록한 어떤 상황도 지금 여기에서 실제로 벌어지고 있는 사건은 아닙니다. 어떤 것은 과거에 벌어졌던 사건이고, 어떤 것은 미래에 벌어질 수 있는 사건입니다. 그럼에도 불구하고 당신은 심리적, 신체적, 정서적으로 무언가를 경험했습니다. 그것이 바로 언어의 작용입니다. 곰곰이 생각해 보십시오. 언어는 현재 시점에 존재하는 당신을 과거 혹은 미래로 데리고 갑니다. 언어가 시간여행을 가능하게 만드는 것입니다. 이것은 좋은 소식이기도 하고 나쁜 소식이기도 합니다.

언어를 통한 시간적 및 공간적 이동에는 여러 가지 적응적인 기능이 있습니다. 예컨대, 우리가 무언가를 학습할 수 있는 까닭은 언어를 통해서 과거를 기억하고 회상할 수 있기 때문입니다. 언어는 의견을 전달하는 도구이며 지식을 축적하는 수단입니다. 기초적인 정보부터 심층적인 지식까지 모든 것을 언어로 주고받을 수 있습니다. 기초적인 수준에서, 누군가가 당신에게 친구네 집의 위치를 묻는다면 당신은 그곳에 어떻게 가는지를 언어로 묘사할 수 있습니다. 만약 언어로 설명할 수 없어서 누군가를 그 집까지 항상 데려다 주어야 한다면 얼마나 비효율적일지 상상해 보십시오. 심층적인 수준에서, 스티븐 호킹(Stephen Hawking) 박사가 『시간의 역사(A Brief History of Time)』(1988)라는 책에서 제시한 것처럼 누군가는 언어를 통해서 우주의 원리를 설명할 수 있습니다. 언어가 존재하기 때문에 평범한 것과 비범한 것 모두를 소통할 수 있는 것입니다.

우리가 '언어(language)'라는 용어를 사용할 때, 그것은 단순히 문어 혹은 구어에 협소하게 국한되는 것이 아닙니다. 우리가 이야기하는 언어에는 몸짓, 신호, 심상, 그림, 기호를 비롯한 모든 형태의 상징적 행동이 포함됩니다. 물론, 언어가 없으면 어떤 생각도 만들어질 수 없습니다. 그런데 안타깝게도, 여기서 문제가 시작됩니다. 우리가 부질없이 씨름하는 의사소통은 대부분 내면의 메시지 및 자신에 대한 판단으로 이루어져 있습니다. 🔔[지금 이 순간, 어떤 생각이나 신체감각이 당신의 마음에 떠올랐습니까? 알아차려 보십시오.] 우리 모두의 머릿속에는 우리가 행하는 거의 모든 것에 대해서 논평하고 간섭하는 일종의 위원회가 존재하는 것입니다.

언어와 수용전념치료

수용전념치료에서는 인간이 부질없는 괴로움을 겪게 되는 근본적인 이유가 언어 때문이라고 가정합니다(Hayes, Barnes-Holmes, & Roche 2001; Hayes, Strosahl, & Wilson, 1999). 여러 차례 강조했듯이, 우리는 인간에게 고통스러운 사건이 일어난다는 사실 자체를 부정하는 것이 아닙니다. 인간의 삶에서 고통을 겪는 것은 피할 수 없습니다. 하지만 괴로움은 다릅니다. 고통을 괴로움으로 변질시키는 것은 언어를 통해서 과거를 현재로 경험하고 심지어 미래도 현재로 경험하기 때문입니다. 언어에는 사람들이 흔히 알아차리지 못하는 어두운 측면이 존재합니다. 지금부터 심리적 괴로움을 만들어 내는 언어의 두 가지 특성을 살펴보겠습니다. 첫 번째는 시점의 이동에 관한 것이고, 두 번째는 예상치 못한 연합에 관한 것입니다.

● 시점의 이동
언어는 우리를 과거 및 미래 시점으로 데리고 갑니다. 지금 이 순간, 당신은 무엇을 경험하고 계십니까? 현재 시점의 즉시적 경험이 견디기 힘든 고통으로 가득 찬 경우는 거의 없습니다. 오히려 우리는 과거의 불쾌한 경험을 떠올리거나 혹은 미래의 두려운 사건을 추측하면서 고통을 경험합니다. 그 무엇도 현재 시점에서 실제로 벌어지고 있는 사건이 아님에도 불구하고 말입니다. 예컨대, 이 책을 읽고 있는 지금 이 순간, 당신의 삶에는 특별한 위험요소가 존재하지 않을 것이며, 따라서 당신은 편안할 것입니다. 지금 이 순간, 당신은 곤란한 상황에 처해 있지도 않고 굴욕감을 느끼지도 않을 것입니다. 집세가 밀려서 쫓겨날 위기에 처한 것도 아니고, 배우자와 싸움을 하고 있는 것도 아니며, 견딜 수 없는 고통을 경험하고 있는 것도 아닙니다. 하지만 당신이 손가락만 까딱하면, 언어는 당신을 과거 및 미래 시점으로 데리고 갈 수 있습니다. 다음 연습 과제를 통해서 당신의 마음이 얼마나 자주 시점을 이동해 왔는지 살펴보겠습니다.

 연습과제 6-2 **마음의 시점 이동을 추적하기**

당신이 최근에 경험했던 걱정과 공포가 있다면, 그것을 다음의 표에 모두 기록하십시오. 다음으로, 당신의 잠재적인 근심과 염려가 현재, 과거, 미래 시점 중 어디에서 문제시되는지 곰곰이 따져 보십시오. 첫 번째 칸에는 걱정과 공포의 내용을 적으시고, 두 번째 칸에는 그것이 벌어지고 있는 시점을 '과거' 혹은 '현재' 혹은 '미래'라고 적으십시오. 우리가 첫 번째 줄에 제공한 예시를 참고해서 기록해 보십시오.

걱정 혹은 공포	과거/현재/미래
'빨리 좋아지지 않으면 어떡하지?'	미래

앞의 연습과제에서 확인할 수 있듯이, 당신을 괴롭히는 생각과 감정과 근심 중에서 지금 이 순간에 실제로 존재하는 사건에 관한 것은 거의 없습니다. 대부분의 괴로움은 과거 혹은 미래의 사건과 연관되어 있습니다. 이러한 견해를 처음 접했을 때, 우리는 '그렇지만 3일 뒤에 집세를 내야 하는데 돈이 모자라면 어떻게 하라는 말이지?'라고 생각하며 반발했습니다. 그러나 이런 상황조차 지금 이 순간의 문제는 아닙니다. 그것은 지금부터 3일 뒤인 미래의 문제입니다. 사실, 이 책의 다음 구절에 어떤 이야기가 나올까 궁금해하는 것도 현재의 문제는 아닙니다. 그것은 지금부터 1분 뒤인 미래의 문제입니다. 과거에 벌어진 혹은 미래에 벌어질 사건에 대한 반응으로 현재 시점에서 우리가 흔히 선택하는 행동들(예: 잠들지 않기, 사랑하는 사람과 싸우기, 폭음하기, 걱정하기, 혹은 여러 유형의 회피행동)은 삶의 목표에 다가가는 데 아무런 도움도 되지 않습니다. 🔔[지금 이 순간, 마지막 문장을 읽으면서 어떤 생각이 들었습니까?] 더구나, 이렇게 문제가 많은 대처전략으로는 사건을 통제할 수도 없습니다. 그것은 어떤 사건에 대한 내면적 경험을 제거하거나 회피하려는 미봉책일 뿐입니다. 그러므로 당신이 두려워하는 미래의 사건에 대해서 무언가 대처하고 행동하는 것은 도움이 되겠지만, 그 사건에 대해서 걱정하거나 혹은 회피하는 것과 무언가 유익하게 행동하는 것은 분명히 다르다는 점을 유념하시기 바랍니다.

당신의 마음은 현재가 아닌 과거 혹은 미래 시점으로 당신을 데리고 갑니다. 우리가 만났던 강도 피해자의 사례를 통해서 이 점을 살펴보겠습니다. 그는 20년 전에 강도를 당했는데 외상경험의 후유증에 비교적 잘 대처했습니다. 그런데 자신을 공격했던 강도가 다른 피해자를 살해했다는 사실을 몇 년 뒤에 알게 된 다음부터 심각한 어려움을 겪었습니다. 자신도 강도에게 살해당할 수 있었다는 것을 인식한 순간, 그의 감정과 생각은 완전히 달라졌습니다. 즉, 언어가 그를 현재 시점에서 과거 시점으로 데리고 간 것입니다. 그는 공포와 분노에 사로잡혔으며 두려움 때문에 외출도 할 수 없었습니다. 그가 실제로 경험했던 외상사건의 내용은 전혀 달라지지 않았음에도 불구하고, 새로운 정보가 그의 생각과 감정에 심각한 변화를 불러일으킨 것입니다. 20년 전에 경험했던 외상사건 때문에 심리치료를 받기로 결정한 시점이 바로 그때였습니다.

외상경험은 자살시도의 가능성을 증가시킵니다(Polusny & Follette, 1995). 우리가 전혀 가 보지 못한 곳까지 데리고 가는 언어의 능력을 보여 주는 가장 강력한 사례가 바로 자살입니다. 자살은 더 이상 선택의 여지를 남기지 않는 최후의 선택이며, 절대로 돌이킬 수 없는 참담한 결과를 초래합니다(Hayes, Strosahl, & Wilson, 1999; Hayes & Smith, 2005). 자살을 시도하는 사람들은 종종 미래를 예측합니다. 이를테면, '죽으면 더 이상 고통스럽지 않을 거야.' '내가 없어지면 다른 사람들은 괜찮아질 거야.' '나는 천국에 가게 될 거야.'와 같이 생각하는 것입니다. 🔔[지금 이 순간, 당신의 마음이 어떤 이야기를 하고 있는지 알아차려 보십시오.] 하지만 죽음 이후에 어떤 일이 벌어지는지는 아무도 모릅니다. 그럼에도 불구하고, 우리는 마치 과거에 직접 경험해 본 것처럼 미래에 벌어질 사건을 예측합니다. 이것이 바로 언어의 작용입니다. 지구상의 생명체 중에서 이런 유형의 언어행동을 구사하는 존재는 오로지 인간밖에 없습니다. 당신이 사랑하는 애완동물을 포함한 어떤 동물도, 인간을 제외하고는, 자살을 시도하지 않습니다. 흔히 자살하는 동물로 알려져 있는 레밍이라는 나그네쥐는 개체 수가 과밀한 상태에서 미친 듯이 날뛰다가 물에 빠져서 결국 익사하게 되는데, 이 녀석들마저도 물에 빠졌을 때는 살아남으려고 필사적으로 헤엄치고 발버둥을 칩니다. 그러나 자살하려는 인간은 그렇지 않습니다. 자살시도가 실패하면 곧바로 다시 자살을 시도하는 것이 인간입니다(Hayes, Strosahl, & Wilson, 1999; Hayes & Smith, 2005). 전체 인구의 20%가 자살시도를 고려한 적이 있다는 연구결과가 있는데(Chiles & Strosahl, 2004), 외상 생존자의 자살시도 비율은 그것보다 훨씬 더 높습니다. 이것이 언어의 잠재적 위험성을 보여 주는 극단적인 사례입니다.

● 예상치 못한 연합

우리를 현재가 아닌 과거 혹은 미래 시점으로 데려가는 것 말고도, 언어에는 두 가지 혹은 그 이상의 전혀 무관한 사건들이 우리에게 동등한 영향을 끼치게 만드는 강력한 힘이 있습니다(Hayes, Barnes-Holmes, & Roche, 2001). 지나치게 기술적인 설명은 배제하고 몇 가지 사례를 통해서 이것을 설명하겠습니다. 외상사건이 벌어지는 동안, 혐오적인 경험(예: 화상)은 중립적인 경험(예: 착용했던 복장)과 시간적 및 공간적으로 짝지어집니다. 여기서, 외상사건 이전에는 중립적이었던 경험이 외상사건 이후에는 혐오적인 경험으로 변질되는 문제가 발생합니다. 예컨대, 우리의 내담자 중에 여섯 살 때 난로 위의 뜨거운 주전자를 움켜쥐다가 2도 화상을 입었던 분이 있었습니다. 끔찍한 사고 이후, 그녀는 사고 당시에 입고 있었던 옷을 볼 때마다 경악하며 울었습니다. 이러한 유형의 짝짓기, 즉 시간적으로 유사한 혹은 근접한 사건들 사이의 연합은 외상 생존자에게서 빈번하게 관찰되는 현상입니다. 전쟁 경험과 큰 소리가 연합되었기 때문에 참전군인은 큰 소리를 들을 때마다 공황상태에 빠질 수 있고, 강간 경험과 강간범의 냄새가 연합되었기 때문에 강간 피해자는 비슷한 냄새를 맡을 때마다 분노에 휩싸일 수 있으며, 지진 경험과 개 짖는 소리가 연합되었기 때문에 지진 생존자는 개가 짖을 때마다 공포에 사로잡힐 수 있습니다. 충격적인 경험이 벌어지는 동안에 존재했던 사건이라면, 그것이 어떤 사건이라도 이런 식으로 연합될 수 있습니다.

최근에 우리는 언어 때문에 사건들 사이의 연합이 훨씬 광범위하게 그리고 예상치 못하게 형성된다는 사실을 알게 되었습니다. 유사한 사건이 아님에도 불구하고, 그리고 상이한 시기에 발생한 사건임에도 불구하고, 그 사건들이 우리에게 동등한 영향을 끼치는 이유는 바로 언어 때문입니다. 이것을 '기능적 동등성'이라고 부릅니다(Hayes, Barnes-Holmes, & Roche 2001). 언어로 인해서, 논리적으로는 전혀 관련이 없는 사건들도 심리적으로는 외상사건과 강력하게 연합됩니다. 따라서 마음챙김으로 알아차리지 못한다면 거기에 휩쓸리게 될 가능성이 높아집니다. 예컨대, 베트남 전쟁이 끝나가던

며칠 동안 생명의 위협을 느끼면서 작은 구덩이에 갇힌 채 숨어 지냈던 내담자가 있었습니다. 그는 안전한 상담실에서 자신의 결혼생활이 얼마나 갑갑한지 이야기하던 도중에 공황발작을 경험했습니다. 엘리베이터를 타거나 혹은 비좁은 장소에 있을 때도 비슷한 공황발작이 일어났습니다. 결혼생활과 엘리베이터와 비좁은 장소 사이에 도대체 어떤 공통점이 있습니까? 언어적 개념, 즉 '갑갑하다'는 인식을 제외하고는 아무런 공통점도 없습니다. 언어의 영향력은 이렇게 강력합니다. 언어는 당신의 과거를 전혀 무관한 사건과도 연합시킵니다. 그러므로 외상사건을 떠올리게 만드는 상황이나 대상을 단순히 회피하는 것만으로는 불쾌한 심리적 경험을 결코 제거할 수 없습니다. 왜냐하면 언어로 인해서 그것들의 개수가 거의 무한대에 가까워지기 때문입니다. 따라서 우리는 언어의 영향력을 초월하는 방법, 예컨대 마음챙김을 배울 필요가 있습니다. 그렇게 해야 불필요한 괴로움을 덧붙이는 언어의 잠재적 위험성을 최소화시킬 수 있습니다.

● 언어의 영향력을 초월하기

지금 당신은 이런 생각을 하고 계실지도 모릅니다. '흥미로운 이야기이기는 한데, 그것이 나한테 정확하게 어떤 도움이 된다는 거지?' 그러나 불쾌한 생각과 같은 내면적 사건의 내용에 사로잡히지 않고 언어의 영향력을 초월하는 방법을 찾아낸다면, 당신은 외상경험을 치유하고 새로운 삶을 살아갈 수 있을 것입니다. 언어의 영향력 때문에, 처음에는 외상경험을 떠올리게 만드는 소수의 대상만 회피하지만 나중에는 외상경험과 연합된 다수의 대상을 회피하게 됩니다. 당신도 이미 잘 알고 계실 것입니다. 절대로 일어나면 안 되는 사건, 절대로 방문하면 안 되는 장소, 절대로 마주치면 안 되는 사람, 절대로 말하면 안 되는 것 등이 점점 늘어나고 있다는 사실 말입니다. 결과적으로, 최초의 외상사건과는 전혀 무관한 대상까지도 과도한 긴장을 유발하게 됩니다. 최초의 외상사건과는 전혀 무관한 사건, 예컨대 생각 혹은 감정과 같은 심리적 사건이 외상사건과 기능적으로 동등한 영향을 미치는 현상을 설명할 수 있는 방법은 언어의 영향력밖에 없습니다.

지금까지 언급한 것처럼, 우리는 외상사건에 대한 기억 자체를 변화시키거나 혹은 외상사건과 연합된 내면적 경험의 내용 자체를 변화시키려는 시도는 외상경험의 치유에 전혀 도움이 되지 않는다고 생각합니다. 우리의 임상경험에 따르면, 생각과 감정과 기억을 제거하려는 시도 혹은 그것의 내용을 바꾸려는 시도는 아무런 효과가 없을 뿐만 아니라 오히려 역효과를 불러일으킵니다. 따라서 외상경험 자체를 제거하는 방법이 아니라 외상경험이 당신의 삶에 미치는 부정적 영향력을 누그러뜨리는 방법을 찾아야 한다고 이야기하는 것입니다.

만약 당신이 X(외상기억, 부정적 생각, 심장박동 증가)를 경험하더라도 자동적으로 Y(성관계 회피하기, 폭음하기, 쇼핑센터에서 빠져나오기)로 반응하지 않는다면 어떤 일이 벌어질까요? 정답은 굳이 X를 회피하거나 억제할 필요가 없어지게 된다는 것입니다.

지금까지 당신은 당신이라는 존재의 상당한 부분, 즉 당신이 지니고 있는 기억, 감정, 생각, 신체감각을 회피하려고 노력해 왔습니다. 다시 말해, 지금까지 당신은 당신이라는 버스에 탄 승객들과 씨름하면서 살아온 것입니다. 하지만 당신이 어떤 선택을 하느냐에 따라서 당신의 삶은 과거와는 전혀 다른 방향으로 펼쳐질 수 있습니다. 수용전념치료에서는 당신이 '무엇을' 경험하느냐의 문제가 아니라 당신이 그것을 '어떻게' 경험하느냐의 문제가 결정적인 차이를 만든다고 가정합니다. 당신이 지니고 있는 경험(즉, 생각, 감정, 기억, 신체감각) 자체를 변화시키려고 시도하지 말고, 그 경험에 대한 태도를 변화시키려고 시도하는 것이 바람직합니다. 만약 언어가 만들어 내는 함정에 빠지지 않은 채 당신의 모든 측면을 마음챙김으로 자각할 수 있다면, 당신이 소중히 여기는 가치와 목표에 부합하는 삶의 방향으로 한 걸음씩 나아가게 될 것입니다.

현재의 순간에 주의를 기울여서 마음챙김으로 경험을 자각하는 훈련을 반복하면 언어의 영향력을 초월할 수 있습니다. 만약 과거 혹은 미래 시점에 사로잡혀 있는 당신의 모습을 발견한다면, 2장에서 함께 훈련했던 마음챙김 연습과제들 중에서 한 가지를 실행하여 주의를 다시 현재 시점으로 돌리십시오. 아울러, 당신의 생각과 감정과 기억과 신체감각의 본질이 무엇인지 깨닫는 데 도움이 되는 비유들 중에서 한 가지를 다시 음미해 보십시오. 예컨대, 버스에 탄 승객의 비유, 강물 위 나뭇잎의 비유, 체스판과 체스말의 비유를 떠올리면 도움이 될 것입니다. 이 중에는 앞에서 언급한 것도 있고 앞으로 언급할 것도 있습니다.

탈융합: 언어에 사로잡히지 않기

수용전념치료에서는 언어의 영향력을 극복하기 위해서 '탈융합(脫融合, defusion)' 기법을 주로 활용합니다. 탈융합이란 언어의 문자적 의미로부터 일정한 거리를 두는 과정 혹은 언어의 문자적 내용에 사로잡히지 않는 과정을 뜻합니다(Hayes, Strosahl, & Wilson, 1999; Hayes & Smith, 2005). 우리는 언어의 내용으로부터 거리를 두지 못하고 자주 사로잡혀 버리는데, 수용전념치료에서는 이러한 현상을 융합(fusion)이라고 부릅니다. 이와 반대로, 언어 자체와 언어가 지칭하는 내용을 분리시켜서 바라보는 과정이 바로 탈융합입니다. 이 글을 읽으시되, 이 글의 의미를 이해하지 않으려고 노력해 보십시오. 지금 이 순간에 당신이 읽고 있는 단어의 의미를 이해하지 않으려고 필사적으로 노력해 보시라는 말입니다. 정말로 그것이 가능할까요? 그것은 불가능합니다. 하지만 만약 "Tense bastante náo entender estas palavras que está lendo neste momento(지금 이 순간에 당신이 읽고 있는 단어의 의미를 이해하지 않으려고 필사적으로 노력하십시오.)"라고 포르투칼어로 쓰인 문장을 읽는다면, 극소수의 몇 사람을 제외하고는 그것이 가능할지도 모릅니다. 여기서 우리가 이야기하려는 요점은 이것입니다. 당신을 괴롭히는 생각의 내용에 사로잡히면, 그저 단어 혹은 심상일 뿐임에도 불구하고, 그것으로부터 떨어져 나와서 거리를 유지하는 것이 매우 어려워집니다. 결국 당신은 그 생각의 내용에 휩쓸리게 될 것이고, 그 생각의 내용에 부합하는 부질없는 행동에 몰두하게 될 것입니다.

2장에서 살펴봤던 르네 마그리트의 그림도 언어적 융합의 작동방식을 이해하는 데 도움이 됩니다. 화가가 그려 낸 그림과 화가가 바라본 풍경이 융합되어 있기 때문에, 이젤의 아랫부분 혹은 캔버스의 가장자리에 주의를 기울이지 않으면 그림과 풍경을 구별하는 것이 매우 어렵지 않았습니까? 언어적으로 융합되는 것 혹은 언어의 내용에 사로잡히는 것은 실제로는 그림 속에 있으면서 머리로는 풍경 속에 있다고 생각하는 것과 마찬가지입니다. 다시 말해, 과거에 대한 생각과 기억과 이야기와 자기판단에 융합된다는 것은 그것이 오직 생각이고 기억이고 이야기이고 자기판단일 뿐이라는 사실을 망각한다는 것을 의미합니다. 언어적으로 융합되는 순간, 당신은 그것이 현재 시점에서 실제로 존재하고 있는 것처럼 행동하기 시작합니다. 사실은 전혀 그렇지 않은데도 불구하고 말입니다. 안타깝게도, 언어적 융합은 너무나 쉽게 일어납니다. 생각을 생각으로 바라보느냐 아니면 생각의 내용('너는 어리석어.')에 사로잡히느냐를 결정짓는 것은 순식간입니다.

　당신은 생각과 감정에 언어적으로 융합되는 과정을 알아차려야 하며, 그것에 어떻게 반응할 것인지 유연하게 선택해야 합니다. 예컨대, 만약 당신이 '나는 괴로움을 견딜 수 없어.'라는 생각에 융합돼서 그것이 진실이라고 느낀다면, 당신은 융합된 생각과 일치하는 방식으로 행동할 것이고 심지어 자해를 시도할지도 모릅니다. 하지만 만약 당신이 그 생각으로부터 거리를 두고 그것은 오직 생각일 뿐이라는 사실을 인식한다면, 당신은 융합된 생각이 이끄는 대로 행동하지 않고 유연하게 반응할 수 있을 것입니다. 비유컨대, 언어적 융합은 머리에 보라색 비눗방울을 뒤집어쓰고 돌아다니면서 그 비눗방울을 통해서 바라보는 모든 것이 진실이라고 가정해 버리는 것과 같습니다. 그러면 당신이 바라보는 모든 것은 보라색으로 왜곡되어 보일 수밖에 없습니다 (Hayes & Smith, 2005). 탈융합은 당신의 머리에 씌워진 비눗방울을 제거하는 것이고, 거리를 두고 비눗방울 자체를 바라보는 것이며, 그동안 비눗방울이 진실을 어떻게 왜곡시켰는지 철저하게 알아차리는 것입니다.

　지금부터 몇 가지의 탈융합 연습과제를 소개하겠습니다. 탈융합 기법은 언어의 내용에 사로잡히지 않고 거기서 떨어져 나오는 데, 그리고 과거와는 다른 관점에서 그것을 바라보는 데 도움이 될 것입니다. 또한 묘사된 그림과 실제의 풍경을 구별해서 지금보다 더욱 효율적인 삶을 살 수 있도록 안내할 것입니다. 🔔[지금 이 순간, 마지막 문장을 읽으면서 어떤 생각이 떠올랐습니까?] 처음에는 탈융합 연습과제가 우스꽝스럽다고 생각될 수 있습니다. 하지만 마음챙김을 훈련할 때도 그랬듯이, 그런 생각이 들더라도 회피하려고 애쓰지 말고 꾸준히 연습하시기를 바랍니다. 심리학적 연구에 따르면, 탈융합 연습과제(특히 다음 연습과제)는 마치 전제군주처럼 군림하는 언어의 폭정을 극복하는 데 실제로 도움이 됩니다(Masuda et al., 2004).

연습과제 6-3   우유, 우유, 우유

이번 연습과제는 티치너(Tichener, 1916)가 개발한 고전적인 탈융합 기법입니다. 이것은 현대적인 수용전념치료에서도 꾸준하게 활용되고 있습니다(Hayes, Strosahl, & Wilson, 1999; Hayes & Smith, 2005).

1. 혼자 있을 수 있는 공간을 마련하시고, 의자에 편하게 앉으십시오.
2. 우유를 상상하십시오. 우유의 색깔과 맛, 그리고 우유잔을 떠올리십시오. 만약 우유에 대해서 생각했을 뿐인데도 당신의 입에서 어떤 감각이 느껴진다면, 그것이 무엇인지 알아차리십시오.
3. 큰 소리로 '우유'라고 외치십시오. 반복해서 '우유'를 외치십시오.
4. 더 빠르게, 그리고 더 크게 '우유'라고 반복해서 외치십시오.
5. 1분 동안 계속하십시오.

빠른 속도로 그리고 큰 소리로 '우유'라고 반복해서 외치는 것을 중지한 뒤, 그렇게 외치는 동안 '우유'에 어떤 변화가 생겼는지 알아차려 보십시오. 우유를 상상하는 단계에서 경험했던 우유의 색깔, 맛, 생생함이 어디론가 사라져 버리지 않았습니까? 대부분의 사람들이 이번 연습과제를 수행하면서 이와 비슷한 현상을 경험합니다. 사례를 한 가지 소개하겠습니다. 우리가 만났던 내담자 중에 어린 시절에 아버지로부터 성적 학대를 당했던 분이 있었습니다. 그녀의 아버지는 딸을 성추행 할 때마다 강제로 우유 한 잔을 마시게 했답니다. 그녀의 경우, 이번 연습과제를 수행하면서 '우유'라는 단어와 어느 정도 거리를 둘 수 있었고, '우유'라는 단어에 의해서 촉발되는 자동적 반응(예: 불안감을 느끼고, 말문을 닫아 버리고, 숨어 버리고 싶은 충동)에 사로잡히지 않을 수 있었습니다.

우리가 만났던 내담자와 달리, 대부분의 사람들은 '우유'라는 단어와 씨름해야 할 특별한 이유가 없습니다. 왜냐하면 단어가 중립적인 의미를 지니고 있기 때문입니다. 그러나 '멍청한' '사악한' '이기적인' '나약한' '못생긴' '사랑받을 수 없는' '겁쟁이인' '게으른' 등의 단어라면 어떻겠습니까? 🔔 [지금 이 순간, 어떤 신체감각이 느껴지는지 알아차려 보십시오.]

안타깝지만, 언어의 폭정으로부터 도망치려는 시도에 평생을 바치는 사람도 있습니다. 우리는 경제적으로 성공한 내과 의사를 심리치료 한 적이 있는데, 그녀는 두 아이를 잘 키워 낸 성실한 엄마였고, 주말에 취미로 즐기던 요리 분야에서까지 인정받았으며, 유명대회의 수상경력이 있는 수준급 테니스 선수였습니다. 하지만 심리치료 과정에서 그녀는 '게으른'이라는 단어가 자신에게 적용될 가능성을 없애기 위해서 모든 영역에서 그렇게 노력하고 있다는 사실을 뒤늦게 깨달았습니다. 그녀의 어머니가 게으른 사람을 혐오하면서 성실성을 기준으로 사람을 판단했기 때문에, 오직 게을러지지 않는 것을 목표로 인생의 상당한 부분을 소모해 왔던 것입니다.

우리는 저마다 자신의 삶에 강력한 영향을 미치는 금지단어를 몇 개씩 지니고 있으며, 그것을 떨쳐 내려고 노력하면서 인생의 많은 시간을 소모합니다. 하지만 이 책의 서두에서 기술했듯이, 동전의 양면을 분리시킬 수 있는 방법은 어디에도 없습니다. 위에서 소개한 내과 의사의 경우, 모든 영역에서 언제나 열심히 노력하고 꾸준히 성취했음에도 불구하고, 본질적으로 게으름을 회피한 것이지 즐거움을 추구한 것이 아닙니다. 그동안 그녀는 늘 '게으른'이라는 단어와 함께 살아온 것입니다. 다시 말해, 그녀는 언어의 폭정을 물리치지 못한 채 항상 그것의 지배를 받아 왔습니다. 언어의 강력한 영향력을 보여 주는 사례를 통해서, 당신이 과거와 다른 방식으로 살아야 하는 이유를 다시 한 번 확인할 수 있습니다. 당신은 언어의 폭정에서 벗어나야 합니다. 이어지는 두 가지 사례를 통해서 이 점을 더 확실하게 살펴보겠습니다.

　성적으로 학대당했던 외상 생존자 중에는 오히려 가해자로부터 경멸적인 단어로 비난받았던 분들이 많습니다. 🐚[지금 이 순간, 당신의 호흡에 친절하게 주의를 기울이십시오.] 일반적으로, 가해자는 희생자를 욕보이고 통제하려는 전략적인 의도로 성적인 비난을 남발합니다. 우리는 심리치료 장면에서 이러한 사실을 내담자에게 일깨우려고 노력하는데, 안타깝게도 이성적으로는 이해하지만 체험적으로는 벗어나지 못하는 분들이 많습니다. 어떤 내담자는 자신을 성적으로 학대했던 삼촌에게서 '난잡한 계집애'라는 이야기를 빈번하게 들었습니다. 삼촌이 세상을 떠났음에도 불구하고, 그녀의 마음에서는 아직도 그의 경멸적인 목소리가 또렷하게 들리곤 합니다. 아울러, 그녀는 삼촌이 남발했던 성적 낙인이 자신의 인생에 엄청난 영향을 미쳤다는 사실을 깨달았습니다. 그동안 자신에게 붙여진 성적 낙인을 떼어 내려고 애쓴 적도 있었고, 정반대로 성적 행동에 강박적으로 몰두한 적도 있었습니다. 상반된 패턴이 번갈아서 나타났던 것입니다. 예컨대, 청소년 시절에 그녀는 일부러 도발적인 옷을 입었고, 야하게 화장을 했으며, 여러 남성과 성관계를 맺었습니다. 하지만 이것은 성적 욕구를 충족시키기 위한 자연스러운 노력이 아니었습니다. 그녀는 고통스러운 감정을 회피하기 위해서, 그리고 스스로 대상을 선택한다는 통제감을 느끼기 위해서 성적인 행동에 탐닉했던 것입니다. 삼촌에 의해서 저질러진 아동기의 성적 학대는 통제할 수 없었지만, 성인기의 성적 대상은 스스로 통제할 수 있다고 느끼고 싶었던 것입니다. 그녀는 '삼촌이 나를 난잡한 계집애라고 생각한다면, 그렇지 않다는 것을 보여 주고 말겠다.'는 마음을 품었습니다. 인생의 후반기에 접어들었을 때, 그녀의 성적 패턴은 극단적으로 달라졌습니다. 그녀는 모든 종류의 신체적 접촉을 거부했고, 매력적인 여성으로 보이지 않으려고 애썼으며, 심지어 남편과의 성관계마저 회피했습니다. 과거의 성적 탐닉과 현재의 성적 회피는 모두 오래된 단어와 관련되어 있습니다. 그녀는 언어의 내용에 의해서 통제당하고 있었던 것입니다. 심리치료를 통해서 극단적으로 반대되는 성적 패턴이 출현한 이유를 이성적으로 이해하기는 했지만, 여전히 그녀는 어떻게 해야 자신이 소중히 여기는 삶의 방향으로 나아갈 수 있을지 모르는 상태였습니다. 사랑하는 남편과 정서적 및 육체적 관계를 영위하고 싶지만, 아직 그 방법을 찾아내지 못한 것입니다.

두 번째 사례는 어린 시절에 아버지로부터 '겁쟁이'라는 야유를 반복적으로 들었던 참전군인의 이야기입니다. 그의 아버지는 장교 출신이었는데 마치 신병을 훈련시키는 것처럼 자녀를 대했다고 합니다. 소년 시절, 내담자는 과격한 운동이나 야외활동에 참여하는 것보다는 조용히 책을 읽거나 과학적 현상을 분석하는 것을 더 좋아했습니다. 심지어 친구가 싸움을 걸어와도 맞서 싸우지 않았는데, 그의 아버지는 이러한 내담자를 몹시 못마땅하게 여겼습니다. 수학에 소질을 보였던 내담자는 대학교에 진학해서 나중에 교사가 되기를 진정으로 원했지만, 고등학교를 졸업하자마자 자진해서 육군에 입대했습니다. 자신이 겁쟁이가 아니라는 사실을 스스로에게 그리고 아버지에게 보여 주기 위해서 전혀 엉뚱한 방향으로 나가 버린 것입니다. 그는 해외로 파병되어 베트남의 정글에서 참혹한 전투를 치러야 했습니다. 안타깝게도, 그는 전쟁의 잔혹성에 압도되었고 강렬한 두려움을 느꼈습니다. 그리고 그의 머릿속에서는 겁쟁이라고 조롱하고 야유하는 아버지의 목소리가 계속해서 들렸습니다. 그럴 때는 술을 마시거나 약물을 복용하면 어느 정도 진정할 수 있었습니다. 아울러, 그는 어느 누구로부터도 겁쟁이라는 이야기를 듣지 않으려고 자신이 매우 위험한 임무에 반복해서 자원하고 있다는 사실을 깨달았습니다. 그리고 밤이 되면, 낮에 겪었던 참혹한 장면과 극단적 공포를 떠올리며 아무도 모르게 몸서리치곤 했습니다. 그의 반응과정은, 비록 구체적인 내용은 완전히 다를지라도, 첫 번째 사례에서 소개한 여성의 반응과정과 똑같습니다. 이미 오랜 세월이 흘렀음에도 불구하고, 그는 지금도 전쟁터에서의 경험과 싸우고 있습니다.

두 가지 사례를 읽으면서, 아마도 당신은 지금 자신이 어떤 굴레에 갇혀 있는지를 알아차렸을지도 모릅니다. 혹은 정반대로, 당신의 삶에 이런 식으로 작동하는 단어들이 있는지 없는지조차 확신하지 못할 수도 있습니다. 그것을 알아보기 위해서 다음 연습과제를 함께 해 보겠습니다.

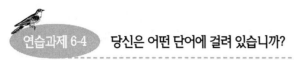

• 나는 속으로 나 자신이 _____ 하다
  는 두려움을 느끼고 있지만, 대부분의 사람들은 내가 그렇다는 것을 모르고 있을 것이다.

• 다른 사람들이 알아차리지 못하도록 철저하게 감추고 있는 내 모습은 _____
  _____이다.

• 다른 사람들이 내가 _____ 하다고 이야기할 때 가장 기분이
  좋다.

• 다른 사람들이 내가 _____ 하다고 이야기할 때 가장 화가 치
  민다.

• 나의 어머니, 아버지, 양육자가 가장 혐오하는 특성은 _____
  이다.

• 나의 어머니, 아버지, 양육자가 가장 선호하는 특성은 _____
  이다.

• 내가 가장 속상해하고 힘들어하는 상황은 다음과 같은 것들이다.

  _____

  _____

  _____

  _____

🔔 [지금 이 순간, 가장 마지막 물음에 대한 반응으로 어떤 감정이나 기억이 떠오르는지 알아차려 보십시오.]

연습과제 6-5   단어, 단어, 단어

앞서 실시한 '우유, 우유, 우유' 연습과제와 비슷하게, 하나의 단어를 빠르게 그리고 큰 소리로 반복해서 외치는 연습과제입니다. 하지만 이번에는 우유가 아니라 당신이 듣기 힘들어하는 단어를 선정하시기 바랍니다. 처음 연습할 때는 최고로 강렬한 감정을 불러일으키는 단어보다는 상대적으로 강도가 약한 단어를 고르시는 것이 좋습니다. 당신의 인생과 선택에 부정적인 영향을 끼치는 단어를 선정하십시오. 문장이나 구절이 아니라, 단어를 선정하는 것입니다. 단어는 가급적 짧을수록 좋습니다. 이번 연습과제의 목적은 단어의 본질을 밝히는 것입니다. 사실상, 단어의 본질은 소리들의 집합일 뿐입니다.

1. 스스로 단어를 선정하십시오.

2. 내가 떨쳐 버리고 싶은 단어, 탈융합하고 싶은 단어는 _____ 이다.

3. 이 단어가 나에게 적용되지 않는다는 것을 보여 주기 위해서 이렇게 노력하고 있다. 혹은 이 단어가 나에게 적용된다는 것을 보여 주기 위해서 이렇게 노력하고 있다.

_____

_____

_____

_____

4. 혼자 있을 수 있는 공간을 마련하시고, 의자에 편하게 앉으십시오. 혼자 있을 수 있는 공간을 확보하는 것이 중요합니다.

5. 당신이 선정한 단어를 큰 목소리로, 천천히, 조심스럽게 발음하십시오. 그 단어가 당신을 어떤 상태로 만듭니까? 그 단어와 관련해서 어떤 심상, 기억, 감정, 연상이 떠오릅니까?

---

6. 지금부터 그 단어를 큰 소리로 반복해서 발음하십시오.

7. 지금부터 그 단어를 더 빠르게 그리고 더 큰 소리로 발음하십시오.

8. 지금부터 45초 동안 계속하십시오.

9. 발음을 중단하십시오. 빠르게 그리고 큰 소리로 단어를 발음하는 동안 그 단어에 대한 당신의 반응은 어떻게 달라졌습니까? 거기에 주의를 기울이십시오. 앞으로 그 단어의 내용에 사로잡힐 때마다 이번 연습과제를 다시 실행하시기를 권합니다.

기술 대 평가

어떤 현상에 대한 기술(description)과 그것에 대한 평가(evaluation)가 명백히 다름에도 불구하고, 우리는 기술과 평가를 제대로 변별하지 못한 채 마구잡이로 섞어서 사용하는 경향이 있습니다(Hayes, Strosahl, & Wilson, 1999; Hayes & Smith, 2005). 이 점을 잘 보여 주는 사례를 소개하겠습니다.

만약 우리가 "자유의 여신상은 뉴욕에 있다."라고 이야기하면, 당신은 동의하겠습니까? 대부분의 사람들이 정답을 알고 있을 것이며, 우리에게 동의할 것입니다. 당신도 동의하시죠?

만약 우리가 "자유의 여신상은 프랑스가 미국에 기증한 것이다."라고 이야기하면, 당신은 동의하겠습니까? 당신이 역사에 해박한 지식을 갖고 있어서 추가적인 설명을 덧붙이고 싶은 경우가 아니라면, 아마 당신도 분명히 동의할 것입니다.

만약 우리가 "자유의 여신상의 높이는 바닥에서 횃불까지 총 151피트다."라고 이야기하면, 당신은 동의하겠습니까? 아마 정보를 찾아보고, 당신도 분명히 동의할 것입니다.

자, 그러면 이렇게 질문하겠습니다. 만약 우리가 "자유의 여신상은 미국을 대표하는 아름다운 조형물이다."라고 이야기하면, 이 글을 읽는 모든 사람이 동의할까요? 아마도 그렇지 않을 것입니다. 물론, 어떤 분들은 동의할 것입니다. 그러나 어떤 분들은 자유의 여신상이 괜찮기는 하지만 아름답지는 않다고 이야기할지 모르고, 도대체 '아름다운'의 정의가 무엇이냐고 따지는 분도 계실지 모릅니다.

만약 우리가 "자유의 여신상은 세상에서 가장 훌륭한 자유의 상징물이다."라고 이야기하면, 모든 사람이 동의할까요? 아마도 그렇지 않을 것입니다. 미국인이 아닌 다른 국가 사람에게 똑같은 질문을 던진다면 더욱 그러할 것입니다.

자유의 여신상에 대한 질문 중에서 마지막 두 가지는 기술이 아니라 평가와 관련된 것입니다. 그것은 자유의 여신상을 단순히 기술하는 범위를 넘어서서 하나 혹은 그 이상의 차원에서 판단하도록 요구하고 있기 때문입니다. 평가는 그렇게 생각하는 사람 혹은 그렇게 말하는 사람의 입장을 반영합니다. 사실, 평가는 대상 자체에 이미 존재하는 속성이 아닙니다. 자유의 여신상이 언제나, 어디서나, 어떤 점에서나 최고가 될 수는 없습니다. 자유의 여신상에 대한 평가는 누군가 특정한 사람이 지니고 있는 것에 불과합니다.

이에 반해, 모든 사람이 대부분 동의하는 것이 기술입니다. 기술은 오직 사실로만 구성됩니다. '언제, 어디서, 무엇을, 누가'에 해당되는 것이 기술입니다. 기술에는 정서적 색채가 담기지 않으며, 특정한 관점이 반영되지 않습니다. 어떤 진술이 정확하다면 모든 사람이 동의할 수밖에 없습니다. 예컨대, 다음과 같은 것이 기술입니다.

- 이 의자는 가죽과 금속으로 만들어졌다.
- 나는 오전 9시부터 오후 5시까지, 주당 4일간 근무한다.
- 내 여동생은 영화를 보면서 가끔 눈물을 흘린다.

앞에서 언급한 것처럼, 평가는 기술과 다릅니다. 평가는 당신이 누구인지 그리고 당신이 어떤 관점으로 세상을 바라보는지에 따라서 크게 달라집니다. 물론, 당신의 평가에 전적으로 동의하는 사람도 존재하겠지만, 당신은 잔디를 바라보는데 누군가는 물방울을 바라보는 것과 같이 아주 상식적인 수준에서조차 전혀 다른 관점을 지닌 사람도 존재합니다. 예컨대, 다음과 같은 것이 평가입니다.

- 이 의자는 잘 만들어졌다.
- 나는 열심히 근무한다.
- 내 여동생은 쓸데없이 호들갑을 떤다.

평가는 항상 일정하게 유지되지 않으며 끊임없이 변합니다. 앞의 예시에서 기술과 평가의 차이점을 면밀하게 살펴보십시오.

평가는 여러 요인에 의해서 변화됩니다. 첫째, 평가는 의도와 목적에 따라서 달라집니다. "도대체 이 의자가 잘 만들어졌다는 기준이 뭐지? 독서를 위한 용도라면 그렇지만, 전구를 교체하기 위한 용도라면 전혀 그렇지 않은데." 둘째, 평가는 다른 대상 혹은 다른 사람과 비교하는 과정에서 달라집니다. "대부분의 사람이 주당 5일간 근무해. 그런데 당신은 고작 4일간 근무하면서 왜 열심히 일한다고 생각하는 거지?" 셋째, 평가는 평가하는 사람의 기분에 따라서 달라집니다. "나는 그 영화를 보면서 슬프지 않았어. 그런데 왜 그녀는 저렇게 슬퍼하는 거지?"

하지만 기술은 결코 변하지 않습니다. 당신의 기분이 어떻든지 간에, 당신이 가구박람회에서 가장 편안한 의자를 본 적이 있든지 없든지 간에, "이 의자는 가죽과 금속으로 만들어졌다."라는 기술은 달라지지 않으며, 그것이 사실이라는 주장에도 당신은 분명히 동의할 것입니다.

기술과 달리, 평가는 우리로 하여금 자신의 생각, 감정, 기억, 신체감각에 융합되고 얽매이게 만드는 문제점을 내포하고 있습니다. 물론, 평가가 유익한 경우도 엄연히 존재합니다. 예컨대, 학교나 직장에서 실시하는 개인별 평가는 학생과 직원에게 건전한 피드백을 제공할 수 있습니다. 또한 평가는 간결한 메시지를 효율적으로 전달하는 수단이기도 합니다. 예컨대, 빠르게 움직이는 컨베이어 벨트에서 불량 과일을 솎아 내는 작업을 하는 도중에 "저 사과는 불량품이야."라는 메시지를 듣는다면, 그 사람이 그 사과를 불량품이라고 평가한 이유를 모조리 설명해 달라고 요구하는 것보다는 그냥 신속하게 불량 사과를 골라내 버리는 것이 더 효율적일 것입니다.

하지만 맥락이 달라지면 평가의 유익함과 효율성도 사라집니다. 특히 당신이 지니고 있는 고통스러운 생각과 경험을 바탕으로 당신 스스로를 평가한다면, 그것은 전혀 유익하지 않습니다. 내용이 부정적이든 혹은 긍정적이든 상관없이, 대부분의 평가가 과거의 강렬한 반응과 연합되어 있기 때문에 평가는 감정적인 반응을 유발합니다. 더 나아가서, 기술에는 많은 정보가 포함되어 있지만 평가에는 거의 정보가 포함되어 있지 않습니다. 예컨대, 당신이 새로 사귄 남자친구를 집으로 초대했을 때 부모님이 "저 녀석은 불량품이야."라고 이야기한다면, 부모님이 남자친구를 그렇게 평가하는 진정한 이유가 무엇인지 알아차리는 것은 매우 어렵습니다. 또한 부모님의 평가가 남자친구의 본질을 정확하게 꿰뚫고 있는지 여부를 구별하는 것도 마찬가지로 불가능합니다.

평가에는 또 다른 맹점이 있습니다. 평가는 문제가 되는 부분을 지적할 뿐이며 그것을 어떻게 극복하라는 조언을 제공하지 않습니다. 예컨대, 당신이 성장과정에서 멍청하거나 어리석다는 이야기를 반복적으로 들었고 대학 시절에 학과 공부에 상당한 어려움을 겪었다고 가정해 봅시다. 아마도 당신은 자신에게 혹은 친구에게 "나는 멍청하다."라고 이야기하면서, 더 나아지려고 노력하기보다는 그냥 그 자리에 주저앉게 될 가능성이 큽니다. 🔔[지금 이 순간, 어떤 생각이나 감정이 떠올랐습니까? 알아차려 보십시오.] 평가는 상당히 안정적인 특성을 반영하며, 노력을 통해서 변화될 수 있는 기회를 제공하지 않습니다. 하지만 기술은 "나는 이번 시험에서 D학점을 받았어. 그러나 2시간밖에 공부를 못했고 과거에 미적분학을 배운 적도 없었어."에 가깝습니다. 기술에는 감정이 섞여 있지 않습니다. 아울러, 기술은 유익한 정보를 제공합니다. 당신은 미적분학을 공부하는 데 더 많은 시간을 할애할 필요가 있다는 점 혹은 다른 사람에게 도움을 청할 필요가 있다는 점을 파악할 수 있을 것입니다. 우리가 만나는 많은 내담자가 어린 시절에 다양한 유형의 평가적인 메시지를 들었다고 이야기하는데, 이런 이야기를 듣는 것은 심리치료자로서 고역입니다. 그들은 그러한 꼬리표를 평생 동안 붙이고 살아갑니다. 놀랍게도, 외상 생존자를 대상으로 집단심리치료를 할 때도 비슷한 현상을 목격하게 됩니다.

우리 문화에서 평가는 어디에나 존재하기 때문에 어느 누구도 평가의 영향으로부터 자유롭지 않습니다. 사람들은 항상 가장 훌륭한 것, 가장 똑똑한 것, 가장 예쁜 것, 가장 강한 것을 추구합니다. 평가의 목록은 끝도 없이 이어집니다. 그러므로 당신은 절대로 평가로부터 벗어날 수 없습니다. 하지만 당신은 평가가 언제 생겨나는지 알아차릴 수 있고, 평가를 곧이곧대로 받아들이지 않을 수 있습니다. 당신이 어린 시절에 멍청하다는 메시지를 반복적으로 들었다면, 아직도 당신의 버스 뒤편에는 가끔씩 혹은 언제나 "이 멍청아!"라고 고함치는 승객이 여전히 타고 있을 것입니다. 만약 그렇다면, 그러한 단어로부터 거리를 두고 탈융합하기 위해서 평가를 기술로 바꾸는 전략을 사용해 보십시오. 분명히 도움이 될 것입니다. 첫째, 그것은 객관적인 기술이 아니라 주관적인 평가라는 점에 주목하십시오. 둘째, 그러한 평가와 맞바꿀 수 있는 적절한 기술을 떠올리십시오. 앞의 사례를 참고하면, "나는 멍청하다."는 평가와 맞바꿀 수 있는 기술은 "나는 이번 시험에서 D학점을 받았어. 그러나 2시간밖에 공부를 못했고 과거에 미적분학을 배운 적도 없었어."입니다. 만약 당신이 "나는 멍청하다."는 평가를 곧이곧대로 받아들여서 거기에 융합된다면, 당신은 수업에 출석하거나 과제를 수행하는 것을 회피할 것이며, 충동적으로 자퇴를 결정하게 될지도 모릅니다. 하지만 기술은 과거의 감정적 경험과 연합된 단어의 영향력을 감소시키고, 탈융합을 통해서 충분한 거리를 유지할 수 있도록 도와주며, 더 유연한 반응을 선택할 수 있도록 이끕니다. 예컨대, 당신은 공부를 더 열심히 하거나 혹은 교수님을 찾아가서 조언을 구할 수 있을 것입니다. 더 나아가서, 단순히 평가의 내용을 부연하는 대신에 평가에 이름을 붙이거나 혹은 그 과정을 기술하는 방법을 대안으로 고려할 수 있습니다. 이를테면, 앞에서 소개했듯이, "이것은 생각이다. 이것은 오래된 경험의 메아리일 뿐이다."라고 기술하는 것입니다. 기술은 버스에 타고 있는 승객 자체를 변화시키는 것이 아니고, 그 승객을 다른 승객으로 대체하는 것도 아닙니다. 기술은 당신이라는 버스가 나아갈 방향을 "나는 멍청하다."라고 말하는 승객이 좌지우지하지 못하도록 하기 위해서 사용하는 전략일 뿐입니다.

연습과제 6-6 평가자의 관점과 평가의 관계

1. 지금 이 순간, 당신의 주위를 살펴보십시오. 눈에 보이는 대상 중에서 한 가지를 선택하십시오. 어떤 것이라도 괜찮습니다.

2. 내가 선택한 대상은 _____ 이다.

3. 그 대상을 긍정적으로 평가하십시오. 가능한 한 많이 떠올리십시오.

   _____

   _____

   _____

4. 그 대상을 부정적으로 평가하십시오. 가능한 한 많이 떠올리십시오.

_____

_____

5. 그 대상을 평가하는 동안 당신은 무엇을 경험했습니까? 어떤 생각, 감정, 기억, 신체감각이 찾
   아왔습니까?

_____

_____

_____

6. 당신의 주위를 다시 살펴보십시오. 그곳에 당신이 부정적으로 평가하려고 해도 그렇게 평가할
   수 없는 대상이 존재합니까?

7. 지금부터 당신이 가장 좋아하는 사람 혹은 가장 사랑하는 사람을 생각하십시오.

8. 그 사람을 긍정적으로 평가하십시오. 가능한 한 많이 떠올리십시오.

_____

_____

9. 그 사람을 부정적으로 평가하십시오. 가능한 한 많이 떠올리십시오.

_____

_____

_____

10. 당신에게 소중한 그 사람을 의도적으로 평가하는 동안 당신은 무엇을 경험했습니까? 어떤 생각, 감정, 기억, 신체감각이 찾아왔습니까?

_____

_____

_____

　　이번 연습과제의 핵심은 우리는 사람과 장소와 대상을 끊임없이 평가한다는 사실과 이러한 평가는 계속해서 변화된다는 사실을 알아차리는 것입니다. 우리는 누군가를 매우 이상적인 사람으로 평가할 수도 있고 아주 혐오적인 사람으로 평가할 수도 있습니다. 하지만 우리가 어떻게 평가하더라도 그 사람 자체는 전혀 달라지지 않습니다. 그리고 평가는 우리가 그 사람 혹은 그 상황과 맺는 관계에 지대한 영향을 미칩니다. 만약 당신이 우리의 사무실에서 일하고 있는데 우리가 당신을 나쁜 사람이라고 평가한다면, 우리는 당신과의 직접적인 접촉을 회피할 것이며 다른 사람을 시켜서 간접적으로만 소통할 것입니다. 우리는 당신과 점심식사를 같이 하지 않을 것이고 당신에게 불편한 업무를 배당할 것입니다. 이런 상황에서 어떤 일이 벌어지겠습니까? 당신은 이미 잘 알고 있을 것입니다. 평가는 항상 진행됩니다. 분주하게 움직이는 당신의 마음을 관찰하시면서, 마음에서 어떤 일이 일어나고 있는지 알아차려 보십시오. 우리의 마음은 무언가를 끊임없이 평가하고, 비교하고, 비판하며, 분류하고 있습니다.

　　평가는 판단의 형태로도 나타납니다(Linehan, 1993b). 우리는 외상 생존자들, 특히 생애 초기에 외상사건을 경험한 사람들이 자기 자신에 대한 수많은 판단과 씨름하면서 살고 있는 것을 목격했습니다. 우리의 내담자들 중에서 상당수가 불행하고 판단적인 가정에서 성장했다는 사실은 그리 놀라운 일이 아닙니다. 그들은 심각한 언어적 학대를 겪었으며, 언어는 그들을 엄청나게 괴롭혔습니다. 사실, 많은 내담자들이 "몽둥

이와 돌멩이는 아프지만, 말은 전혀 아프지 않다."는 표현에 의문을 품습니다. 우리들 대부분은 어린 시절에 판단적인 메시지를 학습했고, 그것을 바탕으로 자신을 판단해 왔으며, 지금은 눈덩이처럼 불어난 판단하는 경향을 지니고 있습니다. 판단이라는 렌즈를 통해서 세상을 바라보는 것은 어렵지 않습니다. 그래서 모든 사람과 모든 대상을 판단하게 됩니다. 하지만 그렇게 하면, 세상은 매우 불행한 곳이 되어 버립니다. 당신이 처음으로 이러한 사실을 깨닫는다면, 그 인식은 참으로 고통스러울 것입니다. 그러나 당신이 자신과 타인을 판단하고 있다는 것을 알아차리고 그 판단을 내려놓는다면, 당신은 홀가분한 자유를 얻을 수 있을 것입니다.

 연습과제 6-7 **판단을 포착하기**

1. 지금 이 순간, 당신을 불편하게 만드는 상황을 한 가지만 떠올리십시오. 전혀 불편하지 않은 상황을 0점이라고 가정하고, 가장 불편한 상황을 10점이라고 가정할 때, 대략 5~7점 정도로 불편하게 만드는 상황을 선정하고, 그것을 다음에 기록하십시오. 그 상황을 떠올렸을 때 당신의 마음속에서 벌어지는 모든 경험, 자신과 타인에 대한 모든 생각을 빠짐없이 기록하려고 노력하십시오. 어떤 생각이나 감정도 걸러 내지 말고, 모든 것을 기록하십시오.

_____

_____

_____

_____

_____

_____

2. 형광펜 혹은 다른 색깔의 볼펜을 준비하십시오. 1단계로 돌아가서, 자신과 타인에 대한 판단에 형광펜 혹은 다른 색깔의 볼펜으로 밑줄을 그으십시오. 기술과 판단(혹은 평가)의 비율이 어떤지 알아차리십시오. 이번 연습과제는 판단(혹은 평가)이 당신에게 얼마나 많은 문제를 야기하는지 알아차릴 수 있도록 도와줄 것입니다. 🔔 [지금 이 순간, 당신이 얼마나 판단하고 평가하는 사람인지에 대한 자기판단이 찾아왔습니까? 그것이 무엇인지 알아차려 보십시오.]

3. 당신의 판단에 대해서 판단하지 마십시오(Linehan, 1993b). 이것은 당신의 판단을 포착하기 위한 연습이지, 그것을 판단하기 위한 연습이 아닙니다. 앞에서 언급했듯이, 판단은 뿌리 깊은 습관입니다. 그러므로 당신도 끊임없이 판단하는 것이 당연합니다. 그러나 당신이 판단하고 있다는 것을 마음챙김으로 알아차린다면, 판단이 아닌 대안을 고려할 수 있습니다.

언어습관이 중요합니다

기존의 언어습관을 변화시키십시오. 새로운 언어습관을 채택하면, 당신이 어떤 경험에 융합되어 사로잡히는 경우와 어떤 경험으로부터 탈융합하여 거리를 두고 바라보는 경우를 지혜롭게 변별할 수 있습니다. 비록 처음에는 새로운 언어습관이 어색하겠지만, 기존의 언어습관을 변화시키려고 최선을 다해 노력하시기를 강력히 권유합니다. 우리의 의도는 전문용어를 사용해서 당신을 혼란에 빠뜨리려는 것이 아닙니다. 앞에서 언급했듯이, 우리의 삶은 우리의 언어와 일치하는 방향으로 흘러갑니다. 만약 새로운 언어습관을 통해서 당신의 내면을 잘 포착한다면, 동일한 상황을 상이한 관점으로 바라볼 수도 있다는 진리를 깨닫기가 한결 수월해질 것입니다. 언어습관을 변화시키면 언어의 영향력으로부터 충분한 거리를 확보할 수 있게 되고, 캔버스의 모서리를 알아차리는 것이 쉬워지며, 구성된 그림과 실제의 풍경을 변별할 수 있게 됩니다. 수용전념치료자들은 개인적 및 전문적 삶의 영역 모두에서 새로운 언어습관을 사용하고 있습니다. 어디서 그들을 만나든지, 그들의 언어습관에 귀를 기울여 보십시오. 분명히 재미있을 것입니다. 그리고 당신도 그렇게 할 수 있습니다. 우리가 '말하다'라고 언급할 때, 그것은 당신 자신에게 이야기하는 속말(self-talk)까지 포함합니다. 사실, 가장 중요한 말은 아마도 당신의 마음속에 존재하는 말, 즉 내면의 목소리일 것입니다.

● '그러나' 대신에 '그리고'를 사용하십시오

이 책에서, 우리는 의도적으로 '그러나' 대신에 '그리고'를 사용해 왔습니다. '그러나(but)'라는 단어의 어원은 '있다(be)'는 단어와 '바깥(out)'이라는 단어가 합쳐진 것입니다(Hayes, Strosahl, & Wilson, 1999). 전형적으로, '그러나'는 앞선 내용을 부정하기 위해서 사용됩니다. 이를테면, "나는 가게에 가고 싶다. 그러나 나는 두렵다."라는 식으로 사용되는 것입니다. 이 문장은 두 가지 함의를 지니고 있습니다. 첫째, 그 사람은 가게에 가고 있지 않습니다. 둘째, 그 사람이 가게에 가지 못하는 이유는 두려움 때문입니다. 결론적으로, 만약 그 사람이 두려워하지 않았다면 가게에 갔을 것입니다. 특별히 강조하자면, '그러나' 대신에 '그리고'를 사용함으로써 행동의 원인은 생각과 감정이 아니라는 것이 분명해집니다. 생각과 감정은 행동과 함께 일어나는 것입니다. 지금까지 당신은 특정한 내면적 경험을 가지면 안 된다고 혹은 가질 수 없다고 생각해 왔습니다. 예컨대, 고통스러운 생각과 감정을 가지면 안 된다고 생각해 온 것입니다. 아울러, 그러한 내면적 경험이 찾아왔을 때 그 경험이 당신의 행동을 통제하도록 내버려 두었습니다.

걱정하지 마십시오. 당신의 언어습관이 잘못되었다고 질책하려는 것이 아닙니다. 당신은 기존의 언어습관을 학습한 것뿐입니다. 우리가 하고 싶은 행동을 못하는 이유로 얼마나 자주 원하지 않는 내면적 경험을 거론하는지 생각해 보십시오. 이를테면, 우리는 자주 "나는 직장에 출근하려고 했어요. 그러나 나는 슬펐어요. 그래서 그냥 집에 있었어요." 혹은 "나는 데이트하러 나가려고 했어요. 그러나 나는 속이 상할까 봐 두려웠어요."라고 이야기합니다. 문제는 이러한 경험들이 서로 배타적이지 않다는 것입니다.

우리는 슬픔의 감정을 느낄 수 있고 그리고 직장에 나가는 행동을 할 수 있습니다. 우리는 불안의 감정을 느낄 수 있고 그리고 데이트하러 나가는 행동을 할 수 있습니다. '그러나'라는 단어의 문제는 전체 문장의 첫 번째 부분 혹은 두 번째 부분만 옳고, 두 가지 부분이 동시에 옳을 수는 없다는 함의를 내포하고 있다는 것입니다. '그러나' 대신에 '그리고'를 사용하면 모든 경험이 동시에 존재할 수 있다는 것을 깨닫는 데 많은 도움이 됩니다. 당신은 슬픔을 반드시 제거해야만 직장에 나갈 수 있는 것이 아닙니다. 그래서 이 책 전체에서 매우 강력한 개념인 '그리고'의 사용을 강조하는 것입니다.

● 언어로부터 탈융합하십시오

우리는 흔히 "나는 슬프다." 혹은 "나는 멍청하다."라고 말합니다. 마치 우리의 존재 전체가 단정적인 언어(즉, 슬픈, 멍청한)를 통해서 규정되는 것처럼 말하는 습관을 지니고 있습니다. 하지만 그러한 언어는 당신이 지니고 있는 자신에 대한 생각, 평가, 판단일 뿐입니다. 언어는 당신이 아닙니다. 🔔[지금 이 순간, 마지막 문장을 읽으면서 어떤 반응이 찾아왔습니까? 알아차려 보십시오.]

'슬픈' 혹은 '멍청한'이라는 단어는 당신의 버스에 탄 승객일 뿐입니다. 당신에 대해서 스스로 부여한 어떤 평가도 모두 마찬가지입니다. 그것들은 그럴 만한 이유 때문에 당신과 함께 있는 것이지, 그것들이 곧 당신은 아닙니다. 그러므로 새로운 언어습관을 사용해서 이렇게 이야기하십시오. "나는 슬픔이라는 감정을 느끼고 있다." 혹은 "나는 내가 멍청하다는 생각을 가지고 있다." 어떻습니까? 언어습관의 작은 변화는 미묘하지만 중요한 차이를 만들어 냅니다. 물론, 지속적으로 새로운 언어습관을 사용하는 경우에 한해서 그렇습니다. 아울러, 당신과 가까운 사람들에게도 새로운 언어습관을 가르치십시오. 그러면 이러한 언어습관을 지속적으로 사용할 수 있는 공동체가 만들어져서 결과적으로 당신에게 도움이 될 것입니다.

기술과 평가의 차이를 살펴보면서 언급했듯이, 당신의 생각과 감정과 기억과 신체 감각을 긍정적 혹은 부정적이라고 명명하지 않는 것도 새로운 언어습관의 일부입니다. 긍정적 혹은 부정적이라는 명명 역시 우리가 경험에 부여한 평가일 뿐입니다. 그러므로 행복감을 긍정적 감정이라고 말하는 것보다는 긍정적으로 평가된 감정이라고 말하는 것이 바람직합니다. 새로운 언어습관을 사용하면, 우리는 생각과 감정에 사로잡히지 않을 수 있으며 충분한 거리를 두고 탈융합할 수 있게 됩니다.

● '~하고 싶다' 대신에 '기꺼이 ~하겠다' 를 사용하십시오

우리는 특정한 대상이나 활동에 호의를 드러내면서 흔히 '~하고 싶다'와 같은 소망의 표현을 사용합니다. 이를테면, "나는 직장에 출근하고 싶다. 그러나 나는 슬프다."라는 식으로 이야기하는 데 익숙하다는 뜻입니다. 그런데 우리가 그것을 진정으로 소망하지 않는다면, "나는 비행기를 타고 가서 회의에 참석하고 싶다. 그러나 나는 두렵다."라는 식으로 이야기하는 것은 곤란합니다. 그렇지 않습니까? 당신도 혹시 이런 언어습관에 익숙한 것은 아닌지 주의 깊게 살펴보시기 바랍니다. 이런 표현을 할 때는 대개 눈을 내리깔고 짧게 한숨을 쉬면서 이야기하는데, 그 이유는 그 문장에 전혀 사실이 아닌 내용이 포함되어 있기 때문입니다. 즉, 사실은 '~하고 싶지 않다'는 의도를 우회적으로 표현한 것입니다. 그러므로 우리는 새로운 언어습관을 사용해서 이야기할 필요가 있습니다. 이를테면, "나는 기꺼이 직장에 출근하겠다. 그리고 나는 슬픔이라는 감정을 느끼고 있다." 혹은 "나는 두렵다. 그리고 나는 기꺼이 비행기를 타고 가서 회의에 참석하겠다."라고 말씀하시기를 권유합니다. 이렇게 표현하고 행동하는 과정에서 우리가 소중히 여기는 가치에 한 발짝 더 가까이 다가갈 수 있습니다. 이 점에 대해서는 다음 장에서 자세하게 설명하겠습니다. 새로운 언어습관을 사용하면 생각과 감정(즉, 경험에 대한 소망)을 삶에 대한 태도 및 바람직한 행동(즉, 경험에 대한 의지)과 구분하는 데 도움이 됩니다.

● 마음의 소리를 분리시켜서 이야기하십시오

생각의 내용이 아니라 생각의 과정을 강조해서 이야기하는 새로운 언어습관을 활용하면 대안적인 조망을 취하는 것이 수월해집니다. 예컨대, 외상 생존자 중에는 스트레스를 받으면 과민해져서 주변 사람을 신뢰하지 못하는 분들이 있습니다. 특히 일종의

배신과 관련된 외상사건을 경험한 분들이 그렇습니다. 우리의 내담자 한 분은 상당히 안정된 사람이었는데, 승진심사에서 탈락한 다음부터 자신에 대한 직장동료들의 평판을 지나치게 염려하기 시작했습니다. 그는 몹시 두려움을 느꼈고, 절친했던 동료들과 어울릴 때도 부자연스럽게 행동했습니다. 심리치료를 진행하는 동안, 그는 이런 생각들이 자꾸 떠오른다고 호소했습니다. '이 사람은 나하고 대화하고 싶지 않은 것 같아. 그저 시간을 때우고 있는 중일 거야.' 혹은 '내가 방에서 나가면 분명히 나에 대해서 이러쿵저러쿵 수군거릴 거야.' 그러한 생각과 감정의 내용에 강하게 융합되었기 때문에, 그는 직장동료들을 회피하기 시작했고 거리감이 느껴지게 행동했습니다. 결과적으로, 긴장감은 더욱 고조될 수밖에 없었습니다. 그는 이런 상황에 대처하려고 몇 가지 전략을 동원했습니다. 동료들 중에서 일부는 자신에게 우호적이라는 사실을 되새기려고 노력했고, 그들이 자신에 대해서 수군거린다는 의혹에 반대되는 증거를 찾으려고 애썼습니다. 하지만 역설적으로, 주변 사람에 대한 의심은 더욱 깊어졌습니다. 그는 동료들을 예전처럼 신뢰할 수가 없었으며, 누군가가 부정적인 이야기를 했기 때문에 자신이 승진심사에서 탈락한 것이라고 확신했습니다.

우리는 마음챙김 훈련을 통해서 그가 자신의 반응을 이해할 수 있도록 이끌었으며, 현재의 경험뿐만 아니라 과거의 경험에까지 주의를 기울이도록 안내했습니다. 그는 과거에도 스트레스를 받으면 의심이 많아지곤 했다는 패턴과 그 배경에는 가족의 배신이 자리 잡고 있다는 사실을 알아차렸습니다. 그의 가족은 그가 없을 때 실제로 그에 대한 험담을 늘어놓았던 것입니다. 이 문제를 다루기 위해서, 우리는 그에게 의심하는 생각과 불편한 감정이 꼬리를 물고 일어나면 마음에 거듭해서 감사를 표현하라고 주문했습니다. 그는 자기 자신에게 이렇게 이야기했습니다. "마음아, 고맙다. 그런 생각과 감정을 말해 줘서." 혹은 "마음아, 고맙다. 네가 할 일을 열심히 해 줘서." 혹은 "마음이 다시 ~쪽으로 흘러가고 있구나."라고 말입니다. 아울러, 그는 아이에게 사랑을 표현할 때처럼 마음에게 부드럽게 이야기했습니다. 여기서 중요한 것은, 의심하는 생각의 내용적 정확성을 따지려는 노력보다는 거기에 사로잡히지 않으려는 과정적 탈융합 노력이 더 효과적이라는 점입니다. 꼬리를 물고 일어나는 의심스러운 생각과 감정은 버스에 타고 있는 오래된 승객이므로 거기에 사로잡히는 것은 아무런 도움도 되지 않습니다. 비록 의심하는 생각과 감정의 내용이 어느 정도 진실을 반영하고 있더라도 말입니다. 사실, 언어적 융합은 참혹한 결과를 초래합니다. 즉, "당신이 그것을 기꺼이 경험하지 않으려고 노력하면 할수록, 당신은 분명히 그것을 경험하게 됩니다." 마음의 소리를 분리시켜서 이야기하는 언어습관을 활용하면 특정한 생각의 내용이 아니라 과정에 주목할 수 있습니다. 특히 고통스러운 생각과 감정이 집중포화처럼 쏟아질 때, 마음의 소리를 당신과 분리시키시기 바랍니다.

이 책에서 우리는 '마음의 소리' 혹은 '부정적 재잘거림'이라는 표현을 사용하는데, 그것은 꼬리를 물고 일어나는 생각 혹은 당신과 당신 사이에서 벌어지는 자기대화를 의미합니다(Hayes, Strosahl, & Wilson, 1999; Hayes & Smith, 2005). 모든 사람이 마음의 소리를 지니고 있습니다. 그러므로 당신 자신을 가혹하게 판단하지 마십시오. 그냥 적절한 이름을 붙이는 것으로 충분합니다.

 **연습과제 6-8** **새로운 언어습관을 적용하기**

먼저, 당신이 다루기 힘들어하는 문제 상황을 몇 가지 기록하십시오. 다음으로, 그러한 문제 상황에 적용할 수 있는 새로운 언어습관은 무엇인지 모색하십시오. 우리가 제공한 예시를 잘 살펴보면서 활용방법을 터득하시기 바랍니다. 아울러, 장차 비슷한 문제 상황에 다시 직면하게 될 때 새로운 언어습관을 적용할 수 있도록 충분히 연습하시기 바랍니다.

문제 상황	전형적 언어습관	새로운 언어습관
화가 나면, 나중에 후회할 말을 하는 경향이 있다.	"나중에 후회할 말을 했다. 그러나 화가 났었다."	"화가 난다. **그리고** 나중에 후회할 말은 하지 않겠다."
직전 근무평가에서 상사가 나를 칭찬했는데, 나는 그런 칭찬을 받을 만한 자격이 없다고 대꾸하고 싶었다. 다른 사람도 똑같은 일을 했으니까.	"글쎄요, 저를 너무 과대평가하신 것 같네요. 다른 사람도 똑같이 하는 일인데요."	"나는 칭찬받을 만한 자격이 없다고 말해야 한다는 생각을 가지고 있다. **그리고** 나는 칭찬해 주셔서 감사하다고 이야기하겠다."

스트레스를 받으면, 최근에 잘못된 모든 일과 관련지어 반추하는 경향이 있다.	"그런 식으로 생각하지 마. 그것은 사실이 아니야."	"마음이 다시 다른 곳으로 흘러간다. 스트레스 때문에 힘든 상태니까, 이해가 된다."
'그러나' 대신에 '그리고'를 사용할 상황		
마음의 소리에 감사를 표현할 상황		
'하고 싶다' 대신에 '기꺼이 하겠다'를 사용할 상황		
'나는 ~라는 생각을 가지고 있다'라고 표현할 상황		

언어와의 관계를 변화시키는 기법들

지금까지 우리는 언어가 경험과 행동에 미치는 영향력을 완화하고 초월하는 데 도움이 되는 몇 가지 탈융합 기법을 살펴보았습니다. 사례를 통해서 간접적으로 설명할 수밖에 없다는 점이 아쉽지만, 부디 당신에게 도움이 되는 적절한 비유와 탈융합 기법을 찾아내시기를 바랍니다. 모든 비유와 연습과제가 모든 사람에게 유익하지는 않다는 점을 우리도 잘 알고 있습니다. 그래서 언어적 탈융합 기법을 추가로 더 소개하려고 합니다. 이 중에서 적어도 몇 가지는 당신에게 도움이 될 것입니다.

다음은 언어의 문자적 의미로부터 탈융합하는 데 도움이 되는 기법들입니다. 이것은 수용전념치료의 전문가(Hayes & Smith, 2005)에게 허락을 구하고 인용한 것임을 밝힙니다.

- 영화, 〈뷰티풀 마인드〉: 존 내시의 일대기를 다룬 영화를 보았다면, 당신이 어디를 가든지 줄곧 따라다니는 부정적 재잘거림이 무엇인지 알아차릴 수 있을 것입니다. 그것을 그냥 내버려 두십시오. 그리고 그것과 대화할 필요도 없고, 친구가 될 필요도 없으며, 맞서 싸울 필요도 없습니다.

- 팝업 광고와 같은 마음: 당신이 지니고 있는 생각, 감정, 기억, 신체감각을 당신이 원하지 않는데도 불쑥 튀어나오는 인터넷 팝업(pop-up) 광고라고 상상해 보십시오. 그것을 그냥 내버려 두십시오. 제멋대로 튀어나오도록 내버려 두셔도 됩니다.

- 휴대전화: 당신의 부정적 재잘거림을 당신이 항상 가지고 다녀야 하고 절대로 전원을 끌 수 없는 휴대전화라고 상상해 보십시오. 제멋대로 울리도록 내버려 두셔도 됩니다.

- 버스에 타고 있는 승객: 당신이 지니고 있는 고통스러운 생각과 경험을 당신이라는 버스에 타고 있는 소란스러운 승객이라고 상상해 보십시오. 비록 불편하기는 하지만, 그 승객들이 없어야만 버스가 움직일 수 있는 것은 아닙니다.

- 골룸 같은 마음: 〈반지의 제왕〉이라는 영화를 보았다면, 당신의 마음이 스미골 혹은 골룸 같은 존재라고 상상해 보십시오. 골룸이 주인공 프로도를 부추겨서 절친한 친구를 의심하게 만들고 아무런 도움도 되지 않는 물건을 갈망하게 만든 것처럼, 당신의 마음도 당신을 속이기 위해서 꾸준히 노력하고 있습니다.

- 생각은 원인이 아닙니다: 만약 당신이 소중히 여기는 삶을 살지 못하는 이유가 특정한 생각이나 감정 때문이라고 생각한다면, 이렇게 자문해 보십시오. "만약 내

가 사랑하는 사람을 누군가가 위협하고 있다면, 비록 내가 불편한 생각과 감정과 기억을 지니고 있음에도 불구하고 여전히 X(당신이 소중히 여기는 가치에 부합하는 행동, 직장에 출근하는 행동, 배우자에게 친절하게 대하는 행동 등)와 같이 행동할 수 있지 않을까?"

- 어떤 것을 생각하고, 다른 것을 행동하십시오: 무언가를 하면서 그것을 할 수 없다고 생각하려고 노력해 보십시오. 운동화 끈을 묶으면서 '나는 오늘 체육관에 갈 수 없어.' 라고 생각하고, 자동차 문을 열면서 '나는 문을 열 수 없어.' 라고 생각하고, 자동차에 타면서 '아마도 내일 탈 수 있을 거야.' 라고 생각하고, 체육관에 들어가면서 '너무 바빠서 체육관에 갈 수 없어.' 라고 생각하려고 노력하십시오. 어떤 생각이 들더라도, 당신은 체육관에서 운동할 수 있습니다.

- 바다의 파도: 이것은 거역하기 힘든 욕구(약물, 음식, 쇼핑, 도박, 성관계)에 이끌려서 충동적으로 행동하게 되는 경우에 적용하기 좋은 기법입니다. 강한 욕구가 충동적으로 일어날 때, 그것을 바다의 파도라고 상상해 보십시오. 엄청난 파도가 당신을 덮칠 듯이 밀려왔다가 이내 멀찌감치 물러나는 장면을 상상하십시오. 또 다른 파도가 덮칠 듯이 밀려왔다가 이내 멀찌감치 물러나는 장면을 반복해서 상상하십시오. 당신을 바닷가의 모래라고 상상하십시오. 모래는 파도를 받아들일 뿐 아무 것도 하지 않습니다. 충동의 파도가 밀려왔다가 물러간다는 것을 알아차리기만 하면 됩니다.

- 지갑 속의 물건: 감당하기 힘든 생각과 경험을 당신이 들고 다니는 지갑(혹은 가방) 속에 들어 있는 물건이라고 생각해 보십시오. 지갑(혹은 가방) 속에는 신용카드, 열쇠, 립스틱, 지폐 등 다양한 물건이 들어 있습니다. 당신은 어디에 가든지 지갑(혹은 가방)을 갖고 다니지 않습니까? 당신의 과거 경험도 마찬가지입니다. 과거 경험이 당신의 행동을 통제하도록 내버려 두지 말고, 그저 그것을 지니고 다니기

만 하면 됩니다.

- 그림과 풍경: 스트레스를 받을 때, 행동을 통제하기 힘들 때, 감정에 완전히 압도될 때, 2장에서 살펴본 르네 마그리트의 그림을 떠올리면서 스스로에게 질문하십시오. "지금 이 순간, 나는 그림 속에 존재하는가 아니면 풍경 속에 존재하는가?"

- 중용의 길 찾기: 외상 생존자, 특히 생애 초기에 외상사건을 경험한 사람들은 세상을 흑과 백의 이분법적 관점으로 경직되게 구분하는 경향이 있습니다. 그들의 눈에는 멋지지 않으면 끔찍한 것이고, 살아 있다는 흥분이 느껴지지 않으면 살 만한 가치가 전혀 없는 것입니다. 당신이 지금 두 갈래 길이 나 있는 숲 속에 있다고 상상해 보십시오. 유심히 살피지 않으면, 두 갈래 길 사이에 작은 언덕이 있고 그곳에 조그만 오솔길이 있다는 것이 보이지 않습니다. 당신의 마음이 이분법적인 판단을 내린다면, 잠시 멈추어서 스스로에게 이렇게 질문하십시오. "중용의 길은 어디에 있을까? 비록 어렵더라도 찾아낼 수 있지 않을까?"

- 강물 위의 나뭇잎: 당신의 생각, 감정, 기억, 신체감각을 강물 위의 나뭇잎에 가만히 올려 두는 장면을 상상해 보십시오. 나뭇잎은 강물을 따라서 계속 흘러갑니다. 멀찌감치 흘러가는 장면을 물끄러미 바라보십시오.

- 유령의 집에 있는 거울: 부정적 재잘거림이 지속될 때, 스스로에게 이렇게 질문하십시오. "혹시 부정적 재잘거림이 유령의 집에 있는 거울에 비춰진 것처럼 왜곡된 이미지는 아닐까?" 물론, 유령의 집에도 정상적인 거울이 있을 것입니다. 그러나 어떤 이미지가 정확한 이미지인지는 아무도 알 수 없습니다. 당신이 보고 있는 특정한 이미지는 정확한 것일 수도 있고 정확하지 않은 것일 수도 있습니다. 정말로 당신의 인생을 부정확한 이미지에 걸고 싶습니까?

지금까지 우리는 외상경험을 수용하지 못하도록 방해하는 장애물, 즉 언어의 어두운 측면에 대해서 살펴보았습니다. 언어의 양면성은 가장 강력하고 광범위한 장애물입니다. 새로운 언어습관을 발달시켜서 언어와 새롭게 관계 맺는 것은 결코 쉬운 일이 아닙니다. 왜냐하면 언어가 항상 진실만을 이야기하는 것처럼 보이기 때문입니다. 언어의 양면성을 제대로 이해하고 거기에 제대로 대응하는 것은 어려운 일입니다. 솔직히 말해서, 몇 년 동안 언어적 탈융합을 연습해 온 우리들도 여전히 언어의 함정에 빠진다는 사실을 고백하고 싶습니다. 그리고 당신이 새로운 언어습관을 꾸준히 훈련한다면, 머지않아 진정한 변화를 경험하게 될 것이라고 말씀드리고 싶습니다. 때로는 여정의 전체를 볼 수 없는 시점이 있습니다. 한 발짝 한 발짝 나아가다 보면, 놀랍게도 당신은 목적지에 도착해 있을 것입니다.

앞으로 살펴볼 외상경험을 수용하지 못하도록 방해하는 또 다른 장애물들의 근원에도 지금까지 살펴본 언어적 융합과 문자적 해석이 자리 잡고 있습니다. 하지만 로마로 통하는 길은 하나가 아니라 여럿입니다. 앞으로 살펴볼 내용 역시 당신이 고통스러운 내면적 경험에 사로잡히지 않는 방법을 찾아내는 데 도움이 될 것이라고 기대합니다.

두 번째 장애물: 자기연민의 결핍

자신에게 자비와 연민을 베풀지 않으면 외상경험을 치유하는 것은 불가능합니다. 이 책에서 우리는 이 점을 가장 먼저 언급했습니다. 만약 자기에 대한 가혹한 판단이 꼬리를 물고 일어난다면, 현재 자신에게 얼마나 자비와 연민을 베풀고 있는지 헤아려 보십시오. 만약 자신에게 연민을 느끼지 못한다면, 그리고 당신이 판단하고 있는 대상이나 사람에게 연민을 느끼지 못한다면, 외상을 치유하는 앞으로의 여정에서는 자비와 연민을 베풀 수 있을지 가늠해 보십시오. 외상을 치유하는 작업은 어렵고 힘듭니다. 그것이 쉬운 일이었다면, 당신은 일찌감치 그것을 해냈을 것입니다. 자신에게 자비와 연민을 베풀기 어려운 까닭은 죄책감과 수치심 때문입니다. 켜켜이 쌓인 감정의 층 때문에 문제가 꼬여 있는 것입니다. 일반적으로, 사람들은 신체적 질병을 겪는다는 이유로 자신을 비난하지는 않으며 다른 사람들이 비난할까 봐 걱정하지도 않습니다. 하지만 심리적 문제를 겪을 때는 종종 다른 사람들이 자신을 판단할까 봐 염려합니다. 사실, 가장 먼저 판단하고 비난하는 사람은 자기 자신입니다! 만약 당신도 자신을 판단하고 있다는 사실을 알아차렸다면, 그것은 좋은 일입니다. 당신은 바로 그 문제 때문에 이 책을 읽고 있는 것입니다. 자비와 연민은 당신이 바라보는 모든 것에 대한 열린 마음에서 비롯됩니다. 지금 잘 되어 가고 있는 일이 있다면, 그것은 반가운 일입니다. 지금 잘못 되어 가고 있는 일이 있다면, 바로 그 지점에서 시작할 필요가 있습니다.

자신에게 자비와 연민을 베풀지 못하는 이유는 자신의 평가 혹은 타인의 평가를 곧이곧대로 믿어 버리기 때문입니다. 외상을 치유하는 동안, 다음과 같은 문제들이 당신을 넘어뜨려서 일어나지 못하게 만들고 잡아끌어서 나아가지 못하게 만들 수 있습니다. 이 책을 통해 수용전념치료를 배우면서 이것들 중에 어떤 것이라도 경험한 적이 있었는지 살펴보십시오.

- 비난을 안으로 돌리기: 자신에 대한 판단이 눈덩이처럼 불어나서 '나는 모든 게 엉망진창이야.' 혹은 '좀 더 일찍 이렇게 했어야 했는데, 허튼 일에 시간을 낭비해 버렸어.' 라는 마음의 가혹한 목소리에 사로잡힌 적이 있습니까?

- 이유를 설명하기: 당신이 엉망진창이라는 생각을 문자적으로 믿는다면, 당신은 그러한 생각의 내용을 정당화하거나 혹은 논박하거나 혹은 방어하려고 노력할 수밖에 없습니다. 예컨대, 당신은 자신이 비난받지 말아야 할 이유를 설명하는 일에 매달릴 것입니다.

- 비난을 밖으로 돌리기: 이것도 이유를 설명하기의 일종입니다. 당신이 자신에 대한 판단에 융합된다면, 당신은 자신을 엉망진창으로 만든 비난받을 사람과 대상을

생각하는 일에 몰두할 것입니다.

- 희망을 잃고 포기하기: 더 이상 희망이 없다는 생각과 모든 것이 엉망진창이고 무가치하다는 생각에 융합된다면, 당신은 포기하고 싶은 유혹에 시달릴 것입니다. 가령 '나로서는 이것이 최선이야. 달라질 수 있다는 기대를 모두 접어 버리자.' 라는 생각에 빠져들 수 있습니다. 🔔 [지금 이 순간, 마지막 문장을 읽으면서 어떤 생각을 하셨습니까? 알아차려 보십시오.]

자신에게 자비와 연민을 베풀면서 언어적으로 탈융합하면, 당신은 다양한 반응을 선택할 수 있습니다. 우리는 과거에는 존재하지 않았던 새로운 선택권을 당신에게 드리고 싶습니다. 자신과 타인을 가혹하게 비난하고, 끊임없이 이유를 설명하고, 희망을 잃고 포기하는 낡은 방법으로는 절대로 문제를 해결할 수 없습니다. 언어는 자신의 삶에 대한 이야기를 스스로 쓸 수 있도록 도와주는 재료일 뿐입니다. 모든 인간은 '혹시 ~하면 어떡하지?' 또는 '반드시 ~했어야 했는데.' 또는 '분명히 ~할 수 있었는데.' 등으로 점철된 개인사를 지니고 있습니다. 당신도 인간이므로 비슷할 것입니다. 아마도 당신은 이런저런 사건에 다른 식으로 반응했다면 더 좋았을 것이라고 후회해 왔을 것이며, 심지어 오늘 벌어진 사건에 대해서 후회하고 있을지도 모릅니다. 그리고 그 후회는 당신이 실수했다고 판단하거나 당신이 상당히 나쁜 사람이라고 판단하는 추가적 근거가 될 것입니다. 하지만 우리는 자신에게 연민을 베풀고 자비롭게 보살피라고 제안하고 싶습니다. 가엾은 사람에게 진정한 자비를 베풀었던 것처럼, 당신 자신에게도 따뜻한 연민을 베푸십시오.

이성적인 노력을 통해서는 스스로에게 자비와 연민을 베풀기가 어렵습니다. 자비와 연민은 맹목적이라고 부를 정도의 믿음이 있어야 가능합니다. 자신에게 연민을 베풀어야 하는 까닭을 찾으려고 애쓰지 말고, 그냥 그렇게 하십시오. 아무런 이유도 필요 없고, 아무런 설명도 필요 없습니다. 자신에게 연민(혹은 누군가는 사랑이라고 말하므로, 사랑)을 베풀어야 하는 타당한 명분을 찾는 순간, 그것은 다른 것으로 변질됩니다. 당신에게 그럴듯한 이유와 생각이 있기 때문에 연민을 베풀었다고 상상해 보십시오. 가령, '힘겨운 어린 시절을 보냈으니까.' 혹은 '그 사건에 대해서 내가 달리 할 수 있는 방법이 없었으니까.' 혹은 '나는 괜찮은 사람이니까.' 라는 합당한 이유 때문에 연민을 베푼 것이라고 말입니다. 만약 그런 이유와 생각이 스스로에게 연민을 베푼 유일한 까닭이라면, 그런 이유와 생각이 처음과 달라질 때 어떤 일이 벌어질 것 같습니까? 잘 알고 계시듯이, 당신의 생각과 감정은 끊임없이 변합니다. 만약 당신이 내일부터 '나는 나쁜 사람이야.' 혹은 '나에게는 연민을 베풀 가치가 없어.' 혹은 '더 열심히 노력할 수 있는데, 그렇게 하지 않았어.' 라는 종전과 다른 생각을 하게 된다면, 그런 이유와 생각은 스스로에게 연민을 베풀지 말아야 할 까닭으로 기능하게 될 것입니다. 여기서 가장 중요한 것은, 자비와 연민은 맹목적인 믿음에서 비롯되는 태도라는 것입니다. 이성적으로 타당한 이유에 근거를 두고 연민을 베푼다면, 경험을 받아들이기보다는 그것을 막아 버리게 됩니다.

이 세상에 자비와 연민으로 보살핌을 받을 만한 자격이 없는 사람이 과연 있을까요? 안타깝게도, 외상 생존자 중에는 그렇게 말씀하시는 분들이 있습니다. 만약 당신도 그런 생각을 가지고 있다면, 먼저 당신의 마음에 감사를 표현하고 그것을 그저 하나의 생각으로 알아차리시기 바랍니다. 그 생각은 어떻게 당신이라는 버스의 승객이 되었습니까? 잠시 주의를 기울여 보십시오. 그 생각을 곧이곧대로 믿어서는 안 되는 이유를 찾으려고 애쓰지 마시고, 누군가가 당신에게 그렇게 생각하도록 만들었기 때문에 그 손님이 당신이라는 버스에 타게 되었다는 것을 알아차리시기 바랍니다. 그 생각은 당신의 버스에 타고 있는 한 명의 손님일 뿐이며, 절대로 당신의 버스를 운전할 수는 없습니다. 그 손님은 자기 자리에 앉은 채로 "당신은 연민으로 보살핌을 받을 만한 자격이 없어."라고 고함을 지르며 소란을 피우고 있을 뿐입니다. 버스의 운전사는 당신입니다. 당신은 자신에게 자비와 연민을 베푸는 방향으로 계속해서 나아갈 수 있습니다.

자기는 연민으로 보살핌을 받을 만한 자격이 없고 심지어 행복할 자격도 없다고 비난하는 외상 생존자의 이야기를 듣다 보면, 이런 질문이 떠오릅니다. "당신이 연민으로 보살핌을 받을 만한 자격이 없는 사람이라면, 도대체 누가 그럴 만한 자격이 있는 사람입니까?" 대부분의 외상 생존자는 '어린아이들'이라고 대답합니다. 그러면 우리는 이렇게 이야기합니다. "당신도 어린아이였던 시절이 있었습니다. 취약하기 때문에 양육자에게 의존해야 했던 어린아이 시절 말입니다. 사랑과 돌봄을 갈망했던 어린아이 시절이 당신에게도 있었습니다. 그러나 거절당하고 낙심할까 봐 두려워했던 어린아이 시절 말입니다." 이미 어른이 되어 버린 당신에게는 자비와 연민을 베풀지 못하더라도, 과거의 당신이었던 그 어린아이에게는 자비와 연민을 베풀 수 있겠습니까? ☙[지금 이 순간, 어떤 신체감각이 느껴집니까? 어떤 판단이 찾아왔습니까? 주의를 기울여서 알아차려 보십시오.]

 **연습과제 6-9** 자신에 대한 연민

1. 당신이 다음 목록에 있는 사람들에게 얼마나 연민을 느끼는지 헤아려 보십시오. 전혀 연민을 느끼지 못한다면 0점, 가장 깊은 연민을 느낀다면 10점을 매기십시오.

   추위에 떨고 있는 노숙자 _____

   이라크에서 전사한 군인 _____

   이라크에서 전사한 군인의 유족 _____

   당신 주변의 아이들(0~5세) _____

   당신 주변의 아이들(6~17세) _____

   허리케인 카트리나의 생존자 _____

   아프리카의 굶주린 아이들 _____

   쓰나미로 사랑하는 사람을 잃은 사람 _____

   당신의 인생에서 가장 큰 상처를 입힌 사람 _____

   당신 자신 _____

2. 당신이 다른 사람에게 느끼는 연민과 당신 자신에게 느끼는 연민을 비교해 보십시오.

3. 당신이 가장 깊은 연민을 느낀다고 답변한 사람 혹은 집단은 누구입니까? 당신은 그 사람(혹은 집단)에게 하듯이 자기 자신에게도 맹목적인 연민을 베풀 수 있겠습니까?

_____

4. 만약 아니라고 대답하셨다면, 당신 자신에게 연민을 베풀지 못하도록 방해하는 장애물이 무엇인지 알아차려 보십시오. 그것은 무엇입니까?

_____

5. 어떻게 하면 자기에 대한 연민을 방해하는 장애물을 극복할 수 있겠습니까? 그 장애물은 당신의 자기평가와 얼마나 융합되어 있습니까? 당신은 그러한 자기평가에 사로잡히지 않고 탈융합할 수 있겠습니까? 구체적으로 어떻게 탈융합할 수 있겠습니까?

_____

_____

_____

세 번째 장애물: 옳고 그름을 따지기

지금까지의 이야기는 외상경험과 관련된 고통스러운 감정으로부터 벗어날 수 있는 방법은 없으므로 그냥 고통스러운 감정을 항상 느끼면서 살아가라는 뜻이 결코 아닙니다. 우리는 그렇게 생각하지 않습니다. 생각과 감정의 내용에 사로잡히지 말고 거리를 두라고 권하는 까닭은 그것이 쓸모 있는 해결책이기 때문입니다. 다시 말해, 그렇게 하면 당신이 소중히 여기는 삶을 살아갈 수 있기 때문입니다. 아무리 고통스러운 생각과 감정을 경험하더라도, 당신은 당신이 소중히 여기는 삶의 방향으로 한 걸음씩 나아갈 수 있습니다. 정말로 중요한 것은 쓸모(workability)입니다. 지금 당신은 당신이 추구하는 가치에 부합하는 삶을 살고 있습니까?

우리는 종종 무엇이 옳은지 그리고 무엇이 그른지를 따지는 데 집착하느라 정작 중요한 본질, 즉 무엇이 자신에게 쓸모 있는 선택인지를 잊어버리곤 합니다. 이 점을 살펴보기 위해 저자들 중의 한 명이 브라질에서 겪었던 일화를 소개하겠습니다. 브라질로 여행을 갔는데, 시동생이 공항으로 마중을 나왔습니다. 어디나 마찬가지지만, 특히 브라질은 운전습관이 거친 곳으로 악명이 높습니다. 그날따라 시동생도 공격적으로 자동차를 몰았습니다. 편도 1차선 도로를 주행하고 있는데, 멀리 앞쪽에서 작은 트럭이 중앙선을 넘어 전속력으로 달려오기 시작했습니다. 시동생도 속도를 늦추지 않고 시속 120km로 달렸습니다. 그때처럼 몇 초의 시간이 길게 느껴졌던 적은 없습니다. 더 이상 견딜 수 없었던 저자는 시동생에게 "옆으로 비켜 주지 않을 거예요?"라고 물었습니다. 형수의 도발적인 질문에 시동생은 이렇게 대답했습니다. "이 차선은 내 차선이에요. 저 사람이 잘못된 차선을 달리고 있는 겁니다. 저런 식으로 운전하면 안 되죠." 맞습니다. 시동생의 말이 옳았습니다. 그 트럭이 잘못된 차선을 달리고 있었습니다. 그리고 옆으로 비켜 주지 않았다면 결국 모두 죽었을 것입니다.

우리의 인생도 비슷합니다. 우리의 관점에서 바라보면 언제나 우리가 절대적으로 옳습니다. 그리고 쓸모 있는 선택을 하려면, 옳고 그름을 따지기보다는 전혀 다른 차원에서 접근해야 합니다. 어떤 사람이 식물을 키우고 있었는데, 그 식물이 시름시름 죽어 가고 있었습니다. 그는 물이 부족하기 때문이라는 결론을 내리고 몇 주 동안 물의 양을 조절하려고 노력했습니다. 그러나 결국 식물이 죽어 버렸습니다. 나중에 밝혀진 문제의 원인은 햇빛이 부족했기 때문이었습니다. 이처럼, 우리는 때때로 문제의 본질과는 전혀 다른 차원에 사로잡혀 버리곤 합니다.

무엇이 옳은가를 따지는 것과 무엇이 쓸모 있는가를 따지는 것은 분명히 다릅니다. 그럼에도 불구하고, 우리는 "이 차선은 내 차선이야. 저 사람이 잘못하고 있어."라는 식으로 옳고 그름을 따지는 데 몰두하느라 심각한 대가를 치르곤 합니다. 흔히 쓰는 표현으로 '전투에서는 승리했지만 전쟁에서는 패배한' 것이고, '혹 떼려다 혹 붙이는' 격입니다. 하지만 모든 상황에서 절대로 옳고 그름을 따지거나 강렬한 감정을 느끼면 안 된다는 뜻은 아닙니다. 사실, 세상의 불의는 성난 민중의 목적의식과 끈질긴 함성이 있어야 바로잡을 수 있기 때문입니다. 남아프리카공화국의 인종차별 정책에 대항한 민권회복운동이 떠오릅니다. 평온을 구하는 기도가 보여 주듯이, 수용의 대상과 변화의 대상을 구별할 수 있는 사람이 지혜로운 사람입니다. 이러한 맥락에서 다음 연습과제를 함께 해 보겠습니다.

옳고 그름의 문제는 외상 생존자들과 논의하기 까다로운 주제입니다. 외상사건 중에는 명백히 그릇된 사건이 존재하기 때문입니다. 우리도 동의합니다. 그래서 심리치료자의 역할에는 아동학대를 비롯한 외상사건의 재발을 예방하는 노력이 포함됩니다. 우리 모두는 인생의 방향을 안내하는 도덕적 나침반을 가지고 있으며, 이를 바탕으로 옳고 그름을 판단하는 것이 유익한 때가 있습니다. 하지만 당신이 끊임없이 괴로움을 겪는 이유가 계속해서 도덕적 판단을 하고 있기 때문일 가능성도 숙고해 보시기를 바랍니다. 다음의 〈연습과제 6-10〉을 통해서 이 점을 살펴보겠습니다. 그냥 내버려 두어도 당신의 자존감이 훼손되지 않는 문제를 도덕적으로 판단하는 데 에너지를 쏟으면 엄청난 대가를 치러야 합니다. 따라서 어떤 사건이 당신의 자존감에 얼마나 영향을 미치는지를 마음챙김으로 알아차리는 것이 중요합니다. 우리가 만났던 내담자 중에는 주위 사람으로부터 "너 때문에 여러 사람이 불편해지니까, 이제 그만 잊어버려라."라고 강요당했던 분들이 많습니다. 예컨대, 가해자를 고소하면 가족들이 불편해지니까 고소하지 말라고 종용하는 것입니다. 그럼에도 불구하고 가해자를 고소하면 가족과 단절될 위험이 뒤따르고 변호사 비용까지 지불하는 부담을 감수해야 하므로 피해자는 이중의 어려움을 겪게 됩니다. 하지만 자존감에 미치는 영향을 고려하지 않은 채 오로지 사회적 및 경제적 비용 때문에 소송을 포기한다면 문제의 본질을 비켜 가는 선택을 하는 것입니다. 소송을 제기해서 가해자를 처벌하는 것이 당신이 추구하는 가치에 부합하는 선택이라면 그렇게 해야 마땅합니다. 그렇게 하지 않으면 당신의 자존감이 심각하게 훼손될 것이기 때문입니다. 어떤 상황도 완전히 똑같지 않습니다. 그러므로 당신은 각 상황을 주의 깊게 살펴보면서 무엇이 당신에게 유익한지 철저하게 따져 보아야 합니다. 무엇이 당신에게 쓸모 있는 선택인지, 그리고 무엇이 당신이 소중히 여기는 가치에 부합하는 선택인지 현재 당신이 처한 조건 속에서 따져 볼 필요가 있습니다.

연습과제 6-10 **옳은 것과 쓸모 있는 것을 구별하기**

1. 잠시 시간을 내서, 최근에 당신이 옳고 그름의 판단에 몰두하고 있는 문제에 대해서 생각해 보십시오. 왼쪽 칸에 문제시되는 상황의 내용을 간략하게 기록하십시오.

2. 가운데 칸에, 그러한 도덕적 판단이 당신이 추구하는 목표에 가까이 다가가는 데 얼마나 방해가 되는지 점수를 매겨 보십시오. 전혀 방해가 되지 않는다면 0점, 매우 방해가 되고 심각한 대가를 치러야 한다면 10점으로 평정하십시오. 아울러, 어떤 식으로 방해가 되는지 구체적으로 기록하십시오.

3. 오른쪽 칸에, 그러한 도덕적 판단을 중단한다면 당신의 자존감이 얼마나 훼손될 것 같은지 점수를 매겨 보십시오. 전혀 훼손되지 않는다면 0점, 몹시 훼손된다면 10점으로 평정하십시오. 아울러, 그렇게 평정한 까닭을 간단히 기록하십시오.

문제 상황	도덕적 판단의 대가 (0~10)	도덕적 판단 중단의 대가 (0~10)
베트남전의 공로로 우리 부대원이 무공훈장을 받았는데, 사실 그는 훈장을 받을 자격이 없는 사람이다. 모두 알고 있지만 상급자가 싫어할까 봐 조용히 참는 것이다. 누군가는 이미 벌어진 일이니 가만히 있으라고 이야기한다. 하지만 그가 훈장을 받으면 훈장을 모욕하는 것이나 다를 바 없으므로 정말 화가 난다.	점수: 7(많은 대가를 치러야 함) 자격 문제를 거론하면 부대에서 말썽쟁이로 간주되어 내가 원하는 임무를 맡지 못하게 될 수 있다. 이 문제로 고민하느라 지난 주말을 소모해 버렸고, 그것 때문에 아내가 나한테 화를 냈다.	점수: 1(자존감의 훼손이 적음) 자존감에 상처받을 이유는 없다. 왜냐하면 내가 하고 싶은 말을 했고, 어떤 조치를 취해야 할 자리에 있는 사람도 그것을 알고 있기 때문이다. 내버려 두더라도 아무도 상처받지 않을 것이다.

네 번째 장애물: 비난에 사로잡히기

책임과 비난은 다릅니다. 책임과 비난의 차이를 알아차리는 것이 매우 중요합니다. 외상 생존자들은 현재의 삶을 변화시킬 능력이 없다는 무력감에 빠져드는 경향이 있고, 그것을 이유로 자신 혹은 타인을 비난하는 일에 몰두하곤 합니다. 만약 지금 옴짝달싹할 수 없는 느낌에 사로잡혀 있어서 외상경험을 수용하는 방향으로 나아가기 힘들다면, 네 번째 장애물이 문제의 근원일 가능성을 검토해 보십시오.

책임이라는 단어는 반응(response)과 능력(ability)이 합쳐진 것으로, 어원상 반응하는 능력 혹은 반응을 선택하는 능력을 뜻합니다(Hayes, Strosahl, & Wilson, 1999). 반응선택 능력은 당신의 삶을 통제하는 사람은 바로 당신이라는 사실을 일깨워 주는 개념입니다.

비난은 가장 유익하지 못한 반응입니다. 일반적으로, 사람들은 비난이 잘못된 행동을 교정하도록 도와주는 역할 혹은 잘못된 행동을 다시 범하지 않도록 촉구하는 기능을 한다고 이야기합니다. 그런데 반응선택 능력도 똑같은 기능을 발휘합니다. 반응선택 능력은 당신의 삶을 바람직한 방향으로 변화시키기 위해서 당신이 구체적으로 어떻게 행동할 것인지를 결정하고 실천할 수 있게 도와줍니다. 예컨대, 어린 시절에 당신에게 상처를 주었던 사람에게 분노를 느낀다는 사실을 인식한 경우, 당신은 그 사람을 비난하는 대신에 아동의 행복을 위해서 기여하는 봉사단체의 업무를 기꺼이 지원할 수 있습니다. 구체적인 행동과 실천으로 이어지지 않는 한, 가치가 경도된 사회를 향해 분노를 표출하고 어리석은 사람들을 비난하는 것만으로는 아무런 도움이 되지 못합니다.

대부분의 비난은 다른 사람을 판단하고 정죄하는 내용으로 이루어집니다. 비난이 정말로 유익하고 당신에게 쓸모가 있습니까? 법정에서의 비난은 효과적이고 적절한 선택일 수 있지만, 인간관계에서의 비난은 불필요한 괴로움을 초래할 뿐입니다. 사실, 분노에 사로잡혀서 다른 사람을 비난하는 것은 그 사람이 죽기를 바라면서 스스로 독약을 마시는 행위와 다름이 없습니다. 상처를 입는 것은 바로 당신입니다.

비난하는 대신에 반응선택 능력을 회복하는 것이 절실한 과제이지만, 외상 생존자에게 이렇게 이야기하는 것은 결코 쉽지 않은 일입니다. 왜냐하면 그들 스스로 외상경험을 원했던 것이 아님에도 불구하고 끔찍한 외상사건을 겪었고, 아직도 여전히 후유증에 시달리고 있기 때문입니다. 따라서 과거의 외상사건에 대한 책임과 현재의 반응선택 능력을 구별할 필요가 있습니다. 반응선택 능력을 이야기할 때, 우리는 당신이 지금 바로 실천할 수 있는 행동을 이야기하는 것입니다. 당신이 소중히 여기는 가치를 위해서 당신은 지금 무엇을 할 수 있고, 어떤 행동을 기꺼이 실천하시겠습니까?

 **연습과제 6-11**　　**지금 이 순간, 당신은 어떤 반응을 선택하고 있습니까?**

1. 당신이 겪었던 외상사건을 떠올려 보십시오. 그리고 외상사건이 당신 삶의 어떤 영역에 가장 큰 영향을 주었는지 생각해 보십시오. 왼쪽 칸에, 외상사건이 당신 삶에 어떤 영향을 주었는지 기록하십시오. 첫째 줄의 예시를 참고하십시오.

2. 가운데 칸에, 그러한 영향에 대한 당신의 반응선택 능력을 평가하고 점수를 매겨 보십시오. 외상사건의 영향을 전혀 다룰 수 없다면 0점, 외상사건의 영향에 온전하게 반응할 수 있다면 10점을 주십시오. 그리고 그렇게 점수를 매긴 이유를 기록하십시오.

3. 오른쪽 칸에, 당신이 반응선택 능력을 발휘하지 못하도록 방해하는 장애물이 무엇인지 기록하십시오.

외상사건이 미친 영향	반응선택 능력 (0~10)	장애물
직장생활 곤란	점수: 6 직장에는 쉽게 들어가지만, 혼자서 직업과 자녀를 감당하는 것이 힘들다. 상사에게 진절머리가 나서 결국 직장을 그만둔다. 왜냐하면 상사를 대할 때 어린 시절에 나를 학대했던 아버지가 떠오르기 때문이다.	이런 생각을 한다. '어째서 내가 직장을 구해야 하지? 조직은 나를 부려 먹는 데만 급급한데, 왜 내가 열심히 일해야 하지? 안정적인 직장이 생길 때마다, 상사는 나에게 너무 많은 것을 요구한다.'

4. 당신이 기록한 내용을 다시 한 번 살펴본 뒤, 어떤 유형의 문제가 두드러지는지 알아 차려보십시오.

🔔[지금 이 순간, 앞선 연습과제에 대한 반응으로 어떤 생각이 떠오릅니까?]

아마도 당신은 〈연습과제 6-11〉에서 우리가 던진 질문에 답변하는 데 상당한 어려움을 겪었을 것입니다. 왜냐하면 그 질문은 다음 장에서 살펴볼 가치명료화라는 주제까지 고려해야만 답변할 수 있는 성질의 것이기 때문입니다. 연습과제의 보기에서, 그는 직장생활을 유지하거나 혹은 중단하는 것이 자신의 반응선택 능력에 달려 있다는 사실을 어렴풋이 깨달았습니다. 비록 과거에 아버지가 자신을 학대했고 가족을 버렸을지라도 현재 시점에서 직장생활 여부를 결정할 수 있는 사람은 바로 자기 자신이기 때문입니다. 그는 학대하는 아버지에게 맞서지 못한 채 그토록 오랫동안 참았으므로 학대의 책임이 자신에게 있는 것은 아닌지를 고민하면서 몹시 괴로워했습니다. 안타깝게도, 그는 어른인 아버지가 져야 할 책임을 아이인 자신에게 돌렸던 것입니다. 이렇게 비난의 악순환에 사로잡히면 반응선택 능력이 훼손될 수밖에 없습니다. 심리치료 과정에서 비난 대신에 반응선택 능력에 주목했을 때, 그는 자신의 삶을 통제할 수 있는 힘이 자신에게 있다는 사실을 알아차릴 수 있었습니다. 옳고 그름의 도덕적 판단을 내려놓았을 때, 그는 자신의 가족(즉, 그가 소중히 여기는 가치)을 위해서 안정적인 삶을 설계하는 데 심리적 에너지를 쏟을 수 있었습니다.

만약 당신이 판단과 비난과 도덕과의 씨름을 중단한다면, 만약 당신이라는 버스에 타고 있는 승객들과 더 이상 다투지 않는다면, 당신은 어떤 사람이 될까요? 만약 당신이 자신에게 자비와 연민을 베풀기 시작하고 스스로를 수용한다면 어떤 일이 벌어질까요? 여러 외상 생존자들과 작업해 온 우리의 경험에 의하면, 변화의 첫 번째 단계는 자기의 정체성을 알아차리는 것과 밀접한 관련이 있습니다. 다시 말해, 지금까지 항상 현재에 존재했던 당신을 드디어 인식할 수 있게 된다는 것입니다. 이것이 다음 장에서 살펴볼 주제입니다.

마음기록장

◆ 생각

_____

_____

_____

◆ 감정

_____

_____

_____

◆ 자기판단

_____

_____

_____

◆ 신체감각

_____

_____

_____

◆ 행동하고 싶은 충동(어떻게 하고 싶습니까?)

_____

_____

_____

Chapter 07

진정한 자기를 발견하라

외상의 치유
인생의 향유

진정한 자기를 발견하라

"성장하려면, 그리고 진정한 자기를 발견하려면 상당한 용기가 필요하다."

- E. E. 커밍스

외상과 자기

강력한 외상사건의 후유증을 처리하고 견뎌 내는 과정에서 외상 생존자들은 흔히 현재의 자신이 과거의 자신과 사뭇 달라진 것처럼 느낍니다. 위에서 소개한 격언이 웅변하듯이, 자신의 진정한 모습을 발견하고 알아차리는 작업을 하려면 상당한 용기가 필요합니다. 이번 장에서 이 주제에 대해 함께 생각해 보겠습니다. 외상경험은 당신이 본래 지니고 있었던 자연스러운 본성을 종종 왜곡하고 비틀어 버립니다. 그렇게 되면, 당신이라는 존재가 마치 당신이 지니고 있는 기억과 융합된 존재 혹은 버스에 타고 있는 승객들이 당신에 관해 이야기하는 내용과 동일한 존재인 것처럼 여겨지기 시작합니다. 앞에서 우리가 함께 훈련했던 과정을 다시 떠올려 보십시오. 우리는 당신이라는 사람은 당신이 지니고 있는 생각이나 감정과는 다른 차원의 존재라는 점을 깨닫는 데 많은 시간을 투자했습니다. 2장에서 소개했던 르네 마그리트의 그림이 잘 보여 주듯이, 우리는 마음이 자신에 관해 쏟아 내는 말을 쉽게 믿어 버립니다. 그것은 인간이 지니고 있는 보편적 성향입니다. 그러나 생각과 감정만 그런 것이 아닙니다. 당신이 지

275

니고 있는 기억 또한 당신이 아닙니다. 마찬가지로, 당신의 역할도 당신이 아닙니다.

이 시점에서, "그렇다면 나는 도대체 누구인가?"라는 의문이 자연스럽게 생길 것입니다. 심리학적 관점에서 의문에 답변하려고 모색하는 동안, 아마도 당신은 실존적 해답을 발견할 수 있을 것입니다. 잘 아시다시피, 진정한 자기를 발견하는 문제는 인간에게 주어진 당혹스럽고 오래된 숙제입니다. 하지만 마음챙김의 전문가 카밧진(Kabat-Zinn, 1994)이 갈파했듯이, 당신이 어디를 가든지 바로 그곳에 당신이 있기 때문에 조만간 진정한 자기를 발견할 수 있을 것입니다.

어린 시절에 가정에서 심각한 외상사건을 경험했던 분이라면 자신의 참 모습이 무엇인지 혼란스럽다는 말이 무슨 뜻인지 특별히 잘 이해될 것입니다. 모든 아동은 나이에 걸맞은 능력을 발달시켜야 하는데, 이를테면 자기와 타인을 구분하는 방법을 배워야 하고, 자신의 감정을 인식하고 명명할 수 있어야 하며, 자신이 세상에서 어떤 존재인지에 대한 정체감을 획득해야 합니다. 하지만 불행하게도, 심각하게 망가진 가정에서 성장하는 아동은 이러한 능력을 제대로 발달시키지 못합니다. 때로는 부모의 욕구나 소망이 너무 강력해서 아동이 자신의 고유한 정체감을 발달시키지 못하는 경우도 있습니다. 아동이 정체감을 발달시키려고 노력할 때 부모가 혼란스러운 메시지를 보내서 필수적인 발달과업을 성취하지 못하도록 방해하기 때문입니다. 우리는 어린 시절에 자신의 기본적인 욕구, 즉 신체적 욕구와 정서적 욕구가 충족되지 못했다고 호소하는 사람들과 작업해 왔기 때문에 이것을 잘 알고 있습니다.

아동은 부모가 전달하는 메시지를 통해서 자신이 누구인지 알게 됩니다. 만약 그 과정이 건강하다면 평생 긍정적인 자기상을 지니고 살게 됩니다. 예컨대, 어떤 아이가 넘어져서 무릎을 다쳤고 장난감이 부서졌다면 아마 울음을 터뜨릴 것입니다. 이때 부모가 취해야 할 첫 번째 반응은 그 사건에 주의를 기울이는 것입니다. 아이가 속상해하고 있다는 사실에 주목하면, 울음을 터뜨리는 것은 합리적인 반응이라는 메시지를 전달해서 감정을 타당화할 수 있게 됩니다. 아버지는 이렇게 이야기할 필요가 있습니다. "넘어져서 무릎을 다쳤구나. 그리고 네가 좋아하는 장난감 트럭이 망가졌네." 🔔[지금 이 순간, 어떤 생각과 감정과 판단이 떠오릅니까? 알아차려 보십시오.] 아버지는 흐느끼는 아이를 안아 주고 달래면서 지금 아이가 느끼는 감정이 슬픔이고 속상함이라고 명명해 줄 수 있습니다. 그런 다음, 아버지는 부드럽게 아이의 무릎을 닦아 주고 반창고를 붙여 주면서 주변을 정리합니다. 아버지가 아이와 함께 앉아서 위로해 주면, 아이는 돌봄을 받으면서 점차 울음을 그치게 됩니다. 이때 아버지는 부서진 장난감을 고칠 방법을 생각합니다. 하지만 동일한 상황에서 다르게 반응하는 아버지도 있습니다. 그런 아버지는 아무런 문제도 일어나지 않았다는 식으로 이야기합니다. 엄마를 화나게 만들 수 있으니까 울지 말라고 이야기하거나 혹은 우는 아이는 아무도 좋아하지 않으니까 울음을 그치라고 종용합니다. 아동은 비슷한 상황에서 전혀 다른 경험을 하게 됩니다. 첫 번째 경우, 아동은 자신이 주목받을 만한 가치가 있는 사람이라는 것을 배우고 자신의 감정을 명명할 수 있습니다. 두 번째 경우, 아동은 자신의 감정을 무시하거나 혹은 잘못 명명하는 방법을 배웁니다. 아동은 감정을 무시해야 한다는 요구를 전달받고, 만약 그렇게 하지 못할 때는 그러한 감정을 지니고 있는 자신이 이상한 사람이라는 혼란스러운 메시지를 듣습니다. 요컨대, 아동은 부모의 행동을 통해서 스스로를 돌보는 방법을 배우고, 상처를 싸매는 방법을 배우며, 고통스러운 감정을 달래는 방법도 배우는 것입니다.

성적으로 학대당한 사람들 중에는 성적 학대를 긍정적이고 사랑스러운 경험이라고 부적절하게 명명하는 분들이 있습니다. 심지어, 자신이 소망했기 때문에 혹은 자신이 유발했기 때문에 성적으로 학대당한 것이라고 자책하는 경우도 있습니다. 안타깝게도, 성적으로 학대당했던 사실을 주변 사람에게 털어놓았을 때 되돌아왔던 보편적인 반응은 모두가 꾸며 낸 이야기라는 빈정거림 혹은 완전히 무시하는 방관적 태도였다고 호소하는 여성들이 수없이 많습니다. 이런 경험은 사람을 망가뜨립니다. 가장 기본적인 수준에서조차 자신의 경험을 신뢰하지 못하게 되고, 심지어는 자신이 실제로 누구인지를 파악할 수 없게 되기 때문입니다. 과연 학대당한 아이가 거짓말쟁이입니까? 아이가 너무 예민한 것인가요? 아이가 너무 이기적인가요? 하지만 아이들은 실제로 그런 얼토당토않은 이야기를 들었습니다. 아동의 정체감 형성을 방해하는 부모가 반복적으로 아동을 학대하는 병리적 조합이 불명확한 자기인식을 초래하며, 자신의 신체 및 세상과 단절된 상태로 보내는 기간이 길어질수록 자기인식이 모호해집니다.

앞의 두 문단에서, 우리는 '배운다'는 표현을 상당히 자주 사용했습니다. 이것은 이런 종류의 상황에서 아동에게 유익한 반응이 무엇인지를 알려 주는 힌트입니다. 인생에서 일어나는 대부분의 사건처럼, 진정한 자기를 발견하는 과정에도 적잖은 배움이 있습니다. 기꺼이 배우고자 한다면, 당신에게 필요한 것을 얼마든지 배울 수 있습니다. 아직 늦지 않았습니다. 아동기에 명확한 자기인식을 발달시킬 기회를 얻었든지 혹은 놓쳤든지 간에, 당신이라는 존재를 구성하는 일부와의 접촉이 얼마나 심각하게 단절되었든지 간에, 당신은 우리가 소개하는 훈련을 통해서 자기정체감을 발달시킬 수 있습니다. 우리는 당신이 언제나 그 자리에 있었다고 믿습니다. 다만 당신의 진정한 자기와 접촉할 수 있도록 안내하는 약간의 도움이 필요할 뿐입니다.

 **연습과제 7-1** **당신은 지금 어디에 있습니까**

잠시 시간을 내서 진정한 자기를 발견하는 과정이 당신의 삶에서 어떻게 구현될지 생각해 보십시오. 당신의 생각과 감정이 곧 당신은 아니라면, 당신은 과연 무엇입니까? 당신이 성장하는 과정에서 누군가가 진정한 당신을 본 적이 있습니까? 당신의 생각을 적어 보십시오.

_____

_____

_____

_____

_____

🔔[지금 이 순간, 어떤 감정이 찾아왔습니까? 알아차려 보십시오.]

혹시 〈연습과제 7-1〉을 수행하면서 슬픔이나 외로움을 느꼈습니까? 그렇다면, 조금 더 시간을 내서 거기에 잠시 머무를 수 있겠습니까? 진정한 당신의 모습을 아무도 모를 것이라고 가정하고 철저한 가면 뒤에 숨어 버릴 필요가 없습니다. 당신은 당신이 지니고 있는 생각, 감정, 기억, 역할보다 훨씬 큰 존재입니다. 수용전념치료의 용어를 빌리자면, 당신의 자기는 다음의 세 가지 측면으로 구성됩니다. 개념으로서의 자기, 자각으로서의 자기, 그리고 맥락으로서의 자기가 그것입니다.

개념으로서의 자기

모든 사람은 자신이 어떤 사람이라는 나름의 견해를 가지고 있는데, 수용전념치료에서는 이것을 개념으로서의 자기(conceptualized self)라고 부릅니다. 개념으로서의 자기는 주변 사람이나 주변 세상과 관련지어 자신을 묘사하는 광범위한 언어적 표현입니다. 모든 사람은 독특한 역사를 지니고 있으며 거기에 여러 종류의 언어적 명칭을 붙입니다. 대부분의 명칭은 자신에 대한 평가 혹은 판단입니다. 앞에서 살펴본 것처럼, 우리는 자신의 정체감을 비롯한 많은 것을 언어를 통해서 구성하거나 혹은 재구성합니다. 즉, 우리가 자신의 정체감이라고 간주하는 것은 대부분 언어적으로 구성된 개념에 불과합니다. 그러므로 절대적 진실은 존재하지 않습니다. 몇 가지의 일반적 가치(좋다, 나쁘다)와 정의(친구란…… 한 사람이다)로 자신과 타인을 묘사하는 데 동의했을 뿐입니다. 이를테면, 우리는 '친구' '동료' '선생' 등의 명칭으로 자신을 묘사합니다. 우리는 역할을 통해서도 자기를 정의합니다. 또한 착한, 약한, 똑똑한, 우매한, 두려운, 우울한, 초라한 등의 성격 특성도 개념으로서의 자기를 정의할 때 자주 사용되는 표현입니다. 아울러, 뚱뚱한, 키가 큰, 남성적인, 아시아 출신인, 젊은, 늙은, 예쁜, 평범한 등의 신체 특성도 자주 사용되는 명칭입니다. 🔔[지금 이 순간, 당신의 몸에서 어떤 신체 반응이 느껴지는지 알아차려 보십시오.]

연습과제 7-2 개념으로서의 자기를 인식하기

당신이 자신에 대해서 어떻게 생각하고 있는지, 그리고 주변 사람들은 당신에 대해서 어떻게
이야기하는지 생각해 보시고, 아래의 빈칸을 채워 보십시오.

• 나는 이러한 신체적 특성을 가지고 있다(예: 키, 인종, 성별).

_____

_____

_____

• 나는 이러한 곳 출신이다(예: 도시, 지역, 국가, 이웃).

_____

_____

_____

• 나는 이러한 바람직한 특성 및 바람직하지 못한 특성을 가지고 있다.

_____

_____

_____

• 나는 이러한 역할을 가지고 있다(예: 아버지, 동료, 학생, 독자).

_____

_____

_____

• 나는 이러한 사람이다(지금껏 살아온 역사 혹은 행동패턴을 묘사하십시오. 예: 베테랑, 성취자, 장
  남, 약물중독자, 강간 피해자).

_____

_____

_____

- -

    당신이 〈연습과제 7-2〉에서 기록한 것들이 개념으로서의 자기에 해당됩니다. 아마
도 당신은 자신을 외상 생존자로도 묘사하고 있을 가능성이 높습니다. 당신은 자신의
여러 측면을 외상경험과 관련지었을 것입니다. 이번 연습과제의 목적은 개념으로서
의 자기에 사로잡히지 않고 탈융합하는 것입니다. 만약 당신이 개념으로서의 자기를
'반드시 정확할 필요는 없는 당신에 관한 여러 명칭'으로 거리를 두고 바라볼 수 있다
면, 그런 개념을 지니고 살아가는 것 자체가 심각한 문제를 일으키지는 않습니다. 하
지만 개념으로서의 자기와 관련된 평가에 집착하여 그것을 곧이곧대로 믿어 버린다
면 상당히 위험해집니다. 예컨대, 어린 시절에 나쁜 아이라는 말을 빈번하게 들었다면
당신은 그 낙인을 굳게 믿어 버렸을 것이고, 심지어 실제로 나쁜 아이처럼 행동했을
것입니다. 당신은 자신의 나쁜 특성에 대해 줄기차게 생각했을 수도 있고 혹은 나쁜
아이가 되지 않으려고 엄청나게 노력했을 수도 있습니다. 심지어 당신에게 외상사건
이 일어난 까닭은 당신이 나쁜 아이이기 때문이라고 생각했을지도 모릅니다. 수용전
념치료에서 거듭 강조하는 것은, '나쁘다'라는 개념은 그저 언어에 불과하다는 사실
입니다. 그것은 당신이라는 존재를 개념적으로 정의하는 수백 개의 명칭 가운데 하나
일 뿐입니다. 비록 그 개념이 자신이 어떤 사람인지를 잘 설명하는 것처럼 느껴지더라

도, 사실은 그렇지 않습니다.

언어적 개념으로 자신이 어떤 사람인지를 정의하면, 바로 그 개념에 내포되어 있는 양면성에 사로잡혀 버립니다. 예컨대, 매력적인 존재가 되는 일에 과도하게 집착하는 사람은 본질적으로 매력적이지 못한 존재가 될까 봐 지나치게 걱정하게 됩니다. 그것이 어떤 특성이든지 간에, 언어는 상반되는 두 가지 측면을 하나로 연합시키는 기능을 가지고 있습니다. 즉, 상반되는 측면을 동시에 갖지 않고서는 어떤 측면도 별도로 가질 수 없다는 말입니다. 이러한 사실을 입증하는 간단한 실험을 해 봅시다. 다음에 제시된 단어를 하나씩 읽으면서 마음속에 어떤 단어가 떠오르는지 살펴보십시오.

착한

날씬한

똑똑한

시작하는

당신이 일반적인 사람이라면 아마도 나쁜, 뚱뚱한, 멍청한, 끝나는 등의 단어를 떠올렸을 것입니다. 언어적 개념은 동전의 양면과 같습니다. 어떤 측면을 취하면 상반되는 측면도 반드시 취하게 됩니다. 그러므로 당신이 자신의 착한 측면에 대해서 항상 집착하면, 동시에 당신은 자신의 나쁜 측면에 대해서도 항상 집착할 것입니다. 만약 당신이 올바른 삶을 사는 것에 대해 고민한다면, 주기적으로 당신은 올바르지 못한 삶을 살고 있다는 생각으로 고통을 겪을 것입니다. 이런 심리학 실험이 있습니다. 실험에 참여한 사람들에게 북극곰에 대한 생각을 하지 말라고 지시하고, 만일 북극곰이 떠오르면 그 대신에 빨간 폭스바겐을 떠올려서 북극곰에 대한 생각을 억제하라고 주문했더니, 나중에는 빨간 폭스바겐이 북극곰과 유사한 성질을 띠게 되었습니다. 두 가지 개념이 연합된 것입니다(Wegner, 1994). 강력한 언어적 개념을 통해서 자기를 정의하는 것은 일종의 회피입니다. 그것은 회피해야 할 대상을 오히려 더 많이 만들어 내는 역설적 결과를 초래합니다. 당신이 '훌륭한'과 씨름한다면 당신은 이미 '비열한'과의 씨름도 시작한 것입니다. 아무리 노력해도, 마음속에서 그것은 절대로 잊히지 않을 것입니다. 이런 형태의 연합은 언어적 개념뿐만 아니라 상황에 대한 조망과 같은 다양한 현상에서도 똑같이 나타납니다.

어떤 상황을 설명하는 특정한 견해에 사로잡히면, 필연적으로 우리는 그 상황을 설명하는 대안적 견해에는 눈감게 됩니다(Hayes, Strosahl, & Wilson, 1999). 외상 생존자 중에는 자신의 부정적 측면에 과도하게 동일시하는 사람들이 많습니다. 이러한 부정적 동일시로 인해서 자기의 여러 측면을 바라보는 것이 어려워지고, 결국 주어진 상황에 적절한 반응을 유연하게 선택하지 못하게 됩니다. 예컨대, '실패자'라는 부정적 개념에 융합된 사람을 가정해 봅시다. 그는 부정적 자기개념과 불일치하는 자신의 또 다른 모습(예컨대, 직장에서 효율적으로 업무를 수행하는 것)은 제대로 바라볼 수 없습니다. 여기서 주의할 점은 자신을 '유능한'이라고 긍정적으로 개념화할 때도 마찬가지의 결과를 초래한다는 것입니다. 다음의 연습과제를 통해서 이 점을 분명히 살펴보겠습니다.

 **심리적 양극성**

1. 당신이 어떤 사람인지를 묘사하는 세 가지 특징을 생각해 보십시오.

2. 각각의 특징을 기록하고, 옆 칸에는 그 반대 특징도 기록하십시오.

3. 각각의 특징에 대해서, 그 아랫줄에는 강도를 한 단계 높인 특징을 기록하십시오. 예컨대, 처음에 당신을 '똑똑한'이라고 묘사했다면, 그 아랫줄에는 강도를 한 단계 높여서 '현명한'이라고 기록하십시오. 처음에 '매력적인'이라고 묘사했다면, 그 아랫줄에는 '아름다운'이라고 기록하는 방식으로 진행하십시오.

4. 이때 옆 칸에는 반대 특징을 기록해야 한다는 것을 잊지 마십시오.

당신의 특징	반대 특징
a. 똑똑한	어리석은
b. 현명한	무식한
1a.	
1b.	
2a.	
2b.	
3a.	
3b.	

🔔[지금 이 순간, 연습과제를 수행하면서 어떤 생각이 떠올랐습니까? 알아차려 보십시오.]

무언가를 언어로 명명하면 항상 반대말도 함께 떠올리게 됩니다. 즉, 어느 쪽의 극단을 선택하면 반드시 다른 쪽의 극단도 덩달아서 따라오는 것입니다. 만약 자신을 매력적이라고 개념화하면 그 개념화는 곧바로 매력적이지 못한 것과 연합되며, 결국 매력적이지 못한 측면을 회피하려는 시도에 사로잡히게 됩니다. 언어적 개념이 우리가 어떤 사람인지를 진실로 정의한다고 믿으면 믿을수록, 우리는 더욱 피상적인 자기정체감에 얽매일 수밖에 없습니다. 그럴수록 언어적 개념이 더 중요하게 여겨질 뿐만 아니라, 이윽고 세상과 교류하는 과정에까지 더 강력한 영향을 미치게 됩니다.

지금까지의 논의를 정리해 보겠습니다. 자신을 언어적 개념으로 정의한다면 당신은 항상 그 개념의 내용에 사로잡힐 것이며, 또한 그 개념은 반드시 당신에 대한 판단 및 선호와 직결될 것입니다. 더 나아가서 당신이 언어적 개념과 융합된다면, 비록 그것이 긍정적인 내용이라 할지라도, 당신은 삶의 역경에 적절하게 반응하지 못하는 본질적 취약성을 지니게 됩니다. 예컨대, 당신이 외모가 '아름다운' 사람이라는 개념으로서의 자기에 사로잡혀 있는데 교통사고를 당해서 얼굴에 심각한 상처가 생긴다면 어떤 일이 벌어질까요? 그때 당신은 도대체 누구입니까? 언어적 개념과는 질적으로 다른 수준의 자기가 있습니다. 그것을 알아차리도록 돕는 것이 우리의 목적입니다.

자각으로서의 자기

수용전념치료에서는 언어적 개념을 초월하는 질적으로 다른 수준의 자기가 있다고 이야기하는데, 그것이 바로 자각으로서의 자기(self as awareness)입니다. 이것은 끊임 없이 계속되는 당신의 경험을 인식하는 과정을 의미합니다(Hayes, Strosahl, & Wilson, 1999; Hayes & Smith, 2005). 여기서 과정이란 당신의 경험을 변환시키는 내면적 단계들을 뜻합니다. 본질적으로, 자각으로서의 자기는 지금 이 순간에 무언가를 경험하고 있다는 사실 자체를 인식하는 과정입니다. 예컨대, "나는 지금 이런 생각을 가지고 있다." 혹은 "나는 지금 이런 행동을 하고 있다."와 같이 인식하는 것입니다. 지금 이 순간에 생각하는 것과 느끼는 것을 알아차리는 과정도 자각으로서의 자기에 해당합니다. 예컨대, 당신은 지금 춥고 피곤하고 슬프다는 것을 알아차릴 수 있습니다. 요컨대, 자신의 경험을 인식하고 그것을 명명하는 과정이 자각으로서의 자기의 핵심입니다. 이 책에서 논의해 온 다른 모든 것처럼, 자각으로서의 자기 또한 얼마든지 변화시킬 수 있는 학습경험입니다. 사실, 외상경험을 치유하기 위해서는 자각하는 방법 혹은 현존하는 방법을 배워야 합니다. 외상 생존자로서, 당신은 감각이 마비된 사람처럼 아무 것도 느끼지 못하거나 혹은 당신의 내면적 및 외면적 경험과 완전히 단절되어 있을지도 모릅니다(Bryant, 2006). 그래서 자각으로서의 자기를 발전시키는 데 어려움을 겪었을 것입니다. 만약 어린 시절에 외상사건을 경험했다면 특히 더 곤란했을 것입니다.

심리학자들에 따르면, 어린아이는 자신의 감정 혹은 신체감각으로부터 자기를 분리시킬 수 있습니다. 즉, 자신을 둘러싼 세상과 얼마든지 단절된 채로 지낼 수 있다는 것입니다. 1장에서 언급했던 것처럼, 자신의 경험으로부터 물러나는 능력을 해리라고 부릅니다. 🔔[지금 이 순간, 당신의 주의는 어디에 놓여 있습니까? 만약 지금 주의가 흐트러진다면, 부드럽게 다시 돌아와서 책을 계속 읽으십시오.]

해리는 마술과 같은 신기한 현상이 아닙니다. 해리는 고통스러운 경험으로부터 거리를 두는 방법입니다. 해리의 양상은 사람마다 다릅니다. 시간의 흐름을 놓치기도 하고, 방 안을 둥둥 떠다니는 경험을 하기도 하며, 자신의 몸에서 이탈하는 체험을 하기도 합니다. 당연하게도, 반복적으로 외상사건을 겪었거나 심각한 수준의 외상사건을 겪었던 사람이 해리라는 대처방식을 더 빈번하게 사용해서 고통을 회피하려고 노력하게 됩니다. 그런데 만약 당신이 해리를 통해서 과거의 외상경험을 다루고 있다면, 당신은 현재 시점에서 경험하는 사고, 감정, 신체감각과도 단절될 수밖에 없습니다. 그래서 비록 단기적으로는 효과를 얻을지 몰라도 장기적으로는 삶의 중요한 측면을 놓치는 대가를 치르게 됩니다. 그러면 다시 외상사건의 피해자가 될 위험성이 높아집니다(Cloitre & Rosenberg, 2006). 해리를 통해서 부정적인 사고와 감정만 선택적으로 회피할 수 있으면 좋겠지만 안타깝게도 그럴 수는 없습니다. 해리는 모든 경험을 마비시키고 모든 측면과 단절되도록 이끕니다. 따라서 해리 상태에서는 고통을 느끼지 않지만, 동시에 기쁨도 느끼지 못합니다. 마치 뿌옇게 김이 서린 안경을 쓴 것처럼 세상에 대한 인식이 흐릿해집니다. 지금 이 순간과의 접촉이 얼마나 중요한지는 이미 2장에서 마음챙김을 이야기할 때 언급한 적이 있는데, 여기서 한 번 더 강조하고 싶습니다. 마음챙김, 즉 현재의 순간을 자각하는 능력은 날마다 연습해서 발전시킬 수 있는 기술입니다. 하지만 해리는 정반대의 현상입니다.

마음챙김을 위해서는 몸에서 일어나는 신체감각을 느낄 수 있어야 합니다. 그런데 외상 생존자들은 특히 신체감각을 느끼지 못하는 경향이 있습니다. 당신은 끔찍한 사고를 당했을 수도 있고 혹은 엄청난 고통을 경험했을 수도 있습니다. 어린 시절에 벌어진 신체적 학대와 성적 학대 역시 극심할 정도로 고통스러운 신체감각을 동반했을 것입니다(Polusny & Follette, 1995). 또한 사고, 전쟁, 그 밖의 다양한 외상경험의 결과 때문에 신체감각의 고통을 경험하고 있을지도 모릅니다. 그래서 당신은 해리라는 대처반응을 통해서 모든 신체감각을 단절하는 방법을 배우고 사용해 왔을 것입니다.

연습과제 7-4   신체감각을 자각하기

이번 연습과제는 헤이즈와 스미스(Hayes & Smith, 2005)의 책 『마음에서 빠져나와 삶 속으로 들어가라』에 나와 있는 것입니다. 그들의 허락을 구하고 소개합니다.

뻐근한

늘어진

아픈

따가운

가벼운

무거운

막힌

이완된

편안한

고통스러운

따뜻한

차가운

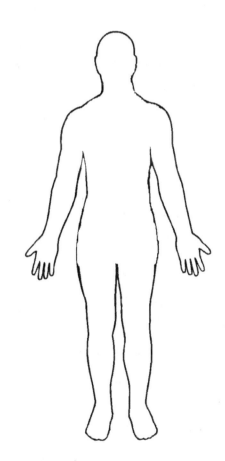

앞으로 몇 분 동안 당신의 몸에서 순간순간 느껴지는 신체감각들을 면밀히 살펴보시기 바랍니다. 오른쪽에는 사람의 몸을 그려 놓았습니다. 왼쪽에는 몸에서 흔히 느껴지는 신체감각을 묘사하는 단어를 나열했습니다. 이번 연습과제를 수행하면서, 몇 분 동안 당신의 몸에 주목하십시오. 그리고 몸에서 느껴지는 여러 가지 신체감각을 알아차려 보십시오. 예컨대, 직장에서 무거운 물건을 드느라 등에서 통증이 느껴질 수 있습니다. 혹은 위장의 불편감을 느낄 수도 있습니다. 몸에서 느껴지는 것을 그냥 알아차리면 됩니다.

신체감각이 찾아오면, 왼손으로 그것을 가장 잘 묘사하고 있는 단어를 지목하십시오. 오른손으로는 신체감각이 느껴지는 곳을 그림에서 지목하십시오. 예컨대, 어깨가 뻐근하게 느껴지면 왼손으로 '뻐근한' 이라는 단어를 가리키면서 오른손으로 어깨를 지목하시기 바랍니다. 앞으로 5분 동안, 지금 당신의 몸에서 느껴지는 모든 신체감각을 알아차려 보십시오. 처음에는 적절한 단어를 찾는 데 어려움을 겪겠지만, 연습을 반복하면 자연스럽게 당신의 신체감각에 집중할 수 있게 될 것입니다.

맥락으로서의 자기

세 번째 자기는 맥락으로서의 자기(self as context)입니다. 이것은 우리가 일상에서 흔히 사용하고 있는 개념이 아니라서 언어로 설명하기가 상당히 까다롭습니다. 우리는 세 번째 자기를 몇 가지 용어로 묘사하는데, 주로 맥락으로서의 자기라고 부르며 가끔은 관찰하는 자기(observer self)라고 부르기도 합니다. 관찰하는 자기는 모든 관찰이 이루어지는 장소인 '당신'의 핵심에 해당합니다. 당신은 오직 현재 시점에 존재할 뿐이며, 당신의 역사, 개념, 사고, 감정 혹은 기타 신체적 또는 언어적 세계를 반영하는 어떤 것으로도 환원될 수 없습니다. 어린 시절에 우리는 대상을 있는 그대로 바라보는 것이 아니라 어떤 일관적 관점 혹은 견해를 통해서 바라보는 것을 배웠습니다. 즉, 대상을 바라볼 때 나, 여기, 지금 등의 관점을 동원한 것입니다. 예컨대, 당신이 '여기'를 통해서 바라보기 시작한 뒤로는 어디를 가나 '여기'가 따라다녔을 것입니다. 당신이 지금을 '지금'이라고 바라보기 시작한 뒤로는 당신이 경험하는 모든 대상은 (그때, 과거에, 미래에 경험하는 것이 아니라) '지금' 경험하는 대상이 되었을 것입니다. 그리고 당신의 눈 뒤에서 자각하고 있는 존재인 '나'라는 일관적 인식을 학습한 이후로 당신은 영원히 '나'인 것입니다.

맥락으로서의 자기는 관찰의 내용이 아니라 관찰이 행해지는 장소를 뜻합니다. 언뜻 보기에, 맥락으로서의 자기는 자각으로서의 자기와 비슷합니다. 그러나 맥락으로서의 자기는 더 다양한 것을 포괄합니다. 세 가지 자기를 크기가 다른 동심원들이 층층이 겹쳐진 것으로 묘사한다면, 맥락으로서의 자기는 가장 바깥쪽에서 모든 것을 포괄하는 동심원에 해당됩니다. 맥락으로서의 자기는 언어가 아니라 체험을 통해서만 제대로 이해할 수 있지만, 이해를 돕기 위해 이렇게 구분해 보겠습니다. 당신이 "지금 나는 이렇게 느끼고 있다." 혹은 "지금 나는 저렇게 행하고 있다."라고 이야기할 때 (즉, 자각으로서의 자기), 당신이 지금 무언가를 인식하고 있다는 바로 그 사실을 인식하는 존재인 또 다른 당신이 있다는 사실을 알아차릴 수 있겠습니까(즉, 맥락으로서의 자기)? 아직까지 우리에게는 맥락으로서의 자기를 측정할 능력이 없으며, 손쉽게 파악할 수 있는 명칭을 붙이지도 못했습니다. 당신도 자신의 일부분인 맥락으로서의 자기를 온전하게 알아차리거나 접촉하지는 못했을 것입니다. 비록 지금까지 항상 거기에 있었고, 당신도 어느 정도는 그것의 존재를 알고 있었을 것임에도 불구하고 말입니다. 따라서 이러한 사실을 일깨우는 것이 중요합니다. 이것은 마치 당신이 무엇을 잃어버린 것도 몰랐는데 그것을 잃어버렸다는 사실을 깨닫게 되는 순간과 비슷합니다. 비록 언어로 표현하는 것이 힘들지라도, 맥락으로서의 자기는 당신의 마음 뒷편에 자리 잡고 있습니다. 지금 시점에서는 모호하게 들리겠지만, 맥락으로서의 자기는 앞으로 외상경험의 후유증을 극복하고 당신의 인생을 찾아가는 데 매우 유익할 것입니다. 당신의 삶이 아무리 요동치더라도, 맥락으로서의 자기가 그 모든 것을 경험하는 예측 가능하고 일관적인 장소를 제공해 줄 것입니다. 앞에서 언급했듯이, 맥락으로서의 자기는 지적인 이해가 아니라 체험적 경험을 통해서 더 잘 접촉할 수 있습니다. 그러니 다음에 소개한 연습과제를 통해 익혀 보시기 바랍니다.

 **연습과제 7-5   관찰하는 자기를 체험하기**

1. 우선 다음의 지시문을 읽으십시오. 명상을 시작하기 전에 지시문부터 읽으십시오.

이번 명상 연습의 목적은 당신을 둘러싸고 있는 모든 외부적 경험의 심연에 존재하는 또 다른 당신과 접촉하는 것입니다. 당신은 이번 연습과제를 해낼 수 있습니다. 연습을 진행하는 동안 당신의 경험은 계속해서 변화될 것입니다. 지금까지 이해한 내용을 바탕으로 곧바로 연습을 시작하십시오. 지시문을 다 읽으신 후 마음에 떠오르는 대로 작업하면 됩니다. 모든 내용을 기억할 필요는 없으며, 당신 자신과 당신의 마음에서 진행되고 있는 과정을 그저 알아차리기만 하면 됩니다. 관찰하는 자기와 접촉하기 위해서 반드시 정확한 방식으로 작업해야 하는 것은 아니라는 점을 기억하십시오.

방해받지 않을 편안한 장소를 물색하십시오. 연습할 때 눈을 감아도 좋고 떠도 좋습니다. 눈을 감으면 자신이 너무 취약한 것 같은 느낌이 든다고 말씀하는 분도 계십니다. 괜찮습니다. 어떻게 하더라도 효과가 있습니다. 만약 눈을 뜨고 연습하려면, 주변 자극 때문에 너무 산만해지지 않을 수 있는 장소에서 한 가지 물체를 응시하십시오. 우선, 당신이 방 안에 앉아 있다는 것을 알아차리십시오. 그 방의 형태를 마음속으로 그려 보십시오. 그리고 당신이 앉아 있는 의자를 알아차리십시오.

자, 이제 당신의 내면으로 들어가서 당신이 의자에 앉아 있다는 것을 알아차리십시오. 의자에 닿아 있는 당신의 다리와 등을 인식하시고, 땅에 닿아 있는 당신의 발도 느껴 보십시오. 잠깐 시간을 내서 의자에 앉은 느낌을 인식하십시오. 어떤 순간에 편안하게 느껴지는지, 어떤 순간에 불편하게 느껴지는지 알아차리십시오. 당신의 몸에서는 여러 가지 신체감각이 느껴집니다. 차가움, 따뜻함, 이완감, 긴장감, 피로감 등이 느껴집니다. 당신의 신체감각은 끊임없이 변화하고 있습니다. 모든 신체감각을 알아차리고 있는 '당신'이 거기에 있다는 것을 인식할 수 있습니까? 당신의 몸은 당신의 일부이지만, 당신이 곧 당신의 몸은 아닙니다.

이제 당신의 마음에 주의를 기울이십시오. 당신의 마음은 갖가지 목소리를 내면서 이것저것을 말하고 있을 것입니다. 이번 연습과제를 어리석은 짓이라고 말할 수도 있고, 이번 연습과제를 해낼 수 없을 것이라거나 혹은 당장 자리에서 일어나서 집안일을 하는 것이 더 낫겠다고 말할지도 모릅니다. 당신은 마음이 작동하며 갖가지 말을 계속해서 쏟아 내고 있다는 것을 알고 있습니다. 좋습니다. 멈추거나 변화시킬 필요는 없습니다. 그냥 알아차리기만 하면 됩니다. 가끔씩 이런 생각에 '생각'이라는 이름을 붙여 주시면 도움이 됩니다. 갖가지 생각이 당신의 마음에 떠오르고 있다는 사실을 알아차리십시오. 그것은 끊임없이 변화되고 있습니다. 하지만 그곳에는 모든 생각을 인식하고 있는 당신이 존재합니다.

이제 당신이 갖가지 감정을 경험하고 있다는 사실을 인식할 수 있는지 살펴보십시오. 감정이 슬픔, 행복, 지루함, 흥미, 기쁨, 죄책감, 수치심, 시기심, 위로감과 같이 끊임없이 변화하고 있다는 사실도 알아차려 보십시오. 당신은 갖가지 감정을 경험하고 있지만, 당신은 그러한 감정보다 더 큰 존재입니다. 비록 당신의 감정은 계속해서 변하고 있지만, 그곳에는 여전히 동일한 당신이 존재하고 있습니다.

이제 당신이 삶에서 갖가지 역할을 해내고 있다는 사실에 주목하십시오. 당신은 엄마 혹은 아빠의 역할을 할 수도 있고, 형제 혹은 자매일 수도 있으며, 할머니 혹은 할아버지일 수도 있고, 아들 혹은 딸일 수도 있으며, 학생 혹은 선생, 친구, 동료, 파트너, 비서, 혹은 의사일 수도 있습니다. 지금 이 순간에는 독자의 역할을 하고 있는 중입니다. 당신에게는 갖가지 역할이 있으며, 그것은 계속해서 변화되고 있습니다. 그러나 모든 역할을 인식하면서도 여전히 동일하게 유지되고 있는 당신이 존재한다는 것을 알아차리십시오.

이번 연습과제를 진행하는 동안 의자, 피부, 생각, 감정, 역할 등을 알아차리고 있는 당신의 일부가 존재한다는 것을 인식하십시오. 그것이 바로 당신의 관찰하는 자기입니다.

자, 이제 지난 겨울에 있었던 어떤 일을 떠올려 보시겠습니까? 감정을 동요시키지 않는 중립적인 사건을 한 가지 떠올려 보십시오. 그 상황으로 들어가서 당신이 어디에 있었는지 기억해 보십시오. 주변을 둘러보면서 그곳이 어디인지 알아차리십시오. 그곳에 다른 사람도 있습니까? 누가 있는지 살펴보십시오. 들려오는 소리, 풍겨 오는 냄새, 느껴지는 색감을 떠올리십시오. 당신의 느낌과 당신이 들었던 말도 기억해 보십시오. 이런 작업을 하는 동안 당신의 눈 뒤에서 모든 것을 경험하고 있는 존재를 알아차릴 수 있습니까? 지금 여기서 작업하고 있는 당신이 존재하는 것처럼, 지난 겨울의 그 시점에서 모든 것을 경험하고 있는 당신이 존재할 것입니다. 언제나 항상 존재하는 당신, 지난 겨울에도 존재했고 지금 여기서도 존재하는 당신을 알아차려 보십시오. 당신의 신체감각, 생각, 감정, 기억, 역할과 과거에 접촉했었고 현재에 접촉하고 있는 당신, 그러나 단지 신체감각, 생각, 감정, 기억, 역할에 불과한 것이 아닌 당신이라는 존재를 인식하십시오. 그것을 생각이나 믿음이 아닌 체험으로 알아차릴 수 있습니까?

이제 이 방으로 다시 돌아오십시오. 이 시점에, 이 방에서, 이 의자에 앉아 있는 당신을 알아차리십시오. 현재의 시점과 현재의 장소로 돌아오십시오.

주의할 것이 있습니다. 외상 생존자 중에서 일부는 외상경험에 대처하는 한 가지 방법으로 자신의 몸과 마음으로부터 해리시키는 전략을 동원하기도 합니다. 하지만 이번 연습과제에서 당신에게 주문하는 것은 해리가 아닙니다. 🔔 [지금 이 순간, 호흡에 주의를 기울이십시오. 당신의 마음이 당신을 어디로 데려가고 있습니까?] 비록 '관찰하기'라는 용어를 사용했지만, 이번 연습과제의 본질은 자기와 '연결하기'에 더 가깝습니다. 즉, 당신의 모든 경험을 자각하고 있는 당신의 일부분, 그러나 경험 그 자체는 아닌 당신의 자기와 연결되는 것입니다. 당신의 다양한 측면과 연결된 상태로 잠시 머물러 보시기를 바랍니다. 만약 해리시키려고 시도하는 당신의 모습을 발견한다면, 부드럽게 다시 연습과제에 주의를 기울이십시오. 마음챙김은 해리가 아닙니다. 마음챙김은 무엇이 다가오더라도 지금 이 순간에 머무는 것입니다. 마치 밀려오는 파도를 회피하지 않고 맞이하는 바닷가의 모래처럼, 내려오는 비와 눈과 햇살을 회피하지 않고 받아들이는 잔디처럼 말입니다. 해변과 잔디는 모든 경험과 접촉하고 있으며, '동시에' 어떤 조치도 취할 필요가 없습니다. 이것이 마음챙김으로 명료하게 깨어 있는 것입니다. 애매하게 혹은 거리감 있게 느껴진다면, 다시 부드럽게 지금 이 순간에 주의를 기울이십시오.

2. 실제로 연습을 실시하기 전에, 앞의 지시문을 다시 한 번 읽고 싶을 수 있습니다. 그렇게 하십시오. 그런 다음에는 눈을 감고서 혹은 어떤 물체를 응시하면서 연습하십시오. 처음에는 정확한 순서나 방식을 따르지 않아도 상관이 없습니다. 바라건대, 이번 연습과제를 여러 차례 반복하십시오. 바로 지금, 최선을 다해 연습하면서 당신 자신에 대한 모든 판단을 그냥 내버려 두시기 바랍니다.

3. 실제로 연습을 실시한 뒤, 맥락으로서의 자기와 연결시키려고 했던 경험에 대해서 몇 가지 적어 보시기 바랍니다. 오늘 하루를 지내는 동안 당신의 일상 경험에 스며들 수 있도록 도와주시기 바랍니다.

_____

_____

_____

_____

〈연습과제 7-5〉를 몇 차례 반복하시기 바랍니다. 만약 어떤 생각이나 심상이 떠오르면, 그것을 인식한 뒤 다시 연습하십시오. 이번 연습과제는 언제나 항상 존재하는 자기, 모든 것을 인식하고 있다는 바로 그 사실을 인식하는 자기와 접촉하려는 시도입니다. 연습을 제대로 못할까 봐 걱정하지는 마십시오. 잠시 의자에 앉아서, 맥락으로서의 자기 혹은 관찰하는 자기를 알아차리면 됩니다. 연습을 몇 차례 반복한 뒤, 다음에 소개하는 연습과제를 덧붙여서 다시 시도해 보시면 좋겠습니다.

〈연습과제 7-5〉와 똑같은 방법으로 시작합니다. 다만 이번에는 당신이 10대였을 때 벌어졌던 사건으로 거슬러 올라가 보겠습니다. 일단 중립적인 혹은 약간 긍정적인 경험에 잠시 머물러 보십시오. 이를테면 학교생활 경험을 떠올려 보십시오. 그 시점의 주변 환경을 떠올리면서 모든 시각, 청각, 후각 경험을 알아차리십시오. 생생한 경험이 떠오를 때까지 잠시 머무르십시오. 거기에 누가 있었습니까? 옷차림은 어떻습니까? 음악소리나 말소리가 들리십니까? 당신이 그 경험의 한복판에 있는 장면을 떠올려 보십시오. 또한 당신에 대해서도 알아차리십시오. 당신은 어떻게 보입니까? 어떤 옷을 입고 있습니까? 머리는 길었나요, 짧았나요? 그 시점에서 당신의 생각과 느낌을 알아차리십시오. 그 시절에 어땠는지 기억할 수 있습니까? 🔔[지금 이 순간, 당신의 호흡에 주의를 기울이십시오.] 자, 그 장면에서 (10대 시절 및 지금 여기) 당신의 눈 뒤에서 당신이 바라보고 관찰하는 모든 것을 인식하고 있는 존재를 알아차릴 수 있습니까? 그곳에는 언제나 함께 하고 있는 당신이 있습니다. 당신이 어렸을 적에 그곳에 있었던 당신 및 나이 든 뒤에 지금 이곳에 있는 당신 말입니다. 지금까지 삶을 살아왔고 모든 감정을 경험했던 당신을 알아차리십시오. 관찰하는 자기를 인식하십시오. 처음에는 흐릿할지 모르지만 반복하면 점점 뚜렷해질 것입니다. 이제 당신이 앉아 있는 이 방, 이 장소로 돌아오십시오.

어느 곳에 있든지 당신의 관찰하는 자기와 접촉하는 작업을 시도하십시오. 어떤 사람에게는 쉬운 작업이겠지만, 다른 사람에게는 굉장히 어려울 수 있습니다. 하지만 연습을 반복하면 비록 당신의 몸과 역할과 생각과 감정은 끊임없이 변할지라도 언제나 그 자리에 당신이 존재하고 있다는 사실을 깨닫게 될 것입니다. 비록 당신을 둘러싼 모든 것이 달라지더라도, 여전히 연속적으로 존재하는 당신의 자기와 접촉할 수 있습니다. 일상생활 동안에 연습할 수 있는 기회를 찾아보십시오. 자신을 둘러싼 세상을 인식하고 있다는 바로 그 사실을 인식할 수 있는 능력, 즉 거리를 두는 능력은 자신을

새로운 방식으로 바라볼 수 있게 도와줍니다.

하지만 그것이 그리 수월하지는 않습니다. 힘들 때는 2장에서 함께 했던 기본적인 마음챙김 기술을 다시 연습하는 것이 좋습니다. 오로지 존재하면서, 생각을 생각으로 인식하고 감정을 감정으로 인식하며 환경을 환경으로 인식하는 능력은 아주 중요합니다. 사실, 이것을 위해 평생을 바치는 사람도 있습니다. 하지만 걱정하지 마십시오. 수도원에 들어가야만 성취할 수 있는 것은 아닙니다. 당신이 간절히 원하는 삶을 살기 이전에 반드시 맥락으로서의 자기와 접촉하는 능력을 완비할 필요는 없습니다. 소홀히 여기지만 마십시오. 앞에서 소개한 연습과제를 반복하면서 장차 당신이 어떻게 변하는지 지켜보십시오. 어떤 분은 연습과제를 녹음해 두고 반복해서 활용하는데, 당신도 그렇게 하면 도움이 될 것입니다.

 현재와 과거를 오가며 당신을 알아차리기

1. 마음에 드는 세 장의 사진을 준비하십시오. 시점이 다른 사진이 좋습니다. 예컨대, 아동기에 찍은 사진, 청소년기에 찍은 사진, 그리고 최근에 찍은 사진을 준비하십시오. 조건에 딱 들어맞는 사진이 없다면 어느 정도 나이 차이가 느껴지는 사진들을 준비하시면 됩니다.

   주의할 것이 있습니다. 이번 연습과제를 수행하는 도중에 감당하기 힘든 감정을 경험할 수도 있습니다. 만약 견디기 힘들면 건너뛰어도 괜찮습니다. 하지만 당신이 할 수 있고 기꺼이 경험하고자 한다면, 이번 연습과제가 분명히 도움이 될 것입니다.

2. 사진을 알맞은 자리에 붙이십시오.

3. 각 사진 아래에 당신이 기억하고 있는 경험을 기록하십시오. 기억이 뚜렷하지 않다면 가능한 추측을 기록해도 괜찮습니다.

	사진 1	사진 2	사진 3
나이, 사건, 상황에 대한 묘사			
그때 경험했던 신체감각			
그때 경험했던 생각			
그때 경험했던 감정			

그때 경험했던 기억			
그때 담당했던 역할			

4. 인생의 시점마다 사진의 모습이 다르고, 그때 경험했던 신체감각, 생각, 감정, 기억, 역할이 다르더라도, 여전히 그대로인 당신이 존재한다는 것을 알아차릴 수 있습니까?

연습과제 7-8 초월적 자기라는 개념에 대한 반응

　당신의 신체감각, 당신의 생각, 당신의 감정, 당신의 기억, 당신이 역할이 곧 당신은 아니라면, 과연 당신은 누구입니까? 지금 어떤 느낌이 떠오르는지 알아차려 보십시오.

　지금까지 우리는 당신의 몇 가지 측면에 대해서 논의해 왔습니다. 다시 논점으로 돌아가서, 당신은 당신의 생각이나 감정이나 당신에게 붙인 모든 명칭보다 더 큰 존재라는 사실을 상기하십시오. 이것은 자신과 세상을 대하는 매우 근본적인 시각입니다. 글을 읽으면서 어떤 생각이나 느낌이 떠오르는지 잠시 기록해 보십시오. 지금까지 당신이 가지고 있었던 견해를 내려놓고 새롭게 바라본다면 어떤 일이 벌어질지 생각해 보십시오.

_____

_____

_____

_____

_____

_____

_____

    이번 연습과제를 수행하면서, 그동안 당신에게 붙였던 언어적 개념이라는 딱지를 떼어 내는 것이 두려웠을 수도 있습니다. 그중에 몇몇은 오히려 좋게 보였을 수도 있으니까요. 그러나 명심하십시오. 당신에게 붙였던 좋은 딱지들과 나쁜 딱지들은 당신의 내부에서 벌어지는 전쟁에서 서로 이기려고 씨름하고 있습니다. 다음의 비유를 통해서 이 점을 살펴보겠습니다.

● 체스판의 비유
    사방으로 무한하게 펼쳐진 드넓은 체스판을 상상해 보십시오. 체스판 위에는 각양각색의 체스말이 놓여 있습니다. 체스게임에서처럼 어떤 말은 검정색이고 어떤 말은 하얀색입니다. 또한 체스말들은 팀을 이루고 있습니다. 비유컨대, 체스판 위의 체스말은 당신의 생각, 느낌, 감각, 판단, 기억을 의미합니다. 어떤 말에는 긍정적인 이름이 붙어 있습니다. 예컨대, 친구와 행복한 시간을 보냈던 기억, 흥겨운 느낌, 학교나 직장에서 성공했던 생각, 편안하게 이완된 상태의 신체감각 등이 여기에 해당됩니다. 다른 말에는 부정적인 이름이 붙어 있습니다. 예컨대, 우울감, 외상이나 학대의 기억, 외로웠던 경험, 고통스러운 신체감각 등이 여기에 속합니다. 그런데 우리의 임상경험에 따르면, 모든 사람이 상당히 비슷한 요소를 가지고 있습니다. 마치 여러 범죄 사건에 반복해서 출현하는 유력한 용의자가 있는 것처럼 말입니다. 모든 사람이 똑같은 외상사건을 경험한 것도 아니고 똑같은 과거를 겪은 것도 아닌데, 모두 비슷하게 부적절감과 슬픔과 외로움을 느끼고 있다는 사실은 참으로 놀랍습니다.

체스판 위의 체스말들은 각자 팀을 이뤄서 치열하게 싸웁니다. 모든 부정적인 말을 체스판 위에서 제거하는 데 몰두하는 싸움은 우리의 삶을 소모합니다. 즉, 우울해지지 않으려고, 고통스러운 경험을 떠올리지 않으려고, 분노하지 않으려고 필사적으로 노력하면서 살고 있는 것입니다. 우리는 마음에 존재하기를 원하지 않는 모든 고통스럽고 부정적인 경험을 제거하기 위해서 결사적으로 애쓰면서 살고 있습니다.

우리는 좋은 편에 가담하려고 하며, 좋은 편의 말을 동원해서 나쁜 편의 말을 무찌르려고 애씁니다. 어떤 의미에서, 우리는 좋은 편에 가담해야만 하며 낙관적이고 긍정적으로 생각해야만 한다고 강요하고 있을지도 모릅니다.

〈해리 포터와 마법사의 돌〉(2001)이라는 영화를 보았다면, 해리와 친구들이 체스대회에 참가했던 장면을 떠올릴 수 있을 것입니다. 주인공부터 청중들까지 모든 등장인물이 각자 자신의 체스말에 올라탄 상태로 상대편에게 공격당하며 두려워하던 장면이 기억나십니까? 한 번이라도 잘못 움직이면, 체스말과 거기에 올라탄 사람 모두가 죽게 됩니다.

영화에서는 그것이 현실인 것처럼 묘사되지만, 우리의 마음속에서 벌어지는 일은 영화와는 다릅니다. 🔔[지금 이 순간, 어떤 반응을 경험하고 있는지 알아차려 보십시오.] 우리 삶에서 체스판 위의 백팀(즉, 자신감, 행복감, '나는 멋있어.'라는 생각)이 흑팀(즉, 슬픔, 부적절감, '나는 그녀를 증오해.'라는 생각)을 반드시 무찔러야만 할 필요는 없습니다. 하지만 우리는 종종 그렇게 해야만 한다고 생각합니다. 적군을 무찌르지 않으면 우리가 멸망할 것 같은 느낌이 들기 때문입니다.

우리는 마치 목숨이 달린 것처럼 전쟁에 참여합니다. 목숨이 달린 문제처럼 느껴지기 때문입니다. 우리는 누군가로부터 비판을 받으면 마치 자신이 부서지는 것처럼 느낍니다. 자기 스스로 혹은 누군가에 의해서 자신이 추하고 무능하며 게으르다고 평가받으면 몹시 위축됩니다. 따라서 우리는 적을 무찌르기 위해서 노력해야만 한다고 생각하게 됩니다. 나쁜 편에 속하는 부정적인 적에 의해서 자신의 모든 좋은 편이 궤멸

될 것 같고, 실패할 것 같으며, 더 이상 싸울 수 없을 것처럼 느낍니다. 그렇게 느끼는 것도 무리는 아닙니다. 왜냐하면 항상 그렇게 배웠기 때문입니다. 당신의 머리가 아니라 우리의 문화가 그렇게 가르쳤습니다. 우리는 집 안을 청소하고, 더럽고 부정적이고 나쁜 것들을 모두 제거하여, 깨끗하고 긍정적이고 좋은 생각과 감정으로 반짝반짝 빛나게 하라는 가르침을 받아 왔습니다.

그런데 체스게임을 조금 다른 각도에서 바라보면 어떨까요? 우리의 몸과 마음에서 벌어지는 체스게임이 해리 포터 영화의 그것과는 다르다면 어떻겠습니까? 비록 두 게임이 별다른 차이가 없는 것처럼 느껴질지라도, 사실은 그렇지 않다는 것을 깨닫는다면 어떻겠습니까? 영화 속의 마법사와는 달리, 당신은 백팀의 체스말 위에 올라탈 필요가 없지 않을까요?

당신은 '나는 실패자다.' 혹은 '나는 우리 반에서 최고다.' 혹은 '나는 옳고 그는 그르다.'는 생각과 같은 체스말을 옹호할 필요도 없고 반박할 필요도 없습니다. 당신이 곧 그 체스말은 아니며, 당신이 곧 '나는 괜찮아.' 혹은 '나는 문제야.'와 같은 생각은 아니라는 것을 깨닫는다면, 그러한 깨달음이 당신의 삶에 어떤 의미가 있을까요? 당신은 체스말 위에 올라탈 필요가 없으며, 당신은 체스말이 아니라 게임이 펼쳐지는 '체스판'과 같은 존재라는 것을 알아차린다면 어떤 일이 벌어지겠습니까?

당신은 좋은 편 혹은 나쁜 편이라고 이름 붙인 체스말이 아니며, 백팀 혹은 흑팀이라는 꼬리표에 의해서 정의되는 존재가 아닙니다. 당신은 모든 경험이 펼쳐지는 체스판입니다. 모든 생각, 느낌, 감각, 판단, 기억이 일어나는 '맥락'이 바로 당신입니다. 당신은 모든 체스말과 긴밀한 접촉을 유지할 수 있습니다. 사실, 그것은 매우 중요한 과정입니다. 당신은 어떤 것으로부터 거리를 둘 필요도 없고, 해리시킬 필요도 없으며, 멀리 도망칠 필요도 전혀 없습니다. 사실, 도망치는 것도 전쟁의 한 가지 방식입니다. 그러므로 마음에서 벌어지는 전쟁을 멈추는 것이 당신을 체스판으로 인식할 수 있게 되는 출발점입니다.

만약 전쟁을 멈추는 것이 두렵게 느껴진다면, 즉 특정한 생각, 경험, 기억, 신체감각, 혹은 당신을 보는 관점과 여전히 맞서 싸워야만 한다고 느껴진다면, 당신은 지금 체스판이 아니라 '체스말' 수준에 사로잡혀 있을 가능성이 높습니다. 체스말은 결코 체스판(즉, 당신)을 해칠 수 없습니다. ♟[지금 이 순간, 어떤 생각이든 떠오르는 모든 것을 알아차려 보십시오.] 하지만 마음에서는 이런 일이 종종 벌어집니다. 어떤 생각이나 감정의 특정한 내용과 융합되면, 승인하지도 않았고 온전히 자각하지도 못한 채로 가상현실 게임에 뛰어들게 됩니다. 게임 도중에 슬픔을 무찔러서 도려 내야만 할 것 같고, '나는 실패자다.'는 나쁜 생각을 제거할 방법을 찾기 위해서 죽기 아니면 살기로 덤비게 됩니다. 체스판 수준으로 되돌아와야 가상현실 게임을 중단할 수 있습니다. 당신은 지금 백팀의 여왕('나는 유능해.')에 올라타 있거나 혹은 흑팀의 여왕('너는 실패자야.')으로부터 구출해야 하는 체스말에 올라타 있지 않다고 이야기할 수 있습니까? 생각으로만 그런 것이 아니라 실제로 그러해야 합니다. 백팀이든 흑팀이든, 체스말은 모두 당신이라는 체스판 위에 놓여 있으며 당신은 그것들 모두를 인식할 수 있습니다. 어느 편이 다른 편보다 더 나은 것이 아닙니다. 그것은 모두 체스판 위에 있을 뿐입니다. 어느 것도 죽이거나 파괴하거나 억제할 필요가 없습니다.

그렇다면, 체스판으로서 당신은 무엇을 할 수 있겠습니까? 당신은 체스말을 모두 지닌 채로 당신이 소중히 여기고 가치 있게 생각하는 삶의 방향으로 나아가겠다고 결심할 수 있습니다. 당신이 모든 기억과 고통과 슬픔을 제거해야만 앞으로 나아갈 수 있는 것은 아닙니다. 사실, 당신도 이미 그런 경험을 해 보셨으리라고 생각합니다. 대부분의 사람들은 비록 삶이 힘겹고 자신이 원하는 대로 흘러가지 않음에도 불구하고 자신이 소중히 여기는 삶을 향해서 매진했던 기억을 지니고 있습니다. 이것은 오직 근본적인 수준에 머물러 있을 때만 가능합니다.

당신은 체스판 수준에서 살아가겠다고 다짐할 수 있으며, 당신이 소중히 여기는 가치 있는 삶을 향해 나아가기 위해서 의식적으로 노력할 수 있습니다. 물론, 체스판 수준과 체스말 수준을 왔다 갔다 왕래할 것입니다. 하지만 걱정하지 마십시오. 우리가 알고 있는 어떤 사람도 항상 체스판 수준에서 살지는 못합니다. 사실, 우리들 자신도 때때로 지금 체스말 수준에서 살고 있다며 농담을 주고받는답니다. 삶의 모든 것이 그러한 것처럼, 체스판 수준에서 더 오랜 시간을 보내려는 의지를 가지고 노력하는 과정에서 일보 전진과 일보 후퇴를 거듭하게 됩니다.

연습과제 7-9   체스판 수준에서 산다는 비유에 대한 반응

지금 당신의 마음에 어떤 생각이 떠오릅니까? 체스판 수준에서 산다는 비유에 대해서 잠시 생각해 보십시오. 개념적으로가 아니라 체험적으로 그럴 수 있을지 따져 보십시오. 몇 분 동안 생각하신 뒤, 체스말 사이의 전쟁에서 벗어나서 체스판 수준에서 산다는 비유에 대한 당신의 반응을 적어 보십시오.

_____

_____

_____

_____

우리가 소개한 내용들을 읽으면서, 이것이 외상경험과 도대체 무슨 관련이 있는지 의아하게 여겼을지도 모르겠습니다. 사실, 지금까지 언급한 견해는 외상 생존자뿐만 아니라 다양한 삶의 문제로 씨름하는 모든 사람에게 유익합니다. 우리는 당신 자신 혹은 가까운 사람이 몹시 고통스러운 경험을 당했기 때문에 당신이 이 책을 읽고 있다는 것을 잘 알고 있습니다. 지금 시점에서는 당신이 언제 그리고 어떻게 체스말 수준의 싸움에 사로잡히게 되는지를 파악하는 것이 유익합니다. 당신이 옹호하려는 백팀의 체스말은 무엇이고, 당신이 무찌르려는 흑팀의 체스말은 무엇입니까? 당신이 과거에 경험했던 것을 기록하는 작업이 이 과정에 도움이 될 것입니다.

이 시점에서, 당신이 겪었던 외상경험의 구체적인 내용을 적어 보시기 바랍니다. 누가, 언제, 무엇을, 어떻게 했는지를 세세하게 기록할 필요는 없습니다. 오직 당신에게 일어난 일에 대한 당신의 반응이 어떠한지를 적는 것이 중요합니다. 이것은 일종의 정서적 글쓰기입니다. 당신 경험의 깊숙한 곳에 자리 잡고 있는 생각과 감정을 글로 써 보십시오. 외상사건과 관련하여 무엇이 떠오르더라도 그냥 기꺼이 그것을 기록하는 것이 목표입니다. 외상경험과 관련된 것은 어떤 것이라도 좋습니다. 다만 감정을 포함시켜야 한다는 점만 유의하십시오.

이번 연습과제를 수행하는 동안 최선을 다해서 당신 자신을 돌보십시오. 우리가 당신과 함께 있을 수는 없겠지만, 우리는 이것이 매우 힘겨운 작업이라는 것을 잘 알고 있습니다. 아울러 우리는 당신이 이번 작업을 해낼 수 있다는 사실도 잘 알고 있습니다. 외상경험에 접근해서 떠오르는 대로 글을 쓰는 작업이 효과적이라는 사실은 여러 심리학 연구에서 밝혀진 바 있습니다. 외상경험이 당신에게 미친 영향을 마음챙김을 통해서 살펴보십시오. 만약 당신이 여전히 불안하거나 혹은 다른 사람의 도움을 받아야만 마무리할 수 있을 것 같다고 느낀다면, 부디 그 느낌을 존중하시기 바랍니다. 당신은 최악의 상태를 견뎌 내고 있습니다. 당신은 외상사건으로부터 살아남았습니다. 만약 혼자서 감당하기 어렵다면, 친구에게 도움을 청하거나 심리치료자를 찾아서 도움을 받으시기를 권하고 싶습니다. 그것이 중용의 길을 찾는 방법입니다. 당신이 망가졌기 때문에 혹은 해내지 못할 것이라고 생각하기 때문에 그렇게 권유하는 것은 결코 아닙니다. 사실 오랫동안 노력해 오지 않았습니까? 고통스러운 생각, 감정, 기억과 함께 벌써 많은 시간을 보내지 않았습니까? 그렇기에, 당신은 가장 힘겨운 작업을 벌써 어느 정도는 진행해 온 셈입니다. 어떤 분은 이번 작업을 스스로 해낼 수 있다고 여길 것이고, 어떤 분은 코치와 함께 작업하는 것이 더 낫겠다고 생각하실 수도 있습니다. 무엇이 더 좋거나 더 나쁘지 않습니다. 어느 쪽이든 상관없는 선택의 문제입니다. 우리는 당신의 욕구를 알아차려 보라고 권유하고 싶습니다. 이번 작업을 마음챙김의 태도로 진행하면서 자신에게 자비와 연민을 베푸시기를 바랍니다.

감정적인 글을 쓸 때 몇 가지 주의해야 할 사항이 있습니다. 제임스 페니베이커(J. Pennebaker)

박사가 『글쓰기 치료(Writing to Heal)』(2004)라는 유명한 책을 집필했는데, 우리는 그의 허락을 얻어서 비슷한 내용을 소개하려고 합니다. 그는 이 분야를 오랫동안 연구해 왔는데, 감정적인 글쓰기는 매우 유익한 효과를 가져다준다고 합니다. 다음과 같은 내용을 유념하십시오.

- 하루에 20분 정도 글을 쓰십시오. 물론 20분 이상 써도 괜찮지만, 외상경험과 관련된 글쓰기가 처음이라면 40분을 넘지 않도록 하는 것이 좋습니다.
- 처음 4일 동안은 매일 글을 쓰십시오. 글을 쓴 시간 및 며칠간 글을 썼는지가 중요한데, 그것이 치유과정의 일부가 됩니다.
- 꾸준히 글을 쓰십시오. 문법적으로 올바른지 혹은 말이 되는지 등에 신경을 쓸 필요는 전혀 없습니다. 유일한 목표는 글을 쓰는 것입니다. 만약 소재가 떨어지면, 전에 썼던 것을 반복하십시오.
- 오직 당신 자신을 위해서 글을 쓰십시오. 다른 사람을 위해서 글을 쓰는 것이 아니므로, 편지를 부칠 필요도 없고 누구에게 전달할 필요도 없습니다. 글쓰기는 오직 당신을 위한 작업입니다. 충격의 강도가 비교적 약하거나 중간 정도쯤 되는 외상경험부터 글쓰기를 시작하는 것이 좋습니다. 가장 강렬한 경험부터 시작하는 것은 바람직하지 않습니다. 당신이 지금 기꺼이 경험할 수 있는 수준에서 시작하십시오.
- 얼마나 길게 써야 하는지 정해져 있는 것은 아닙니다. 사람마다 다릅니다. 다만 이 책에 직접 적는 것보다는 별도의 종이에 적는 것이 좋습니다. 당신이 원한다면 글을 다 쓴 뒤에 찢어 버려도 상관이 없기 때문입니다.
- 오늘부터 당장 글쓰기를 시작하십시오. 글을 쓴 뒤에는 다음의 안내에 따라서 당신이 쓴 글을 평가해 보십시오.

매일 글을 쓰고 난 뒤, 다른 종이를 활용해서 다음 세 가지 질문에 대해서 0점부터 10점까지 점수를 매겨 보십시오. 0점은 '전혀 아니다'에 해당되고, 10점은 '매우 그렇다'에 해당됩니다.

1. 글에서 가장 깊숙한 생각과 감정을 얼마나 표현했는가? _____

2. 글을 쓰면서 얼마나 강렬한 감정을 경험했는가? _____

3. 오늘 실시한 글쓰기 작업이 얼마나 유익하고 의미가 있었는가? _____

　지금 이 순간, 당신이 무엇을 느끼고 있든지 그냥 내버려 두십시오. 괜찮습니다. 그것은 자연스러운 과정의 일부입니다. 만약 글쓰기 연습이 유익했다면, 다른 경험을 한 가지 더 선정해서 4일 동안 똑같이 작업해 보십시오. 그다음에는 멈추어서 작업과정을 평가하십시오. 글쓰기 연습은 과거 및 현재의 스트레스를 다루는 데도 사용할 수 있습니다. 만약 글쓰기가 유익하다면, 계속해서 글을 쓰시기 바랍니다. 그러나 별로 도움이 되지 않는다면 중단해도 좋습니다. 글쓰기는 하나의 수단입니다. 모든 수단이 그러듯이, 글쓰기는 사람과 상황에 따라서 유익할 수도 있고 그렇지 못할 수도 있습니다. 글을 쓰는 목적은 안전한 상황에서 당신의 경험과 접촉하는 것입니다. 글을 쓰는 동안 자신에게 어떤 일이 벌어졌는지 알아차릴 수 있게 되고, 외상사건이 곧 당신이 아니라 당신이 경험한 사건에 불과하다는 것을 인식할 수 있을 것입니다. 이것이 글을 쓰면서 경험하게 되는 치유효과입니다. 글을 쓰는 것이 도움이 된다면, 페니베이커 박사의 책을 읽으면서 더 자세한 내용을 알아보는 것도 좋겠습니다.

　자, 이제 당신이 쓴 글을 우리가 7장에서 논의했던 내용과 연결시켜서 생각해 봅시다. 당신 삶의 일부분에 대해서 조금 다른 관점을 취할 수 있겠습니까? 당신이 겪은 이야기를 관찰자의 관점에서 바라볼 수 있겠습니까? 맥락으로서의 자기가 되어 외상사건을 바라보면서, 외상사건이 곧 당신을 정의하고 당신이 어떤 사람인지를 말해 주는 것이 아니라 그저 당신에게 일어난 어떤 사건이라고 인식할 수 있겠습니까?

　외상사건은 당신이 살아온 역사의 일부분입니다. 체스판의 수준에서 살 때, 당신은 그 경험과 접촉할 수 있으며 당신이 소중히 여기는 삶의 방향으로 나아갈 수 있습니다. 당신의 생각이나 감정, 심지어 역사로 정의되지 않는 다른 차원의 당신이 있다는 것을 꼭 기억하십시오. 당신이 원하는 삶을 살기 위해서 과거의 역사를 제거하거나 변화시킬 필요는 전혀 없습니다. 당신이 기록한 사건은 삶의 중요한 일부임에 틀림이 없습니다. 하지만 그것이 곧 당신은 아닙니다. 비록 그것이 몹시 거대하고 강력할지라도, 당신은 당신의 어떤 경험이나 역사보다 훨씬 더 큰 존재입니다.

이번 장에서 우리가 함께 한 작업의 핵심은 수용과 변화입니다. 연습과제는 몇 가지 목적을 염두에 두고 고안했습니다. 우선, 당신이 당신의 사고보다 감정보다 그리고 기억보다 훨씬 더 큰 존재라는 사실을 인식하시기 바랍니다. 이것은 당신 자신을 판단하지 않고 오직 있는 그대로 경험하는 것을 의미합니다. 당신에 대한 평가 혹은 자신이나 주변 사람이 당신에게 붙인 꼬리표가 아니라, 자신을 있는 그대로 바라보는 것이 중요합니다. 아울러, 우리는 당신의 과거인 역사와 접촉할 수 있기를 바랍니다. 그리고 그 역사를 이미 당신이 견뎌 내고 있는 중이라는 사실을 깨닫기를 간절히 바랍니다. 외상사건을 지워 버리거나 변화시켜야만 당신이 원하는 삶을 살 수 있는 것은 아니라는 사실을 다시 강조하고 싶습니다. 마치 버스에 탄 승객처럼 여기고 그것을 당신과 함께 지니고 갈 수 있겠습니까? 혹은 그것이 당신의 버스를 운전하지 않도록, 그것이 체스판을 좌지우지하지 않도록 반응하실 수 있겠습니까?

비교하고, 평가하고, 판단하는 작업은 진정한 자기와 연결되지 못하도록 방해합니다. 인지적 융합은 온갖 위험으로 가득 찬 세계를 구성하면서 위협적인 체스말을 쏟아 내지만, 융합된 개념이 우리를 실제로 해칠 수는 없습니다. 그것은 오직 언어에 의해 지배되는 가상현실의 세계에서만 맹위를 떨칠 수 있을 뿐입니다. 우리가 함께 한 작업은 현재의 당신을 소중히 여기는 과정이며, 동시에 과거의 당신과 미래의 당신을 소중히 여기는 노력입니다.

마음기록장

◆ 생각

_____

_____

_____

◆ 감정

_____

_____

_____

◆ 자기판단

_____

_____

_____

◆ 신체감각

_____

_____

_____

◆ 행동하고 싶은 충동(어떻게 하고 싶습니까?)

_____

_____

_____

Chapter 08

가치의 명료화

외상의 치유
인생의 향유

가치의 명료화

"내일 죽을 사람처럼 살고, 영원히 살 사람처럼 배우라."

– 간디

더 큰 삶

어느 날 아침에 잠에서 깨어나면서 당신이 그동안 작지만 편안한 공간에서 생활하고 있었다는 사실을 문득 깨달았다고 상상해 봅시다. 안락한 의자, 우아한 카펫, 아름다운 장식, 부드러운 음악 등으로 작은 공간을 채우면서 가꿔 왔고, 당신은 거기서 상당한 만족감을 느낍니다. 그런데 망원경으로 창밖을 내다보니 몇 마일 정도 떨어진 곳에 해변이 있는 것입니다. 당신은 비록 현재 누리고 있는 편안한 공간이 마음에 들기는 하지만 삶의 영역이 협소하게 제한되어 있다는 사실을 인식합니다. 당신은 바다의 파도와 해변의 모래를 온몸으로 느끼고 싶어져서 해변을 향해 출발합니다. 하지만 밖으로 나와 보니, 당신이 머물던 곳 주변에는 깨진 유리조각이 여기저기 널려 있습니다. 심지어 벌써 발에 작은 상처까지 났습니다. 깜짝 놀란 당신은 이내 당신의 오래된 공간으로 돌아갑니다. 바다를 향한 염원은 간절하지만, 밖에 나갔다가 상처를 입을지 모른다는 데 생각이 미치면, 해변의 모래는 까칠할 것이고 바닷물은 차가울 것이라고 스스로에게 이야기합니다. 당신이 머물던 장소는 여전히 편안하니까, 바쁘게 지내면서 바깥을 내다보지만 않으면 아무런 문제도 없을 거라고 생각합니다. 그렇게 한다면, 당신이 해변에 있지 않다는 사실을 깨닫지 못할 것입니다. 열심히 일하면서 바쁘게 지낸다면, 결국 당신은 더 이상 해변을 그리워하지 않을지도 모릅니다.

눈을 높이 들고, 삶을 돌이켜 보면서, 과연 그것으로 충분한지 자문해 보십시오. 이것이 이번 장에서 우리가 함께 하려는 작업입니다. 🔔[지금 이 순간, 마음에 어떤 생각이 떠오릅니까? 알아차려 보십시오.] 지금부터는 당신이 소중히 여기는 삶의 방향으로 나아가기로 선택하는 작업에 대해서, 그리고 그 과정에서 필연적으로 마주치게 되는 유리조각에 기꺼이 접촉하는 작업에 대해서 이야기하려고 합니다. 당신은 이렇게 생각할지 모릅니다. "유리조각 정도라면 얼마든지 다룰 수 있지. 하지만 바깥은 거의 유리광산 수준이잖아." 물론, 위협이 매우 커 보일 것이라는 점을 잘 압니다. 그러나 지금 우리는 당신의 삶을 회복하는 문제에 대해서 이야기하고 있습니다. 우리의 임상 경험에 따르면, 사람들은 이미 자신이 소중히 여기고 간절히 염원하는 삶의 방향이 무엇인지 잘 알고 있습니다. 다만 "내가 정말로 그 해변을 좋아하는 건지 잘 모르겠어. 만약 거기 갔는데 별로 마음에 안 들면 어떡하지?" 혹은 "나는 유리조각을 밟는 고통을 견딜 수가 없어." 혹은 "내가 머물고 있는 작고 아늑한 공간이 너무 좋아. 너무 편안하거든." 혹은 심지어 "바깥으로 나가면 죽을지도 몰라. 나는 이미 너무 많은 상처를 받았잖아." 등과 같은 부정적 재잘거림에 융합되었기 때문에 그 방향으로 나아가지 못하고 있을 뿐입니다.

고개를 들고 당신의 삶을 찬찬히 돌이켜 보십시오. 사방을 두루 살펴본다면, 어느 방향으로 나아가기를 원하는지 선택할 수 있을 것입니다. 이렇게 삶의 방향을 선택하는 과정을 우리는 가치의 명료화라고 부릅니다(Hayes & Smith, 2005; Wilson & Murrell, 2004).

앞선 3장에서, 우리는 당신이 겪는 고통에 괴로움을 덧붙이지 않으려면 고통과 함께 머물러 있어야 한다고 이야기한 적이 있습니다. 그때 우리는 단지 고통스러운 감정들이 무언가 의미 있는 것이기 때문에 그것을 느껴야 한다고 말한 것이 아닙니다. 당신의 감정에 머물러야 하는 진정한 이유는 그렇게 함으로써 당신이 의미 있는 삶을 살아갈 기회를 얻을 수 있기 때문입니다. 유리조각을 밟을 때 나게 될 상처를 체험하는 것이 본질적으로 좋거나 가치 있거나 도덕적이기 때문에 기꺼이 그 상처를 경험할 의향이 있는지 따져 보라고 주문하는 것이 아닙니다. 해변의 파도와 모래와 태양을 즐기기 위해서는 기꺼이 앞으로 나아가서 얼마간의 위험을 감수해야 할 필요가 있지 않겠습니까?

논의를 진척시키기에 앞서, 다음에 소개하는 대담한 연습과제를 한번 시도해 보시기 바랍니다.

 **연습과제 8-1** **인생의 남은 시간이 오직 1년뿐이라면?**

병원에서 인생의 남은 시간이 오직 1년뿐이라는 시한부선고를 들었다고 상상해 봅시다(Hayes, Strosahl, & Wilson, 1999). 그 이야기를 지금 여기에서 가상의 생각이 아니라 실제의 현실처럼 상상해 볼 수 있습니까? 눈을 감고, 마음의 눈으로 그려 보십시오. 어떤 생각, 어떤 느낌, 어떤 감각이 떠오르나요? 자신에게 질문해 보십시오. "나에게 남아 있는 시간이 오직 1년뿐이라면 어떨까? 그게 무엇이든, 과거와 다르게 살고 싶은가?" 잠깐 시간을 내어 생각하시면서, 마음에 떠오르는 것을 검열하거나 판단하지 말고 자유롭게 적어 보십시오.

_____

_____

_____

_____

_____

지금 이 순간에 대한 자각을 유지하면서, 삶의 마지막 순간에 다다랐다는 관점을 지니고 나머지 부분을 계속 읽으시기 바랍니다. 가치의 명료화는 미래에 관한 작업이 아니라, 바로 이 순간의 현재에 대한 작업입니다. 이것은 당신이 지금 살고 있는 삶에 관한 것입니다. 책을 읽는 동안 당신의 마음이 이런 재잘거림을 늘어놓을지도 모릅니다. "나중에 해야지. 시간 여유가 있을 때, 보다 확신이 들 때, ……." 그렇다면, 당신의 마음에 부드럽게 감사를 표현하고 다시 작업을 계속하십시오. 인생의 남은 시간을 숙고하는 연습과제는 과거 혹은 미래에 관한 생각이나 감정에 사로잡히지 않으면서 지금이 순간에 대해서 그리고 진정으로 소중히 여기는 것에 대해서 살펴볼 수 있게 도와줄 것입니다. 사실, 우리들 중의 누구도 자신의 인생이 얼마나 남아 있는지 아는 사람은 없습니다. 이번 장의 첫머리에서 인용한 간디의 말처럼, 마치 내일 죽을 사람처럼 오늘을 산다면 많은 것을 얻게 될 것입니다.

가치란 무엇인가

가치의 명료화 작업을 시작하기 전에, 먼저 가치가 무엇인지부터 정의할 필요가 있겠습니다. 가치는 당신이 선택한 삶의 방향을 의미합니다(Hayes & Smith, 2005; Wilson & Murrell, 2004). 그러므로 가치는 옳고 그름으로 따질 수 없습니다. 왜 그런 가치를 선택하는지 설명할 필요도, 방어할 필요도, 논쟁할 필요도 없습니다. 그런데 가치는 목표와 다릅니다. 가치는 느낌이 아닙니다. 다른 사람이 당신에게 요구하는 것은 가치가 아닙니다. 당신 스스로 선택하는 것이 가치입니다. 가치가 분명해지면 자신이 못나 보이지도 않고 나쁘게 느껴지지도 않으며, 스스로를 채찍질해야 할 이유도 없어집니다. 자신이 소중히 여기는 가치를 명료하게 인식하면 힘이 솟아나기 때문입니다. 가치는 지속적인 것입니다. 가치는 결과가 아니라 과정입니다. 가치는 삶에 존엄과 의미를 부여합니다. 비록 간절히 원하는 결과를 얻지 못했을 때라도 그렇습니다. 이 점에 대해서 앞으로 자세하게 설명하겠습니다.

가치는 옳고 그름의 문제가 아닙니다

🔔 [지금 이 순간, 어떤 생각이나 판단이 떠오릅니까? 알아차려 보십시오.]

가치는 선택의 문제입니다. 그러므로 가치는 옳고 그름의 관점에서 논할 수 없습니다. 이것은 종교에서 정의하는 가치에 대한 전통적인 견해와는 다릅니다. 비록 그런 전통이 당신의 개인적 가치에 영향을 미칠 수는 있겠지만 말입니다. 수용전념치료의 관점을 따르자면, 당신이 소중히 여기는 가치는 삶을 의미 있고 활기차게 만드는 것을 뜻합니다. 비유컨대, 어떤 것을 소중한 가치로 선택하느냐의 문제는 어떤 색깔을 좋아하느냐의 문제와 흡사합니다. 당신은 노란색을 좋아할 수 있지만, 주변 사람은 각각 하얀색, 파란색, 혹은 초록색을 좋아할 수 있습니다. 이 중에서 어떤 것이 올바른 것입니까? 아무것도 그렇지 않습니다. 가치는 주관적인 선택의 영역에 속하는 것입니다. 그러므로 당신이 왜 그런 가치를 선택했는지 설명할 필요가 없고 방어할 필요도 없습니다. 당신이 누군가를 설득한다고 해서 그들에게 절대적인 확신을 이끌어 내고 그들의 견해를 바꿀 수 있겠습니까?

가치의 옳고 그름을 논할 수 없다는 이야기를 듣고, 이런 생각을 떠올렸을지도 모릅니다. '그렇다면 타인에게 나쁜 행동을 하는 사람들은 어떻게 할 것인가?' 다년간의 임상경험 속에서, 우리는 다른 사람을 해치거나 파괴하는 것이 자신의 진정한 가치라고 주장하는 사람을 한 번도 만나 본 적이 없습니다. 비록 타인에게 상처를 입히는 행동을 하는 사람일지라도, 그 사람 역시 자신의 삶을 그런 식으로 마감하기를 원하지는 않습니다. 심지어 끔찍한 범죄를 저지른 사람조차도 그런 가치를 추구하지는 않습니다. 백번 양보해서, 인생에서 그런 가치를 추구하는 사람이 있을 수도 있다고 칩시다. 하지만 우리는 한 번도 그런 사람을 만나 보지 못했습니다. 어쩌면 바로 당신이 타인에게 상처를 입힌 사람일 수도 있겠지만, 지금 이 책을 읽고 있다는 바로 그 사실이 당신이 진정으로 소중히 여기는 가치가 무엇인지 웅변하고 있지 않습니까? 지금 당신은 과거와는 다른 방식으로 살기를 열망하고 있습니다. 임상 활동을 하면서 우리가 경험한 바에 따르면, 사람들이 추구하는 가치는 서로 상당히 비슷한데 공통점은 대부분의 사람이 자신의 삶을 긍정하는 가치를 추구한다는 것입니다. 바라건대, 지금까지 당신이 살아온 모습을 오랫동안 열심히 들여다보십시오. 그리고 누군가가 당신에게 요구하는 가치 혹은 의무적으로 그렇게 해야만 한다고 여겨지는 가치가 아니라, 당신이 정말로 소중하게 여기는 가치가 무엇인지 선택하십시오.

가치는 목표가 아닙니다

가치는 목표와 다릅니다. 버스에 탄 승객의 비유와 연관시켜 생각할 때, 르노에서 출발해서 샌프란시스코에 도착하는 것은 목표일 수 있고, 서쪽으로 향해 가는 것은 가치일 수 있습니다. 가치와 목표를 구분하는 것이 아직 애매하게 느껴질 수 있으니, 좀 더 설명을 해 보겠습니다.

목표는 언젠가는 달성될 수 있는 것, 종료될 수 있는 것, 완성될 수 있는 것입니다. 만약 우리의 목표가 샌프란시스코에 도착하는 것인데 지금 금문교를 건너고 있다면, 이 목표는 조만간 성취될 것입니다. 만약 당신이 심리학 학위를 받는 것을 목표로 해 왔는데 드디어 졸업장을 받았다면, 목표는 달성된 것입니다.

반면, 가치는 영원히 성취되지도 않고 완전히 달성되지도 않는 것입니다. 만약 당신의 가치가 서쪽으로 향해 가는 것인데 현재 샌프란시스코에 도착했다면, 당신은 배를 타거나 비행기를 타고 여전히 계속해서 서쪽으로 향해 갈 수 있습니다. 만약 당신의 가치가 자기계발과 실력향상이라면, 당신은 졸업장을 받은 이후에도 그 가치를 꾸준히 추구할 수 있습니다. 아무리 많이 공부한다고 하더라도 더 배울 것은 항상 남아 있기 마련입니다. 당신은 매일 아침 신문을 보고, 뉴스를 듣고, 워크숍에 참여하고, 당신보다 더 많은 경험을 지닌 동료들의 이야기에 귀를 기울일 수 있으며, 책을 사서 읽을 수도 있습니다.

가치는 바로 지금 여기에서 시작됩니다. 만약 당신이 서쪽으로 향해 나아가고 싶다면, 지금 당장 그렇게 할 수 있습니다. 하지만 목표는 종종 계획과 준비, 기다림을 요구합니다. 예컨대, 당신이 지금 당장 샌프란시스코에 있을 수는 없습니다. 이렇듯이 목표가 목적지라면 가치는 방향입니다. 그러므로 가치는 언제라도 추구할 수 있습니다. 인생의 어떤 시점에서든지, 비록 아직 최종적인 목적지에 도달하지 못했을 때라도, 당신은 "나는 지금 내가 소중히 여기는 가치에 부합하는 방향으로 나아가고 있는가?"라는 질문에 답변할 수 있습니다. 당신이 샌프란시스코로 여행을 떠날 계획을 세우기 시작한 바로 그 시점부터 가치에 부합하는 방향으로 나아가고 있는 것입니다. 이미 당신은 서쪽으로 향하고 있으니까요.

성추행을 당한 이후로 성적인 요구에 대한 두려움 때문에 데이트를 중단한 채 생활하고 있는 외상 생존자가 처한 상황을 같이 살펴봅시다. 비록 데이트를 회피하는 전략이 그동안 효과를 발휘하기는 했지만, 그녀는 점점 더 짙은 외로움과 소외감을 느끼고 있습니다. 따라서 그녀는 자신이 정서적으로 친밀한 관계에서 얻는 경험(인간관계, 유대관계)을 소중하게 여기고 있다는 것을 깨달을 수 있습니다. 🔔[지금 이 순간, 어떤 충동이 느껴집니까? 지금 어떻게 행동하고 싶습니까? 알아차려 보십시오.] 인간관계와 유대관계라는 가치를 추구하면서, 그녀는 몇 가지의 목표를 설정할 수 있습니다. 남자와 데이트하는 것을 목표로 설정할 수도 있습니다. 그런데 이 목표를 달성하기 위해서는 몇 단계를 거쳐야 할 것입니다. 예를 들어 보겠습니다.

- 다른 사람을 만날 수 있는 사교모임이나 조직활동에 참여하기
- 여럿이 함께 데이트하면서 다른 사람과 친해지기
- 잠재적 데이트 상대자의 좋은 점과 나쁜 점을 확인하기
- 호감을 느끼는 사람을 발견하기
- 그와 단둘이 데이트하면서 커피 마시기

예시에서 알 수 있듯이, 상위목표를 성취하기 위해서는 몇 개의 하위목표를 먼저 성취해야 합니다. 물론, 각각의 목표는 성취되고 종료될 수 있습니다. 예컨대, 그녀는 단둘이 데이트하면서 커피를 마시는 목표를 달성했는지 체크해 볼 수 있습니다. 하지만 모든 목표는 동일한 가치에 의해서 추구되고 있습니다. 즉, 인간관계와 유대관계라는

가치는 앞으로 계속 추구해 나갈 방향인 것입니다. 여기서 우리는 당신이 추구하는 가치가 무엇인지 명료화하기를 바랍니다. 꼭 낭만적인 연애관계를 맺어야만 인간관계의 가치를 추구하는 것은 아닙니다. 여러 가지 다른 방법이 있기 때문입니다. 앞의 예시는 그중의 한 경우에 불과합니다.

가치는 과정이며, 결과가 아닙니다

가치는 과정이지 결과가 아닙니다. 스키장에 놀러 갔을 때 우리가 추구하는 목표가 단순히 산 밑으로 내려오는 것이라면, 무엇하러 스키나 스노보드를 타겠습니까? 비록 결과적으로는 산 밑으로 내려오겠지만, 스키를 타는 진정한 이유는 스키 타기 자체를 즐기는 것입니다. 부딪히는 바람을 느끼고, 이리저리 턴을 할 때 느껴지는 감각을 경험하며, 자연과 함께하는 것 말입니다. 하지만 우리는 종종 과정과 결과를 혼동합니다. 만약 진정으로 배움의 가치를 추구한다면, 그리고 학교생활이 당신의 또 다른 가치와 충돌하지만 않는다면, 학위를 받는 데 시간이 얼마나 걸리느냐 하는 것은 그다지 중요한 문제가 아닙니다. 걱정하지 마십시오. 우리도 이러한 혼란이 얼마나 쉽게 일어나는지 잘 알고 있습니다. 우리들 또한 때때로 학교를 빨리 떠나고 싶으니까요!

과정과 결과가 다르다는 것을 보여 주는 예를 한 가지 더 들겠습니다. 당신이 자녀를 갖고 싶어 한다고 가정해 봅시다. 마법사가 요술을 부려서, 20년 후에 당신을 엄마 혹은 아빠라고 부르는 사람을 만났습니다. 그러나 당신은 그 아이가 성인이 되기까지 양육했던 경험은 하나도 기억하지 못합니다. 이런 결과가 당신이 자녀를 갖고 싶어 하는 진정한 의미에 부합합니까? 아마도 그렇지 않을 것입니다. 자녀를 갖고 싶어 한다는 것은, 비록 힘들고 어려울지라도 아이를 양육하는 과정에서 겪는 경험을 원하는 것입니다. 당신이 진정으로 원하는 것은 과정 그 자체이지 결과만은 아닙니다.

경험을 통해서 잘 알고 있듯이, 상위목표는 그리 순조롭게 달성되지 않습니다. 중간에 온갖 일들이 벌어집니다. 비록 중간에 여러 단계를 겪게 될지라도, 당신이 여전히 가치에 부합하는 행동을 하고 있다면 괜찮습니다. 그것이 중요합니다. 이 땅에서 사는 동안 언제라도, 당신은 지금 목표에 부합하는 삶을 살고 있는지 혹은 그렇지 못한지를 따져 볼 수 있습니다. 당신은 지금 서쪽을 향해 나아가고 있습니까?

가치에 입각한 행동을 반복한다고 해서 꼭 어떤 결과를 얻을 것이라고 보장할 수는 없습니다. 하지만 그렇게 행동하면 목표에 도달할 가능성이 훨씬 더 높아집니다. 만약 계속해서 서쪽을 향해 나아간다면, 아마도 우리는 결국 샌프란시스코에 가까워질 것입니다. 혹은 그 비슷한 곳까지 도달할 것입니다. 아울러, 가치에 부합하는 다양한 행동을 하는 과정에서 자신이 진정으로 소중하게 여기는 것이 무엇인지를 더 명확하게 알게 될 것입니다. 궁극적인 질문은 이것입니다. "당신은 어떤 삶을 살기를 원하십니까?" 🔔[지금 이 순간, 당신의 호흡에 주의를 기울이십시오.]

길에서 벗어날 위험

가치에 대해서 논의할 때 우려되는 것이 있습니다. 가치의 명료화 작업이 혹시라도 당신이 스스로를 부적절한 존재라고 평가하거나 혹은 자신이 현재 어떤 기준에 맞추어 살지 못하고 있다고 판단하는 또 하나의 방편이 되지는 않을지 걱정스럽습니다. 이 작업을 하면서 그동안 삶의 몇몇 영역에서 이뤄 온 성과를 만족스럽게 바라볼 수도 있겠지만, 적어도 몇몇 영역에서는 변화가 필요하다는 사실을 인정할 수밖에 없을 것입니다. 그런 경우, 슬픔과 두려움과 가혹한 판단에 빠져들 우려가 있습니다. 닥터로우(Doctorow)라는 작가가 이렇게 이야기했습니다. "소설을 쓰는 것은 야간에 자동차를 운전하는 일과 비슷하다. 밤에는 오직 헤드라이트 불빛이 닿는 곳만 볼 수 있는데, 그래도 당신은 어찌어찌 여정을 마치게 된다." 소설을 쓰는 동안 꾸준히 자신의 글을 고치려는 작가처럼, 당신은 자신이 지금 누리지 못하고 있는 삶의 영역과 현재 추구하지 못하고 있는 가치가 있다는 것을 알아차리게 될 것입니다. 그때, 가치의 명료화 작업은 한 번에 한 가지씩 당신의 길을 밝혀 주는 불빛이라고 생각하십시오. 당신의 마음에 들지 않는 자신의 모습을 목격할 때, 자신을 비난하고 가혹하게 판단하려는 충동을 조절하여 부드러워지도록 할 수 있겠습니까? 어느 누구도 '항상' 자신이 추구하는 가치에 부합하는 삶을 살지는 못한다는 진실을 명심하십시오. 그것은 불가능합니다. 때때로 우리는 자신이 추구하는 가치와 어긋나게 자신과 타인을 비난할 것입니다. 거짓말을 할 수도 있고, 친절하지 못하거나 무책임할 수도 있습니다. 그렇게 하지 말아야겠다고 다짐하면서도 지치도록 일할 수도 있고, 술에 취할 수도 있습니다. 혹은 우리가 소중히 여기는 가치를 배반하는 일도 벌어질 수 있습니다. 하지만 바로 그러한 사실 때문에 가치의 명료화 작업이 유익합니다. 당신이 소중히 여기는 가치는 일종의 나침반 역할을 해서, 지금 서쪽으로 향하고 있는지 그렇지 않은지를 꾸준히 알려 줄 것입니다.

이쯤에서, 서쪽으로 가기를 원했는데 사실은 동쪽으로 가고 있다는 것을 깨닫게 된 순간을 가정해 봅시다. 르노를 출발해서 샌프란시스코를 향해 달리고 있다고 생각했는데, 표지판에는 '80번 도로, 동쪽 방향'이라고 적혀 있는 난감한 상황 말입니다. 이때, 어떻게 하시겠습니까? 표지판을 잘못 보았다고 생각하면서 일단 계속해서 운전한 뒤 다음 표지판을 찾아보시렵니까? 아니면, 계속 동쪽으로 달리면서 스스로에게 이렇게 이야기할 수도 있습니다. "이런 바보 같은 놈!" 혹은 "지금 방향을 돌리면, 길에서 얼마나 많은 시간을 낭비하게 되는 거야?" 혹은 "여기서 멈췄다가 제대로 된 서쪽 출구를 찾지 못하면 어떡하지?" 당신이 100마일이나 더 동쪽으로 와 버렸는데, 여전히 서쪽으로 가기를 원하고 있는 장면을 그려 보십시오. 어떻게 해야 합니까? 당장 핸들을 돌려야 하나요? 방향을 돌렸다가 도로 사정이나 다른 문제 때문에 또 다시 동쪽으로 접어들면 낭패를 보게 될 텐데요? 그러면 어떻게 하시겠습니까? 당신이 소중히 여기는 가치가 달라지지 않는다면, 당연히 다시 서쪽을 향해 운전해야 하겠지요! 몇 번 실수한 것 때문에 몇 년 동안 서쪽 방향의 가치를 향해 나아가는 것을 멈췄던 적이 있습니까? 🔔[지금 이 순간, 어떤 생각이나 감정이 느껴집니까? 알아차려 보십시오.]

살다 보면, 왜 잘못된 길로 들어섰냐고, 왜 좀 더 일찍 방향을 돌리지 않았냐고, 왜 시간과 노력을 낭비했냐고 자신을 꾸짖는 때가 있습니다. 심지어 이미 망가져 버렸으니 계속 그렇게 살아야 한다고 생각하기도 합니다. 하지만 수용전념치료의 관점에서 볼 때, 아직 결코 늦지 않았습니다. 오직 현재의 순간만이 존재할 뿐이고, 당신은 바로 지금 자신이 소중히 여기는 가치에 부합하는 삶을 선택할 수 있습니다.

중요한 점을 하나 더 언급해야겠습니다. 당신이 소중히 여기는 방향으로 나아가고 있을 때도 항상 좋은 느낌만 경험하는 것은 아닙니다. 가끔은 서쪽을 향해 나아가는 것이 고통스럽고 불편할 때도 있습니다. 인간관계를 시작하거나 끝내는 상황, 직장을 바꾸는 상황을 떠올려 보십시오. 다른 사람과 친해지는 것도 처음에는 겁나고 어렵습니다. 감정이 항상 당신에게 진실만을 말하지는 않는다는 사실을 기억하십시오. 감정에 주의를 기울이되, 그것을 가볍게 붙들 수 있어야 합니다. 수용전념치료에서는 '좋은' 감정을 느끼는 것보다는 감정을 잘 '느끼는' 것에 초점을 맞추기를 권합니다. 다시 말해, 당신의 내면에서 벌어지고 있는 일에 주의를 기울이고 접촉하는 것이 무엇보다 중요합니다. 완전히 즐거운 경험만 해야 하는 것이 아니라, 그것이 즐거울 수도 괴로울 수도 있지만 거기에 주의를 기울이는 것이 필요합니다. 2장에서 언급한 것처럼, 감정은 실제의 풍경과 같은 것일 수도 있고 혹은 캔버스의 그림과 같은 것일 수도 있습니다. 진정한 가치를 찾아내는 작업은 대체로 평화롭게 진행되겠지만, 만약 평화가 아니라 위안을 느낀다면 더 자세히 들여다보십시오. 불안하기 때문에 그쪽으로 몰아가고 있을 가능성도 있기 때문입니다.

이런 문제를 다루는 또 하나의 방법이 있습니다. 가치에 부합하는 행동을 하기 위해서 반드시 바람직한 감정을 느껴야만 하는 것은 아니라는 사실을 깨달아야 합니다. 비록 파트너에게 분노의 감정을 경험하고 있을 때라도, 당신은 그에게 사랑스럽게 행동할 수 있습니다. 직장생활에 불만을 느끼는 사람도 여전히 출근할 수 있습니다. 사실, 우리가 불만을 느낄 때마다 결근한다면 생산량은 심각하게 곤두박질칠 것입니다. 우리는 직장이 제공해 주는 것, 예컨대 음식, 안식처, 성취감, 인간관계, 사회공헌 또한 가치 있게 여기기 때문에 불만스럽더라도 직장에 나가는 것입니다. 이것은 우리가 추구하는 다른 가치에도 똑같이 적용됩니다. 예컨대, 친절이나 정직과 같은 가치 말입니다. 만약 어떤 행동을 하는 이유가 그것이 쉽기 때문에, 혹은 사람들이 인정해 주고 자랑스러워할 것 같아서, 혹은 당신에게 화를 내지 않을 것 같기 때문이라면, 당신은 진정으로 소중한 가치를 추구하고 있는 것이 아닙니다. 그냥 감정을 따르고 있는 것입니다. 이번 장의 나머지 부분에서 당신이 소중히 여기는 가치를 분류하는 작업을 진행하면서, 현재 당신이 얼마나 가치에 입각하여 살고 있는지 따져 보겠습니다.

당신의 가치는 무엇입니까

지금부터 인생의 일곱 가지 중요한 영역에서 당신이 추구하는 핵심적 가치가 무엇인지 확인해 보려고 합니다. 일곱 가지 영역이란 가정생활, 직장생활/학교생활, 친구관계, 연인관계, 여가활동, 영성, 그리고 자기를 말합니다. 이번 연습과제는 셸던과 엘리엇(Sheldon & Elliot, 1992)의 치료 작업을 집약한 블랙리지와 샤로키(Blackledge & Ciarrochi, 2006)의 연구, 윌슨과 머렐(Wilson & Murrell, 2004)의 연구에서 차용했습니다. 이번 연습과제를 수행하는 데는 왕도가 없습니다. 🔔[지금 이 순간, 마음속에서 어떤 목소리가 들립니까? 알아차려 보십시오.] 목적은 '당신'이 추구하는 가치를 확인하는 것이지, 다른 사람이 바라는 바를 인식하는 것이 아닙니다. 만약 당신이 아직 전혀 실행하고 있지 않은 것이나 아직 제대로 실행하고 있지 않은 것이라면, 앞으로 어떻게 하고 싶은지 몇 글자 적는 것으로 마무리하셔도 괜찮습니다. 이번 작업은 당신이 나아가려는 방향을 선택하는 데 목적이 있기 때문입니다. 이번 연습과제를 하실 때 주의할 점은 다음과 같습니다. 만약 당신이 소중히 여기는 것이 무엇인지 아무도 모르더라도, 불안감이나 불신감 같은 내적 갈등이 느껴지지 않더라도, 정말로 그것을 추구할 것인지를 곰곰이 생각해 보십시오.

1. 삶의 영역 일곱 가지를 설명한 문장을 읽으면서, 각 영역에서 당신이 어떤 가치를 추구하는지 기록하십시오. 몇 가지 참고사항을 고려하시면 도움이 될 것입니다.

- 당신과 무관하다고 생각되는 영역(예: 연인관계, 영성)이 있으면 건너뛰셔도 괜찮습니다. 하지만, 현재 시점의 삶과 무관하다고 해서 당신이 그것을 무가치하게 여긴다는 뜻은 아닐 수도 있습니다. 이 점을 유념하십시오. 그러므로 너무 빨리 건너뛰지는 마시고, 각 영역이 당신에게 어떤 울림을 주는지 따져 보십시오. 책에 나와 있으니까 모두 완성해야 한다고 생각하실 필요는 없습니다. 전적으로 당신의 삶이고 당신의 선택입니다.

- 가치는 방향이지 목표가 아니라는 사실에 유의하십시오. 예컨대, 배우자에게 정직하기, 가정에 필요한 것을 충실하게 공급하기, 인간관계의 경계를 유지하기, 친구에게 도움 주기, 정서적으로 성숙하기, 모든 살아 있는 생명에게 친절하기, 진실을 말하기 등이 가치에 해당합니다. 이것은 우리가 상담했던 내담자들이 추구했던 가치들입니다. 하지만 여기에 구애받지 말고 당신의 소중한 가치를 선택하십시오.

- 만약 당신이 발견해 낸 것이 모두 결과에 해당한다면, 그것의 이면에 숨어 있는 가치가 무엇인지 탐색해 보십시오. 배우자를 얻고, 학위를 취득하고, 교회에 나가는 것과 같은 특정한 결과의 이면에는 당신이 소중히 여기는 가치가 자리 잡고 있을 가능성이 높습니다. 예컨대, 어떤 결과(가령, 배우자)를 얻는 것이 당신에게 왜 그렇게 중요합니까? 아마도 정서적으로 친밀한 관계를 맺으면서 안전감을 느끼고 배우자에게 돌봄과 지지를 받고 싶은 것이 진정한 이유일 수 있습니다. 그렇다면, 그것이 당신이 추구하는 가치일 것입니다.

2. 각 영역에 당신이 추구하는 가치를 기록한 뒤, 지시에 따라서 1번부터 6번까지의 질문에 답변하십시오.

3. 각 영역의 점수 1과 점수 2, 그리고 점수 3을 계산하십시오. 이 점수의 활용방법은 연습과제의 끝부분에서 소개하겠습니다.

가정생활

가족관계에서 탐색해 보고 싶은 부분 혹은 가족 중에서 특정한 사람과의 관계를 선택하십시오. 지금 함께 살고 있는 가족을 선택해도 좋고, 넓은 의미의 확대가족을 선택해도 괜찮습니다. 예컨대, 그 사람에게 친절하게 행동하기, 이야기를 경청하기, 적절한 경계 유지하기, 충직하게 관계 맺기 혹은 성장을 지원하기 등을 고려할 수 있습니다.

• 가정생활과 관련된 가치

_____

_____

• 앞에서 기록한 가치를 선택한 진정한 이유는 무엇입니까? 각 문항에 1점(전혀 그렇지 않다)부터 5점(매우 그렇다)까지 점수를 매기시고, 해당되는 숫자에 동그라미를 치십시오.

1. 이렇게 살라고 배웠기 때문이다. 이렇게 살지 않으면, 부모님 혹은 소중한 사람이 화를 낼 것이다. 혹은 그렇게 살아야 그들이 좋아할 것이기 때문이다.	1	2	3	4	5
2. 이것을 소중하게 여기지 않으면 당황스럽고, 수치스럽고, 불안하고, 죄책감을 느낄 것이기 때문이다.	1	2	3	4	5
3. 이것을 가치 있게 여기지 않는 사람은 나쁜 사람이거나 사악한 사람이기 때문이다.	1	2	3	4	5
→ 문항 1, 2, 3번의 반응을 더하세요.	점수 1 = _____				
4. 이것이 정말로 중요하기 때문이다. 내가 이것을 소중하게 여긴다는 것을 아무도 모를지라도, 선택은 달라지지 않는다.	1	2	3	4	5
5. 이런 가치에 부합하는 행동을 할 때 평온함과 즐거움을 느끼기 때문이다.	1	2	3	4	5
6. 이것이 삶에 활기를 불어넣고 의미를 부여하기 때문이다.	1	2	3	4	5
→ 문항 4, 5, 6번의 반응을 더하세요.	점수 2 = _____				
→ 점수 1에서 점수 2를 빼세요.	점수 3 = _____				

직장생활/학교생활

직업, 경력, 학업 등의 영역에서 당신이 진정으로 소중하게 여기는 가치는 무엇입니까? 당신에게 직업과 경력 혹은 학업은 자녀를 양육하기 위한 수단일 수도 있고, 종교적 공동체의 일원으로 살아가는 방법일 수도 있으며, 자원봉사 혹은 어떤 형태의 기여일 수도 있습니다. 직업이나 경력 혹은 학업이 당신에게 어떤 의미로 자리매김하고 있는지 자유롭게 생각해 보시고, 당신의 가치에 부합하는 것을 찾아보십시오. 예컨대, 유능해지기, 신뢰를 얻기, 흥미를 추구하기, 지식을 축적하기, 타인을 돕기, 수입을 늘리기 등을 고려할 수 있습니다.

• 직장생활/학교생활과 관련된 가치

_____

_____

• 앞에서 기록한 가치를 선택한 진정한 이유는 무엇입니까? 각 문항에 1점(전혀 그렇지 않다)부터 5점(매우 그렇다)까지 점수를 매기시고, 해당되는 숫자에 동그라미를 치십시오.

1. 이렇게 살라고 배웠기 때문이다. 이렇게 살지 않으면, 부모님 혹은 소중한 사람이 화를 낼 것이다. 혹은 그렇게 살아야 그들이 좋아할 것이기 때문이다.	1	2	3	4	5
2. 이것을 소중하게 여기지 않으면 당황스럽고, 수치스럽고, 불안하고, 죄책감을 느낄 것이기 때문이다.	1	2	3	4	5
3. 이것을 가치 있게 여기지 않는 사람은 나쁜 사람이거나 사악한 사람이기 때문이다.	1	2	3	4	5
→ 문항 1, 2, 3번의 반응을 더하세요.	점수 1 = _____				
4. 이것이 정말로 중요하기 때문이다. 내가 이것을 소중하게 여긴다는 것을 아무도 모를지라도, 선택은 달라지지 않는다.	1	2	3	4	5
5. 이런 가치에 부합하는 행동을 할 때 평온함과 즐거움을 느끼기 때문이다.	1	2	3	4	5
6. 이것이 삶에 활기를 불어넣고 의미를 부여하기 때문이다.	1	2	3	4	5
→ 문항 4, 5, 6번의 반응을 더하세요.	점수 2 = _____				
→ 점수 1에서 점수 2를 빼세요.	점수 3 = _____				

친구관계

친구나 동료, 혹은 당신이 관계 맺고 있는 누구라도 이 영역과 관련이 있습니다. 여러 친구관계 중에서 한 가지 관계에 주목해도 괜찮고, 당신이 앞으로 맺고 싶은 친구관계에 대해서 기록해도 좋습니다. 예컨대, 다른 사람을 보살피기, 신뢰를 얻기, 즐겁게 해 주기, 도움을 베풀기 등을 고려할 수 있습니다.

• 친구관계와 관련된 가치

_____

_____

_____

• 앞에서 기록한 가치를 선택한 진정한 이유는 무엇입니까? 각 문항에 1점(전혀 그렇지 않다)부터 5점(매우 그렇다)까지 점수를 매기시고, 해당되는 숫자에 동그라미를 치십시오.

1. 이렇게 살라고 배웠기 때문이다. 이렇게 살지 않으면, 부모님 혹은 소중한 사람이 화를 낼 것이다. 혹은 그렇게 살아야 그들이 좋아할 것이기 때문이다.	1	2	3	4	5
2. 이것을 소중하게 여기지 않으면 당황스럽고, 수치스럽고, 불안하고, 죄책감을 느낄 것이기 때문이다.	1	2	3	4	5
3. 이것을 가치 있게 여기지 않는 사람은 나쁜 사람이거나 사악한 사람이기 때문이다.	1	2	3	4	5
→ 문항 1, 2, 3번의 반응을 더하세요.	점수 1 = _____				
4. 이것이 정말로 중요하기 때문이다. 내가 이것을 소중하게 여긴다는 것을 아무도 모를지라도, 선택은 달라지지 않는다.	1	2	3	4	5
5. 이런 가치에 부합하는 행동을 할 때 평온함과 즐거움을 느끼기 때문이다.	1	2	3	4	5
6. 이것이 삶에 활기를 불어넣고 의미를 부여하기 때문이다.	1	2	3	4	5
→ 문항 4, 5, 6번의 반응을 더하세요.	점수 2 = _____				
→ 점수 1에서 점수 2를 빼세요.	점수 3 = _____				

연인관계

이 영역은 당신의 남자친구, 여자친구, 파트너, 남편, 아내와 관련된 것입니다. 현재의 연인관계에 대해서 적어도 좋고, 앞으로 원하는 연인관계에 대해서 적어도 괜찮습니다. 예컨대, 친밀한 관계 맺기, 정직한 관계 맺기, 취미를 공유하기, 믿음을 주기, 새로운 경험하기, 육체적으로 가까워지기 등을 고려할 수 있습니다.

• 연인관계와 관련된 가치

_____

_____

_____

• 앞에서 기록한 가치를 선택한 진정한 이유는 무엇입니까? 각 문항에 1점(전혀 그렇지 않다)부터 5점(매우 그렇다)까지 점수를 매기시고, 해당되는 숫자에 동그라미를 치십시오.

1. 이렇게 살라고 배웠기 때문이다. 이렇게 살지 않으면, 부모님 혹은 소중한 사람이 화를 낼 것이다. 혹은 그렇게 살아야 그들이 좋아할 것이기 때문이다.	1	2	3	4	5
2. 이것을 소중하게 여기지 않으면 당황스럽고, 수치스럽고, 불안하고, 죄책감을 느낄 것이기 때문이다.	1	2	3	4	5
3. 이것을 가치 있게 여기지 않는 사람은 나쁜 사람이거나 사악한 사람이기 때문이다.	1	2	3	4	5
→ 문항 1, 2, 3번의 반응을 더하세요.	점수 1 = _____				
4. 이것이 정말로 중요하기 때문이다. 내가 이것을 소중하게 여긴다는 것을 아무도 모를지라도, 선택은 달라지지 않는다.	1	2	3	4	5
5. 이런 가치에 부합하는 행동을 할 때 평온함과 즐거움을 느끼기 때문이다.	1	2	3	4	5
6. 이것이 삶에 활기를 불어넣고 의미를 부여하기 때문이다.	1	2	3	4	5
→ 문항 4, 5, 6번의 반응을 더하세요.	점수 2 = _____				
→ 점수 1에서 점수 2를 빼세요.	점수 3 = _____				

여가활동

당신의 취미, 당신이 즐기는 것, 당신을 편안하게 해 주는 것 등이 이번 영역과 관련됩니다. 예컨대, 자신을 위한 휴식시간 갖기, 웃기, 놀기, 만들기, 운동하기, 배우기, 집안을 가꾸는 취미 갖기 등을 고려할 수 있습니다.

• 여가활동과 관련된 가치

_____

_____

_____

• 앞에서 기록한 가치를 선택한 진정한 이유는 무엇입니까? 각 문항에 1점(전혀 그렇지 않다)부터 5점(매우 그렇다)까지 점수를 매기시고, 해당되는 숫자에 동그라미를 치십시오.

1. 이렇게 살라고 배웠기 때문이다. 이렇게 살지 않으면, 부모님 혹은 소중한 사람이 화를 낼 것이다. 혹은 그렇게 살아야 그들이 좋아할 것이기 때문이다.	1	2	3	4	5
2. 이것을 소중하게 여기지 않으면 당황스럽고, 수치스럽고, 불안하고, 죄책감을 느낄 것이기 때문이다.	1	2	3	4	5
3. 이것을 가치 있게 여기지 않는 사람은 나쁜 사람이거나 사악한 사람이기 때문이다.	1	2	3	4	5
→ 문항 1, 2, 3번의 반응을 더하세요.	점수 1 = _____				
4. 이것이 정말로 중요하기 때문이다. 내가 이것을 소중하게 여긴다는 것을 아무도 모를지라도, 선택은 달라지지 않는다.	1	2	3	4	5
5. 이런 가치에 부합하는 행동을 할 때 평온함과 즐거움을 느끼기 때문이다.	1	2	3	4	5
6. 이것이 삶에 활기를 불어넣고 의미를 부여하기 때문이다.	1	2	3	4	5
→ 문항 4, 5, 6번의 반응을 더하세요.	점수 2 = _____				
→ 점수 1에서 점수 2를 빼세요.	점수 3 = _____				

영성

이번 영역에 대해서는 폭넓게 생각하십시오. 당신의 신앙, 종교활동, 신 혹은 초월적 존재와의 관계 등이 해당되며, 조금 더 폭을 넓히면 자연과의 교감, 기도생활, 명상수련 등도 포함될 수 있습니다. 우리의 경험에 따르면, 영성 영역에 대한 작업을 어려워하는 분들이 많습니다. 그래서 성급하게 끝내 버리게 될 우려가 있는데, 가능하면 시간을 두고 생각하면서 미처 고려하지 못한 것이 있는지 따져 보시기 바랍니다. 당신의 삶에 의미를 더하는 작업이 될 것입니다. 예컨대, 종교적 신심을 깊게 하기, 자연과 교감하기, 정기적으로 명상하기, 영적 공동체에 참여하기, 다른 사람을 섬기기 등을 고려할 수 있습니다.

• 영성과 관련된 가치

_____

_____

_____

• 앞에서 기록한 가치를 선택한 진정한 이유는 무엇입니까? 각 문항에 1점(전혀 그렇지 않다)부터 5점(매우 그렇다)까지 점수를 매기시고, 해당되는 숫자에 동그라미를 치십시오.

1. 이렇게 살라고 배웠기 때문이다. 이렇게 살지 않으면, 부모님 혹은 소중한 사람이 화를 낼 것이다. 혹은 그렇게 살아야 그들이 좋아할 것이기 때문이다.	1	2	3	4	5
2. 이것을 소중하게 여기지 않으면 당황스럽고, 수치스럽고, 불안하고, 죄책감을 느낄 것이기 때문이다.	1	2	3	4	5
3. 이것을 가치 있게 여기지 않는 사람은 나쁜 사람이거나 사악한 사람이기 때문이다.	1	2	3	4	5
→ 문항 1, 2, 3번의 반응을 더하세요.	점수 1 = _____				
4. 이것이 정말로 중요하기 때문이다. 내가 이것을 소중하게 여긴다는 것을 아무도 모를지라도, 선택은 달라지지 않는다.	1	2	3	4	5
5. 이런 가치에 부합하는 행동을 할 때 평온함과 즐거움을 느끼기 때문이다.	1	2	3	4	5

6. 이것이 삶에 활기를 불어넣고 의미를 부여하기 때문이다.	1	2	3	4	5
→ 문항 4, 5, 6번의 반응을 더하세요.	점수 2 = _____				
→ 점수 1에서 점수 2를 빼세요.	점수 3 = _____				

자기

이번 영역은 당신 자신과의 관계에 대한 것입니다. 외상 생존자 중에는 가장 근본적인 수준인 자기와 관련된 영역에 손상을 입은 분들이 많습니다. 심지어 자기가 원하는 것을 인식하는 데 어려움을 겪기도 합니다. 그래서 이번 작업이 불가능하게 여겨질 수도 있습니다. 만약 그렇다면, 현재 수준에서 작업할 수 있는 정도까지만 하시기 바랍니다. 자신에 대해서 더 잘 알게 되면 가치도 변할 수 있다는 사실만 기억하시면 됩니다. 예컨대, 자신에게 친절하기, 비록 다른 사람들이 동의하지 않더라도 당신이 괜찮은 가치를 추구하고 있다는 점을 존중하기, 자신에게 정직하기, 적절한 경계를 설정하기 등을 고려할 수 있습니다.

• 자기와 관련된 가치

_____

_____

_____

• 앞에서 기록한 가치를 선택한 진정한 이유는 무엇입니까? 각 문항에 1점(전혀 그렇지 않다)부터 5점(매우 그렇다)까지 점수를 매기시고, 해당되는 숫자에 동그라미를 치십시오.

1. 이렇게 살라고 배웠기 때문이다. 이렇게 살지 않으면, 부모님 혹은 소중한 사람이 화를 낼 것이다. 혹은 그렇게 살아야 그들이 좋아할 것이기 때문이다.	1	2	3	4	5
2. 이것을 소중하게 여기지 않으면 당황스럽고, 수치스럽고, 불안하고, 죄책감을 느낄 것이기 때문이다.	1	2	3	4	5

3. 이것을 가치 있게 여기지 않는 사람은 나쁜 사람이거나 사악한 사람이기 때문이다.	1	2	3	4	5
→ 문항 1, 2, 3번의 반응을 더하세요.	점수 1 = _____				
4. 이것이 정말로 중요하기 때문이다. 내가 이것을 소중하게 여긴다는 것을 아무도 모를지라도, 선택은 달라지지 않는다.	1	2	3	4	5
5. 이런 가치에 부합하는 행동을 할 때 평온함과 즐거움을 느끼기 때문이다.	1	2	3	4	5
6. 이것이 삶에 활기를 불어넣고 의미를 부여하기 때문이다.	1	2	3	4	5
→ 문항 4, 5, 6번의 반응을 더하세요.	점수 2 = _____				
→ 점수 1에서 점수 2를 빼세요.	점수 3 = _____				

이번 연습과제의 주된 목적은 각 영역에서 당신이 소중히 여기는 가치를 명료화하는 것입니다. 당신이 기록한 가치는 시간이 흐르면서 얼마든지 바뀔 수 있습니다. 8장과 9장에서, 가끔씩 당신이 지금 기록한 내용을 다시 들춰 보도록 요구할 텐데, 당신이 소중히 여기는 삶의 방향인 가치는 외상사건 이후의 새로운 삶을 살아가는 데 결정적인 영향을 미칩니다. 앞으로 그것을 살펴보도록 하겠습니다.

내가 소중히 여기는 가치는 얼마나 내재적인가
여기까지 가치 명료화 연습과제의 앞부분을 마무리했습니다. 이제 각각의 가치 영역에서 당신이 얻은 점수들을 살펴보겠습니다.

• 점수 3이 양수인 가치 영역

_____

_____

_____

• 점수 3이 음수인 가치 영역

_____

_____

_____

만약 어떤 가치 영역에서 얻어진 점수 3이 양수라면, 당신은 그 영역에서 자신이 아닌 다른 사람의 소망을 따르고 있거나 혹은 특정한 감정이나 판단을 회피하고 있는 상태일 가능성이 높습니다. 숫자가 크면 클수록 더욱 그렇습니다. 🔔 [지금 이 순간, 어떤 생각이 떠오릅니까? 어떤 감정이 느껴집니까? 그 감정에 잠시 머무를 수 있겠습니까?]

만약 어떤 가치 영역에서 얻어진 점수 3이 음수라면, 당신은 그 영역에서 누군가로부터 인정받으려는 혹은 비난당하지 않으려는 동기에 의해서가 아니라 스스로 중요하고 의미 있게 여기는 내재적 동기에 의해서 움직이고 있는 것입니다. 숫자가 크면 클수록 더욱 그렇습니다.

점수 3이 양수인 가치 영역을 주의 깊게 살펴보십시오. 그 가치 영역에서 지금 어떤 일들이 벌어지고 있는지 앞으로 함께 살펴보도록 하겠습니다.

지금 마음속에 어떤 판단이 떠오른다면, 그대로 내버려 두시기 바랍니다. 당신을 비난하기 위해서 이번 작업을 수행한 것이 아닙니다. 당신이 소중히 여기는 가치를 분명하게 인식하시기 바랍니다. 만약 자신을 방어하고 싶거나 자신과 논쟁하고 싶거나 자신을 가혹하게 처벌하고 싶더라도 그러한 충동에 휩쓸리지 마십시오. 밀려오고 물러나는 모든 파도를 받아들이는 해변처럼 수용하시기 바랍니다. 마음의 소리 중에서 주목할 만한 내용이 있다면, 부드럽게 거기에 주의를 기울이십시오.

당신이 소중히 여기는 가치가 무엇인지 모르겠다면?

7장에서 언급했듯이, 외상 생존자들은 대체로 자신이 누구인지 그리고 자신이 무엇을 원하는지 잘 모르겠다고 이야기합니다. 이것은 자연스러운 현상입니다. 당신의 경험은 때때로 당신이 무엇을 원하지 않는지를 알려 주는데, 그것이 꼭 당신이 무엇을 원하는지에 대해서도 친절하게 알려 주는 것은 아닙니다. 당신이 동쪽으로 가기를 원하지 않는다고 해서 꼭 서쪽으로 가기를 원하는 것은 아니니까요. 다른 선택도 얼마든지 가능합니다.

외상 생존자들은 자기의 내부에서 일어나는 일보다는 외부에서 일어나는 일에 민감하게 반응하도록 훈련되어 왔습니다. 그렇게 하는 것이 분명히 유익했기 때문입니다. 아마 당신에게도 비슷한 경험이 있을 것입니다.

- 만약 당신이 안전하지 못한 가정환경에서 성장했다면, 거기서 살아남기 위해서 당신은 다른 사람이 당신에게 무엇을 원하는지 유심히 살폈을 것입니다. 그렇게 해서 술이나 약물에 의존하는 부모를 진정시킬 수 있었다면, 저녁시간을 보다 순조롭게 보낼 수 있었을 테니까요.

- 만약 당신이 자연재해나 교통사고를 겪었다면, 외부에서 벌어지는 사건을 미리 예상하고 통제하려고 시도하는 성향이 유난히 발달했을 것입니다. 언제나 일기예보에 귀를 기울인다면, 허리케인이 닥쳐 온다는 소식을 누구보다 빨리 알 수 있었을 테니까요.

- 만약 당신이 참담한 전쟁을 겪었다면, 당신이 진정으로 원하는 것보다는 일단 목숨을 부지하기 위해서 무엇을 해야 하는지를 살피는 것이 더 유익했을 것입니다. 숲 속에서 바스락거리며 움직이는 물체를 빨리 찾아야 적군이 총을 쏘기 전에 당신이 먼저 총을 쏠 수 있었을 테니까요.

- 만약 당신이 폭행이나 강간을 당했다면, 외부자극에 주의를 기울이는 것이 왜 유익한지 잘 알고 계실 것입니다. 주변 환경이 안전한지 예민하게 살핀 뒤에야 비로

소 안정감을 느낄 수 있었을 테니까요.

- 외상후 스트레스장애에서 나타나는 과잉각성과 해리증상은 당신의 내면에 존재하는 고통스러운 감정을 잘 느끼지 못하도록 도와주었을 것입니다. 그 과정에서 당신이 진정으로 소중하게 여기는 것이 무엇인지 또한 잘 알 수 없게 되었을 테지만요.

[지금 이 순간, 마음속에서 어떤 생각이 스치고 지나갑니까? 알아차려 보십시오.] 혹시 수치심이나 죄책감을 느낀다면, 거리를 두고 그것을 바라볼 수 있겠습니까? 혹은 다음과 같은 생각에 휩쓸리지 않고 거리를 유지할 수 있겠습니까? '이것 봐. 심지어 내가 무엇을 원하는지도 모르잖아. 그런데 의미 있는 삶을 살 수 있겠어?' 혹은 '다들 자신이 원하는 것을 알고 있는데, 나만 모르네.' 혹은 '나는 정말로 망가졌어. 심지어 내가 누군지도 모르잖아.' 등의 생각을 하셨을 수 있습니다. 그런 생각을 밀어내려고 애쓰지 마시고 그냥 거리를 두고 바라보시기 바랍니다. 그것은 버스에 타고 있는 승객에 불과합니다. 가치의 명료화 작업을 계속하는 동안, 그런 종류의 생각과 감정을 그저 생각과 감정으로 여기십시오.

다음 연습과제는 아직 발견하지 못한 숨어 있는 가치를 확인하는 데 도움이 될 것입니다. 하지만 이를 위해서는 당신이 겪은 상처를 더 세밀하게 들여다보아야 합니다. 또한 내면적으로 불편한 경험을 전혀 하지 않는다면 당신이 과연 그러한 가치를 원할 것인지, 아니면 다른 가치를 원할 것인지 곰곰이 생각해 보아야 합니다.

연습과제 8-3   **당신의 삶이라는 동전**

대개의 경우, 당신이 겪은 상처의 반대쪽 면을 잘 살펴보면 당신이 소중히 여기는 가치를 어렵지 않게 발견할 수 있습니다. 만약 당신이 무언가를 소중히 여기지 않았다면 그렇게 상처를 받지도 않았을 것이기 때문입니다. 그런 의미에서, 당신이 겪은 고통이 오히려 좋은 동맹군이 될 수 있습니다. 이렇게 해 보십시오. 당신이 회피하는 것이 무엇인지 잘 살펴보면, 당신이 고통스럽게 여기는 것을 파악할 수 있을 것입니다. 더 나아가서, 당신이 고통스럽게 여기는 것이 무엇인지 잘 살펴보면, 당신이 소중하게 여기는 것을 파악할 수 있을 것입니다. 예를 들어 보겠습니다.

회피하는 상황, 감정, 생각	회피하는 방식	치르는 대가
사람들과의 만남을 회피함 (부정적 평가가 두려워서, 자기를 싫어할까 봐)	파티에 가지 않음	친구를 사귀지 못함
남자와 단둘이 데이트하는 것을 회피함 (폭행당할까 봐, 이용당할까 봐)	데이트하지 않음	애인을 사귀지 못함 외로움

고통과 가치는 동전의 양면과 같습니다. 다른 사람에게 창피를 당하거나 혹은 거절을 당할까 봐 두려워하는 사회공포증이라는 증상이 있는데, 사회공포증을 갖고 있는 사람이 간절하게 원하는 것은 역설적이게도 바로 인간관계입니다. 이 경우, 동전의 앞면은 '인간관계'이고 동전의 뒷면은 '거절에 대한 공포와 걱정'에 해당합니다. 사회공포증을 갖고 있는 사람은 인간관계를 맺지 않거나 사회적 상황을 회피하면 거절당하는 것에 대한 두려움을 어느 정도 감소시킬 수 있을 것입니다. 하지만 그런 식으로 계속해서 회피한다면 인간관계에 대한 욕구마저도 충족시킬 수 없게 됩니다. 동전을 던져 버렸기 때문입니다.

동전의 양면

회피하는 고통   대가

'나를 싫어하면 어떡하지?'

대가의 이면에 숨어 있는 가치

인간관계

상처받을까 봐 두려움

유대관계

1. 이러한 문제와 관련된 작업을 함께 해 보겠습니다. 먼저, 당신이 겪었던 외상경험을 떠올리십시오. 다음으로, 그 외상경험 때문에 줄곧 회피하고 있는 상황과 감정이 무엇인지 생각해 보십시오. 어떤 상황을 회피하고 있습니까? 어떤 감정과 생각을 회피하고 있습니까? 구체적으로 어떤 방식으로 회피하고 있습니까? 그리고 회피 때문에 당신이 치르고 있는 대가는 무엇입니까? 다음에 마련된 칸에 네 가지 정도를 적어 보십시오.

회피하는 상황, 감정, 생각	회피하는 방식	치르는 대가
1.		
2.		
3.		
4.		

2. 위의 작업을 통해서, 당신이 치르고 있는 대가의 이면에 숨어 있는 가치를 파악할 수 있겠습니까? 그것을 아래에 제시된 동전 그림의 뒷면(오른쪽)에 적어 넣으십시오. 아울러, 당신이 찾아낸 가치에 부합하는 삶을 살려면 구체적으로 어떤 상황에 대한 반응이 달라져야 할지 따져 보십시오. 그것이 바로 당신이 회피하는 상황, 감정, 생각에 해당될 것입니다. 그것을 동전 그림의 앞면(왼쪽)에 적어 넣으십시오. 앞의 그림을 참고하시면 됩니다.

동전의 양면

회피하는 고통   대가

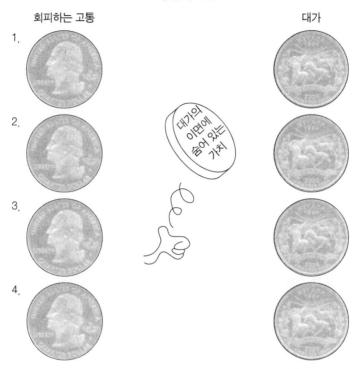

1.

2.

대가의
이면에
숨어 있는
가치

3.

4.

3. 이제, 당신 인생의 네 가지 동전을 하나씩 살펴보십시오. 당신은 각 동전의 뒷면에 적어 넣은 가치들을 얼마나 소중하게 여기십니까? 동전은 필연적으로 앞면에 적혀 있는 고통을 유발할 텐데, 그럼에도 불구하고 동전을 던져 버리지 않고 기꺼이 지니시겠습니까? 그런데 당신은 이미 어떤 식으로든 우리의 질문에 대답하고 계십니다. 바로 지금 당신이 살아가고 있는 모습이 대답이기 때문입니다. 만약 당신이 동전을 지닌 채 살고 있다면, 그것을 알아차려 보십시오. 만약 당신이 동전을 내버린 채 살고 있다면, 자신에게 부드럽게 질문해 보십시오. 과연 이것이 내가 진정으로 원하는 삶인가?

만약 상당한 기간 동안 자신을 돌보지 않으면서 살아왔다면, 당신이 소중히 여기는 가치가 무엇인지를 분명하게 파악하는 작업이 특히 중요합니다. 당신이 겪고 있는 고통을 감내하기 위해서 그렇게 해야 하며, 당신이 궁극적으로 원하는 삶을 살기 위해서 그렇게 해야 합니다. 다음에 소개하는 연습과제에서 이 점을 함께 살펴보겠습니다.

연습과제 8-4 만약 _____ 하기만 하다면, _____ 할 텐데!

당신도 '만약 _____ 하기만 하다면, _____ 할 텐데!' 라는 생각을 해 본 적이 있으시죠? 이 문장의 첫 번째 빈칸은 당신이 불가능하다고 생각하는 어떤 것에 해당합니다. 두 번째 빈칸은 만약 그 불가능한 일이 벌어지면 당신의 삶이 어떻게 달라질지에 관한 것입니다. 이것은 과거의 사건일 수도 있고, 미래의 사건일 수도 있습니다. 예를 들어 보겠습니다.

1. 만약 내가 백만장자였다면, 딸을 대학에 보낼 수 있었을 텐데.
2. 만약 내가 대학을 졸업했다면, 내가 지금 그 사람의 상사였을 텐데.
3. 만약 내가 술을 조금만 마셨다면, 오늘 아침이 이렇게 힘들지 않았을 텐데.
4. 만약 내가 남편과 결혼하지 않았다면, 그런 학대를 당하지 않았을 텐데.
5. 만약 내게 운동할 시간이 있다면, 체중을 줄이고 건강을 회복할 텐데.
6. 만약 내게 시간적 여유가 있다면, 여성상담센터에서 자원봉사를 할 텐데.
7. 만약 내가 친구를 더 사귄다면, 이렇게 항상 외롭지는 않을 텐데.

예시한 문장들을 천천히 살펴보십시오. 이 중에서 어떤 것(예: 앞으로 친구를 더 사귀는 것)은 변화가 가능하지만, 어떤 것(예: 과거에 다른 사람과 결혼하는 것)은 변화가 불가능합니다. 이것이 핵심입니다. 당신은 과거를 변화시킬 수는 없습니다. 물론, 미래에 백만장자가 될 가능성도 높지는 않습니다. 고통에 사로잡혀 있을 때, 당신의 마음에는 위와 같은 '만약 _____ 하기만 하다면, _____ 할 텐데!' 라는 생각이 반복적으로 떠오를 것입니다. 그러면 당신은 절망감을 느끼게 될 것이고, 이전보다 더 큰 고통을 겪게 될 것입니다. 🔔[지금 이 순간, 마음에 무엇이 떠오르는지 알아차려 보십시오.]

그러나 좋은 소식이 있습니다. '만약 _____ 하기만 하다면, _____ 할 텐데!' 라는 생각의 이면에는 당신이 소중히 여기는 가치가 숨어 있습니다. 특히 '_____ 할 텐데!' 라는 뒷부분이 바로 당신이 갈망하는 삶, 당신이 소중히 여기는 가치를 잘 보여 줍니다. 몇 가지 예를 들어 보겠습니다.

1. 만약 내가 백만장자였다면, 딸을 대학에 보낼 수 있었을 텐데.
    → 가치: 가족을 경제적으로 지원하기
2. 만약 내가 대학을 졸업했다면, 내가 지금 그 사람의 상사였을 텐데.
    → 가치: 직장에서 자유와 융통성을 갖기
3. 만약 내가 술을 조금만 마셨다면, 오늘 아침이 이렇게 힘들지 않았을 텐데.
    → 가치: 신체적으로 건강하게 살기
4. 만약 내가 남편과 결혼하지 않았다면, 그런 학대를 당하지 않았을 텐데.
    → 가치: 존중받기
5. 만약 내게 운동할 시간이 있다면, 체중을 줄이고 건강을 회복할 텐데.
    → 가치: 건강한 몸을 가꾸기
6. 만약 내게 시간적 여유가 있다면, 여성상담센터에서 자원봉사를 할 텐데.
    → 가치: 지역사회에 공헌하기
7. 만약 내가 친구를 더 사귄다면, 이렇게 항상 외롭지는 않을 텐데.
    → 가치: 사회적 지지세력을 확보하기

비록 '만약 _____ 하기만 하다면, _____ 할 텐데!' 라는 생각이 현실에서 모두 실현되기는 어렵겠지만, 그 이면에 숨겨진 당신의 개인적 가치에 부합하는 삶을 사는 것은 얼마든지 가능합니다. 이렇게 해 보십시오.

다음의 표에서, 각 가치 영역마다 세 개씩 '만약 _____ 하기만 하다면, _____ 할 텐데!' 라는 생각을 떠올려 보십시오. 이때, '만약 _____ 하기만 하다면,' 에 해당하는 앞부분에는 당신이 달성하기 힘들다고 생각하는 목표를 기록하십시오. 미리 한계를 긋지는 마시고 그냥 당신이 소망하는 내용을 적으시기 바랍니다(왼쪽에서 두 번째 칸). 이어서, '_____ 할 텐데.' 에 해당하는 뒷부분에는 앞부분에 적은 소망이 충족되었을 때 당신이 얻게 될 결과를 적으십시오(왼쪽에서 세 번째 칸). 마지막으로, 왼쪽에서 네 번째 칸에는 당신이 소중히 여기는 가치를 기록하십시오. 이것은 이상적으로 얻어질 결과의 이면에 감추어져 있는 것입니다. 예를 들어 보겠습니다.

가치 영역	'만약_____라면'	'_____할 텐데'	개인적 가치
1. 가정생활	밤낮으로 일하지 않아도 된다면 부모님과 같은 지역에 산다면 여동생과 더 친밀하게 지냈다면	배우자와 더 시간을 보낼 수 있을 텐데 연로하신 부모님을 돌볼 수 있을 텐데 조카에게 야구를 가르칠 수 있을 텐데	배우자와 정서적으로 친밀하기 부모님께 사랑의 마음을 표현하기 조카의 삶에 긍정적인 영향을 끼치기

앞의 예시를 참고하여, 다음에 마련된 표에 당신의 생각을 적어 보십시오.

가치 영역	'만약_____라면'	'_____할 텐데'	개인적 가치
1. 가정생활			
2. 직장생활			
3. 친구관계			

4. 연인관계			
5. 여가활동			
6. 영성			
7. 자기			

🔔[지금 이 순간, 마음에 무엇이 떠오르는지 알아차려 보십시오.]

이번 연습과제를 수행하면서 어떤 생각과 감정이 떠올랐습니까? 당신은 "만약 _____ 하기만 하다면, _____ 할 텐데!"라는 문장을 기록하는 과정에서 슬픔이나 실망감을 느꼈을 수도 있고, 자기비난에 사로잡혔을 수도 있습니다. 이것은 자연스러운 현상입니다. 왜냐하면 앞에서 기록한 내용은 당신에게 소중하고 의미 있음에도 불구하고 지금 현재의 삶에서 실천하지 못하고 있는 것이기 때문입니다. 그래서 상실감을 느낄 수도 있고 의기소침해질 수도 있습니다. 하지만 당신이 소중히 여기는 가치를 명료하게 파악하는 작업을 하면서 적잖은 희망도 느꼈을 것입니다. 그것이 중요합니다.

외상, 공포, 회피 그리고 가치

당신이 소중히 여기는 가치를 파악하고 그 가치에 부합하는 삶을 사는 것이 어렵게 여겨지는 데는 나름의 까닭이 있습니다. 외상 생존자의 입장에서는 회피하는 것이 가장 손쉬운 대처방법이기 때문입니다. 공포의 대상을 회피하면 공포의 경험으로부터 벗어날 수 있고, 그 밖의 불편한 감정, 생각, 신체감각, 기억 등에서 벗어날 수 있습니다. 외상경험에 동반되는 자연스러운 반응들 중에서 가장 두드러지는 감정이 공포이므로 여기서는 주로 공포에 대해서 이야기하겠습니다. 하지만 당신이 원하지 않는 모든 내적 경험에도 똑같은 설명을 적용할 수 있으니, 잘 익혀 두시기 바랍니다.

외상사건을 겪는 과정에서 공포감정을 경험하고 회피행동을 하는 것은 기본적으로 적응적이며 결과적으로 생명을 보존하는 데 도움이 됩니다. 외상사건이 벌어지는 상황에서 공포감정을 경험하는 것은 지극히 정상적이고, 회피행동은 당신을 위협으로부터 보호해 줍니다. 허리케인 카트리나 생존자의 예를 들어 보겠습니다. 그들은 공포감정을 경험했기 때문에 끔찍한 홍수가 밀려오기 전에 신속하게 집 밖으로 빠져나와서 높은 지대로 대피할 수 있었습니다. 또한 건물 옥상으로 대피한 사람들은 홍수에 떠내려가는 수많은 시신들을 쳐다보지 않아야만, 즉 회피행동을 해야만 자신의 생존에 초점을 맞출 수 있었을 것입니다. 앞서 언급했듯이, 외상사건을 경험하는 동안에 우리는 안전과 생존을 유지하는 데 혼신의 노력을 기울이게 됩니다. 머리 위로 총알이 빗발치듯 날아다니는 전쟁터에 있을 때, 당신이 그 순간에 어떤 감정을 느끼고 있는지 차분히 들여다보는 것이 무슨 도움이 되겠습니까? 하지만 외상사건이 이미 종료된 뒤에도 공포감정을 경험할 때마다 유일하게 할 수 있는 반응이 회피행동이라면 어떻겠습니까? 그 결과는 매우 참담할 것입니다.

이처럼 외상 생존자가 공포를 경험할 때 회피행동을 하는 것은 건강한 측면과 건강하지 못한 측면을 모두 포함하고 있기 때문에, "당신이 경험하는 공포를 언제나 직시하라!"와 같은 단순한 규칙은 아무런 도움이 되지 않습니다. 특히, 직시한다는 것이 외상상황에 머무르는 것을 의미할 때는 더욱 그렇습니다. 예컨대, 교통사고 직전에 경험하는 공포에 대해서 생각해 봅시다. 이 경우, 당신은 공포를 직시하기보다는 공포에 반응하고 싶을 것입니다. 즉, 공포에 압도되어 머무르는 것보다는 다가오는 자동차와 충돌하지 않기 위해서 운전대를 급하게 돌리는 반응을 하는 것이 더 유익하다는 말입니다. 그렇게 반응해야 목숨을 구할 수 있기 때문입니다. 이처럼 강렬한 공포감정은 우리가 위협적인 상황에서 벗어날 수 있도록 도와주는데, 이것이 건강한 회피행동의 한 예입니다.

그러나 만약 당신이 공포감정을 경험할 때마다 항상 자동차의 운전대를 급하게 돌린다면, 심지어 교통사고의 위협이 전혀 없는데도 그렇게 반응한다면, 당신은 결코 목적지에 도달할 수 없을 것입니다. 당신이 선택할 수 있는 것이 오직 갑자기 방향을 돌리는 것이라면 조금도 전진하지 못할 텐데, 이것이 건강하지 못한 회피행동의 한 예입니다.

당신이 경험하는 공포감정이 당신이 소중히 여기는 가치를 얼마나 좌지우지하고 있는지 알아보기 위해서 다시 버스에 타고 있는 승객의 비유를 떠올려 봅시다. 가치를 명료화하는 것은 버스가 나아갈 방향을 선택하는 것입니다. 당신은 어떤 신호에 따라서 반응하고 있습니까? 버스에 타고 있는 승객들 중의 한 명, 가령 공포감정이 버스를 운전하도록 내버려 두시겠습니까? 아니면 소중히 여기는 가치에 부합하는 방향으로 당신이 직접 버스를 운전해 가시겠습니까? 선택은 당신의 몫입니다.

● 만약 공포라는 승객이 버스를 운전한다면?
• 당신이 두려워하는 모든 상황, 사람, 장소, 감정을 회피하게 됩니다. 하지만 그것들은 여전히 당신의 주위를 맴돕니다.
• 오직 편안함만을 추구하기 때문에 당신이 선택할 수 있는 경로는 매우 적어집니다.
• 경로 주변의 여러 장애물을 회피해야 하기 때문에 당신은 방향을 전환하기가 어려워집니다.
• 무엇을 원하는지가 아니라 무엇을 회피해야 하는지에 의해 목적지가 정해집니다.

- 다음 번 코너를 돌면 또 다른 무언가를 회피해야 하기 때문에 결국 어디서 멈추게 될지 알 수 없어집니다.

● 만약 가치에 입각해서 버스를 운전한다면?

- 목적지를 당신이 선택할 수 있고, 어떤 경로를 거쳐서 그곳까지 갈지 스스로 결정할 수 있습니다.
- 필연적으로 장애물과 마주치게 되겠지만, 그것 때문에 최종 목적지가 달라지지는 않습니다.
- 당신이 선택할 수 있는 경로가 매우 많아지며, 모든 감정을 아우를 수 있습니다.
- 당신이 선택한 경로에서 때때로 두려움과 마주치겠지만, 여전히 의미 있는 방향으로 나아갈 수 있습니다.
- 당신이 선택한 경로와 최종 목적지 모두 당신에게 중요한 의미를 지닙니다.

 **연습과제 8-5** 지금 당신의 삶을 누가 운전하고 있습니까? 감정입니까, 아니면 가치입니까?

1. 〈연습과제 8-2〉에서 당신이 파악한 가치들을 다시 떠올려 보십시오. 다음 표의 첫 번째 칸에 그것을 간단히 기록하십시오.

2. 두 번째 칸에, 각 가치의 중요성을 기록하십시오. 매우 중요한 가치라면 1점, 그리 중요하지 않은 가치라면 7점을 적으시면 됩니다.

3. 세 번째 칸에, 지난 한 달 동안 얼마나 그 가치에 부합하는 삶을 살았는지 따져 보시고 점수를 기록하십시오. 전혀 아니다(0점)부터 매우 그렇다(10점)까지 점수를 매기십시오.

4. 네 번째 칸에, 지난 한 달 동안 감당하기 어려운 감정이 가치에 부합하는 삶을 살지 못하도록 얼마나 방해했는지 따져 보시고 점수를 기록하십시오. 전혀 아니다(0점)부터 매우 그렇다(10점)까지 점수를 매기십시오.

5. 감당하기 어려운 감정과 행동은 당신의 삶이라는 버스의 운전사가 될 수 없다는 사실을 다시 상기하십시오. 마지막 칸에, 그렇다면 과거와 달리 어떤 행동을 해야 할 것인지 기록하십시오.

가치	중요성 (1~7)	가치에 입각해 살았는가? (0~10)	방해물 (0~10)	과거와 달리 어떻게 행동할까?
가정생활:				
직장생활:				
친구관계:				
연인관계:				
여가활동:				

영성:				
자기:				

우리는 여기까지 함께 왔습니다

이 시점에서, 당신은 언제라도 자신이 소중히 여기는 이상적 가치에 부합하는 삶을 살 수 있는 존재라는 점을 다시 한 번 강조하고 싶습니다. 물론 모든 가치 영역에서 당신이 목표로 하는 모든 것을 달성할 수 있을 것이라는 뜻은 아닙니다.

가치 있는 삶은 특정한 결과에 도달하는 것이 아니라 그것을 꾸준히 추구하는 과정을 의미한다는 점을 기억하십시오. 살다 보면, 가치에 부합하는 방향으로 나아가는 때도 있고 그렇지 못할 때도 있습니다. 중요한 것은 서쪽을 향해서 나아가지 못하고 있다는 사실을 알아차렸을 때, 가급적 빨리 방향을 전환하는 것입니다. 물론 당신이 소중히 여기는 가치의 방향이 바뀌었거나 혹은 더 이상 서쪽으로 향하지 않겠다고 결심한 경우는 제외됩니다.

때로는 당신이 소중히 여기는 모든 가치를 충분히 돌보기가 힘들 수도 있습니다. 왜냐하면 가치들이 서로 충돌하는 일이 벌어질 수 있기 때문입니다. 어떤 내담자가 외딴 곳에서 자동차에 고장이 나서 세 살 및 다섯 살짜리 자녀들과 함께 낯선 사람의 차를 얻어 탔던 경험을 이야기해 준 적이 있습니다. 낯선 사람은 차를 태워 주면서 내담자와 자녀들을 모욕했는데, 그 때문에 아버지인 내담자는 몇 번이나 욕지기가 나오려는 것을 참아야 했습니다. 그 순간, 내담자는 자기존중감이라는 가치를 돌볼 수 없었습니다. 왜냐하면 아버지에게는 자기존중감이라는 가치보다 자녀들의 안전이라는 가치가 더 중요했기 때문입니다. 이런 이야기를 듣고 그의 심리치료자는 이렇게 반응했습니다. 아버지로서 자녀들의 안전을 먼저 돌보는 것이 그의 자기존중감을 돌보는 또 하나의 방법이었다고 말입니다.

가치에 부합하는 삶을 사는 것은 당신이 선택한 경로를 따라가는 것입니다. 그런데 최종목적지에 이르려면 경로를 조금씩 변경할 필요도 생기며, 그 과정에서 다양한 감정과 경험을 기꺼이 감내해야 할 때도 있습니다. 심지어 항상 원하는 결과를 얻지는 못한다고 하더라도, 단지 가치에 부합하는 길을 간다는 것만으로도 존엄을 추구하고 의미를 부여할 수 있습니다.

〈연습과제 8-2〉에서 당신이 기록했던 가치들을 다시 한 번 살펴보십시오. 그렇게 사는 것이 가능하겠습니까? 연인과 데이트하기를 원했던 여성의 사례를 가지고 예시했던 목록처럼, 당신이 적은 목록에도 각 가치 영역에서 당신이 시도할 수 있는 작은 단계들이 있을 것입니다. 당신에게 인생의 마지막 1년이 주어진다면, 비록 작은 단계 하나를 실천하는 것도 값진 노력이 되지 않겠습니까?

당신이 소중히 여기는 가치는 살아가는 동안 변할 수 있습니다. 어쩌면, 8장을 읽는 동안 어떤 변화가 생겼을지도 모릅니다. 원래 그런 것이고, 그렇게 변하는 것이 바람직합니다. 새롭게 변화된 가치가 당신이 원하는 삶에 한 발짝 더 가까이 다가갈 수 있도록 돕는다면 말입니다. 수용전념치료에서는 인생에서 진정으로 원하는 가치에 입각해서 살도록 제안하고 있을 뿐, 언제나 부합해야 한다고 주장하는 것은 아닙니다. 앞의 6장에서 지적한 것처럼, 일관성 혹은 올바름을 유지하기 위해서는 대개 대가를 치러야 하기 때문입니다.

〈연습과제 8-2〉를 통해서 우리는 당신이 소중히 여기는 가치들이 그 자체로 얼마나 중요한지 알 수 있었습니다. 우리는 가치에 입각한 삶을 살아갈 때 인생의 의미와 즐거움을 느낄 수 있고, 더 나아가서 행복감과 자유로움을 경험합니다. 이것은 다른 사람에게 인정받기 위해서 혹은 불편한 감정을 회피하기 위해서 살아갈 때는 결코 경험할 수 없는 것입니다(Creswell et al., 2005).

삶에서 찾아오는 선택의 순간마다 당신이 원하지 않는 경험을 회피하는 방향이 아니라 당신에게 소중하고 의미 있는 방향을 선택하십시오. 이제 당신은 인생에서 지향하는 방향을 명확하게 알고 있습니다. 다음 장에서는 당신이 그러한 가치에 전념하는 과정에서 마주치게 될 장애물을 살펴볼 것입니다.

마음기록장

◆ 생각

_____

_____

_____

◆ 감정

_____

_____

_____

◆ 자기판단

_____

_____

_____

◆ 신체감각

_____

_____

_____

◆ 행동하고 싶은 충동(어떻게 하고 싶습니까?)

_____

_____

_____

Chapter 09

전념행동

외상의 치유
인생의 향유

전념행동

> "절대로 실패하지 않는 것보다 실패하더라도 다시 일어나는 것이 더 위대하다."
>
> – 공자

    '들어가며'에서 말씀드렸듯이, 수용전념치료(ACT)는 수용(Accept)과 선택(Choose)과 전념(Take action)이라는 세 가지 요소로 구성됩니다. 지금까지 우리는 생각과 감정과 자기와 과거를 수용하는 훈련을 거듭했고, 소중하고 가치 있는 삶의 방향을 선택하는 연습을 수행했습니다. 이제는 무엇보다 중요한 전념행동을 실천할 차례입니다. 🔔[지금 이 순간, 마음속에 무엇이 떠오릅니까? 알아차려 보십시오.] 전념행동이라는 말을 들었을 때, 마음속에서 어떤 반응이 일어났습니까? 잠시 시간을 내서 그것에 주의를 기울여 보십시오. 버스 뒤쪽에서 어떤 승객이 일어나서 당신에게 다가오고 있습니까? 그 승객이 이렇게 이야기할지도 모릅니다. "이번 장을 읽어 보기는 하겠지만, 나한테는 별로 도움이 안 될 거야." 우리가 권유했던 것처럼, 이러한 판단에 사로잡히지 않고 당신이 소중히 여기는 삶의 방향으로 나아갈 방법을 기꺼이 찾으시겠습니까? 비록 걱정과 의심과 회의가 떠오르겠지만, 그것은 버스의 방향을 결정하지도 못하고 버스를 멈출 능력도 없는 승객일 뿐입니다. 당신은 여러 승객을 태운 채 여전히 앞으로 나아갈 수 있습니다. 버스의 운전사는 바로 당신이기 때문입니다.

    이번 장에서는 구체적인 목표를 설정하는 작업과 목표 달성에 필요한 중간 단계를

353

파악하는 작업을 진행하려고 합니다. 아울러, 가치에 부합하는 방향으로 나아가는 전념행동을 방해하는 장애물을 확인하고, 그러한 장애물에 대처하는 전략을 살펴보겠습니다. 심리학자들은 특히 이번 장에 상당한 관심을 보일 것입니다. 왜냐하면 한 사람의 삶을 변화시키는 실제적인 측면을 다룰 것이기 때문입니다.

심리학 연구를 통해 밝혀진 것

심리학 연구를 통해서 우리는 한 사람의 삶을 변화시키는 데 유익한 것과 무익한 것을 파악할 수 있었습니다. 앞으로 당신이 수행할 작업이 절실하게 필요한 까닭을 설명하기 위해서 몇몇 연구결과를 소개하겠습니다. 그리고 이러한 지식에 근거하여 기꺼이 삶을 변화시키겠다고 결심할 수 있는 유일한 사람은 바로 당신입니다. 우리는 변화를 촉구할 수 있을 뿐이며, 결코 당신을 대신할 수는 없습니다. 지금부터 당신의 삶을 변화시키는 데 무엇이 유익한지 말씀드리겠습니다.

절대로 포기하지 마십시오

전념행동은 한 번 선택하면 시작부터 종결까지 순조롭게 전개되는 과정이 결코 아닙니다. 처음의 선택을 끈질기게 고수하면서 마침내 변화를 이루어 내는 사람도 있겠지만, 우리들 대부분은 두 걸음 전진했다가 한 걸음 후퇴하기를 반복하는 구불구불한 여정을 거치게 될 것입니다. 그래서 중간에 실패하더라도 포기하지 않고 지속적으로 다시 결심하고 노력하는 전념행동이 필요합니다.

공자님의 말씀이 옳습니다. 절대로 실패하지 않는 것보다는 실패하더라도 다시 일어나는 것이 중요합니다. 심리학 연구에 따르면, 반드시 어떤 목표를 달성하겠다고 결심할 때보다 그 목표를 달성하려고 꾸준하게 노력할 때 그것을 더 많이 성취하게 됩니다(Hinsz & Ployhart, 1998). 예컨대, 금연에 성공한 사람들에게는 적어도 두세 번 정도

금연을 시도했다가 실패했던 전력이 있습니다. 담배를 끊으려면 담배를 끊으려는 노력을 지속해야 하는 것입니다(Public Health Service, 2000). 알코올중독 혹은 약물중독 상태에서 빠져나온 사람들 역시 수차례의 지속적인 노력 끝에 마침내 목표를 달성한 것입니다. 마찬가지로, 행복한 부부는 절대로 다투지 않는 부부가 아니라 서로를 존중하면서 갈등을 해결하는 부부라는 점을 기억하십시오(Cramer, 2002a, 2002b).

여러 사람에게 공약하십시오

과거와 달라지겠다는 당신의 결심을 여러 사람에게 알리는 것이 좋습니다. 왜냐하면 많은 사람에게 공약할수록 그 약속을 지키려는 노력을 더 많이 하게 되기 때문입니다(Schlenker, Dlugolecki, & Doherty, 1994; Stults & Meesé, 1985). 이것은 행동 변화를 촉구하는 체중감량 프로그램, 금연 프로그램, 12단계 프로그램 등에서 널리 쓰이는 방법입니다. 공약이란 당신의 결심을 적어도 한 명 혹은 주변의 여러 사람에게 이야기하는 것입니다. 우리는 이것이 얼마나 어려운지 경험을 통해서 잘 알고 있습니다. 공약의 효과는 당신이 처한 삶의 환경 및 당신을 지지하는 세력의 특성에 따라서 달라집니다.

달성 여부를 파악할 수 있는 작고 쉬운 목표를 설정하십시오

복잡하고 어렵고 장기적인 목표를 잘게 쪼개서 작고 쉬운 목표를 설정해야 성공 가능성이 높아집니다. 예컨대, 장차 의사가 되기를 원하는데 아직 대학에 진학하지 못했다면, 당신이 입학할 수 있는 세 개의 대학을 인터넷에서 검색하는 목표부터 설정하고 실행해야 합니다. 혹은 고졸 학력을 인정받을 검정고시를 치르는 목표부터 설정하고 실행해야 합니다. 천리 길도 한 걸음부터입니다.

어떤 목표의 달성 여부를 파악할 수 없을 때는 행동을 지속하기가 어렵습니다. 그러므로 목표의 달성 여부를 객관적으로 파악할 수 있는 행동을 계획하는 것이 바람직합니다. 예컨대, '즐기기'라는 목표는 달성 여부를 파악하기가 무척 어렵습니다. 무엇을 즐기고 있는지 혹은 그렇지 않은지를 확실하게 말하기가 힘들기 때문입니다. 이에 반해, 주말마다 친구들과 외출해서 영화를 보는 것을 목표로 설정한다면 목표의 달성 여부를 쉽게 파악할 수 있을 것입니다. 새롭고 유익한 행동이 무엇인지 결정하는 것이 까다로운 경우도 있으므로, 그런 때는 시험적으로 시도해 보는 것이 좋은 방법입니다. 예컨대, 영화를 보러 나갔지만 그것이 즐겁지 않았다면 당신이 진정으로 원하는 바에 맞추어 목표 행동을 조정할 수 있을 것입니다.

하지만 도전적인 목표를 설정해야 최대의 성공을 얻어 낼 수 있다는 상반된 연구 결과도 있습니다(Locke et al., 1981). 목표를 이루기 위해 포기하지 않고 전념할 수만 있다면, 쉬운 목표보다 어려운 목표를 설정했을 때 더 많은 노력을 기울일 것이기 때문입니다.

당신의 행동을 관찰하십시오

우리는 때때로 일상생활에서 어떤 일이 벌어지고 있는지 혹은 벌어지지 않는지를 어림짐작으로 추정합니다. 하지만 그러한 추정이 부정확한 경우가 상당히 많습니다. 그러므로 무언가를 변화시키려면 실제로 어떻게 행동하고 있는지를 정확하게 관찰하는 작업부터 시작하는 것이 좋습니다. 예컨대, 인터넷에 소모하는 시간을 줄이고 싶다면, 먼저 현재의 인터넷 사용 시간부터 정확하게 측정한 뒤에 대안적인 행동을 계획해야 할 것입니다. 이것을 기저선 설정이라고 부릅니다. 자신의 행동을 관찰하는 작업만으로도 행동의 변화가 한결 수월해질 것입니다(Heidt & Marx, 2003).

광범위한 행동패턴을 구축하십시오

심리학 연구에 따르면, 충동적인 행동을 중단하기 위해서는 여러 가지 행동을 하나로 묶어서 광범위한 행동패턴을 구축하는 것이 도움이 됩니다. 그렇게 해야 과거의 부적응적인 행동을 개선하여 새롭고 쓸모 있는 행동으로 변화시킬 수 있습니다(Rachlin, 1995, 2000). 그런데 안타깝게도, 변화를 시도하다가 한 번 실패하면 곧바로 포기해 버리는 사람이 상당히 많습니다. 하지만 도박을 중단하겠다고 결심한 사람이 유혹을 견디지 못해서 다시 도박에 손을 대는 첫 번째 실패를 경험하더라도, 그날 저녁에 도박 중단을 위한 자조모임에 참석하고 다음 날부터 도박장에 출입하지 않으려고 다시 노력한다면 바람직한 변화를 이뤄 낼 확률이 높아집니다. 이것은 '변화를 시도하고, 중간에 실패하고, 다시 변화를 시도하는' 광범위한 행동패턴이 구축되었을 때 가능한 일입니다. 그러므로 당신이 소중히 여기는 가치와 목표를 달성하기 위해서는 개별적인 행동뿐만 아니라 광범위한 행동패턴까지 고려하는 것이 바람직합니다.

목표를 설정하기

8장에서 이야기했던 가치와 목표의 차이를 기억하십니까? 가치는 당신이 소중히 여기는 삶의 방향이자 어떤 행동을 하도록 이끄는 추진력입니다. 가치는 결과가 아니라 과정이며, 종착점이 아니라 지향점입니다. 이와 달리, 목표는 가치를 추구하는 과정에서 꾸준히 전념하기로 결심한 구체적인 행동을 의미합니다.

지금부터 구체적인 목표를 설정하는 작업 및 그러한 목표가 어떤 가치와 관련되는지를 탐색하는 작업을 시작하겠습니다. 앞 장에서 파악했던 가치를 떠올리면서 구체적인 목표를 설정하시기 바랍니다. 이번 연습과제의 목적은 당신이 소중히 여기는 가치에 부합하는 목표를 달성하기 위해서 반드시 거쳐야 할 중간 단계를 확인하는 것입니다. 🔔[지금 이 순간, 어떤 생각이나 판단이 떠오릅니까? 알아차려 보십시오.] 이번 연습과제를 실시하는 동안, 당신의 마음에 '과연 나에게 목표를 달성할 수 있는 능력이 있나?'와 같은 회의적인 생각이 찾아올 수 있으며 이와 관련된 불편한 감정이 느껴질 수 있습니다. 만약 그러한 생각과 감정이 일어난다면, 일단 그것을 부드럽게 알아차려 보십시오. 잠시 뒤에 그러한 생각과 감정도 살펴보겠습니다.

다음에 소개할 두 가지 연습과제를 통해서 당신이 소중히 여기는 가치에 부합하는 행동이 무엇인지 확인하고 목표를 설정할 수 있을 것입니다. 명확한 목표, 그리고 달성 여부를 파악할 수 있는 목표를 설정하십시오. 그리고 목표의 달성 과정을 관찰하십시오.

 **연습과제 9-1** **가치에 부합하는 행동을 확인하고 목표를 설정하기**

1. 당신이 소중히 여기는 가치가 무엇인지 기억나지 않는다면, 〈연습과제 8-2〉에서 기록한 내용을 다시 한 번 살펴보십시오.

2. 다음 표의 두 번째 칸에, 각 삶의 영역에서 당신이 소중히 여기는 가치가 무엇인지 기록하십시오.

3. 다음 표의 세 번째 칸에, 그러한 가치를 추구하는 과정에서 현재 당신이 실천하고 있는 행동이 무엇인지 기록하십시오. 당신이 이미 잘 실천하고 있는 행동이 무엇인지를 알아차리는 것이 중요합니다.

4. 다음 표의 네 번째 칸에, 그러한 가치를 추구하기 위해 앞으로 더 실천할 수 있는 행동과 목표가 무엇인지 기록하십시오. 당장 오늘부터 시작할 수 있는 행동을 기록하는 것이 중요합니다.

가치 영역	추구하는 가치	현재의 가치추구 행동	구체적인 목표 (새로운 가치추구 행동)
1. 가정생활			

2. 직장생활			
3. 친구관계			
4. 연인관계			
5. 여가활동			
6. 영성			
7. 자기			

잠시 시간을 내서, 이번 연습과제를 실시하는 동안 마음속에서 어떤 반응이 일어났는지 알아차려 보십시오. 당신이 소중히 여기는 가치에 부합하는 구체적인 목표를 설정하는 과정에서 어떤 생각, 감정, 판단이 찾아왔습니까? 수용전념치료에서는 가치의 추구를 방해하는 내적 장애물을 다루는 방법도 함께 소개하고 있습니다. 하지만 당신이 어떤 장애물에 걸려 있는지를 알아내는 작업을 먼저 진행해야 합니다.

다음의 〈연습과제 9-2〉를 실시한 뒤, 내용을 다시 한 번 살펴보면서 각각의 목표를 얼마나 잘 실천하고 달성할 수 있을지 따져 보십시오. 그리고 다음의 질문에 답해 보십시오.

목표가 가치와 부합합니까

만약 어떤 목표가 당신이 추구하는 가치와 부합하지 않는다면, 그 목표가 당신에게 중요한 까닭이 무엇인지 자문해 보십시오. 목표와 가치가 부합하지 않을 때는 그 목표 자체를 수정하는 것이 바람직할 수도 있지만, 비록 가치와 부합하지 않더라도 여전히 중요한 목표라고 생각된다면 그 목표의 이면에 어떤 다른 가치가 숨어 있는지를 파악하는 것이 필요할 수도 있습니다. 어리석은 사람이나 가치와 부합하지 않는 목표를 설정할 것이라고 폄하하기 쉽지만, 우리가 가치와 부합하지 않는 행동에 얼마나 많은 시간을 소모하고 있는지를 따져 본다면 그렇게 속단할 문제는 아닙니다. 예컨대, 우리는 정말로 좋은 부모가 되기를 원하면서도 가족을 부양할 경제적 수단을 확보하기 위해서 직장에서 대부분의 시간을 보냅니다. 그리고 부모로서 진정으로 소중하게 여기는 가치는 더 많은 돈을 버는 것이 아니라 자녀와 함께 더 많은 시간을 보내면서 친밀하고 사랑스러운 관계를 맺는 것이라는 사실을 뒤늦게 깨닫게 됩니다.

통제가 가능한 것과 불가능한 것을 변별했습니까

지금까지 우리는 통제할 수 있는 것은 과감하게 변화시키고 통제할 수 없는 것은 평

연습과제 9-2 **목표의 명료화**

1. 〈연습과제 9-1〉로 되돌아가서, 당신이 새롭게 설정한 구체적인 목표(새로운 가치추구 행동) 중에서 4~5가지를 선택하십시오. 그것을 다음 표의 첫 번째 칸에 적으십시오.

2. 두 번째 칸에, 각각의 목표와 관련된 가치를 기록하십시오.

3. 세 번째 칸에, 당신이 설정한 목표가 단기목표인지 혹은 장기목표인지 구분하여 기록하십시오.

4. 네 번째 칸에, 당신이 그 목표를 얼마나 잘 실천할 수 있는지 평정하여 점수를 매기십시오. 전혀 불가능하다고 생각되면 0점, 매우 가능하다고 생각되면 10점을 매기십시오.

5. 다섯 번째 칸에, 그 목표를 더 작게 조개서 여러 개의 중간목표로 분해할 수 있는지 기록하십시오. 중간목표를 최대한 세밀하게 설정하는 것이 좋습니다.

6. 여섯 번째 칸에, 그 목표의 달성 여부를 얼마나 잘 파악할 수 있는지 기록하십시오.

목표	가치	장기/단기	실천 가능성 (0~10)	중간목표	목표 달성 파악 가능성
1.					
2.					
3.					
4.					
5.					

온하게 수용하는 지혜를 가다듬는 방법을 논의해 왔습니다. 당신이 통제할 수 있는 것도 상당히 많지만, 당신이 모든 것을 통제할 수는 없습니다. 오직 자신의 행동을 변화시킬 수 있을 뿐입니다. 예컨대, 직장에서 승진하기를 바라는 경우에 당신이 통제할 수 있는 것은 정시에 출근하고, 시스템을 개선하고, 기획 수립에 공헌하고, 승진심사에 지원하는 것 등입니다. 그러나 당신이 통제할 수 없는 것도 많습니다. 직속상사가 승진 여부를 결정할 권한이 있는지, 승진의 우선권을 지닌 선배는 없는지, 회사에서 감원계획을 수립하지는 않았는지 등은 당신이 통제할 수 있는 범위를 벗어나기 때문입니다. 아울러, '딸이 나를 좋아하게 만들기'와 같은 목표 역시 당신의 통제범위를 벗어나는 목표입니다. 당신은 딸의 일상생활에 관심을 보일 수 있고, 문자메시지나 카드를 보낼 수 있고, 딸이 힘들어할 때 따뜻하게 격려해 줄 수 있으며, 사랑을 표현하는 몇 가지 행동을 실천할 수 있습니다. 하지만 그렇게 한다고 해서 딸이 당신을 좋아하라는 법은 없습니다. 비록 딸이 당신을 사랑하더라도 당신의 모든 면을 좋아하지는 않을 수도 있기 때문입니다. 이런 일은 흔히 벌어집니다. 기본적으로, 우리는 다른 사람의 감정을 통제할 수 없습니다. 따라서 그것은 평온하게 받아들여야 하는 수용의 영역에 해당됩니다.

목표를 달성하려면 다음 단계에서 무엇을 해야 합니까

만약 다음 단계에서 구체적으로 무엇을 해야 하는지 모른다면, 목표 달성에 도움이 되는 실질적인 행동을 찾아내는 노력이 바로 다음 단계에서 요구되는 작업일 것입니다. 모호한 목표를 설정하면 당신이 원하는 것을 이뤄 내기가 힘들어집니다. 목표가 모호할 때는 무엇을 해야 하는지뿐만 아니라 그것을 언제 해야 하는지조차 알 수 없기 때문입니다. 최종목표를 달성하기 위해서는 구체적인 중간목표를 여러 가지 설정해야 하며, 각각의 달성 여부를 파악할 수 있어야 합니다. 예컨대, 한 달에 한 번씩 친구와 함께 영화를 보겠다는 목표의 달성 여부는 명확하게 파악할 수 있습니다. 하지만 좋은 친구가 되겠다는 목표는 그렇지 못합니다. 아울러, 구체적인 자료를 유심히 살펴보아야 합니다. 우리 마음속에는 가치를 향해서 나아가고 있는지 여부를 알려 주는 나침반이 있습니다. 좋은 친구가 되는 것은 종착점(즉, 목표)이 아니라 지향점(즉, 가치)입니다. 따라서 당신에게는 가치(즉, 나침반) 그리고 목표(즉, 다음 단계) 두 가지가 모두 필요합니다.

연습과제 9-3   장기목표와 연합된 단기목표를 찾아내기

〈연습과제 9-2〉에서 작성한 목표 목록을 다시 살펴보십시오. 거기서 우리는 각각의 목표를 단기목표와 장기목표로 구분했습니다. 목표를 달성하는 데 걸리는 시간은 목표의 종류에 따라서 달라집니다. 예컨대, '어머니와의 관계를 개선하기' 라는 목표를 달성하려면 상당한 시간이 필요할 것이고 여러 중간단계를 거쳐야 할 것입니다. 이를테면, 중간단계의 작은 목표로 '일주일에 한 번씩 어머니에게 전화하기' 를 설정할 수 있습니다. 상대적으로 큰 목표뿐만 아니라 작은 목표까지도 계획적으로 수립해야 합니다. 장기목표를 잘게 쪼개서 단기목표를 설정하면 실천 가능성이 높아지며 목표에 압도당하지 않을 수 있습니다. 그러므로 장기목표보다 빨리 달성할 수 있는 단기목표를 여러 가지 수립하시기 바랍니다.

〈연습과제 9-2〉에서 설정한 장기목표를 골라 내십시오. 아울러, 각각의 장기목표 옆에 단계적으로 달성해야 하는 단기목표가 무엇인지 기록하십시오. 예컨대, 다시 학교로 돌아가는 장기목표를 설정했다면, 그것이 가능하도록 도와주는 단기목표(예: 학교목록 입수하기, 탁아시설 알아보기, 재정지원 탐색하기, 지원서류 작성하기)를 수립하십시오. 단기목표를 하나씩 달성하면 장기목표를 달성하는 것이 훨씬 수월해집니다.

장기목표	단기목표
1.	• _____ • _____ • _____ • _____ • _____
2.	• _____ • _____ • _____ • _____ • _____
3.	• _____ • _____ • _____ • _____ • _____
4.	• _____ • _____ • _____ • _____ • _____
5.	• _____ • _____ • _____ • _____ • _____

〈연습과제 9-3〉에서 설정한 단기목표 중에서 이번 주 안에 달성할 수 있는 단기목표를 몇 가지 선택하십시오. 이상적으로는 시작부터 종결까지 모두 파악할 수 있는 행동, 실제로 달성할 가능성이 높은 목표를 선택하는 것이 바람직합니다. 다음 표의 빈칸을 채우면서, 각각의 단기목표는 여러 가지 행동을 통해서 달성된다는 사실에 주목하시기 바랍니다. 기록할 공간이 부족하더라도, 최대한 많은 행동을 찾아내려고 노력하십시오. 필요하다면 표를 복사해서 추가로 기록하셔도 좋습니다. 예시를 참고하여, 단기목표를 달성하는 데 필요한 단계적인 행동들의 목록을 작성하십시오.

내가 소중히 여기는 가치: 지속적인 배움과 성장

단기목표	행동목록	달성일자
야간대학에서 평소에 관심을 가졌던 강좌를 수강하기	1. 야간대학 입학 정보를 인터넷에서 조사하기	6월 1일
	2. 야간대학 입학 지원에 필요한 서류를 취합하기	6월 15일
	3. 수강신청이 가능한 과목을 인터넷에서 탐색하기	7월 1일
	4. 수업이 있는 저녁시간에 아이를 돌볼 방법을 아내와 논의하기	7월 3일

내가 소중히 여기는 가치:

단기목표	행동목록	달성일자

내가 소중히 여기는 가치:

단기목표	행동목록	달성일자

 **연습과제 9-5**   **지금 이 순간은 오직 한 번뿐**

1. 〈연습과제 9-4〉에서 작성한 행동 목록을 살펴보십시오. 그중에 지금 바로 실행할 수 있는 행동이 있습니까? 만약 그럴 만한 행동이 목록에 없다면, 혹시 이 책을 읽기 전부터 미뤄 왔지만 지금 당장 시작하거나 완료할 수 있는 행동이 있습니까? 아마도 당신은 지금 당장 소중한 사람에게 전화를 걸 수 있고, 대화를 시작할 수 있고, 밀린 요금을 납부할 수 있고, 분실물을 찾을 수 있고, 휴대폰을 충전할 수 있고, 자신 혹은 가까운 사람에게 좋은 일을 할 수 있으며, 인터넷에서 무언가를 검색할 수도 있을 것입니다. 모든 순간이 기회입니다. 당신이 간절히 원하는 삶은 나중이 아니라 지금 당장 시작할 수 있습니다. 그리고 우리는 이 책을 읽고 이번 연습과제를 실시하는 것 또한 당신이 소중히 여기는 가치를 향해 한 걸음씩 나아가는 방법이라는 사실을 알고 있습니다.

2. 지금 당장 실행할 수 있고 시작할 수 있는 행동을 한 가지만 골라 보십시오. 15분에서 20분 정도 필요한 행동을 선택하시기 바랍니다. 왜냐하면 그 행동을 마치자마자 이 책으로 다시 돌아올 필요가 있기 때문입니다.

• 내가 선택한 지금 당장 실행할(혹은 시작할) 수 있는 행동

_____

_____

_____

3. 책을 내려놓고, 그 행동을 지금 당장 실천하십시오.

4. 그 행동을 마무리하셨습니까? 지금 당신은 어떤 생각, 감정, 반응을 경험하고 있습니까? 그것을 다음에 기록해 보십시오. 만약 구체적인 행동을 실천하지 않은 채 여전히 이 책을 읽고 계시다면, 무엇이 행동을 못하도록 방해하는지 부드럽게 알아차려 보십시오. 아울러, 그러한 행동을 하지 않은 것에 대해서 어떤 생각, 감정, 판단이 떠오른다면 그것도 부드럽게 알아차려 보십시오.

_____

_____

_____

방금 전의 4단계에서 무엇을 알아차렸습니까? 당신의 반응에 상당히 중요한 정보가 담겨 있을 가능성이 높습니다. 무엇이 떠오르든지 거기에 주의를 기울여 보십시오. 그러한 감정, 생각, 충동, 신체감각을 통해서 무엇을 배울 수 있는지 알아차려 보십시오.

아무리 작은 행동이라고 할지라도 그동안 회피해 왔던 행동을 과감하게 실행에 옮기면 대부분의 사람은 자신감을 얻습니다. 하지만 어떤 행동을 실행한 것보다 아직 실

행하지 못한 행동이 많다는 점에 주목하면서 자신을 책망하는 사람도 있을 것입니다. 어떤 경우에 해당되든 간에, 가치에 부합하는 행동을 실천하는 동안 마음속에 어떤 승객이 나타나는지를 알아차리면 유익한 정보를 얻을 수 있습니다. 기억하십시오. 당신은 자신이 소중히 여기는 가치에 부합하는 방향으로 나아가고 있습니다. 그것은 당신이 전념하고 있다는 뜻이지 완벽해졌다는 뜻이 아닙니다.

당신이 경험하는 모든 생각과 감정과 반응을 마음챙김으로 알아차리면서, 스스로에게 다음과 같이 자문해 보십시오.

- 당신이 어떤 과제를 실천하려고 노력할 때, 과제를 완수해 냈을 때, 혹은 과제를 실천하려고 노력하지 않을 때 경험하는 생각, 감정, 반응을 과거에도 비슷하게 경험했던 적이 있습니까?
- 그러한 생각, 감정, 반응은 당신이 어떤 과제를 실천하려고 노력할 때(혹은 노력하지 않을 때)마다 나타나는 오래된 승객들입니까?
- 승객들이 버스의 앞쪽으로 다가오면 당신은 일반적으로 어떻게 대응합니까?
- 승객들에 대한 당신의 대응은 쓸모가 있습니까? 만약 쓸모가 없다면, 100퍼센트 기꺼이 과거와는 다른 방식으로 대응하겠다고 결심할 수 있겠습니까? 당신이 버스를 운전하는 동안 몇몇 불편한 승객들이 고함을 지르며 난동을 부리더라도, 그들을 내버려 둘 수 있겠습니까?

연습과제 자체를 실천하는 것도 유익하지만, 그 과정에서 당신이 어떤 생각과 감정과 반응을 경험하는지를 면밀하게 알아차리는 것도 마찬가지로 유익합니다. 이번 장의 나머지 부분에서도 이 점을 유념하시기 바랍니다.

연습과제 9-6 다른 사람에게 공약하기

1. 앞에서 언급했듯이, 당신이 추구하는 목표를 다른 사람에게 공약하면 그것을 달성하기가 한결 수월해집니다. 〈연습과제 9-4〉에서 파악한 행동 목록을 다시 살펴보십시오. 그중에 기꺼이 공약할 만한 행동이 있습니까? 그냥 시도해 보겠다는 수준이 아니라 실제로 전념하겠다는 결심이 뚜렷한 행동이어야 합니다. 당신은 그 행동에 100퍼센트 기꺼이 전념하겠습니까? 비록 작더라도 완수할 수 있는 행동을 선택하십시오.

   • 공약하기로 작정한 행동: _____

2. 목표를 향해서 나아가는 데 도움을 줄 수 있는 사람에게 공약하십시오. 평소에 당신을 격려해 주고 때로는 자극해 주는 사람에게 당신의 결심을 알리십시오. 만약 누군가에게 공약했다가 지키지 못한 적이 있다면, 이번에는 다른 사람을 선택하는 것이 좋습니다. 아울러, 혹시라도 공약을 지키지 못했을 때 문제가 될 가능성이 있는 사람을 선택하십시오.

   • 공약하기로 작정한 사람: _____

3. 지금 바로 실천하는 것이 가장 좋겠지만, 당장은 어려우니 내일까지는 실천하겠다고 기꺼이 결심하셨습니까? 그렇다면, 당신이 어떤 목표를 추구하고 있는지 그 사람에게 말씀하십시오.

4. 기꺼이 공약하셨습니까? 만약 공약했다면, 그 사람에게 공약하기 직전, 도중, 직후에 당신의 마음속에 무엇이 떠올랐는지 알아차려 보십시오. 어떤 생각, 어떤 감정, 어떤 충동, 어떤 기억, 어떤 신체감각이 찾아왔습니까? 만약 공약하지 않았다면, 그 이유는 무엇입니까? 공약하려고 결심하기는 했지만 막상 실천하기가 어려웠습니까? 혹시 공약할 생각이 전혀 없었던 것은 아닙니까? 무슨 까닭이든 간에, 그것이 당신의 오래된 승객은 아닌지 그리고 그것이 쓸모가 있는지를 따져 보시기 바랍니다. 이번 연습과제에 대해서 어떻게 생각하십니까? 혹시 그것은 쓸모가 없음에도 불구하고 반복해 왔던 오래된 습관과 비슷합니까? 만약 그렇다면, 다음에 소개

할 내용을 주의 깊게 읽어 보시기 바랍니다.

회피의 수렁에 빠지지 않기

목표를 설정할 때는 회피의 수렁에 빠지지 않도록 조심해야 합니다. 이와 관련해서 세 가지의 주제를 자세하게 살펴보겠습니다. 첫째, 당신이 진정으로 소중히 여기는 가치에 부합되지 않는 어긋난 목표를 설정하면 진전이 어려워지고 침체 상태에 빠지기 쉽습니다. 둘째, 상당한 시간이 지나야만 달성할 수 있는 도전적인 목표를 설정하면 당신이 원하는 결과가 얼마나 중요한 것인지를 간과하기 쉽습니다. 셋째, 바람직한 결과를 얻을 수 있다는 확신이 들 때까지 기다린다면 절대로 전념하지 못할 가능성이 커집니다.

진정으로 소중히 여기는 가치에 부합하는 목표입니까

목표로 설정한 행동을 시작했다가도 쉽게 포기해 버리고 결국 마무리하지 못하는 패턴이 반복된다면, 당신이 진정으로 소중히 여기는 가치가 무엇인지 재검토할 필요가 있습니다. 혹시라도 다른 사람의 기대에 부응하기 위해서 혹은 그렇게 하지 않으면 죄책감을 느낄까 봐 어떤 가치를 추구하는 것이라면, 그와 관련된 목표를 달성하려고 노력하는 과정은 몹시 힘겨울 수밖에 없습니다. (〈연습과제 8-2〉에서 계산했던 점수 3을 참고하십시오. 점수 3이 양수인 경우, 자신이 아닌 다른 사람의 소망을 따르고 있거나 혹은 특정한 감정이나 판단을 회피하고 있는 상태일 가능성이 높습니다.) 진정으로 소중히 여기는 가치가 아닌 것을 추구하는데, 어떻게 소진되지 않고 목적의식을 유지할 수 있겠습니까? 그것은 불가능합니다. 한 가지 사례를 말씀드리겠습니다. 우리의 내담자 중에는 굉장히 부유한 사업가의 아들이 있었습니다. 그의 아버지는 항상 자신이 소중히 여기는 가치를 아들에게 강요했으며, 다양한 사업계획을 주도적으로 제시하면서 아들에게 사업자금을 대 주었습니다. 아들은 아버지처럼 성공한 사업가가 되기 위해서 열심히 노력했지만, 어떤 사업에서도 재미를 보지 못하고 이리저리 전전하다가 결국 모든 사업에서 실패하고 무력감에 사로잡혔습니다. 그는 고통을 회피하기 위해서 날마다 술을 마셨습니다. 그는 사업을 통해서 아버지처럼 막대한 돈을 벌지 못했기 때문에 술독에 빠졌다고 생각했습니다. 하지만 알코올중독에서 회복되어 1년쯤 지났을 때, 그는 자신이 진정으로 소중히 여기는 가치는 막대한 돈을 버는 것이 결코 아니라는 사실을 깨달았습니다. 솔직히, 사업에는 전혀 관심이 없었기 때문입니다. 그동안 아들은 자신에 대한 아버지의 평가와 자신에 대한 스스로의 평가에 전전긍긍하고 있었던 것입니다. 비록 부유한 가정에서 성장하면서 금전적 혜택을 충분히 누렸지만, 아버지와 달리 아들은 돈벌이에서 즐거움을 느끼지 못했습니다. 오히려 그는 문학과 예술에 흥미를 지니고 있었습니다. 그것은 아버지가 소중히 여기는 가치인 돈벌이와는 거리가 멀었기 때문에 아들로서 추구할 수 없었던 가치였던 것입니다.

진정으로 소중한 가치는 당신을 압도하거나 마비시키거나 침체시키지 않습니다. 오히려 활력을 불어넣고 생동감을 느끼게 해 주는 것이 당신이 진정으로 소중히 여기는 가치입니다. 현재 시점에서 무엇을 하고 있더라도, 날마다 존엄한 삶을 살아갈 수 있도록 안내하는 것이 당신이 진정으로 소중히 여기는 가치입니다. 우리가 만났던 내담자는 부유한 아버지로부터 가끔씩 경제적인 지원을 받는 가난한 미술교사가 되어 흡족하게 살고 있습니다. 당연히 심리치료는 종결되었습니다.

무심한 척하지는 않습니까

고대 그리스의 작가 이솝의 우화에 여우와 포도 이야기가 나옵니다. 아마 여러 번 들어 보셨을 것입니다. 탐스러운 포도를 본 여우는 그것이 먹고 싶었지만 아무리 팔을 뻗어도 포도를 딸 수 없었습니다. 이윽고 이런 평계를 댑니다. 사실은 포도를 먹고 싶지도 않았고, 포도가 먹을 만큼 잘 익지도 않았다고 말입니다. 여기서 '신 포도'라는 표현이 비롯되었습니다.

이솝 우화 속의 여우처럼, 우리는 소유할 수 없거나 달성하기 힘든 것을 애써서 깎아 내리는 경향이 있습니다. 때로는 '나는 자격이 없어.' 라는 생각에 융합되거나 수치심과 두려움에 사로잡혀서 자신이 진정으로 소중히 여기는 가치를 부인하는 오류를 범하기도 합니다. 하지만 이러한 생각과 감정으로부터 탈융합하여 거리를 두면, 그리고 내면적 경험과의 씨름을 중단하고 그것을 수용하면, 비록 달성하기 어려운 목표를 추구한다고 하더라도 별로 문제될 것이 없습니다. 예컨대, 우리는 절대로 자녀를 낳고 싶지 않다고 확신하는 여성을 상담한 적이 있습니다. 상당한 시간 동안 우리와 함께 작업하면서 그녀는 자신이 정말로 자녀를 원하지 않는 것은 아니라는 사실을 깨달았습니다. 그녀는 그러한 욕구를 인정하고 받아들이는 것이 두려웠기 때문에 애써서 부인하고 있었던 것입니다. 그녀는 자신과 주변 사람에게 "나도 아이를 갖고 싶어요."라고 고백했던 때를 기억하며, 그날 이후 자신의 삶이 어떻게 달라졌는지를 뚜렷하게 인식하고 있습니다. 아울러, 그동안 자신이 탐닉했었던 부적절한 연인관계의 패턴을 문득 깨달았습니다. 또한 자신이 진정으로 소중히 여기는 가치가 무엇인지 알아차렸을 때 그녀는 깊은 슬픔을 느꼈습니다. 그동안 그녀는 무언가를 간절히 원했고 그것을 이루기 위해 노력했지만 결과적으로 그것을 얻지 못했던 인생을 살아왔던 것입니다. 이 사례가 모든 경우에 똑같이 적용되지는 않겠지만, 우리가 추구하는 가치와 목표가 궁극적인 결실을 맺지 못한다면 고통스러워질 때가 생기기 마련입니다. 하지만 앞에서 언급했듯이, 진정으로 소중한 가치를 추구하는 과정 자체가 존엄한 삶입니다. 그렇게 할 때 스스로를 존중할 수 있고 삶의 활력을 얻을 수 있습니다. 비록 간절히 원하는 결실을 맺지 못하더라도 말입니다.

결과를 확실하게 알아야 전념할 수 있습니까

우리는 어떤 행동을 하기도 전에 행동의 결과부터 확실하게 알고 싶어 합니다. 하지만 의사결정에 필요한 모든 정보를 미리 얻는 것은 현실적으로 거의 불가능합니다. 심지어 당신이 상상할 수 있는 결과를 모조리 예상했다고 하더라도, 미처 예상하지 못한 일은 분명히 벌어질 것입니다. 그럼에도 불구하고, 우리는 불확실한 것을 잘 견디지 못하기 때문에 전념행동을 시작하기도 전에 모든 잠재적 대안과 모든 가능한 결과를 알아야만 한다고 주장하곤 합니다. 당신도 그렇습니까? 다음 질문에 답해 보십시오.

- 가치에 부합하는 행동에 전념하지 않는 이유로 결과가 불확실하기 때문이라는 핑계를 대지는 않습니까?
- 원하는 결과를 얻지 못할까 봐 혹은 주변 사람에게 인정받지 못할까 봐 가치에 부합하는 행동을 소홀히 하지는 않습니까?
- '가능한 결과를 모두 살펴본 다음에 전념할 거야.'라고 생각하지는 않습니까?
- 가치에 부합하는 행동에 전념하기 전에 다른 사람은 어떻게 생각하는지 반복적으로 질문하지는 않습니까?

그렇다면, 당신은 불확실한 결과를 두려워하고 있는 것입니다. 심리학자들은 '불확실성에 대한 감내력 부족'이라는 표현을 사용하는데, 이것은 주로 불안장애의 원인을 설명하는 개념입니다. 적절한 정도의 불확실성에 대한 감내력 부족은 적응적인 순기능을 발휘하기도 하지만, 일정한 수준을 넘어서면 당신을 압도해 버려서 부적응적인 양상이 드러나게 됩니다(Dugas et al., 1998). 가치에 부합하는 행동에 전념하려면 어느 정도의 불확실성을 감내해야 합니다. 과연 그것이 최선의 선택인지, 과연 다른 사람들이 인정해 줄 것인지를 현재 시점에서 완벽하게 확인할 수는 없기 때문입니다. 기억하십시오. 당신은 행동을 통제할 수 있을 뿐이며, 그 결과까지 통제할 수는 없습니다. 🔔[지금 이 순간, 마지막 문단을 읽으면서 어떤 반응이 찾아왔습니까? 과거에 불확실한 상황을 견디지 못했을 때 경험했던 반응과 비슷합니까? 알아차려 보십시오.]

전념행동의 장애물

지금 이 순간, 당신은 몇 가지의 구체적인 목표를 가지고 있습니다. 아울러, 그러한 목표를 달성하는 것이 얼마나 힘겨울지에 대해서도 생각하고 계실 것입니다. 이번 연습과제에서는 당신이 소중히 여기는 가치에 부합하는 행동을 실행하지 못하도록 방해하는 장애물이 무엇인지 살펴보겠습니다.

 **연습과제 9-7   전념행동을 방해하는 장애물을 확인하기**

이번 연습과제는 헤이즈와 스미스(Hayes & Smith, 2005)의 허락을 받고 수정한 것입니다.

1. 달성하는 데 어려움을 겪고 있는 목표 혹은 어려움이 예상되는 목표를 몇 가지 선택하십시오. 다음 표의 첫 번째 칸에 그것을 기록하십시오.
2. 두 번째 칸에, 각 목표와 관련된 구체적인 행동목록을 기록하십시오.
3. 세 번째 칸에, 특정한 행동을 실행하지 못하는 이유를 기록하십시오. 그것이 바로 전념행동을 방해하는 장애물일 가능성이 높습니다. 예컨대, 당장이라도 학교에 복학하고 싶지만 금전적인 여건이 좋지 못할 수도 있고, 연인과 함께 여행을 떠나고 싶지만 '나는 그럴 만한 자격이 없어.' 라는 생각 때문에 망설이고 있을지도 모릅니다.
4. 장애물에 대처할 대응전략을 기록하려고 마련해 둔 네 번째 칸은 일단 빈칸으로 남겨 두십시오. 〈연습과제 9-14〉를 실시할 때 이 부분을 다루겠습니다.

목표 1	행동목록	장애물	대응전략
	1.		
	2.		
	3.		
	4.		
	5.		

목표 2	행동목록	장애물	대응전략
	1.		
	2.		
	3.		
	4.		
	5.		

목표 3	행동목록	장애물	대응전략
	1.		
	2.		
	3.		
	4.		
	5.		

목표 4	행동목록	장애물	대응전략
	1.		
	2.		
	3.		
	4.		
	5.		

내부의 장애물과 외부의 장애물

〈연습과제 9-7〉을 통해서 전념행동을 방해하는 장애물은 당신의 내부에도 있고 외부에도 있다는 사실을 알아차리셨습니까? 내부의 장애물이란 바람직한 행동에 전념하지 못하도록 방해하는 생각, 감정, 감각, 기억을 뜻합니다. 하지만 이러한 내면적 경험은 실체가 있는 장애물이 아닙니다. 그냥 장애물로 여겨지고 있을 뿐입니다. 왜냐하면 버스의 승객이 버스를 운전할 수는 없기 때문입니다. 지금쯤이면 융합이라는 개념이 낯설지 않으실 것입니다. 우리는 생각과 판단과 기억과 신체감각에 너무 쉽게 융합됩니다. 그래서 생각을 생각으로 바라보지 못하고 문자적으로 믿어 버립니다. 당신은 어떻게 느껴야 하고, 어떻게 생각해야 하고, 어떻게 행동해야 하는지를 끊임없이 이야기하는 당신의 마음에 대해서 잘 알고 있습니다. 특정한 감정을 경험할 때, 그리고 전념행동을 실천할 때도 당신의 마음은 계속해서 이야기할 것입니다. 당신이 소중히 여기는 가치에 부합하는 행동에 전념하는 동안 내부의 장애물이 끊임없이 출몰한다면, 그것을 주의 깊게 살펴보시기 바랍니다.

연습과제 9-8   **내부의 장애물**

〈연습과제 9-7〉에서 파악한 장애물 목록을 다시 살펴보십시오. 그중에서 당신의 내부에 존재하는 장애물은 무엇인지 아래에 적어 보십시오.

_____   _____

_____   _____

_____   _____

_____   _____

외부의 장애물이란 당신이 소중히 여기는 행동에 전념하지 못하도록 방해하는 모든 것 중에서 당신의 몸 바깥쪽에 존재하는 것을 뜻합니다. 이를테면, 주변 환경, 주위 사람, 정치 상황, 경제 상황 등이 외부의 장애물에 해당됩니다.

연습과제 9-9 외부의 장애물

〈연습과제 9-7〉에서 파악한 장애물 목록을 다시 살펴보십시오. 그중에서 당신의 외부에 존재하는 장애물은 무엇인지 아래에 적어 보십시오.

_____   _____

_____   _____

_____   _____

_____   _____

외부의 장애물 중에는 실제로 당신이 바람직한 행동에 전념하지 못하도록 방해하는 것도 존재하지만 내부의 장애물처럼 그냥 장애물로 여겨지고 있을 뿐인 것도 존재합니다. 따라서 외부의 장애물도 실질적인 장애물과 허구적인 장애물로 지혜롭게 구분할 필요가 있는데, 때로는 그것이 상당히 까다롭습니다. 예를 들어 보겠습니다.

목표	가치	행동목록	내부의 장애물	외부의 장애물
대학에 들어가기	개인적 성장 및 배움	원하는 대학에 지원하기	지원 서류를 작성하면서 느낀 부적절감	인터넷 접속장애 때문에 지원 서류를 다운로드하지 못함
		추천서를 부탁하기	'그 사람이 내 부탁을 거절하면 어떡하지?' 라는 생각	추천서를 부탁하고 싶은 사람이 이사를 갔는데, 새로운 주소를 모름
		학자금을 마련하기	모아 놓은 돈이 많지 않은 것에 대한 수치심	학자금 대출 결정이 아직 완결되지 않음

첫 번째 예시에서, 외부의 장애물은 명확하고 구체적인 사건인 데 반해 내부의 장애물은 불편한 생각과 감정입니다. 따라서 외부의 장애물에 대처하는 방법과 내부의 장애물에 대처하는 방법은 달라야 합니다. 예컨대, 내부의 장애물은 마음챙김으로 알아차리면서 기꺼이 경험하는 전략으로 대처할 필요가 있습니다. 내부의 장애물 때문에 불편하더라도 그것 자체가 당신의 전념행동을 좌지우지하지는 못한다는 사실을 기억하십시오. 비록 당신의 마음은 그렇게 재잘거리고 있겠지만 말입니다.

이번에는 외부의 장애물 중에서 실질적인 장애물과 허구적인 장애물을 구분하는 것이 까다로운 경우를 살펴보겠습니다.

목표	가치	행동목록	내부의 장애물	외부의 장애물
대학 시절의 룸메이트인 샐리에게 연락하기	친구관계 유지하기	스탠에게 전화를 걸어서 그녀가 어디에 사는지 물어보기	지금까지 연락이 없었던 것에 대해서 스탠이 화를 낼까 봐 두려움	스탠이 자주 여행을 다녀서 연락이 안 됨
		전화번호 안내서비스를 통해서 그녀의 전화번호를 알아내기	'그녀가 나와 연락하고 싶지 않으면 어떡하지?' 라는 생각	샐리의 전화번호가 안내서비스 목록에 없음
		그녀가 편안한 시간을 전화해서 물어보기	그녀가 나를 요구적인 사람으로 오해하지 않을까 하는 걱정	내 입장에서, 일정이 너무 빡빡해서 한가한 시간이 없음

두 번째 예시에서도 내부의 장애물은 불편한 생각과 감정입니다. 이것은 당신이 소중히 여기는 가치를 추구하는 과정에서 기꺼이 감수해야 하는 경험에 해당됩니다. 그런데 이번 경우에는 외부의 장애물이 상대적으로 애매합니다. 처음 두 가지 외부의 장애물은 시간 여유를 갖고 지속적으로 시도하면 해결할 수 있는 문제인 반면, 마지막 외부의 장애물은 마치 내부의 장애물과 비슷한 속성을 지니고 있기 때문입니다. 일정이 너무 빡빡해서 한가한 시간이 없다는 외부적 장애물의 진정한 의미가 대학 시절의 룸메이트에게 전화할 시간조차 내기 힘들 정도로 바쁘다는 뜻은 결코 아닐 것입니다. 그럼에도 불구하고, 그러한 생각을 문자 그대로 받아들이면 친구에게 전화를 걸지 못하는 훌륭한 핑계거리가 되기 마련입니다. 즉, 외부적 장애물이 회피행동의 그럴듯한 이유로 작동하는 것입니다. 사실, 오랫동안 연락하지 않던 친구에게 선뜻 전화를 걸지 못하는 진정한 이유는 불편한 생각과 감정 때문일 것입니다. 예컨대, "만약 공통의 관심거리도 없는데 전화했다가 괜히 어색한 침묵만 흐르면 어떡하지?" 와 같은 생각, 지금까지 연락하지 않고 무심하게 지냈던 것에 대한 죄책감 때문에 전화를 걸기 어려울 텐데(즉, 내부의 장애물), 이것을 회피하기 위해서 일정이 바쁘다는 핑계(즉, 외부의 장애물)를 대고 있을 가능성이 높습니다.

이와 같이, 언뜻 보면 외부의 장애물처럼 보이더라도 그것의 핵심에는 내부의 장애물이 자리 잡고 있는 경우가 상당히 많습니다. 여러 가지 장애물에 지혜롭게 대처하기 위해서는 이것을 정확하게 인식하고 구분해야 합니다. 🔔[지금 이 순간, 어떤 감정과 판단이 떠오릅니까? 주의를 기울여서 알아차려 보십시오.]

이렇게 이야기하는 까닭이 무엇일까요? 대부분의 경우, 우리의 전념행동에 결정적인 영향을 미치는 것은 외부의 장애물이 아니라 내부의 장애물이기 때문입니다. 예컨대, 불친절한 상사라는 외부의 장애물이 있다고 가정해 봅시다. 당신은 상사의 불친절함을 입증해 주는 충분한 근거를 제시할 수 있고, 주변 사람들도 당신의 평가에 대체로 동의합니다. 그리고 불친절한 상사가 당신을 괴롭힙니다. 그래서 직장을 그만두고 싶고, 직장에서 눈물을 자주 흘리며, 업무 효율이 몹시 저하됩니다. 이처럼 곤란한 상황에 처하면 누구라도 어려움을 겪을 것이므로 주변 사람들은 당신이 겪는 고통을 이해해 줄 것입니다. 이쯤에서 질문이 필요합니다. "그래서 앞으로 어떻게 행동하겠습니까?" 이런 경우, 수용전념치료에서는 잠재적인 대안행동을 탐색해 보라고 권유합니다. 즉, 당신이 소중히 여기는 가치에 부합하는 행동에 전념하지 못하도록 방해하는 장애물을 극복하는 데 도움이 되는 대안적인 방안을 찾아내고 그것을 실행으로 옮겨야 합니다. 예컨대, 위와 같은 상황의 심각성과 당신이 소중히 여기는 가치를 동시에 고려할 때 당신은 어떤 행동을 선택하겠습니까? 직장상사의 직속상관에게 불평을 제기하겠습니까? 그것이 당신이 추구하는 가치에 부합하는 쓸모 있는 선택이라면 그렇게 행동할 수 있습니다. 혹은 직장상사에게 면담을 신청하여 직접적인 대화를 시도하겠습니까? 그것이 당신이 추구하는 가치에 부합하는 선택이라면 그렇게 행동할 수 있습니다. 혹은 다른 직장을 찾아보겠습니까? 그것이 당신이 추구하는 가치에 부합하는 선택이라면 그렇게 행동할 수 있습니다. 혹은 상황을 있는 그대로 받아들이고 만족하겠습니까? 불친절한 상사를 변화시키는 것이 현실적으로 불가능하고, 이러한 상황을 수용하는 것이 당신이 추구하는 가치에 부합하는 선택이라면 그렇게 행동할 수 있습니다. 혹은 당신이 자녀양육에 필요한 돈벌이를 해야만 하는 상황이라면 그렇게 행동할 수 있습니다. 그런데 이러한 대안적인 방안을 선택하고 실행하지 못하는 까닭은 무엇입니까? 아마도 내부의 장애물 때문일 것입니다. 우리는 지금 외부의 장애물은 전혀 존재하지 않는다는 이야기를 하고 있는 것이 아닙니다. 우리의 삶에는 여러 가지 외부의 장애물이 실제로 존재합니다. 가난, 학대, 전쟁, 자연재해를 생각해 보십시오. 이것은 분명한 외부의 장애물입니다. 하지만 외부의 장애물에 가로막혀서 옴짝달싹도 못하는 것보다는 외부의 장애물에 효율적으로 대처할 방안을 고민하고 선택하고 실행하는 것이 당신에게 훨씬 유익합니다. 예컨대, 가정폭력 추방모임에 가입하기 혹은 최저임금 인상 시위에 참여하기처럼 더욱 체계적인 방법으로 문제에 접근하는 것도 가능한 선택 중의 하나일 것입니다. 물론, 모든 외부의 장애물에 내부의 장애물이 내포되어 있는 것은 아닙니다. 그렇기 때문에, 혹시 외부의 장애물에 내부의 장애물이 내포되어 있는 것은 아닌지를 지혜롭게 파악해야 합니다.

 **외부의 장애물에 내포된 내부의 장애물 파악하기**

〈연습과제 9-9〉에서 파악한 외부의 장애물 목록을 다시 살펴보십시오. 당신이 외부의 장애물에 적절하게 대처하지 못하는 어떤 까닭이 있습니까? 혹시 그것이 내부의 장애물은 아닙니까? 외부의 장애물에 내포된 내부의 장애물이 있는지 알아차려 보십시오. 이해를 돕기 위해 사례를 제시했으니 참고하시기 바랍니다.

외부의 장애물	내부의 장애물(외부의 장애물에 대처하지 못하게 만드는 내부의 갈등)
시간이 부족함	모든 것을 희생해서 열심히 일하지 않으면 결코 성공할 수 없을 것이라는 걱정 직장보다 가정을 우선시했다가 동료가 먼저 성과를 내고 인정받으면 불편해질 것이라는 생각

전념행동의 장애물 극복하기

　여기서는 전념행동을 방해하는 내부의 장애물을 극복하는 전략에 대해서 추가적으로 몇 가지 더 살펴보겠습니다. 우리가 소개하려고 하는 전략은 지금까지 훈련했던 다른 전략, 특히 마음챙김과 탈융합에 토대를 두고 발전시킨 것입니다. 이러한 전략을 전념행동과 함께 소개하는 까닭은 무력감에 사로잡혔을 때 특히 도움이 될 것이기 때문입니다. 다시 말해, 무언가를 실천할 필요가 있다는 것을 알면서도 혼자 힘으로는 그것을 실천하기가 어려울 때 이러한 전략을 사용하면 도움이 될 것입니다. 앞서 언급한 것처럼, 우리는 당신이 소중히 여기는 가치에 부합하는 삶을 살지 못하도록 방해하는 내면적 요인, 즉 당신의 마음에 존재하는 내부의 장애물에 초점을 맞출 것입니다. 물론, 이러한 전략은 외부의 장애물을 다루는 데도 사용할 수 있습니다. 하지만 수용전념치료를 통해서 밝혀진 바에 따르면, 외부의 장애물을 실질적으로 변화시키는 가장 효과적인 방법은 내부의 장애물을 적절하게 다루는 것입니다. 우리 사회의 변화에 결정적인 영향을 미친 영적인 스승들(예: 마틴 루터 킹 목사, 테레사 수녀, 마하트마 간디, 달라이 라마)의 위대한 삶을 살펴보면, 그것이 무슨 뜻인지 알 수 있을 것입니다. 🔔 [지금 이 순간, 어떤 생각과 감정이 떠올랐습니까? 알아차려 보십시오.]

　지금쯤이면 주로 어떤 내면적 경험이 당신을 괴롭히는지를 충분히 파악하셨을 것입니다. 또한 당신은 그러한 내부의 장애물을 다루는 데 도움이 되는 다양한 기술과 방법을 그동안 꾸준히 훈련해 왔습니다. 만약 당신이 특별히 선호하는 마음챙김 연습과 제나 탈융합 방법이 있다면, 그것을 앞으로도 지속적으로 실천하고 연마하시기 바랍니다. 여기서 소개하는 전략은 전념행동이 난관에 봉착했을 때 적용해 볼 수 있는 대안적 방법이므로, 대처반응 선택의 폭을 넓히는 데 도움이 될 것입니다.

이번 연습과제는 헤이즈, 스트로잘과 윌슨(Hayes, Strosahl & Wilson, 1999)이 소개한 비유에서 영감을 받아 수정한 것입니다.

1. 다음 표의 빈칸에 전념행동을 방해하는 내부의 장애물 목록을 기록하십시오. 만약 내부의 장애물이 너무 많아서 모두 기록하기 어렵다면, 몇 가지 범주(예: 불안, 자기평가 등)로 구분해서 기록해도 괜찮습니다.

2. 당신이 일상생활에서 자주 사용하는 열쇠를 모두 가져오십시오. 그런 다음, 각각의 열쇠(예: 자동차 열쇠, 현관 열쇠, 우편함 열쇠 등)를 각각의 내부의 장애물과 짝지어 주십시오. 만약 열쇠가 모자란다면, 당신이 평소에 휴대하고 다니는 물건(예: 신분증, 신용카드, 반지, 지갑, 상의 등)을 가져와서 내부의 장애물과 짝지으시기 바랍니다. 이해를 돕기 위해 사례를 제시했으니 참고하시기 바랍니다.

내부의 장애물	짝지어진 물건
'나는 그것을 할 수 없어.' 라는 생각	신분증

3. 지금까지 당신이 빈번하게 경험하는 내부의 장애물 목록을 파악했고, 각각의 장애물을 당신이 날마다 휴대하고 다니는 물건들과 짝지었습니다. 당신은 이런 물건들이 있어야 생활할 수 있습니다. 직장에 출근하려면 자동차 열쇠가 필요하고, 집을 나설 때 문단속을 하려면 현관 열쇠가 필요하고, 생활용품을 구입하려면 신용카드가 필요합니다. 내면적 경험과 일상적 물건을 짝짓는 연습이 이상하게 여겨질 수 있지만, 우리를 믿고 그렇게 해 보십시오. 만약 당신이 불편한 내면적 경험을 필사적으로 회피하려고 시도하지 않고 그것들과 함께 생활한다면 어떤 일이 벌어지겠습니까? 불편한 경험이 재잘대는 이야기에 현혹되거나 반응하지 말고, 어느 곳에 가든지 그것들을 휴대하고 다니시기 바랍니다. 마치 당신이라는 버스에 타고 있는 승객들을 대하듯이 말입니다. 당신이 날마다 열쇠와 지갑과 신분증을 휴대하고 다니는 것처럼 모든 불편한 경험과 함께 생활하는 모습을 상상해 보십시오. 여기에 마음챙김으로 주의를 기울여 보십시오. 집을 나서기 전에 열쇠를 비롯한 물건들을 모두 챙겼는지 확인하는 것처럼 날마다 그 물건들과 짝지어진 내부의 장애물을 알아차려 보십시오. 모든 내면적 경험을 부드럽게 알아차리고, 그것들과 함께 하루를 시작하시면 됩니다.

결과에 집착하지 마십시오

모든 사람이 흔히 걸려 넘어지는 공통의 장애물이 있는데, 그것은 바로 결과에 지나치게 집착하는 경향입니다. 우리는 각자의 분야에서 성취하기를 염원합니다. 어떤 사람은 멋진 울타리가 있는 집에서 살고 싶어 하고, 어떤 사람은 가까운 가족이나 친구와 더불어 지내기를 바라며, 어떤 사람은 다양한 여가활동을 즐기기를 소망합니다. 하지만 인생이 항상 우리가 원하는 방향으로 전개되는 것은 아닙니다. 간절한 목표를 설정하고 그것이 계획대로 이루어지기를 고대하더라도, 원하는 결과를 얻지 못해서 실망하는 경우가 비일비재합니다. 이런 상황에서 경험하는 실망감은 지극히 자연스러운 반응입니다. 그러나 이렇게 실망스러운 상황과 연합된 생각(예: '도대체 왜 안 되는 거지?')이나 감정(예: 분노감, 좌절감)에 융합되어 버리면 옴짝달싹할 수 없는 궁지에 빠지기 쉽습니다. 지금 이 순간, 당신의 경험을 천천히 되돌아보시기 바랍니다. 당신이 간절히 원했던 바로 그것을 온전하게 얻었던 적이 과연 몇 번이나 있습니까? 비록 처음에 기대했던 결과를 온전하게 얻지는 못했지만 오히려 전화위복의 흐름으로 전개되어 적잖이 놀랐던 적은 없습니까? 우리에게는 미래를 정확하게 예언할 능력이 없습니다. 다만 자신이 소중히 여기는 삶의 방향을 선택할 능력과 거기에 부합하는 목표를 설정할 능력을 지니고 있을 뿐입니다. 아울러, 성공이나 실패라는 결과를 담담하게 지켜보는 것도 가능합니다. 결과가 우리의 운명을 결정하는 것은 아니기 때문입니다.

가치에 대해서 논의한 8장에서, 우리는 당신이 소중히 여기는 가치에 부합하는 행동에 전념하는 것이 무엇보다 중요하다는 점을 역설했습니다. 그러한 당신의 노력에 세상이 어떻게 반응하느냐는 다른 차원의 문제입니다. 당신이 선택할 수 있는 것은 세상의 반응이 아니라, 세상의 반응에 대한 당신의 반응입니다. 당신은 동일한 목표를 지향하며 다시 전념하는 반응을 선택할 수도 있고, 대안적 목표로 변경하여 그것에 전념하는 반응을 선택할 수도 있습니다. 전념행동의 결과가 긍정적이지 못해서 실망스럽고 무기력하더라도 그것에 연연하지 말아야 하는 까닭이 바로 이것입니다. 결과에 집착하지 마십시오. 우리는 세상에서 벌어지는 대부분의 사건을 통제할 수 없습니다. 특정한 목표의 즉각적인 달성 여부에 연연하지 말고, 당신이 소중히 여기는 가치에 부합하는 삶을 살기 위해서 꾸준히 전념하십시오. 그리고 인생은 결과가 아니라 과정이라는 사실을 기억하십시오.

동생과의 관계를 개선하려고 노력하는 내담자의 사례를 통해서 이러한 사실을 자세하게 살펴보겠습니다. 샘은 마이크와 10년 이상 대화를 나누지 않았습니다. 동생은 오랫동안 불법약물에 의존했었고, 형은 그것을 용납할 수 없었기 때문입니다. 형제간의 갈등은 어머니의 장례식에서 최고조에 이르렀습니다. 형제는 어머니의 영정 앞에서 극심한 언쟁을 벌였고, 그날 이후 서로 연락을 두절한 채 지내 왔습니다. 샘은 친밀감과 유대감이라는 가치를 소중히 여기는 사람이었고, 가족관계와 친구관계에 시간과 노력을 투자했습니다. 몇 년 전, 샘은 동생과의 관계를 회복하기로 결심했습니다.

그러나 마이크는 형이 간절히 염원했던 반응을 보여 주지 않았으며, 그냥 자신을 내버려 두라고 대꾸했습니다. 형은 동생이 생각날 때마다 깊은 슬픔을 느꼈고, 가끔씩 동생을 사랑하는 마음을 담은 편지나 카드를 보냈습니다. 하지만 동생은 단 한 번도 답장을 보내지 않았습니다.

앞의 사례에서, 샘은 친밀감과 유대감이라는 가치에 부합하는 행동에 두 가지 방식으로 전념하고 있습니다. 첫째, 그는 아내 및 자녀와 정서적으로 친밀한 관계를 유지하고 있습니다. 둘째, 그는 동생의 반응에 개의치 않고 꾸준히 연락을 취하고 있습니다. 아직까지 그가 특정한 목표를 달성하지 못했다는 사실에 유의하십시오. 또한 비록 동생이 자신의 노력을 알아주지 않고 묵묵부답으로 무시하더라도 샘은 동생을 향한 사랑을 꾸준히 표현하고 있다는 사실에 주의를 기울이십시오. 과연 누가 형의 노력에 동생이 반응하지 않는다는 이유로 샘이 부질없는 가치를 추구하고 있다고 말할 수 있겠습니까? 즉각적인 결과와는 무관하게, 샘은 자신이 소중히 여기는 가치에 부합하는 삶을 살고 있습니다. 그는 친밀감과 유대감이라는 가치를 다양한 방식으로 추구할 수 있으며, 동생과의 관계를 개선하려는 노력을 꾸준히 시도할 것입니다. 물론, 그러한 시도를 중단하기로 결정할 수도 있을 것입니다. 그리고 그는 동생과의 관계에 문제가 있더라도 여전히 동생을 염려하고 사랑합니다. 샘이 통제할 수 있는 것은 여기까지입니다. 🔔[지금 이 순간, 어떤 생각과 감정과 기억이 떠오릅니까? 앞의 사례와 비슷한 경험을 당신도 가지고 있습니까? 알아차려 보십시오.]

잠시 시간을 내서 앞 장의 〈연습과제 8-2〉에서 당신이 기록한 가치 목록을 다시 살펴보십시오. 그리고 각각의 가치에 대해서 다음의 두 가지 질문을 던져 보십시오.

① 당신이 염원하는 결과를 얻지 못할 수도 있다는 사실을 아는데도 가치에 부합하는 행동에 기꺼이 전념할 수 있겠습니까? 예컨대, 노력하는 과정에서 다른 사람에게 상처받을 가능성이 있다는 사실을 아는데도 기꺼이 신뢰감과 친밀감이라는 가치에 부합하는 행동에 전념하겠습니까?

② 만약 당신이 염원하는 결과를 얻지 못한다면 당신이 소중히 여기는 가치를 수정

하겠습니까? 예컨대, 어떤 순간 세상이 100퍼센트 정의롭지 못하다는 사실을 인식하면 정의라는 가치에 전념하는 것을 중단하겠습니까? 잠시 생각해 보십시오. 마틴 루터 킹 목사, 테레사 수녀, 마하트마 간디, 달라이 라마 같은 사람들이 정의로운 세상을 염원하며 가치를 추구하는 행동을 하지 않았다면, 지금 이 세상의 모습이 어떻겠습니까?

장애물에서 벗어나십시오

앞에서도 언급한 적이 있는데, 전통적인 종교나 문화에서 주장하는 것과 달리, 우리는 외상 생존자가 외상 가해자를 반드시 용서해야 한다고는 생각하지 않습니다. 이것은 도덕의 문제가 아닙니다. 그리고 여전히 우리의 견해는 달라지지 않았습니다. 하지만 지금까지 수용전념치료의 주요개념을 살펴보았고 특히 탈융합이라는 개념의 의미를 파악했으므로, 여기서는 용서에 대한 관점을 조금 확장해 보려고 합니다. 수용전념치료에서는 용서를 하나의 전략으로 간주합니다. 다시 말해, 외상 생존자가 옴짝달싹할 수 없는 궁지에 몰려서 아무것도 선택할 수 없는 것처럼 느껴질 때 선택할 수 있는 하나의 전략이 용서입니다. 이것을 자세히 살펴보기 전에, 우리가 이야기하는 용서의 진정한 의미를 짚어 보겠습니다.

● 용서의 의미

외상 생존자 중에는 외상사건이 발생했다는 사실 자체를 잊어버리는 것 혹은 외상사건과 연관된 사람에게 더 이상의 책임을 묻지 않는 것을 용서라고 생각하는 분들이 많습니다. 하지만 이것은 우리가 이야기하는 진정한 용서가 아닙니다. 용서는 외상사건을 망각하는 것이 아니고, 외상사건 관련자를 눈감아 주는 것도 아니며, 외상사건이 유발한 고통을 폄하하는 것은 더욱 아닙니다. 용서(forgiveness)는 문자 그대로 '이전에 벌어진 것을 기꺼이 내어 주는 행위'입니다(Hayes & Smith, 2005). 다시 말해, 용서는 자신에게 내어 주는 선물입니다. 용서는 고통을 회피하는 것이 아니라 고통에 다가서는 것입니다. 수용전념치료의 관점에서 무엇이 진정한 용서이고 무엇이 진정한 용서가 아닌지를 다음의 표에 정리했습니다.

진정한 용서	진정한 용서가 아닌 것
외상경험과 씨름하지 않기	외상경험을 망각하기
고통스러운 경험에 자비와 연민을 베풀기	아무렇지도 않은 척하기, 고통스러운 경험을 폄하하기, 자기를 비난하기
외상사건 관련자에게 자신의 행동을 해명할 수 있는 기회를 제공하기	외상사건 관련자의 부적절한 행동을 눈감아 주기
소중히 여기는 가치에 부합하는 삶을 살아가기	외상사건의 희생자임을 드러내며 살아가기
고통스러운 경험을 가치 있는 삶을 살아가는 원동력으로 활용하기	고통스러운 경험을 가치 있는 삶을 살아가지 못하는 핑계로 활용하기

수용전념치료자인 우리는 내담자를 옴짝달싹할 수 없게 만드는 장애물과 내담자가 소중히 여기는 인생의 가치를 파악하기 위해서 노력합니다. 아울러, 내담자가 소중히 여기는 가치에 부합하는 삶을 살아가는 데 도움이 된다면 자기 자신을 용서하는 것에 대해서, 그리고 때로는 다른 사람을 용서하는 것에 대해서 논의하기도 합니다. 🔔[지금 이 순간, 어떤 생각과 감정이 떠오릅니까? 만약 불편한 생각과 감정을 경험하고 있다는 사실을 알아차렸다면, 그러한 불편감에 사로잡히지 마시기를 바랍니다. 그리고 우리가 용서에 대해서 조금 더 설명할 수 있도록 기회를 주십시오. 부디 이 책을 계속 읽으시기를 바랍니다.] 용서라는 주제를 이 책의 끝부분에서 언급하는 데는 그만한 까닭이 있습니다. 외상 생존자의 입장에서 용서는 몹시 조심스럽게 다루어야 하는 민감한 주제이기 때문입니다. 그리고 용서를 언급하면 과거에 겪었던 배신감과 이해받지 못했던 고통이 다시 떠오를 가능성이 높기 때문입니다. 따라서 바로 지금이 앞에서 훈련했던 마음챙김 기법(2장)과 탈융합 기법(6장)을 적극적으로 활용해야 할 시점입니다. 특히 지금 이 순간에 분노감, 적개심, 죄책감, 수치심 등의 감정을 경험하고 있거나 혹은 자기비난과 타인비난에 시달리고 있다면 더욱 그렇습니다. 마음챙김으로 모든 경험을 알아차리면서 그것에 사로잡히지 않고 탈융합할 수 있겠습니까?

수용전념치료에서는 자기를 용서하는 것이 가장 본질적인 용서라고 생각합니다. 자기용서란 외상사건의 와중에 벌어졌던 경험에 대한 용서이고, 당신이 했거나 혹은 하지 못했던 행동에 대한 용서이며, 외상사건 이전과 도중과 이후에 당신이 말했거나 혹은 말하지 못했던 것에 대한 용서를 뜻합니다. 역설적이게도, 자기용서의 과정에서 일시적으로 자기비난이 증가될 수 있습니다. 과거에는 결코 해낼 수 없을 것이라고 생각했던 쪽으로 서서히 움직이기 시작할 때, 우리는 스스로를 비난하기 쉽습니다. 예컨대, '진작 해낼 수 있었는데 어리석게도 여태껏 못했던 것이군!' 혹은 '결국 지난 20년을 허송세월로 낭비한 셈이군!'이라는 생각이 떠오르고, 상실에 대한 슬픔과 자신에 대한 분노의 감정이 찾아오는 것입니다. 바로 지금이 생각과 감정에 사로잡히지 않고 거리를 유지하는 탈융합이 필요한 순간입니다. 고통스러운 생각과 감정은 그저 생각이고 감정일 뿐입니다. 고통스러운 생각과 감정은 외상경험을 조금 더 일찍 다루지 못하게 방해했던 장애물일 뿐입니다. 그것을 당신이라는 버스에 타고 있는 승객으로 바라볼 수 있으십니까?

오직 자기용서만으로도 삶이 변화되는 경우가 가끔 있습니다. 하지만 더욱 충만한 삶을 살기 위해서는 자기에 대한 용서를 넘어 타인에 대한 용서로 나아갈 필요가 있습니다(Hayes & Smith, 2005). 예컨대, 당신이 어린 시절에 경험했던 성적인 학대로 인해서 직장을 갖지 못한 채 오랫동안 약물남용과 혼돈상태에 빠져 지냈다고 상상해 보십시오. 당신은 수용전념치료를 통해서 마음챙김, 탈융합, 그리고 수용의 기술을 훈련했는데도, 가해자가 이야기했던 '너는 거짓말쟁이야!'라는 생각 및 죄책감과 수치심이라는 감정에 융합되어 옴짝달싹도 못하는 궁지에 몰렸습니다. 당신은 외상사건으로 깊은 상처를 받았다는 사실과 당신이 거짓말쟁이가 아니라는 사실과 외상사건이 당신의 잘못으로 인해서 벌어진 것이 아니라는 사실을 자신과 타인에게 입증하기 위해서 지금까지 애써 왔습니다. 이러한 깨달음을 유지하면서 다음과 같이 상상해 보십시오. 버스에 타고 있는 승객들이 "너는 거짓말쟁이야!"라고 소리치고 "모든 것이 너의 잘못이야!"라고 고함치더라도, 사랑하는 가족과 친밀한 관계를 유지하고 직장에서 경력을 가꾸는 모습을 그려 보십시오. 그러한 가치를 당신이 소중히 여긴다면 말입니다. 이런 상황에서 외상사건의 가해자를 용서하는 것은 사실상 피해자인 자신을 용서하는 것입니다. 그런 의미에서, 용서는 당신 자신에게 내어 주는 선물입니다.

그렇지만 타인을 용서한다고 해서 상처를 주었던 사람과 어울려야 한다거나 혹은 외상이 예견되는 위험한 상황에 다시 노출해야 한다는 뜻은 결코 아닙니다. 오히려 '내가 상처받았다는 것을 입증할 수 있는 유일한 증거는 고통뿐이므로 앞으로도 계속 고통스러워야 한다.'는 생각을 내려놓는 것이 진정한 용서입니다. 현실적으로 표현하면, 외상사건을 겪었음에도 불구하고 자신이 소중히 여기는 가치에 전념하는 당신의 모습을 주위에서 지켜보는 사람들로 하여금 외상경험이 반드시 나쁜 것만은 아니라는 결론을 내릴 수 있게 하는 것이 진정한 용서입니다. 우리는 아동기에 성적 학대를 경험했던 내담자를 상담한 적이 있습니다. 그녀는 심각한 시련을 이겨 내고 대학으로 돌아가서 학위까지 취득했는데, 나중에 그녀를 학대했던 사람이 몹시 뻔뻔스러운 이야기를 했다는 사실을 알게 되었습니다. 외상경험이 그녀를 강인하게 만들었다면서 그녀의 성취가 마치 자신의 공로인 것처럼 가해자가 이야기했던 것입니다. 제정신이 아니고서야 어떻게 그런 말을 할 수 있겠습니까만, 그것은 사실이었습니다. 다행히도 그녀는 가까운 사람들에게 가해자에 대한 감정을 토로하고 이해받으면서 가해자의 말에 사로잡히지 않고 탈융합할 수 있었습니다. 그녀는 가해자의 말이 ('우유, 우유, 우유' 연습과제에서 살펴본 것처럼) 단지 한 마디의 말에 불과하고, (실제의 풍경이 아니라) 캔버스에 그려진 그림에 불과하고, (버스의 운전사가 아니라) 버스에 타고 있는 승객에 불과하며, (체스판이 아니라) 체스말에 불과하다는 현명한 관점을 취했던 것입니다. 이것이 진정한 용서입니다. 자신을 용서하기 위해서는 먼저 타인을 용서해야 하는 경우가 종종 있습니다. 낚시 바늘의 비유가 이것을 잘 보여 줍니다. 낚시 바늘에 미끼를 끼우다가 손가락을 먼저 찔리는 경우가 종종 있지 않습니까? 손가락을 찔리지 않는 유일한 방법은 아예 낚시 바늘에 미끼를 끼우지 않는 것입니다(Hayes & Smith, 2005).

다음 질문에 대해서 답변하시면서 따뜻하고 정직하게 당신의 경험을 알아차려 보시기 바랍니다.

• 외상경험과 관련해서, 당신은 어떤 방식으로 낚시 바늘에 찔려 왔습니까?

_____

_____

_____

_____

• 외상경험이 초래한 고통에 사로잡혔을 때, 당신의 삶은 어떠했습니까?

_____

_____

_____

_____

• 만약 외상경험이 초래한 고통스러운 짐을 내려놓는다면, 당신의 삶은 어떻게 달라질 것 같습니까?

_____

_____

_____

_____

🔔[이번 연습과제를 수행하는 동안 어떤 생각과 감정이 떠올랐습니까? 알아차려 보십시오.] 당신의 마음은 용서에 대해서 여러 가지 이야기를 쏟아 내고 있을지도 모릅니다. 당신이 용서할 만큼 충분히 강하지 못하다고 이야기할 수도 있고, 절대로 용서하면 안 된다고 이야기할 수도 있으며, 용서만 하면 모든 상황이 나아질 것이라고 이야기할 수도 있습니다. 우리의 임상경험에 따르면, 대부분의 사람들은 용서를 고려하는 과정에서 강렬한 감정을 느낍니다. 어떤 사람은 불안감과 긴장감과 우울감을 느끼고, 어떤 사람은 안도감과 만족감을 느낍니다. 이러한 감정반응을 적절히 다루려면 당신의 고통스러운 경험을 자애로운 태도로 받아들여야 합니다. 감정은 당신이 물리쳐야 하는 적이 아니기 때문입니다. 용서도 마찬가지입니다. 당신 자신에게 용서라는 선물을 베푸는 장면을 떠올려 보십시오. 아마도 용서라는 선물은 한 번이 아니라 여러 번 반복해서 자신에게 베풀어야 하는 선물일 것입니다. 이를테면, 친구와 담소를 나누면서 커피를 마시는 행위가 바로 용서일 수 있습니다. 술을 마시거나 약물을 복용하거나 폭식하고 구토하는 행위는 용서가 아닙니다. 타인의 부당한 요구를 거절하고 그에게 이용당하지 않는 것이 자신에게 베푸는 선물입니다. 가게의 점원에게 미소를 건네거나 동료에게 농담을 던지는 것도 자신에게 베푸는 선물입니다. 그들이 공정하지 못하다고 반추하고 골몰하는 것은 용서가 아닙니다. 이 책을 읽으면서 연습을 계속하여 점차 당신의 것으로 만들어 내는 것은 당신에게 유익한 선물입니다. 삶은 날마다 당신에게 질문을 던집니다. 때로는 하루에도 몇 번씩 질문을 던집니다. 낚시 바늘에 걸려들겠습니까, 아니면 자유로워지겠습니까? 선택은 당신의 몫입니다. 정말 대단하지 않습니까? 당신은 날마다 자신에게 소중한 선물을 할 수 있을 만큼 충분히 강해졌습니다.

결심을 이야기하고, 그것을 실천하십시오

우리는 장차 어떻게 행동하겠다고 다짐한 대로 실천하는 경향이 있습니다. 이러한 일련의 연쇄과정을 언행일치라고 부릅니다(Rogers-Warren & Baer, 1976). 언행일치는 공약한 것을 곧장 행동으로 옮기고, 행동한 것을 곧장 보고하는 것을 뜻합니다. 하지만 때때로 우리는 언행불일치의 자기영속적 악순환에 빠져듭니다. 첫 번째, 앞으로 어떻게 행동하겠다고 다짐하고 공약합니다. 두 번째, 실제로는 공약을 행동으로 실천하지 못합니다. 세 번째, 공약과 행동 사이 불일치의 여파로 죄책감이나 수치심과 같은 불편한 감정을 느낍니다. 네 번째, 새로운 다짐과 공약을 통해서 불편한 감정을 떨쳐 내려고 애씁니다. 다섯 번째, 새로운 공약도 여전히 지키지 못할 공허한 약속이 되어 버려서 동일한 연쇄과정을 촉발시킵니다. 이러한 자기영속적 악순환은 중독과 관련된 문제에서 흔히 발견됩니다. 진심으로 중단할 의사가 없음에도 불구하고 음주, 도박, 약물을 중단하겠다는 공약을 여러 차례 남발했다가 오히려 인간관계와 자기존중감에 심각한 손상을 초래하는 것입니다. 이러한 악순환은 주로 융합되기 때문에 그리고 수용하지 못하기 때문에 발생합니다. 금주할 의사가 없음에도 불구하고, 심지어 한 번도 금주를 시도해 보지 않았음에도 불구하고 술을 끊겠다는 공약을 남발하는 사람들은 어째서 그렇게 행동하는 것일까요? 과도한 음주를 반복하면 주변 사람들이 화를 내거나 잔소리를 하고, 법적인 문제 혹은 재정적인 곤경에 빠질 가능성이 높아집니다. 그러면 상당히 불편한 감정을 느끼게 됩니다. 이러한 상황에서 신속하게 불편감을 떨쳐 내고 잔소리를 줄이는 효과적인 방법은 "이번에는 반드시 술을 끊겠다."라고 다시 공약하는 것입니다. 그러나 임시방편으로 금주를 공약한 것이기 때문에 악순환은 지속될 수밖에 없습니다.

이런 경우, 그들이 남발하는 공약은 외부적 판단과 규범(예: 과도하게 술을 마시면 안 된다)을 따르는 임시방편일 뿐이며 내부적 동기(예: 정말로 술을 끊고 제정신으로 살겠다)로부터 비롯된 다짐이 아닙니다. 그들이 술에 취하지 않고 제정신으로 살겠다는 가치를 소중히 여기지 않는다는 뜻은 아닙니다. 그들도 그러한 가치를 추구하지만, 적어도 공약을 남발한 순간에는 자신이 소중히 여기는 가치에 온전하게 접촉하지 못했다는 사실을 이야기하고 싶은 것입니다. 그들은 금주하겠다고 공약하지 않았을 때 찾아올지 모르는 부정적인 결과를 회피하기 위해서 임시방편으로 공약한 것이기에 실제로는 금주에 성공하기 힘듭니다. 이러한 패턴은 사소한 경우에서도 찾아볼 수 있습니다. 예컨대, 당신은 진심으로 원하는 것도 아니고 실제로 관람할 의사가 없는데도 클래식 음악회에 가겠다고 친구에게 덜컥 약속해 버렸다가 그럴듯한 핑계를 대서 약속을 번복할 수 있습니다. "오늘 몸이 좋지 않아서 못 가겠어."라고 말입니다. 그러나 사실은 "처음부터 가고 싶은 마음이 없었어. 단호하게 거절하는 것보다는 일단 약속하는 것이 편했기 때문에 그랬던 거야."라는 고백이 솔직하지 않겠습니까? 🔔[지금 이 순간, 어떤 생각과 감정이 떠오릅니까? 알아차려 보십시오.]

공약과 행동 사이의 불일치가 반복되면 눈덩이 효과가 생겨나서 결국 아무것도 하지 못하는 상태에 빠지게 될 가능성이 높습니다. 우리는 '이미 약속을 안 지키는 사람으로 낙인 찍혔는데, 또 지키지 않는다고 해서 뭐가 문제야.' 혹은 '나는 실패자야.'와 같은 불편한 생각과 죄책감 혹은 수치심과 같은 불편한 감정을 억압하고 축소하려고 애쓰며 때로는 부적응적인 행동을 동원해서 방어합니다. 하지만 이렇게 행동하면서 유쾌한 감정을 느끼는 사람은 아무도 없을 것입니다. 사실은 음악회에 가고 싶지 않았지만 친구의 마음을 상하게 하지 않으려고 일단 약속했다가 몸이 좋지 않다는 핑계로 약속을 취소한 것이 그렇게까지 나쁜 거짓말은 아닌데도 말입니다.

그렇다면 어떤 방법으로 악순환의 고리에서 빠져나올 수 있겠습니까? 당신이 삶에서 소중히 여기는 가치들도 중요성에 따라서 우선순위가 모두 다른데, 가치의 우선순위에 입각해서 반응하는 것은 어떨까요? 예컨대, "그렇게 행동하겠다고 약속하지 않으면 불편한 상황이 벌어질지 모르니까 일단 약속하자."라는 규칙이 아니라, "내가 중요하게 여기는 방향으로 행동하겠다고 약속해야 실제로 실천할 수 있으니까 솔직하게 이야기하자."라는 규칙으로 바꾸는 것은 어떻습니까? 이것은 목표를 달성하는 완전히 새로운 방법입니다. 클래식 음악회의 사례를 다시 살펴보겠습니다. 당신은 최근에 많이 외로워하고 있는 친구를 위로해 줄 작정으로 음악회에 함께 가겠다고 약속할 수 있습니다. 이러한 가치에 주목하면, 음악회 날짜가 다가오더라도 핑계를 대지 않고 약속을 지키기가 한결 수월해질 것입니다. 이것이 당신의 결심을 이야기하고 그것을 약속대로 실천하는 언행일치의 좋은 예입니다.

혹시 이미 몇 번이나 약속을 어겼기 때문에 주위 사람들이 당신을 신뢰하지 않을 것이라는 생각이 든다면, 당신이 소중히 여기는 가치를 나침반으로 삼아서 바로 그 생각에서부터 시작해 보십시오. 지금까지 행동해 온 것보다는 앞으로 다르게 행동하는 것이 중요합니다. 그렇게 할 수 있겠습니까? 예컨대, 중독 문제를 지니고 있는 사람은 지금까지 공약을 지키지 못한 것에 대한 수치심과 당혹감을 주위 사람에게 고백하면서 앞으로는 어떤 상황에서도 솔직하게 이야기하겠다고 다짐하는 작업부터 시작할 수 있습니다. 현실적으로, 언행일치를 이뤄 내기 위해서는 마음챙김, 탈융합, 수용, 그리고 당신이 소중히 여기는 가치에 대한 확고한 인식이 필요합니다. 당신은 어떤 결심을 이야기하고 그것을 실천하는 과정에서 필연적으로 두려움, 슬픔, 죄책감 등의 불편한 감정을 느끼게 될 것이며, '아무도 내 곁에 남아 있지 않을 거야.'라는 생각을 경험하게 될 것입니다. 예컨대, 중독 문제가 재발했다는 사실을 소중한 사람에게 고백하거나 혹은 클래식 음악을 좋아하지 않는다는 사실을 친구에게 토로하면 그들이 분명히 어떤 반응을 보일 것입니다. 그들은 실망할 수도 있고, 분노할 수도 있으며, 당신을 비난할 수도 있습니다. 하지만 그런 반응이 두려워서 임시방편으로 약속했다가 나중에 실패했을 때 결과적으로 어떤 대가를 치렀는지 곰곰이 따져 보십시오. 아마도 잠깐 동안은 별일 없이 조용히 지나갔을 것입니다. 그러나 당신은 끊임없이 불편했었고, 인간관계가 악화됐으며, 자존감은 추락했습니다. 그리고 그것 때문에 당신이 소중히 여기는 가치에 부합하는 행동에 전념하지 못했던 것입니다. 이 시점에서, 가슴 아픈 사례를 말씀드리고 싶습니다. 우리는 어머니로부터 수없이 거절당하고 비난당했던 여성을 치료한 적이 있는데, 그녀는 치료자를 마치 자신의 어머니처럼 느꼈습니다. 그녀는 마리화나에 심각하게 중독된 상태였지만 1년이 넘도록 치료자에게 중독 문제를 꺼내 놓지 못했고 오히려 마지막까지 적극적으로 감추었습니다. 어느 날 그녀가 이렇게 이야기했습니다. "선생님에게 비밀을 털어놓지 못하고 꼭꼭 숨기면서 겉으로는 소중히 여기는 가치에 대해서 이야기하는 것이 사실은 마리화나를 끊는 것보다 더 힘들고 끔찍했어요."

만약 당신이 결심과 행동 사이의 불일치 때문에 곤란한 상황에 처해 있다면, 날마다 어떻게 행동하겠다고 결심하고 실제로 그것을 적극적으로 실천하시기 바랍니다. 당신이 진정으로 소중히 여기는 가치에 부합하는 결심을 한다면, 분명히 그것을 행동으로 옮길 수 있을 것입니다. 설거지하기, 연락하기, 강아지 산책 시키기, 쓰레기통 비우기와 같은 작은 일부터 시작하십시오. 그 과정에서 언행일치가 당신에게 그리고 주변 사람에게 어떤 영향을 미치는지 알아차려 보십시오.

앞에서 거의 모든 행동은 학습의 결과라고 이야기한 적이 있는데 기억하십니까? 가치를 추구하는 것도 학습의 결과이고, 공약한 것을 곧장 행동으로 옮기고 행동한 것을 곧장 보고하는 언행일치도 학습의 결과입니다. 당신이 소중히 여기는 가치에 부합하는 행동에 전념하는 과정에서 느끼는 내면적 경험에 주의를 기울여 보십시오. 거기서 무언가 중요한 것을 배울 수 있습니다. 우리는 흔히 가치에 부합하는 삶을 살아가는 과정에서 느끼는 경험을 제대로 포착하지 못합니다. 특히 마음챙김의 태도로 살펴보지 않는다면 더욱 그렇습니다. 우리는 마음챙김의 태도로 내면적 경험을 살펴본 적이 거의 없습니다. 그래서 "가치에 부합하는 삶을 살고 있을 때는 이렇구나!" 혹은 "가치에 부합하는 삶을 살지 못할 때는 이렇구나!"라고 구분해서 알아차리지 못합니다. 행동치료에서는 이것을 변별훈련이라고 부르는데, 두 가지 상이한 조건의 차이점을 이성적 수준이 아니라 체험적 수준에서 파악하는 것을 뜻합니다(Skinner, 1953). 가끔은 미세한 반응을 느끼기도 하는데, 이를테면 위장이 경직되는 느낌 혹은 갑자기 술을 마시고 싶은 느낌 등을 경험할 수 있습니다. 그러나 마음챙김으로 알아차리지 못하면 이러한 경험을 난데없는 것으로 여기고 무시하기 쉽습니다. 하지만 그것은 당신이 소중히 여기는 가치에 부합하지 않는 방향으로 행동하고 있다는 것을 알려 주는 신호일 수 있습니다. 그러므로 가치에 부합하는 삶을 살고 있을 때와 그렇지 못할 때 어떤 생각, 감정, 감각이 찾아오는지 알아차릴 수 있다면, 바람직한 행동에 전념하는 것이 더욱 수월해질 것입니다. 여기에 관심이 있다면, 작은 일부터 행동으로 옮기면서 당신의 내면에서 어떤 일이 벌어지는지 마음챙김으로 살펴보시기 바랍니다.

레모네이드 만들기: 전화위복으로 가치를 명료화하십시오

동양에는 전화위복(轉禍爲福), 서양에는 "인생이 당신에게 시큼한 레몬을 주었다면, 그것으로 달콤한 레모네이드를 만들어라."는 격언이 있습니다. 🔔[지금 이 순간, 위

문장을 읽으면서 어떤 반응을 경험하는지 알아차려 보십시오. 아울러, 그러한 반응이 어디서 비롯되는지 알아차려 보십시오.] 사람들은 흔히 과거의 시련을 발판 삼아 미래로 나아가라고 이야기하며, 외상의 고통을 승화시키라고 주문합니다. 이런 이야기를 들으면 한편으로는 한껏 용기가 북돋워지기도 하지만, 다른 한편으로는 전혀 이해받지 못하는 것 같은 느낌이 들기도 합니다. 우리는 고통을 회피하려고 노력하면 할수록 더 큰 괴로움에 사로잡힌다는 사실을 잘 알고 있습니다. 고통에 주목하고 고통과 함께 나아가면, 고통을 넘어서는 많은 것을 우아하게 이뤄 낼 수 있습니다. 당신이 경험하는 고통이 동기의 원천이라면, 당신이 추구하는 가치는 강인함의 원천이 될 것입니다. 당신이 경험하는 고통은 당신이 추구하는 삶의 방향을 일깨워 줍니다.

때로는 역경이나 외상을 겪은 뒤에 비로소 자신이 정말로 소중하게 여기는 방향으로 살아 나갈 힘을 얻는 사람들이 있습니다. 어떤 학대 피해자는 고통을 원동력으로 삼아 가해자를 고소해서 법의 준엄한 심판을 받게 했습니다. 어떤 참전군인은 수년간의 침묵을 고통스럽게 견뎌 내고 마침내 심리치료자를 찾았습니다. 어떤 교통사고 희생자는 과거에 소원했던 가족들과 오히려 가까워지게 되었습니다. 강도 사건으로 사랑하는 자녀를 잃고 비탄에 잠겼던 어떤 어머니는 다른 사람들을 돌보는 지지모임을 시작했습니다.

나치의 유태인수용소에서 체험했던 끔찍한 경험을 『죽음의 수용소에서』라는 책에서 증언한 빅터 프랭클(Victor Frankl, 1963)은 홀로코스트 생존자들의 용기와 인내를 감동적으로 묘사했습니다. 우리는 최악의 순간을 견뎌 낸 생존자들의 고백을 통해서 외상사건을 겪은 사람들의 삶이 변화되는 과정을 이해할 수 있었습니다. 부디 오해하지는 마십시오. 당신이 겪은 외상사건은 홀로코스트에 비하면 아무것도 아니라거나 혹은 책임져야 할 가해자를 무조건 용서하라는 이야기가 결코 아닙니다. 우리가 진정으로 말하고 싶은 것은 당신이 겪은 외상경험이 적어도 부분적으로는 당신이 소중히 여기는 삶의 방향을 일깨워 주었다는 사실입니다. 우리는 외상사건을 겪었음에도 불구하고 여전히 강하고, 자비롭고, 이타적인 삶을 살아가는 분들을 수없이 만났습니다. 그들은 다른 사람을 돌보고 정의로운 세상을 만들려는 인생의 가치를 추구했습니다. 사실, 역경과 고난 속에서 피어나는 인간성의 아름다움을 목격하는 것이야말로 심리치료자로 살아가면서 체험하는 가장 멋진 선물입니다. 이어지는 연습과제를 통해서 당신도 그런 기회를 얻으실 수 있기를 간절히 바랍니다.

연습과제 9-13 **외상경험의 의미를 발견하기**

- 외상사건을 겪고 나서 오히려 성장하고 성숙하게 된 측면이 있다면, 그것이 무엇인지 기록해 보십시오.

_____

_____

_____

_____

- 잠시 시간을 내어, 이번 연습과제를 수행하는 동안 당신의 마음에 어떤 반응이 찾아왔는지 알아차려 보십시오. 지금 이 순간, 어떤 승객이 가장 큰 목소리로 고함을 지르고 있습니까? 그 승객이 어디서 비롯되었는지 알고 계십니까?

_____

_____

_____

_____

일상생활을 하는 동안, 당신이 진정으로 소중히 여기는 가치가 무엇인지 반복적으로 되새기십시오. 구체적인 목표를 설정하고 매일 그리고 매주 실천할 행동목록을 선택하면서, 당신이 추구하는 가치를 다시 확인하고 더욱 광범위한 패턴을 살펴보십시오. 용서와 마음챙김은 고통스러운 삶의 경험으로부터 비롯됩니다. 당신은 지금 외상경험을 묵묵히 견뎌 내고 있습니다. 당신이 소중히 여기는 가치에 부합하는 행동에 전념할 때, 외상경험을 치유하고 삶을 회복할 수 있습니다. 너무 고통스럽다는 이유로 혹은 이미 용서했다는 이유로 외상경험이 선사하는 새로운 힘을 무시하는 것은 마치 출처가 마음에 들지 않는다는 이유로 지혜를 간과하는 것과 같습니다. 외상경험이 선사하는 새로운 힘을 바탕으로 당신이 선택한 행동에 전념한다면 삶을 회복할 수 있습니다. 부디 주저하지 말고 당신이 추구하는 가치에 부합하는 행동에 전념하시기를 바랍니다.

마지막 단계: 가치에 부합하는 행동에 전념하십시오

앞에서 언급했듯이, 기꺼이 전념하는 것은 이분법적 선택입니다. 우리는 전념하거나 혹은 전념하지 않거나 둘 중의 하나를 선택해야 하며 중간은 없습니다. 의자에서 어느 정도만 뛰어내리는 것은 불가능하듯이, 어느 정도만 전념하는 것은 불가능합니다. 따라서 삶을 변화시키고자 한다면, 당신이 추구하는 가치에 한 걸음 다가가는 데 도움이 되는 목표에 100퍼센트 전념하겠다고 결심하고 실천하는 것이 무엇보다 중요합니다. 만약 당신의 마음이 그럴듯한 핑계거리를 지어내서 전념하지 말라고 유혹한다면, 이렇게 자문하십시오. "내가 사랑하는 사람이 위험한 상태에 처한다면, 그 사람을 보호하는 행동에 전념할 수 있을까?" 같은 맥락에서, 피곤하더라도 운동하러 나가겠습니까? 요청을 거절하는 영업사원에게 화내지 않겠습니까? 분노가 치밀어 오르더라도 그 사람을 안아 주겠습니까? 아무리 갈급하더라도 술을 마시지 않겠습니까?

지금까지 전념행동을 방해하는 장애물을 다루는 방법을 몇 가지 더 살펴보았습니다. 이번에는 다시 앞으로 돌아가서 당신이 선택한 대응전략을 확인해 보겠습니다.

연습과제 9-14 장애물을 다루는 대응전략

〈연습과제 9-7〉을 다시 살펴보십시오. 전념행동을 방해하는 장애물을 각각 어떤 대응전략으로 다루시겠습니까? 이번 장에서 훈련한 전략도 좋고 이전에 연습했던 전략도 괜찮습니다. 현재의 상황과 당신의 가치를 고려하면서, 각각의 장애물에 대한 대응전략이 얼마나 쓸모가 있을지 곰곰이 따져 보시고 기록하십시오. 쓸모가 없거나 혹은 말로만 할 것 같은 전략은 제외시키십시오. 실제로 어떤 일이 벌어질지 머릿속으로 상상하시면서, 당신이 선택한 대응전략이 얼마나 유익할지 충분히 검토하십시오. 다른 사람에게 쓸모가 있는 것이 항상 당신에게도 쓸모가 있는 것은 아니므로, 당신에게 도움이 될 대응전략을 선택하는 것이 중요합니다. 아울러, 이제 시작이라는 사실을 명심하십시오. 지금까지 구사했던 전략과는 다른 전략을 구사하셔야 합니다. 그리고 새로운 전략이 얼마나 쓸모가 있는지 실제적인 경험을 통해서 검증하시기를 바랍니다. 바로 지금 〈연습과제 9-7〉로 돌아가서 작업을 시작하십시오.

🔔[지금 이 순간, 이번 연습과제를 하면서 어떤 생각과 감정과 판단이 떠올랐는지 주의를 기울여서 알아차려 보십시오.]

근본적인 질문

당신이 소중히 여기는 가치에 부합하는 작은 행동에 전념하는 과정에서 점차 더 큰 목표를 달성할 수 있을 것입니다. 당신이 추구하는 멋진 삶은 이렇게 만들어집니다. 당신이 간절히 원하는 것을 알아차리는 순간마다 그 방향으로 한 걸음씩 나아가는 선택을 하십시오. 당신의 인생은 당신의 힘으로 꾸려 가는 것입니다. 불편한 기억, 불쾌한 감정, 습관적 회피행동, 삶의 역경과 장애물은 앞으로도 꾸준히 찾아올 것입니다.

하지만 당신은 그러한 경험과 더불어 살아갈 수 있는 능력을 지니고 있습니다. 버스의 승객이 모두 내려야만 하는 것은 아닙니다. 아울러, 가치에 부합하는 삶을 살겠다고 결심하는 것과 실제로 실천하는 것은 분명히 다릅니다. 당신이 추구하는 가치와 당신이 경험하는 고통을 마음챙김으로 알아차린다면, 의미 있고 가치 있는 삶을 살아갈 수 있을 것입니다. 비록 원하는 결과를 얻지 못하는 때가 있더라도 말입니다.

근본적인 질문은 이것입니다.

> 당신이라는 존재와 당신이 씨름하고 있는 경험은 엄연히 구분됩니다. 그렇다면, 당신은 모든 생각과 감정과 기억과 신체감각을 기꺼이 경험할 수 있겠습니까? 경험을 방어하지 않고, 경험에 사로잡히지 않고, 경험이 쏟아 내는 이야기의 내용(예: 견딜 수 없고, 참을 수 없다)에 휘둘리지 않고, 경험을 그저 경험(즉, 생각과 감정과 기억과 신체감각)으로 인식할 수 있겠습니까? 그리고 지금 이 순간, 당신이 선택한 가치에 부합하는 행동에 기꺼이 전념할 수 있겠습니까?

근본적인 질문에 한 번 답변했다고 해서 그것이 영원히 지속되지는 않습니다. 그러므로 당신은 삶의 과정에서 끊임없이 같은 질문을 반복해야 할 것입니다. 이 질문에 대한 순간순간의 답변은 온전히 당신의 몫입니다.

 마음기록장

◆ 생각

_____

_____

_____

◆ 감정

_____

_____

_____

◆ 자기판단

_____

_____

_____

◆ 신체감각

_____

_____

_____

◆ 행동하고 싶은 충동(어떻게 하고 싶습니까?)

_____

_____

_____

Chapter *10*

안전과 진실을 위한
인간관계 기술

외상의 치유
인생의 향유

안전과 진실을 위한
인간관계 기술

"절망이 다른 사람 때문에 생겨나듯이, 희망도 오직 다른 사람 때문에 피어난다."

– 엘리 비젤

외상사건과 인간관계는 서로 영향을 주고받습니다. 인간관계가 외상사건에 영향을 미치고, 외상사건이 다시 인간관계에 영향을 미치는 것입니다. 첫째, 외상사건은 주로 인간관계에서 발생합니다(Herman, 1992). 둘째, 외상사건은 인간관계에 적지 않은 영향을 미칩니다(Polusny & Follette, 1995). 셋째, 인간관계가 공고하고 지지적인 경우, 외상경험으로부터 회복되는 속도가 빠릅니다(Herman, 1992). 이러한 상호작용을 고려하면, 인간관계의 질이 향상되면 외상경험을 치유하는 데 도움이 될 것이라는 결론을 유추할 수 있습니다. 그래서 우리는 당신을 안전하게 보호해 주는 인간관계, 그리고 과거의 상처를 극복하는 데 도움이 되는 인간관계를 맺는 것에 대해서 마지막으로 이야기하려고 합니다. 인간관계는 상당히 방대하고 심도 깊은 주제이므로 이번 장 전체를 할애했습니다. 특히, 외상 생존자의 인간관계에 초점을 맞추면서 마음챙김, 수용, 탈융합, 가치에 대해서 살펴보겠습니다.

외상경험과 인간관계

지금까지 우리는 외상사건이 당신의 삶에 어떤 영향을 미쳤는지, 당신은 외상사건에 어떻게 반응했는지, 그리고 외상사건과 관련된 생각과 감정을 어떻게 다루는 것이 바람직한지 살펴보았습니다. 또한 우리는 당신이 과거에 경험했던 외상사건 및 현재에 경험하는 외상사건이 무엇인지 탐색했습니다. 여기서는 과거의 외상사건이 현재의 인간관계에 미치고 있는 영향을 먼저 살펴보겠습니다. 외상경험과 인간관계는 동전의 양면과 같습니다. 동전의 앞면은 당신이 외상경험보다 더 큰 존재라는 사실을 반영하며, 뒷면은 당신이 외상사건을 비롯한 여러 인생 경험으로부터 영향을 받고 있다는 사실을 반영합니다. 오해하지는 마십시오. 외상사건의 책임이 당신에게 있다거나 당신은 이미 망가진 사람이라는 뜻으로 이야기하는 것이 아닙니다. 당신이 추구하는 가치의 방향으로 나아가기 위해서는 과거의 경험이 현재의 행동에 미치고 있는 영향을 이해하는 것이 필요하기 때문에 말씀드리는 것입니다.

우리 모두는 수많은 사람과 인간관계를 맺습니다. 낭만적인 연인관계 혹은 부부관계만을 이야기하는 것이 아니므로 다양한 인간관계를 떠올리십시오. 이번 장에서, 우리는 당신이라는 버스에 타고 있는 승객들이 지속적으로 재잘대는 맥락과 관련이 있는 다양한 인간관계를 효과적으로 영위하는 데 도움이 될 만한 몇 가지 기술을 소개하겠습니다. 외상경험과 관련된 심리학 연구에서 반복적으로 검증된 바에 따르면, 한 번 외상사건을 겪은 사람은 또다시 외상사건을 겪을 취약성이 높습니다(Cloitre & Rosenburg, 2006; Polusny & Follette, 1995). 그래서 먼저 외상반복(retraumatization)의 문제를 구체적으로 살펴본 다음에 전반적인 인간관계 기술을 소개하겠습니다.

외상반복

외상사건은 다양한 방식으로 우리에게 영향을 미칩니다. 경미한 고통을 겪는 정도로 그치는 사람도 있지만, 심각한 심리장애 혹은 신체장애를 유발하는 경우도 있습니다. 이 책을 읽고 있다면, 아마도 당신은 상당한 기간 동안 어려움을 겪었을 것입니다. 아울러, 한 번 외상사건을 경험한 사람은 또다시 외상사건을 경험할 취약성이 높습니다. 이것을 외상반복 혹은 피해반복이라고 부르는데, 외상사건이 반복되는 이유는 여러 가지입니다. 예컨대, 경찰관이나 소방관처럼 재난현장에서 일하는 공무원과 전쟁터에 파견된 군인은 일상생활을 하다가 혹은 임무를 수행하다가 여러 번의 외상사건을 겪을 가능성이 높습니다(Orkutt, Erikson, & Wolfe, 2002). 사실, 반복해서 파병되는 군인들에게 뒤늦게 심리치료를 실시하기 시작했는데, 반복적인 파병이 그들에게 어떤 심리적 영향을 미치는지를 잘 모른다는 점이 상당히 우려스럽습니다. 또한 아동학대를 경험한 여성은 성인이 된 이후에도 신체적 학대 혹은 성적 학대를 다시 경험할 가능성이 상당히 높습니다(Cloitre & Rosenburg, 2006; Smith, White, & Holland, 2003).

🔔[지금 이 순간, 어떤 생각과 감정과 판단이 떠올랐습니까? 알아차려 보십시오.]

외상사건은 흔히 반복됩니다

외상반복과 관련된 심리학 연구는 주로 성폭력 피해자를 대상으로 실시되었습니다. 이번 장에서, 당신이 알고 있으면 도움이 될 만한 몇 가지 결과를 살펴보겠습니다. 먼저, 통계자료를 간략하게 제시하겠습니다.

• 외상사건을 경험한 사람은 외상반복을 경험할 위험성이 높다(Polusny & Follette, 1995).
• 아동기에 성적 학대를 경험한 여성이 성인기에 성폭력을 경험할 위험성은 일반인보다 약 1.5배에서 3배 정도 높다(Cloitre et al., 1996; Roodman & Clum, 2001).
• 아동기에 성적 학대 혹은 신체적 학대를 경험한 남성은 성인기에 대인폭력(예: 가정폭력)의 피해자 및 가해자가 될 가능성이 높다(Cloitre et al., 2001).
• 외상후 스트레스장애를 지니고 있는 사람은 몇 가지 유형의 외상사건을 반복적으

로 경험할 가능성이 높다(National Center for Victims of Crime and the Crime Victims Research and Treatment Center, 1992).

- 아동기에 성적 학대를 경험한 여성은 성인기에 성적 학대를 경험한 여성에 비해 더욱 심각하고 다양한 심리적 후유증을 경험하며, 외상반복의 가능성도 더 높다 (Cloitre & Rosenberg, 2006; Follette et al., 1996).

우리가 앞으로 소개할 인간관계 기술이 당신에게는 이미 익숙한 기술일 수도 있습니다. 그렇더라도, 인간관계에서 자각능력과 주장능력을 더욱 향상시킬 수 있도록 연마하시기 바랍니다. 아울러, 새로운 인간관계 기술을 훈련하면 지금보다 더 만족스러운 삶을 살아가는 데 도움이 될 것입니다. 외상사건을 겪은 모든 사람이 빈약한 인간관계 기술을 갖고 있는 것은 아닙니다. 하지만 앞에서 살펴본 통계자료를 간과할 수 없기 때문에 당신의 외상반복 가능성을 염려하는 것입니다. 그러므로 당신에게 특히 유익한 내용을 중심으로 살펴보시기 바랍니다.

외상반복과 안전

외상반복에 관한 통계자료 때문에 '다시 외상사건을 경험하면 어떡하지?' 또는 '혹시 지금 학대적인 인간관계를 맺고 있는 것은 아닐까?'와 같은 불편한 생각이 떠오를지 모르겠습니다. 심리학 연구가 말해 주는 것은 누구나 외상사건을 경험할 수 있다는 사실 및 외상경험은 한 번 이상일 수 있다는 사실입니다. 다시 말해, 당신은 이미 한 번 이상의 외상사건을 겪었거나 혹은 앞으로 외상반복을 겪을 위험성이 있습니다.

🔔[지금 이 순간, 마음속에서 어떤 반응이 일어나고 있습니까? 어쩌면 절망감, 불안감, 초조감을 경험하고 있을지 모릅니다. 주의를 기울여 알아차려 보십시오.] 이 책의 나머지 부분을 읽기 전에, 외상반복을 논의할 때 떠오르는 생각과 감정에 주목해 보십시오.

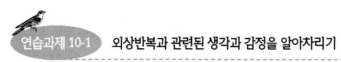

• 외상반복과 관련된 통계자료를 읽으면서 어떤 생각이 떠올랐습니까? (예: '착한 사람에게는 나쁜
　일이 벌어지지 않는다.')

_____

_____

_____

• 외상반복의 위험성이 상당히 높다는 이야기를 들으면서 어떤 감정이 느껴졌습니까? (예: 초조
　감, 불안감)

_____

_____

_____

• 지금 이 순간, 어떻게 행동하고 싶은 충동이 일어납니까? 당신의 생각과 감정에 어떻게 반응하
　고 싶습니까? (예: 안전한 집 안에서 머물고 싶음)

_____

_____

_____

외상반복에 관한 통계자료 때문에 불편한 분도 계시고, 그렇다면 어떻게 대처하는 것이 바람직한지 궁금한 분도 계실 것입니다. 지금까지 이 책에서 살펴보았듯이, 지나치게 염려하고 걱정한다고 해서 외상반복의 위험성이 실제로 감소되지는 않습니다. 외상반복에 관한 부질없는 생각에 사로잡히면 외부환경에 주의를 기울이기 어려워져서 오히려 외상반복을 겪을 위험성이 더욱 증가될 것입니다. 아울러, 안전을 최우선으로 간주하면서 삶의 범위를 협소하게 제한하면 당신이 소중히 여기는 가치를 추구하는 것은 불가능해집니다. 예컨대, '아무도 만나지 않는다면, 인간관계에서 다시 상처받는 일은 없을 거야.'라는 생각에 융합되면 상처받지 않으려고 인간관계를 회피하다가 오히려 사회적으로 고립되는 치명적인 대가를 치러야 합니다. 또한 정서적 상처나 신체적 위험을 회피하기 위해서 친구와 연락을 두절하고, 취미활동을 중단하고, 음주행동 혹은 약물복용을 시작할 수도 있습니다. 의도가 아무리 좋더라도, 위와 같은 행동은 당신이 소중히 여기는 가치에 온전히 전념하지 못하도록 방해합니다. 그리고 위와 같은 행동이 당신의 안전과 만족을 실질적으로 보장해 주는 것도 아닙니다. 그동안 당신은 현재의 순간을 살아가는 방법과 가치에 부합하는 행동에 전념하는 방법을 훈련했습니다. 이제, 지금까지 훈련한 방법을 적극적으로 활용할 시점입니다. 아울러, 안전과 가치라는 두 마리 토끼를 모두 붙잡는 데 도움이 될 몇 가지 개념을 소개하겠습니다.

회피행동과 외상반복

이 시점에서, 회피행동이 무엇인지 그리고 회피행동으로 어떤 대가를 치르는지 다시 살펴보겠습니다. 외상사건을 겪은 사람은 '다른 사람에게는 이런 일이 벌어지지 않는 것을 보면, 틀림없이 나한테 무언가 문제가 있어.'라고 생각하기 쉽습니다. 그러나 수용전념치료에서는 다른 관점으로 이해합니다.

- 당신은 특별한 문제를 갖고 있지 않습니다.
- 당신은 충만하게 살아갈 수 있는 온전한 사람입니다.
- 당신은 망가진 것이 아닙니다.
- 당신을 고쳐야 할 필요는 없습니다.

당신은 자신을 안전하게 보호하는 기술을 배우고 또 배우면 됩니다. 우리는 의도적으로 기술이라는 용어를 사용합니다. 왜냐하면 기술은 선천적으로 가지고 태어나는 것이 아니라 발달과정에서 후천적으로 학습하는 것이기 때문입니다. 그런데 안타깝게도, 자신의 통제범위를 벗어나는 여러 이유로 인해서 자신을 안전하게 보호하는 기술을 전혀 배우지 못한 분들도 있습니다. 예컨대, 어린 시절에 방치당하고 무시당하고 학대당한 사람은 이러한 기술을 배우지 못했을 것입니다. 이러한 기술을 별로 중요시하지 않거나 전혀 가르쳐 주지 않는 가정에서 성장한 사람도 마찬가지입니다. 혹은 감정을 무시하고, 약물을 남용하고, 사회적으로 고립되고, 고통을 회피하라고 배웠던 사람도 사정은 비슷합니다. 일반적인 가정에서도 이런 일이 벌어지지만, 특히 학대적인 가정이나 음주 문제가 있는 가정에서 이런 일이 자주 일어납니다. 과거에 당신에게 벌어졌던 사건은 전혀 당신의 책임이 아닙니다. 그러나 당신은 현재에 가장 효율적인 대처방식을 선택하고 가장 충만하게 살아갈 방법을 선택할 능력(즉, 반응선택 능력)을 지니고 있습니다. 🔔[지금 이 순간, 어떤 신체감각을 경험하고 있습니까? 알아차려 보십시오.]

앞에서 언급했듯이, 감정이 이끄는 방향으로 분별없이 끌려가는 것은 바람직하지 않습니다. 안전하다고 느끼기 위해서 수행하는 회피행동이 오히려 당신을 위험에 빠뜨릴 수 있습니다. 다시 한 번 짚어 보겠습니다. 회피행동은 두 가지 결과를 초래합니다.

① 회피행동은 외상사건에 노출될 가능성을 증가시킵니다.
② 회피행동은 외상사건에 대처하는 능력을 감소시킵니다.

위험신호를 신속하게 발견하지 못하거나 혹은 위험 상황에 효과적으로 대처하지 못하는 분들이 많은데, 그 이유는 학대신호를 발견하는 효율적인 기술과 학대상황에 대처하는 필수적인 기술을 배우지 못했기 때문입니다. 심리학자들은 회피행동이 초기 외상경험과 상관을 보인다는 흥미로운 통찰을 얻어 냈으며, 외상반복의 취약성 요인에 대해서 꾸준하게 연구하고 있습니다(상세한 설명은 Cloitre, Cohen 및 Koenen의 2006년도 저술을 참고하십시오). 만약 당신이 위험 상황에 적절히 대처하는 데 어려움을 겪고 있다면 회피행동의 부작용이 잘 이해될 것입니다. 이를테면, 뜨거운 난로에 손을 데였던 경험을 생각해 보십시오.

뜨거운 난로에 손을 데인 사람의 비유

엉겁결에 뜨거운 난로를 손으로 만졌던 경험이 있습니까? 어떻게 반응하셨습니까? 당연히 깜짝 놀라서 곧바로 손을 빼냈을 것입니다. 아마도 당신은 '음, 내 손이 난로를 만지고 있군. 손이 아프기 시작하네. 지금 나에게는 두 가지 선택권이 있어. 난로를 계속 만질 수도 있고, 손을 빼낼 수도 있어. 만약 손을 빼내면 고통은 사라질 거야. 그러므로 손을 빼내겠어.' 라고 생각할 틈도 없이 재빠르게 반응했을 것입니다. 심각한 고통이 신속한 반응을 촉발시킨 것입니다. 고통을 느낄 때 혹은 고통에 압도될 때 우리는 그것을 회피할 방법을 강구합니다. 회피행동은 의식적으로 자각하지 못하는 상태에서 자동적으로 진행되기도 하고, 의식적으로 자각하는 상태에서 의도적으로 수행되기도 합니다. 과거에 당신도 회피행동에 몰두했던 적이 있었으니 잘 알고 계실 것입니다. 고통을 회피하는 것은 자연스러운 행동입니다. 어느 누구도 끊임없이 불안과 슬픔과 고통을 느끼고 싶어 하지는 않기 때문입니다. 그런데 안타깝게도, 뜨거운 난로를 계속해서 만지는 상태에 비유할 수 있는 만성적인 고통을 경험하는 분들이 있습니다. 재경험 증상과 과잉각성 증상을 동반하는 외상후 스트레스장애를 겪고 있는 분들이 그렇습니다. 외상후 스트레스장애 상태에서는 위험신호가 지속적으로 활성화되기 때문에 위험신호를 무시하는 방법을 학습하게 됩니다. 왜냐하면 정말로 위험하기 때문에 경계경보가 울린 것인지 아니면 사실은 안전한데 경계경보가 오작동한 것인지를 변별하기가 어렵기 때문입니다. 따라서 더 이상 고통을 느끼지 못하게 되고, 뜨거운 난로에서 손을 빼내지 못하게 되며, 결과적으로 심각한 화상을 입게 됩니다. 비유의 핵심은 이것입니다. 만약 신체와 환경이 제공하는 위험신호(즉, 난로를 만졌을 때 느끼는 고통)에 더 이상 주의를 기울이지 않는다면, 오히려 더욱 심각한 고통을 경험할 가능성이 높아지게 됩니다. 동전에는 양면이 있다는 사실을 기억하십시오. 비록 당신이 외상반복을 겪었더라도 그것은 당신의 잘못이 아닙니다. 당신은 회피행동의 부작용이 초래하는 대가를 치른 것입니다. 우리의 삶에서는 위험한 사건들이 지속적으로 벌어집니다. 그러므로 우리가 통제할 수 있는 사건과 통제할 수 없는 사건을 적절하게 변별하는 것이 중요합니다. 🔔[지금 이 순간, 당신의 호흡에 주의를 기울이십시오.]

물론, 단순한 비유가 미세하고 복잡한 심리적 과정을 모두 설명할 수는 없을 것입니다. 하지만 뜨거운 난로에 손을 데인 사람의 비유는 정서적 고통과 불편감을 회피하려고 노력하면 할수록 오히려 더 큰 정서적 고통과 불편감을 겪게 된다는 사실을 잘 보여 줍니다. 만약 당신이 철저하게 회피하는 방향으로 살아간다면, 신체와 환경이 제공하는 위험신호와 같은 중요한 단서마저도 놓치게 될 것입니다. 그 결과가 어떻겠습니까? 아울러, 추가적인 외상사건을 겪는 과정에서 더욱 회피하고 더욱 고립되는 것은 불난 곳에 기름을 붓는 행동과 마찬가지인 셈입니다.

비유를 통해서 살펴본 것처럼, 외상 생존자 중에는 잠재적인 위험신호를 포착하는 내면적 작동기제(즉, 고통)와 철저하게 단절되어 있는 분들이 많습니다. 그런데 고통을 느끼지 못하면 위험 상황에 맞서지도 못하게 되고 위험 상황을 회피하지도 못하게 되므로 결과적으로 안전에 심각한 위협이 됩니다. 우리는 정서적 고통이 유발하는 불편감과 배신감에 압도당하지 않으려고 일부러 정서적 고통을 철저하게 무시해 온 외상 생존자들이 많다는 것을 잘 알고 있습니다. 그러나 고통을 인식하지 못하면 더 큰 고통과 배신을 겪게 될 가능성이 오히려 높아진다는 역설적 사실을 명심하십시오. 이러한 문제를 다룰 수 있는 핵심적인 기술이 바로 마음챙김과 탈융합입니다.

인간관계를 맺지 않는 것도 외상 생존자들이 흔히 빠져드는 명백한 회피행동입니다. 어떤 사람은 아예 인간관계를 회피하고, 어떤 사람은 인간관계를 맺더라도 친밀해지지 않으려고 노력합니다. 두 가지 경우 모두 괴로움과 외로움이라는 대가를 치르게 됩니다. 다음 연습과제를 통해서 당신의 인간관계 패턴을 확인해 보겠습니다.

 연습과제 10-2 **인간관계를 회피하는 까닭을 파악하기**

고통스러운 상황을 유심히 관찰하면 회피행동을 촉발시킨 단서를 파악할 수 있습니다. 예컨대, 난로에서 손을 빼내는 회피행동을 촉발시킨 단서는 손가락 혹은 손바닥으로 느낀 열감일 것입니다. 앞으로 며칠 동안, 당신의 인간관계를 유심히 관찰하면서 인간관계(가족관계부터 친구관계, 동료관계, 슈퍼마켓 점원과의 관계까지)를 회피하도록 촉발시킨 단서를 세 가지만 파악해 보십시오. 사실, 인간관계를 회피하는 까닭은 그리 심각한 사건 때문이 아닐 가능성이 높습니다. 혹은 너무 자동적으로 인간관계를 회피하기 때문에 어떤 까닭으로 회피하는지 이유를 명쾌하게 파악하기가 힘들 수도 있습니다. 일반적으로, 인간관계 회피행동은 몇 초 혹은 몇 분 사이에 신속하게 벌어지므로 유심히 관찰해야 합니다. 물론, 뚜렷하게 알아차릴 수 있는 경우도 있을 것입니다. 세 가지 단서를 모두 파악했다면, 다음의 형식에 맞춰서 상황, 촉발단서, 반응, 회피패턴, 결과를 기록하시기 바랍니다.

1. '상황' 칸에는 당신이 처했던 상황이나 환경 혹은 실제로 벌어진 일이 무엇인지를 기록하십시오.
2. '촉발단서' 칸에는 회피행동을 촉발시킨 단서를 기록하십시오.
3. '반응' 칸에는 촉발단서에 대한 반응으로 경험한 생각, 감정, 신체감각, 기억, 충동을 기록하십시오.
4. '회피패턴' 칸에는 당신이 실제로 어떤 회피행동을 했는지를 기록하십시오. 그리고 그것이 과거부터 지속해 온 낡은 습관인지 아닌지 살펴보십시오.
5. '결과' 칸에는 회피행동이 얼마나 쓸모 있는지를 기록하십시오. 어떤 감정을 느꼈고, 몇 시

간 혹은 며칠 동안 어떤 영향을 주었는지 살펴보십시오. 아울러, 회피행동이 당신 및 당신이 관계 맺고 있는 사람들에게 어떤 영향을 주었습니까?

시작하기 전에, 다른 내담자의 예시를 참고하시기 바랍니다. 이번 연습과제는 애디스와 마텔(Addis & Martell, 2004)이 고안한 과제를 수정한 것입니다.

[예시 1]

상　　황: 일요일 오후, 어린 시절에 나를 신체적으로 학대했던 부모님 댁을 방문했음.

촉발단서: 어머니가 내가 '예민한' 아이였다고 이야기했음.

반　　응: 어머니에게 상처를 받았고, 이해가 안 되었으며, 화가 났음. 내 편을 들어주지 않고 아무런 이야기도 하지 않은 아버지에게도 화가 났음

회피패턴: 대화를 중단했고, 부모님이 하는 이야기를 듣지 않았음. 집으로 와 버렸음.

결　　과: 하루 종일 우울했고, 무덤덤했음.

[예시 2]

상　　황: 시장에서 군대 시절 친하게 지냈던 친구의 아내를 우연히 만났음. 전쟁터에서 겪었던 일이 더욱 생생하게 느껴지기 시작했음.

촉발단서: 친구가 죽던 장면이 반복적으로 떠오름.

반　　응: 두려움과 무력감에 압도되었음.

회피패턴: 마음을 진정시키려고 딱 한 잔 마시려다가, 결국 밤새도록 술을 마셨음.

결　　과: 술에 취해서 의식을 잃었고, 여자친구와 저녁에 데이트하기로 한 약속을 잊어버렸음. 그녀는 이제 나한테 말조차 걸지 않을 것임. '나는 패배자야.' 라는 생각이 들었음.

이번에는 예시를 참고하여 당신의 경험을 기록하시기 바랍니다. 나중에 더 필요할 수도 있으니, 기록 용지를 몇 장 더 복사해 두시기 바랍니다.

[상황 1]

상   황: _____

촉발단서: _____

반   응: _____

회피패턴: _____

결   과: _____

[상황 2]

상   황: _____

촉발단서: _____

반   응: _____

회피패턴: _____

결   과: _____

[상황 3]

상   황: _____

촉발단서: _____

반   응: _____

회피패턴: _____

결   과: _____

이제, 당신이 파악한 회피패턴을 자세히 살펴보십시오. 이러한 패턴은 〈연습과제 8-2〉에서 당신이 발견하고 선택한 가치와 부합합니까? 이러한 회피패턴을 변화시키기 위해서 당신은 무엇을 할 수 있고, 어떻게 하시겠습니까? 세 가지만 적어 보시기 바랍니다.

_____

_____

_____

직감을 믿으십시오

동전에는 항상 양면이 있다는 사실을 기억하십시오. 지금까지는 인간관계를 회피할 때 발생하는 문제점을 논의했는데, 지금부터는 어떤 일이 잘못될 것 같거나 위험할 것 같다는 당신의 직감에 따라서 반응하는 것도 유익할 때가 있다는 점을 추가적으로 언급하려고 합니다. 🔔[지금 이 순간, 어떤 생각과 감정과 판단이 떠올랐습니까? 알아차려 보십시오.]

최근에 우리는 슈퍼마켓에서 근무하다가 낯선 사람에게 폭행을 당한 젊은 남성의 심리치료를 진행했습니다. 그는 폭행을 당하기 직전에 이런 경험을 했다고 이야기했습니다. 그가 직감한 내적 단서를 살펴보겠습니다.

- 직감적으로 '무언가 이상하다.'고 생각했다.
- 가해자의 얼굴을 쳐다보는 것이 처음부터 불편했다.
- 가해자가 가까이 다가오는 것이 싫었다.
- 직감적으로 가해자로부터 멀리 떨어지고 싶었지만, 무례하게 굴고 싶지 않아서 참았다.

심리치료 과정에서, 내담자는 자신의 직감을 믿고 따르지 않았다는 이유로 심하게 자책했습니다. 하지만 이러한 상황에서는 대부분의 사람이 비슷하게 행동하기 마련입니다. 외상 생존자 중에는 외상사건 직전에 다음과 같은 생각과 감정을 떠올렸었기 때문에 가해자를 피하지 않았다고 이야기하는 분들이 많습니다.

- "내가 너무 과도하게 반응하는 거야."
- 상대방을 때리거나 도망치면 그 사람에게 상처를 줄 것 같은 두려움
- "어릴 때 아버지한테 학대당했기 때문에 내가 너무 예민해진 것 같아."
- "그렇게까지 매몰차게 대하고 싶지는 않아."
- 상대방을 공손하게 대하고 싶은 마음

아마도 이런 승객들 중에서 일부는 당신과 상당히 친숙할 것입니다. 물론, 직감에 따라서 행동했다가 뒤늦게 후회하는 경우도 많습니다. 특히, 충분한 이유 없이 직감적으로 행동했다가 낭패를 당했던 경험이 있다면 더욱 그럴 것입니다. 또한 당신은 언제나 공손하게 행동하라는 요구를 받으면서 성장해 왔을 수도 있고, 다른 사람의 감정을 상하게 하거나 화나게 하지 않도록 노력해 왔을 수도 있습니다. 우리가 만난 내담자의 경우, 낯선 사람에게 폭행을 당한 것은 그의 잘못이 분명히 아니었습니다. 그는 가해자를 자극하는 행동을 전혀 하지 않았습니다. 하지만 심리치료의 목표 가운데 하나는 그가 자신의 직감을 믿고 따를 수 있도록 돕는 것이었습니다. 다시 말해, 우리는 그가 자신의 경험을 신뢰할 수 있도록 도와주었습니다. 내면에서 벌어지는 일을 마음챙김으로 알아차리고, 감정이 이끄는 대로 행동하도록 안내한 것입니다. 내면적 경험이 들려주는 지혜로운 목소리에 주의를 기울이면 감정을 알아차릴 수 있고 어떻게 행동할 것인지 선택할 수 있기 때문입니다.

이 시점에서, 우리는 위태로운 줄타기를 하고 있습니다. 아마도 당신은 적잖은 의구심을 느끼고 있을 것입니다. 왜냐하면 분명히 앞에서는 감정에 융합되지 말고 감정이 이끄는 대로 행동하지 말라고 권유한 적이 있기 때문입니다. 그리고 여기서는 당신의 직감과 감정을 믿고 따르라고 권유하고 있습니다. 언뜻 보면 모순되는 이야기처럼 보

이지만, 사실은 그렇지 않습니다. 8장에서 가치에 대해 논의했던 내용을 다시 떠올려 보십시오. 두려움이라는 감정은 적응적인 기능을 할 때도 있고 그렇지 못할 때도 있습니다. 문제의 핵심은 쓸모가 있느냐 없느냐의 여부입니다. 이렇게 자문하십시오. 당신은 여전히 가치에 부합하는 방향으로 버스를 운전하고 있습니까? 중앙선을 넘어 돌진해 오는 자동차를 피하기 위해서 급하게 방향을 돌린다면 그것은 적응적인 선택입니다. 그러나 임박한 위험이 없음에도 불구하고 오래된 승객의 고함소리 때문에 방향을 돌린다면 그것은 부적응적인 선택입니다. 직감을 따를 것이냐 말 것이냐를 결정하는 핵심요인은 마음챙김, 경험에 대한 믿음, 그리고 쓸모의 여부입니다. 이러한 변별기술을 연마하기 위해서 몇 가지 연습과제를 훈련하겠습니다. 이것은 당신을 안전하게 보호하고 쓸모 있는 인간관계를 영위하는 데 도움이 될 것입니다.

연습과제 10-3　　**위험단서에 주의를 기울이기**

　　이번 연습과제는 두 부분으로 구성되어 있습니다. 첫 번째 부분은 다른 사람에 관한 것이고, 두 번째 부분은 당신 자신에 관한 것입니다. 먼저, 어떤 여성의 사례를 읽어 보십시오. 사례를 읽는 동안, 그녀가 무시했거나 간과했던 잠재적 위험단서에 모두 동그라미를 치시기 바랍니다.

　　어느 날 저녁, 그녀는 동네 잡화점에서 쇼핑을 하고 있었습니다. 샌드위치 재료를 고르고 있었는데 어떤 남자가 그녀를 물끄러미 쳐다봤고, 성큼성큼 걸어왔으며, 그녀 옆에 바짝 다가섰습니다. 그녀는 불편감과 긴장감을 느꼈습니다. 하지만 남자도 자신과 비슷한 물건을 고르고 있다고 생각하며 애써 무시했습니다. 그때, 남자가 그녀에게 말을 걸었습니다. 그녀는 더욱 불편해졌습니다. 그녀는 신속하게 자리를 떠날까도 생각했지만, 이내 남자가 위험한 사람은 아닐 것이라고 단정했고, 결국 남자의 감정을 상하게 하지 않기로 결정했습니다. 그저 외롭기 때문에 자기에게 말을 거는 것일 뿐이라고 여긴 것입니다. 하지만 그녀의 직감은 계속 무언가 이상하다는 신호를 보냈습니다. 특히, 남자가 자신을 물끄러미 쳐다보는 것이 싫었고, 너무 바짝 달라붙는 것도 싫었습니다. 이윽고 남자는 노골적인 성추행을 시도했습니다. 그 순간, 그녀는 남자에게 경멸의 눈총을 보내고 멀찌감치 도망쳤습니다. 집에 돌아와서 잠이 들 때까지 그녀는 안절부절못하고 불안했습니다. 이 모든 사건은 몇 분 만에 벌어졌습니다.

🔔[지금 이 순간, 어떤 생각과 감정과 판단이 떠올랐습니까? 알아차려 보십시오.]

어떤 부분에 동그라미를 치셨습니까? 아마도 여러 곳에 동그라미를 치셨을 텐데, 그것이 그녀가 무시하고 간과했던 잠재적 위험단서입니다. 이번에는 당신의 경험을 살펴보겠습니다. 잠시 시간을 내어 생각해 보십시오. 잠재적 위험단서인 내면의 감정과 신체적 직감을 간과하거나 무시하거나 회피하다가 훨씬 더 위험한 상황에 빠지는 때는 언제입니까?

당신이 어떤 경우에 내면적 위험단서를 자주 무시하거나 간과하는지 기록해 보십시오. 예컨대, 도움이 필요한데 도움을 거절하는 경우, 안전하지 못한 장소에서 약물을 복용하는 경우, 실질적인 위협이 있는데도 과민반응이라고 자책하는 경우 등이 있는지 천천히 살펴보십시오. 어떤 구체적인 상황이 떠올랐다면, 그것을 다음의 빈칸에 기록하십시오.

_____

_____

_____

_____

_____

_____

_____

_____

_____

만약 이런 상황에서 당신이 직감적으로 경험하는 다양한 위험단서에 더욱 주의를 기울인다면 더욱 안전해지지 않을까요? 잠시 생각해 보십시오. 어떤 생각이 떠오릅니까? 그것을 다음의 빈 칸에 기록하십시오. 만약 버스에 타고 있는 승객이 출현한다면, 승객을 통제하려고 애쓰지 말고 그냥 자리를 내주시기 바랍니다. 그것은 통제할 필요가 없는 생각과 감정과 판단일 뿐입니다.

_____

_____

_____

_____

_____

_____

_____

_____

감정을 알아차리십시오

심리학자들은 알아차림의 어떤 측면 혹은 알아차림의 결여가 외상반복과 상관관계를 지닌다는 사실을 발견했습니다(Cloitre, Cohen, & Koenen, 2006; Najavits, 2006). 그래서 앞에서 훈련했던 마음챙김 기술을 다시 살펴보면서, 특히 마음챙김으로 감정을 알아차리는 방법을 조금 더 자세히 연마하겠습니다. 이전보다 수월하고 정확하게 감정을 인식하고 명명한다면 당신은 더욱 안전해질 수 있습니다.

● 감정을 인식하고 명명하기

• 감정을 느끼면서도 그것이 어떤 감정인지 확신할 수 없었던 적이 있습니까?

• 감정과 생각을 구분하지 못해서 혼란스러웠던 적이 있습니까?

• '감정을 무시하는 편이 더 낫다.'는 생각을 자주 하십니까?

• 한 시점에서는 오직 한 가지 감정만을 느낀다고 믿습니까?

• 감정을 전혀 느끼지 못하는 것 같아서 곤혹스럽습니까?

위의 질문에 답변해 보십시오. 만약 그렇다는 답변이 하나라도 있다면, 축하드립니다! 당신은 인간입니다. 대부분의 사람들이 자신의 감정을 파악하고 이해하는 데 어려움을 겪습니다. 특히, 강렬한 감정 혹은 무덤덤한 감정을 경험할 때는 더욱 그렇습니다. 또한 외상 생존자에게서는 이런 양상이 훨씬 심각하게 나타납니다. 감정을 파악하고 이해하는 데 어려움을 겪는 이유는 한편으로 외상경험 자체 때문이며, 다른 한편으로 외상사건 이후에 감정을 회피하려고 애써 왔기 때문입니다. 이유가 무엇이든 간에, 걱정할 필요는 없습니다. 감정을 파악하고 이해하는 능력은 훈련을 통해서 향상됩니다. 이런 능력이 향상되면 현재를 더욱 충만하고 안전하게 살 수 있게 될 것입니다.

여느 기술을 익힐 때와 마찬가지로, 감정을 인식하고 명명하는 기술을 익힐 때도 연습이 필요합니다. 우리가 끊임없이 무언가를 생각하듯이, 우리는 또한 끊임없이 무언가를 느낍니다. 만약 오랫동안 감정을 무시해 온 사람이라면, 얼마간은 노력해야 자신의 감정과 다시 접촉할 수 있을 것입니다. 만약 감정을 겉으로 드러내지 않는 분위기에서 성장한 사람이라면, 감정 혹은 느낌이 무엇인지부터 다시 배워야 할지도 모릅니다. 느낌은 내면에서 경험되는 감각이며, 우리는 이것을 어떤 식으로든 명명하도록 배웠습니다. 감정은 신체적, 인지적, 행동적 구성요소로 이루어져 있습니다. 이런 구성요소들 사이의 상호작용에서 생겨나는 복잡한 현상이 바로 감정입니다(Frijda, 2007; Linehan, 1993a).

● 내면의 흐름을 알아차리기

🔔[지금 이 순간, 당신의 마음에서 일어나고 있는 사건에 주의를 기울이십시오. 아울러, 당신의 몸에서 느껴지는 감각에도 주의를 기울이십시오. 당신의 모든 경험을 마음챙김으로 알아차려 보십시오.]

때로는 자신의 감정보다 타인의 감정을 파악하고 명명하는 것이 훨씬 쉽습니다. 만약 지금 어떤 감정을 느끼고 있는지 확신하지 못하겠다면, 이렇게 자문해 보십시오. "이런 상황에서 다른 사람들은 어떤 감정을 느낄까?"

연습과제 10-4　당신의 감정을 이해하기

이번 연습과제의 목적은 감정반응의 구성요소를 더 잘 알아차리는 것입니다. 몇 분 정도 시간을 내어, 당신은 각각의 감정을 어떤 식으로 경험하는지 기록해 보십시오. 아울러, 각각의 감정을 느낄 때 당신은 어떻게 행동하고 싶은 경향이 있는지도 기록하십시오. 예시를 참고하시기 바랍니다.

[예시]

• 흥분감을 느낄 때

신체감각: 심작박동이 빨라지고, 기운이 솟아오름.

사고반응: 정말 짜릿해.

신체반응: 눈이 커지고, 웃고, 주위를 돌아다님.

행동반응: 말이 많아지고, 신난다고 표현하며, 목표를 향해 나아감.

행동경향: 목표를 추구하는 경향.

• 행복감을 느낄 때

신체감각: _____

사고반응: _____

신체반응: _____

행동반응: _____

행동경향: _____

• 슬픔을 느낄 때

신체감각: _____

사고반응: _____

신체반응: _____

행동반응: _____

행동경향: _____

• 분노감을 느낄 때

신체감각: _____

사고반응: _____

신체반응: _____

행동반응: _____

행동경향: _____

• 두려움을 느낄 때

신체감각: _____

사고반응: _____

신체반응: _____

행동반응: _____

행동경향: _____

• 실망감을 느낄 때

신체감각: _____

사고반응: _____

신체반응: _____

행동반응: _____

행동경향: _____

• 사랑을 느낄 때

신체감각: _____

사고반응: _____

신체반응: _____

행동반응: _____

행동경향: _____

• 당혹감을 느낄 때

신체감각: _____

사고반응: _____

신체반응: _____

행동반응: _____

행동경향: _____

- -

혹시 이번 연습과제가 어려우셨습니까? 당신의 감정을 더 잘 알아차리는 데 도움이 될 만한 몇 가지 요령을 소개하니 참고하십시오.

- 기회가 있을 때마다 이렇게 자문하십시오. "지금 이 순간, 어떤 감정을 느끼고 있는가?" 혹은 "지금 이 순간, 어떤 신체감각을 느끼고 있는가?"
- 연습을 위해서, 한 시간 단위로 감정을 알아차려 보십시오.
- 동일한 상황에서 다른 사람들은 어떤 감정을 느낄 것 같은지 상상해 보십시오.
- 영화를 보면서, 각 장면에서 등장인물들이 어떤 감정을 느끼고 있는지 명명해 보십시오. 그리고 이유를 설명해 보십시오.
- 일상생활을 하면서, 다른 사람들의 감정에 주목해 보십시오.
- 좋아하는 음악을 들으면서, 그 순간에 떠오르는 감정을 알아차리고 명명해 보십시오.

현재에 존재하지 못하도록 방해하는 해리 현상

🔔[지금 이 순간, 당신은 어떤 신체감각들을 경험하고 있습니까? 그중에서 한 가지 신체감각을 선택하여 적절하게 명명해 보십시오.]

1장에서 언급했듯이, 해리 현상은 외상 생존자들이 보편적으로 경험하는 후유증입니다. 해리 상태에서는 자신의 신체 및 주변의 환경에 대한 자각능력이 결여되기 때문에 현재 시점에서 어떤 일이 벌어지고 있는지를 알아차리지 못합니다. 또한 해리 상태에서는 현재 진행되고 있는 상황을 온전히 파악하기 힘들어져서 인지적 및 정서적으로 동떨어진 것 같은 느낌을 경험합니다. 이를테면, 몸은 여기에 있지만 마음은 여기에 없는 듯한 경험이 해리 현상입니다. 해리 현상은 다음과 같은 특징을 지니고 있습니다.

- 감정에 압도될 때 자주 나타나는 자동적인 반응입니다.
- 머리가 하얗게 되는 경험 혹은 정보처리가 중단되는 느낌이라고 묘사됩니다.
- 감정을 느끼지 못하고, 무덤덤해지며, 무감각해집니다.
- 극단적인 경우, 유체이탈 체험 혹은 시간에 대한 지남력 상실이 나타납니다.
- 일반적인 경우, 흔히 불안감과 공포감에 대한 반응으로 빈번하게 나타납니다.
- 현재에 존재하지 못하도록 방해합니다.

해리 현상은 외상사건이 진행되는 동안에는 쓸모가 있지만 외상사건이 종료된 다음에는 전혀 쓸모가 없습니다. 특히, 해리 현상이 당신의 안전을 위협한다는 점은 매우 심각한 문제입니다. 왜냐하면 해리 상태에서는 위험신호를 파악하는 속도가 느려지고 위험상황에 반응하는 시간이 길어지기 때문입니다. 앞에서 언급했듯이, 해리 현상을 다루는 가장 효과적인 전략은 온전히 깨어 있는 상태에서 마음챙김으로 알아차리는 것입니다. 비록 당신이 가끔씩 해리 상태에 빠지더라도, 자신을 비난하거나 판단하지 마십시오. 그저 알아차리십시오. 이번에 소개하는 연습과제가 해리 현상에 대한 알아차림을 향상시키는 데 도움이 될 것입니다.

● 해리 현상을 예방하는 3단계
① 해리 상태를 유발하는 촉발단서를 파악하십시오. 이를테면, 공포감, 불안감, 수치심과 같은 강렬한 감정이 전형적인 촉발단서입니다.
② 해리 상태가 시작되는 순간을 더 잘 알아차리십시오. 해리 현상을 예방하려면 자신을 유심히 관찰해야 합니다. 이를테면, 한 시간에 한 번씩 자신을 점검하십시오. 가끔은 해리 현상이 유익하게 여겨지기도 하므로, 해리 상태에 빠지려는 유혹에 단호하게 저항해야 합니다. 예컨대, 지겨운 회의 시간에 해리 상태로 들어

갈 수 있다면 오히려 좋지 않겠습니까? 따라서 해리 현상에 저항하려면 강력한 결심이 필요합니다.

③ 마음챙김으로 해리 현상을 극복하십시오. 해리 상태로 빠져나가려는 주의를 붙들어서 현재의 순간으로 계속 되돌려야 합니다. 당신이 하고 있는 행동에 초점을 맞추고, 어떤 감정을 느끼더라도 괜찮다는 사실을 기억하십시오.

 **연습과제 10-5** **당신은 현재에 존재하고 있습니까**

- 1장에서 점검한 것처럼, 지금 이 순간에 당신의 경험과 얼마나 잘 접촉하고 있는지를 따져 보십시오. 지금 이 순간을 온전히 인식하고 있다면 10점에 가깝게, 전혀 인식하지 못하고 있다면 0점에 가깝게 점수를 매겨 보십시오. 당신은 지금 어디에 계십니까?

0 _____ 10

- 1장에서 매겼던 점수와 지금 매긴 점수를 비교해 보십시오. 어떻습니까? 어느 쪽으로 나아가고 싶습니까?

_____

- 9장에서 살펴본 내용을 떠올리면서, 현재에 존재하지 못하고 해리 상태에 빠지도록 유혹하는 내부적 및 외부적 장애물이 무엇인지 알아차려 보십시오. 어떤 장애물이 있습니까?

_____

_____

_____

위험 상황을 파악하기

해리 상태에 빠져드는 빈도가 감소되고 마음챙김을 활용하는 빈도가 증가되면, 당신을 둘러싸고 있는 환경에서 위험단서 및 안전단서를 보다 수월하게 파악해 낼 수있습니다. 무엇보다도, 당신의 환경과 당신의 직감에 충분히 주의를 기울일 필요가있습니다.

● 잠재적인 위험 상황

• 신체적 폭력과 강압을 동원해서 당신이 원하지 않는 행동을 억지로 강요하는 상황: 어떤 사람이 당신에게 신체적 폭력과 강압을 휘두르면서 당신이 원하지 않는 행동을 억지로 하도록 강요한다면, 이것은 잠재적으로 위험한 상황입니다. 예컨대, 성적인 행동을 강요하거나, 안전하지 못한 성행위를 강요하거나, 음주운전을 강요하거나, 약물복용을 강요하거나, 사기행동을 강요하거나, 범죄행동을 강요할 수있습니다.

• 언어적 협박과 회유를 동원해서 당신이 원하지 않는 행동을 억지로 강요하는 상황: 언어적 폭력은 신체적 폭력에 비해 정의하기가 까다롭습니다. 어떤 사람이 당신을 언어적으로 협박하거나 회유하면서 당신이 원하지 않는 행동을 억지로 하도록 강요한다면, 이것도 잠재적으로 위험한 상황입니다. 예컨대, 당신을 해치겠다고 위협하거나, 복종하지 않으면 평판에 흠을 내겠다고 위협하거나("네가 난봉꾼이라고 소문낼 거야."), 복종하면 보상하겠다고 약속하는 경우("나와 성관계를 맺으면 너랑 사귀어 줄게.") 등이 해당됩니다.

• 고립된 장소: 다른 사람의 아파트와 같이 익숙하지 않고 고립된 장소에 머물고 있다면, 위험 상황에서 누군가에게 도움을 요청하거나 혹은 신속하게 그곳에서 도망치는 것이 어려울 수 있습니다.

• 자기주장을 못하는 경우: 부당한 요구를 거절하지 못하거나 혹은 적절한 경계를 설정하지 못한다면, 당신이 원하지 않는 불편한 상황에 휘말리게 될 가능성이 높

습니다. 예컨대, 의도와 다르게 범죄행동, 약물복용, 성행위 등에 휘말릴 수 있습니다.

잠재적인 위험 상황을 구체적으로 파악하셨습니까? 만약 이러한 위험 상황에 노출된다면 어떻게 행동하겠습니까? 위험한 순간이 찾아오면 이렇게 행동하겠다고 단호하게 결정할 수 있겠습니까? 만약 자기주장을 못하는 경우를 제외한 세 가지의 잠재적인 위험 상황에 노출된다면, 먼저 당신이 어떤 상황에 처해 있는지를 신속하게 파악하고 주위 환경과 당신 자신에게 주의를 기울이시기 바랍니다. 아울러, 고립된 장소에는 가지 말아야 합니다. 특히, 잘 모르는 사람과 함께 고립된 장소에 가는 것은 매우 위험합니다. 또한 혹시라도 필요한 경우에 대비해서 항상 핸드폰을 휴대하십시오.

외상 생존자 중에는 자기주장을 못하는 분들이 많습니다. 당신에게는 감정을 느낄 권리가 있으며 사적인 영역을 유지할 권리가 있다는 사실을 명심하십시오. 당신이 원하지 않는다면, 분명하고 단호한 태도로 의견을 표현하십시오. 다시 한 번 말씀드리는데, 당신의 직감을 믿고 따르십시오. 직감적으로 낌새가 이상하고 불편하다고 느꼈다면, 당신의 직감을 믿고 즉시 위험 상황에서 벗어나시기 바랍니다. 🔔[지금 이 순간, 당신의 마음은 뭐라고 재잘대고 있습니까? 알아차려 보십시오.]

외상반복과 약물 및 음주의 관계

1장에서 언급했듯이, 외상 생존자 중에는 불편한 감정과 기억을 회피하려는 목적으로 약물을 복용하거나 과도한 음주를 하는 분들이 많습니다. 오해하지는 마십시오. 당신을 비난하거나 판단하려는 의도는 아닙니다. 사실, 우리는 약물을 복용하면 스트레스에 효과적으로 대처할 수 있다고 적극적으로 선전하는 문화에서 살고 있습니다. 그리고 특히 외상사건을 겪은 사람들이 약물남용에 취약합니다. 물질 관련 장애로 치료받고 있는 사람들 중 상당수가 외상후 스트레스장애를 동반하고 있으며, 공존병리를 지니고 있는 사람들 중 상당수가 한 번 이상의 외상반복을 경험했다는 보고가 있습니다(Najavits, 2006). 물질 관련 장애는 일반집단보다 외상집단에서 훨씬 빈번하게 나타납니다(Kessler et al., 1995). 아울러, 외상 생존자는 자신의 약물 문제를 별것 아닌 것처럼 축소시켜서 지각하는 경향이 있습니다. 심리학 연구에 따르면, 특히 다음과 같은 외상집단에서 약물 문제가 더욱 빈번하게 나타납니다.

- 참전군인
- 성폭력 피해자
- 아동기 성적 및 신체적 학대 피해자
- 가정폭력 피해자
- 구급대원

외상반복과 약물남용 사이에 강력한 상관관계가 있다는 사실을 기억하십시오. 당신이 약물을 남용했기 때문에 추가적으로 외상사건을 겪은 것이라고 비난하려는 뜻은 결코 아닙니다. 외상반복을 예방하려면 위험요소를 미리 파악해야 하기 때문에 말씀드리는 것입니다. 뿐만 아니라, 강간, 폭행, 살인 등의 범죄를 저지르는 가해자들도 약물을 남용하는 경향이 있습니다. 그들은 약물에 취한 상태에서 범죄를 저지르기도 하고, 피해자를 무력하게 만들기 위해서 약물을 사용하기도 합니다(Bureau of Justice Statistics, 2002). 만약 당신이 현재 술이나 약물을 끊지 못하고 있고, 이것 때문에 외상반복에 노출될 가능성이 높다고 생각된다면, 11장에서 소개하는 자조 프로그램을 비롯한 여러 사회적 지원체계에 접촉해 보시기 바랍니다. 무료로 제공되는 프로그램도 많습니다.

비록 적절한 기술을 지니고 있더라도, 막상 위험 상황에 직면하면 기술을 적용하기가 힘들 수도 있습니다. 강렬한 감정에 압도되고 흥분하면 감정을 인식하는 능력과 상황을 판단하는 능력이 흐려질 수 있기 때문입니다.

당신이 강렬한 감정에 압도되어 기술을 적용하지 못하는 상황은 주로 어떤 경우인지 떠올려 보십시오. 사람마다 다르겠지만, 우리의 임상 경험에 따르면 다음과 같은 상황이 특히 어렵습니다. 예컨대, 파트너에게 콘돔을 착용하라고 요구하기, 몸을 만지지 말라고 거부하기, 약물에 취했을 때 술집에서 나오기, 전화하지 말라고 거절하기 등을 고려하십시오. 과거에 경험했던 위협적인 상황을 선택해도 좋고, 미래에 발생할 수 있는 위험한 상황을 선택해도 괜찮습니다. 다음의 빈 칸에 한 가지 상황을 기록하십시오.

_____

_____

_____

이런 위험 상황에서 효과적인 대처행동을 구사하지 못하도록 방해하는 장애물은 무엇입니까? 당신이라는 버스에 타고 있는 승객들을 기억하십니까? 잠시 시간을 내어, 당신이 위험 상황에 처했을 때 주로 어떤 승객이 출현하는지 살펴보십시오.

• 주로 어떤 생각이 출현합니까?

_____

_____

_____

• 주로 어떤 감정이 출현합니까?

_____

_____

_____

위험 상황에서 주로 출현하는 승객을 찾으셨습니까? 그렇다면, 장차 버스를 운전해 갈 방향을 결정하는 문제만 남습니다. 그런데 위험 상황에 효과적으로 대처할 방법을 결정하려면 시간이 필요합니다. 어떻게 하면 시간을 벌 수 있을까요? 예컨대, 성행위 전에 샤워를 하면서 시간을 벌 수도 있고, 길어지는 술자리를 마무리할 핑계를 찾을 수도 있으며, 친구에게 전화해서 지혜로운 의견을 구할 수도 있습니다. 강렬한 감정에 압도되었을 때 유익하게 활용할 수 있는 방법을 강구해 보십시오. 다음으로, 바로 그 순간에 당신이 옳다고 이야기해 주는 승객을 떠올리려고 노력해 보십시오. 효과적인 대처행동을 실행할 수 있도록 버스를 운전하는 방법에 대해서 앞으로 더욱 자세하게 살펴보겠습니다.

운전석을 지키도록 도와주는 인간관계 기술

외상사건은 주로 인간관계에서 발생합니다. 외상사건은 아는 사람과의 관계에서 일어나기도 하고, 모르는 사람과의 관계에서 벌어지기도 합니다. 그렇기 때문에, 외상사건이 발생한 책임을 자신에게 돌리면서 자책하기가 쉽습니다. 예컨대, '그렇게 이야기하지 말았어야 했어.' 혹은 '그런 옷차림으로 외출하지 말았어야 했어.' 혹은 '좀 더 자세하게 알아봤어야 했어.' 등의 불편한 생각에 빠져드는 것입니다. 외상사건은 당신의 잘못 때문에 일어난 것이 아닙니다. 하지만 앞으로 자신을 안전하게 보호하기 위해서 당신이 실천할 수 있는 행동이 있다는 점도 유념하시기 바랍니다. 이러한 행동은 대부분 의사소통 방식과 관련이 있습니다.

어떤 유형의 외상사건을 경험했든 간에, 외상경험은 인간관계의 곤란을 유발합니다. 당신은 이해받지 못한다고 느낄 수도 있고, 다른 사람을 신뢰하지 못할 수도 있으며, 성욕이 감퇴되었을 수도 있습니다. 전쟁터에 나가 있는 군인은 집에서 멀리 떨어져 있기 때문에 흔히 단절감을 느끼기도 합니다. 요컨대, 외상사건은 주로 인간관계에서 발생하고, 인간관계는 다시 외상사건의 영향을 받습니다. 더 나아가서, 인간관계는 외상경험을 치유하고 삶을 회복하는 과정에 반드시 필요한 해독제의 역할을 하기도 합니다. 이렇듯 복잡하고 미묘한 것이 인간관계이므로, 지금부터 인간관계 기술에 관해서 살펴보겠습니다. 🔔[지금 이 순간, 어떤 생각과 판단이 떠올랐습니까? 알아차려 보십시오.] 인간관계 기술이란 가족과 같은 중요한 사람, 사랑하는 연인이나 배우자, 직장의 동료나 상사, 심지어 낯선 사람과의 관계에서도 활용할 수 있는 기술을 의미합니다. 그러므로 특정한 인간관계에 국한시켜서 이야기하는 것이 아님에 유의하십시오. 인간관계 기술은 당신이 알고 지내는 모든 사람에게 적용할 수 있습니다.

지금까지 우리는 회피하는 것보다는 접근하는 것에 대해서 논의해 왔습니다. 앞부분을 읽은 다음, 당신은 '내가 언제 위험 상황에 노출되는지 잘 알겠어요. 하지만 어떻게 대처해야 할지는 모르겠어요.'라고 생각했을 것입니다. 지금부터 당신을 안전하게 보호하면서 인간관계를 맺는 방법과 위험 상황에서 대처하는 방법을 살펴보겠습니다.

무언가 잘못되었다고 직감하면서도 혹은 상당히 위협적이라고 생각하면서도 위험 상황을 변화시킬 수 있는 뾰족한 방법이 없어서 무력감을 느꼈던 적이 있습니까? 이런 일이 벌어지는 이유는 위험 상황에서 당신이 어떻게 말하고 어떻게 행동해야 하는지를 모르기 때문입니다. 혹은 적절한 기술을 보유하고 있음에도 불구하고, 특정한 위험 상황에서는 그 기술을 발휘하기 힘들다고 생각했기 때문입니다('어떻게 해야 되는지는 알겠는데, 그렇게 하지는 못할 것 같아.'). 당신만 그런 것이 아니라, 대부분의 사람이 그렇습니다.

먼저, 당신이 보유하고 있는 인간관계 기술을 발휘하지 못하도록 방해하는 장애물을 살펴보겠습니다. 앞에서도 비슷한 주제를 이미 다룬 적이 있지만, 이번에는 인간관계와 안전에 초점을 맞춰서 보다 구체적으로 살펴보려고 합니다. 아울러, 당신이 이미 보유하고 있는 기술에 덧붙일 수 있는 새로운 기술도 추가적으로 소개하겠습니다.

인간관계 기술을 발휘하지 못하도록 방해하는 생각

내면적 경험(즉, 감정과 생각)의 재잘거림에 거리를 두지 못하고 융합되면 가치에 부합하는 장기적 목표를 추구하는 것이 몹시 어려워집니다. 감정에 대해서는 앞에서 다루었으므로, 이번에는 생각에 초점을 맞추겠습니다. 우리는 '만약 부탁을 거절하면, 그들은 나를 싫어할 거야.' 혹은 '다른 사람들이 나를 못된 인간이라고 생각하지 않았으면 좋겠어.' 혹은 '도와달라고 요청하면, 나를 나약한 인간으로 취급할 거야.' 와 같은 생각 때문에 적절하게 행동하지 못합니다. 이러한 생각과 더불어 기꺼이 앞으로 나아가려면, 우선 이러한 생각이 출현했을 때 그것을 알아차려야만 합니다.

 연습과제 10-7 안전을 방해하는 생각을 인식하기

위험 상황에서 효과적으로 행동하지 못하도록 방해하는 생각들을 찾아내어 다섯 가지 정도 적어 보십시오. 예컨대, '나는 효율적인 대처방법을 정확하게 알아야만 한다.' 혹은 '내가 모든 것을 다시 망쳐 버리게 될 것이다.' 혹은 '내가 과민하게 반응하는 것이 분명하다.' 등의 생각을 찾아보십시오.

1. _____

2. _____

3. _____

4. _____

5. _____

어떤 생각이 당신의 안전을 방해하는지 기록하셨습니까? 잠시 시간을 내어 천천히 살펴보십시오. 아울러, 다음의 빈칸에는 이러한 생각에 어떻게 대처할 것인지 기록해 보십시오. 비록 이러한 생각을 지니고 있더라도, 당신은 안전하고 효과적인 행동을 선택할 수 있습니다. 예컨대, '그 사람의 요구를 거절하면 나를 싫어할 것이다.' 라는 생각에 대해서 '비록 마음은 그렇게 이야기하지만, 경험에 따르면 항상 그런 것은 아니었어.' 라고 대응할 수 있습니다. 혹은 '비록 마음은 그렇게 이야기하지만, 그 사람이 나를 싫어하더라도 나는 안전을 더 소중히 여기겠어.' 라고 대응할 수도 있고, 그런 생각을 이야기해 준 마음에게 그저 감사를 표현할 수도 있습니다.

안전하고 건강한 인간관계를 맺으려면 오래된 생각에 새롭게 반응해야 합니다. 당신은 수용전념치료를 통해서 학습한 전략, 즉 언어에 사로잡히지 않고 탈융합하기, 마음이 아니라 경험에 의지하기, 그리고 가치에 부합하는 행동에 전념하기를 통해서 새롭게 반응할 수 있으며, 그 밖에도 여러 전략을 활용할 수 있습니다. 어떤 전략이 언제, 누구에게 쓸모가 있는지는 오직 경험을 통해서 확인할 수 있습니다. 이런 의미에서, 무엇보다도 맥락이 가장 중요합니다.

1. _____

2. _____

3. _____

4. _____

5. _____

맥락이 가장 중요합니다

지금까지 당신은 자신을 안전하게 보호하는 기술을 충분히 연마했습니다. 하지만 기술을 보유하는 것과 기술을 발휘하는 것은 다른 차원의 문제입니다. 상황에 따라서, 자기보호 기술을 발휘하는 것이 상대적으로 더 어려운 경우가 있기 때문입니다. 위험하지 않은 상황에서는 타인의 부적절한 요구를 거절하기도 쉽고 타인에게 도움을 요청하는 것도 어렵지 않습니다. 예컨대, 잡화점에서는 별로 어렵지 않게 도움을 요청할 수 있습니다. 그러나 개인적인 문제로 부탁하는 것은 훨씬 힘겨울 수 있습니다. 아울러, 정서적으로 평온할 때는 거절하는 것이 어렵지 않지만 상처받거나 분노했을 때는 똑같은 일도 어렵게 느껴집니다. (2장에서 수행했던 '연료탱크 점검하기' 연습 과제를 떠올려 보십시오.) 그러므로 위험한 상황에서 적절한 기술을 발휘하려면 위험하지 않은 상황에서 거절하고 요청하는 연습을 반복해야 합니다. 즉, 유비무환의 준비가 필요합니다.

이러한 연습을 반복하면서, 적절하게 대처하기 쉬운 상황과 어려운 상황을 구분해 보십시오. 상황의 난이도는 다음과 같은 몇 가지 요인에 의해서 결정됩니다.

- 상대방과의 관계(그 사람을 얼마나 잘 알고 있습니까? 직장 상사처럼 당신보다 지위가 높은 사람입니까?)
- 유사한 과거 경험(그 기술을 발휘해 본 적이 있습니까? 예컨대, 과거에 임금 인상을 요구해 본 적이 없다면, 더욱 어려울 것입니다.)
- 특정한 상황 혹은 예상되는 상황에서 떠오르는 생각에 융합된 정도(버스의 승객을 승객으로 바라볼 수 있습니까?)
- 특정한 상황이 불러일으키는 감정(두려움이 클수록 더욱 어려울 것입니다.)

이번에는, 이러한 사실을 잘 보여 주는 사례를 살펴보겠습니다.

● 사례: 모니카의 이야기

모니카는 직장에서 인정받고 있습니다. 그녀는 책임자로 일하면서 4명의 부하직원을 관리하고 있는데, 그들에게 업무를 지시하는 것은 어렵지 않습니다. 이렇게 생각하기 때문입니다. '나에게는 그들에게 업무를 지시할 권리가 있어. 왜냐하면 내가 그들의 상관이니까. 그들을 잘 관리해야 회사에서 인정받을 수 있어.' 최근 들어, 모니카는 과도한 업무와 양육의 부담과 재정적 압박 때문에 스트레스를 받고 있습니다. 이에 더해, 외상경험에 대처하는 일까지 감당해야 합니다. 그래서 휴가를 신청하기, 임금 인상을 요구하기, 친구에게 돌봄을 요청하기 등의 문제해결 방법을 고려해 왔습니다. 하지만 그녀는 그렇게 하지 못했습니다. 왜냐하면 '만약 휴가를 신청한다면, 그들은 나를 무책임하다고 생각할 거야.' 혹은 '친구들도 각자의 문제를 감당하기에 벅찰 거야. 나까지 부담을 주어서는 안 돼.' 라는 생각이 방해했기 때문입니다. 우리의 안내를 받고서 그녀는 부탁하기 쉬운 일과 어려운 일의 목록을 다음과 같이 작성했습니다. 쉬운 일부터 어려운 일의 순서로 제시했습니다.

① 부하직원에게 해당업무를 마무리하라고 지시하기
② 직속상관에게 추가적인 인력 배치를 요청하기
③ 친구에게 아이를 맡기고 잠시 휴식하기
④ 친구에게 돈을 빌려서 세금을 납부하기
⑤ 친구에게 심리적으로 돌봐 달라고 부탁하기

이제, 당신은 어떠한지 살펴보겠습니다. 다른 사람에게 부탁하는 것이 어렵습니까? 비교적 쉽게 부탁할 수 있는 것과 그렇지 못한 것을 찾아보십시오.

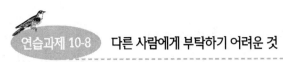

다음의 빈칸에 당신의 목록을 작성해 보십시오. 다른 사람에게 가장 쉽게 부탁할 수 있는 것부터 가장 부탁하기 힘든 것까지 기록하십시오. 아울러, 각각의 부탁을 방해하는 장애물(즉, 생각, 감정, 기억, 신체감각)은 무엇인지 함께 기록하십시오.

1. _____

    이런 부탁을 촉진하는 혹은 방해하는 요인은 무엇입니까?

    _____

2. _____

    이런 부탁을 촉진하는 혹은 방해하는 요인은 무엇입니까?

    _____

3. _____

    이런 부탁을 촉진하는 혹은 방해하는 요인은 무엇입니까?

    _____

4. _____

    이런 부탁을 촉진하는 혹은 방해하는 요인은 무엇입니까?

    _____

5. _____

    이런 부탁을 촉진하는 혹은 방해하는 요인은 무엇입니까?

    _____

목록을 작성하셨다면, 이제 당신이 원하는 것을 다른 사람에게 부탁하는 기술을 연습할 차례입니다. 먼저, 정말로 기꺼이 그 사람에게 부탁하기를 원하는지 따져 보십시오. 목록을 살펴보시면서, 이번 주에 100퍼센트 기꺼이 전념하고 싶은 행동을 선택하십시오. 가장 쉬운 것부터 시작해서 가장 어려운 것까지 순차적으로 작업하는 것이 좋습니다. 바라건대, 나중으로 미루지 말고 지금 당장 책을 내려놓고 그 사람에게 전화를 걸거나 이메일을 보내서 정중하게 부탁하십시오.

하나씩 부탁을 할 때마다 당신의 마음에 여러 가지 경험이 찾아올 것입니다. 그것을 다음의 빈칸에 기록하십시오.

1. 내가 _____ 할 때,
   이러한 경험이 찾아왔다는 것을 알아차렸다.

   _____

2. 내가 _____ 할 때,
   이러한 경험이 찾아왔다는 것을 알아차렸다.

   _____

3. 내가 _____ 할 때,
   이러한 경험이 찾아왔다는 것을 알아차렸다.

   _____

4. 내가 _____ 할 때,
   이러한 경험이 찾아왔다는 것을 알아차렸다.

   _____

5. 내가 _____ 할 때,

이러한 경험이 찾아왔다는 것을 알아차렸다.

_____

각각의 경우에서, 다른 사람에게 부탁하는 것이 당신에게 어떤 쓸모가 있었는지 생각해 보십시오. 약간의 자유시간이 생겼습니까? 스트레스가 다소 줄어들었습니까? 그 사람과 연결되어 있다고 느꼈습니까? 하지만 거절당할 수도 있다는 사실을 기억하십시오. 부탁했다가 거절당하는 일은 누구나 경험하는 지극히 정상적인 일입니다. 거절당했을 때 어떤 승객이 나타났는지 알아차린 다음, 그럼에도 불구하고 당신이 소중히 여기는 가치를 향해서 계속해서 운전해 나갈 수 있는지 살펴보시기 바랍니다.

자기주장: 거절하기 및 부탁하기

아마도 당신은 "그냥 거절해 버려."라는 이야기를 여러 번 들어 보셨을 것입니다. 당신이 처한 상황을 잘 알고 있는 사람들은 "나는 네가 왜 그렇게 참고 있는지 도무지 이해가 안 돼." 혹은 "나라면 절대로 내버려 두지 않을 거야."라고 이야기할지도 모릅니다. 위험한 상황 혹은 상처받는 상황에 처해 있을 때, 당신은 그러한 상황을 즐기고 있는 것이 아니며 거기서 벗어나고 싶지 않은 것도 아닙니다. 다만, 그런 상황을 변화시킬 수 있는 방법을 모를 뿐입니다. 그러므로 거절하는 방법과 부탁하는 방법을 배울 필요가 있습니다. 그러면 다른 사람들과의 관계에서 경계를 긋고 한계를 설정할 수 있습니다.

● 거절과 부탁이 필요한 경우
부드럽게 거절하고 정중하게 부탁하기 위해서는 두 가지를 고려해야 합니다. 첫째는 거절과 부탁의 적절한 타이밍을 선택하는 것이고(즉, 변별 훈련), 둘째는 불편한 생각과 감정이 찾아오더라도 기꺼이 거절하고 부탁하는 것입니다. 지금까지는 주로 두 번째 요소를 논의했는데, 지금부터는 첫 번째 요소를 살펴보겠습니다. 부드럽게 거절하기 위해서는 타이밍이 중요한데, 거절하는 것이 적절한 때와 그렇지 못한 때를 구분하는 것은 상당히 어렵습니다. 정해진 법칙이 있는 것이 아니기 때문입니다. 모든 것은 당신 자신의 한계와 가치에 달려 있습니다. 🔔[지금 이 순간, 어떤 신체감각을 느끼고 있는지 알아차려 보십시오. 그리고 마음챙김으로 호흡하십시오.]

강렬한 감정에 압도되지 않고 버텨 낼 수 있는 수준까지가 당신의 한계입니다. 만약 다른 사람의 부탁을 거절하지 못하고 모두 떠맡는다면 결국에는 아무것도 제대로 할 수 없게 됩니다. "지푸라기 하나가 낙타의 등을 부러뜨린다."는 속담이 있습니다. 낙타의 입장에서 지푸라기 하나를 옮기는 것은 식은 죽 먹기와 같습니다. 그래서 우리는 낙타의 등에 지푸라기를 계속 싣습니다. 물론, 어지간한 정도는 버텨 낼 수 있습니다. 하지만 이런 식으로 지푸라기를 추가하다가 한계를 넘어 버리면 마지막 지푸라기를 싣는 순간 낙타의 등이 부러지게 됩니다. 이처럼 우리는 더 이상 아무것도 할 수 없는 한계에 이를 때까지 다른 사람의 부탁을 거절하지 못하고 떠맡는 경향이 있습니다. 당신이 감당할 수 있는 한계가 어디까지인지 마음챙김으로 알아차려 보십시오. 당신이 소중히 여기는 가치에 부합하는 삶을 살아가는 데 지장이 되지 않는 수준을 파악해야 합니다. 이를 위해 당신의 감정과 생각과 충동과 신체감각을 마음챙김으로 알아차려 보십시오.

 **연습과제 10-9** **낙타의 등을 부러뜨린 지푸라기**

잠시 시간을 내서 당신은 어떤 '지푸라기'를 짊어지고 있는지 곰곰이 생각해 보십시오. 반드시 해야만 한다는 의무감을 느끼는 일 혹은 그렇게 하지 않으면 살아가기 힘들다고 여기는 일이 바로 당신이 짊어지고 있는 지푸라기입니다. 당신은 그것을 즐기고 있을 수도 있고 혹은 싫어하고 있을 수도 있지만, 모두 당신이 떠맡은 일이라는 점은 분명합니다. 예컨대, 직장에서 초과근무

를 하거나, 친구 때문에 마지못해 하거나, 인간관계를 유지하기 위해서 어쩔 수 없이 하는 것이
무엇인지 생각해 보시고, 다음의 빈칸에 기록하십시오.

1. _____

2. _____

3. _____

4. _____

5. _____

6. _____

7. _____

8. _____

9. _____

10. _____

이러한 지푸라기들 중에서 당신이 감당할 수 있는 한계를 넘어서는 다섯 가지의 지푸라기를 골
라 내십시오. 그리고 버거운 짐을 내려놓을 방법을 모색해 보십시오. 각각의 지푸라기를 내려놓기
위해서 부드럽게 거절할 방법 혹은 정중하게 부탁할 방법을 찾아보십시오. 거절할 방법을 모색하
는 동안 내부적 장애물이 찾아온다면, 그것을 어떻게 다룰 것인지도 생각해 보시기 바랍니다.

1. 지푸라기: _____

　대처방법: _____

2. 지푸라기: _____

　대처방법: _____

3. 지푸라기: _____

　대처방법: _____

4. 지푸라기: _____

　대처방법: _____

5. 지푸라기: _____

　대처방법: _____

- -

당신이 소중히 여기는 가치를 존중하십시오

　앞선 8장에서, 우리는 당신이 어떤 가치를 소중히 여기고 있는지를 파악했습니다. 이미 잘 알고 계실 것이므로, 가치를 다시 확인하는 작업은 생략하겠습니다. 당신이 소중히 여기는 가치가 훼손되는 순간이 바로 부드럽게 거절하고 정중하게 부탁해야 할 중요한 타이밍입니다. 다시 말해, 당신이 추구하는 가치에 부합하지 않는 부탁을 받았을 때는 부드럽게 거절해야 한다는 뜻입니다. 예컨대, 당신은 자녀들과 즐거운 시간을 보내고 싶어 하면서도 초과근무를 요청하는 상사의 부탁을 거절하지 못할지도 모릅니다. 부드럽게 거절할 수 있으려면, 지금 이 순간에 당신이 추구하는 가치가 훼손되고 있다는 사실을 알아차려야 합니다. 그리고 세상 모든 일이 항상 옳거나 항상 그른 것은 아닙니다. 경우에 따라서는 적절하게 타협하는 것이 바람직할 때도 있고, 어떤 목표의 달성을 잠시 미루는 것이 지혜로울 때도 있습니다. 어떤 선택을 하든 간에, 당신이 소중히 여기는 가치를 분명하게 인식하고 있는 상태에서 선택하는 것이 중요합니다. 당신은 언제나 그러한 방향으로 한 걸음씩 나아갈 수 있습니다. 🐚[지금 이

순간, 어떤 감정을 느끼고 있습니까? 주의를 기울여서 알아차려 보십시오.]

 **연습과제 10-10** **인간관계의 불편을 감수하더라도, 가치에 부합하는 선택하기**

이번 연습과제의 목표는 어떤 사람과의 관계에서 당신이 소중히 여기는 가치가 훼손되기 쉬운 지를 파악하는 것입니다. 각각의 인간관계 영역에서, 가장 먼저 떠오르는 생각을 빈칸에 기록하십시오. 어떤 영역은 당신에게 해당되지 않을 수 있으므로 건너뛰셔도 괜찮습니다. 당신이 추구하는 가치가 훼손되기 쉬운 인간관계 상황을 떠올려 보십시오.

1. 친구와의 관계에서 추구하는 가치: _____

   이런 가치가 훼손되기 쉬운 상황: _____

   _____

   무엇을 거절하고, 어떻게 부탁할까? _____

   _____

2. 연인과의 관계에서 추구하는 가치: _____

   이런 가치가 훼손되기 쉬운 상황: _____

   _____

   무엇을 거절하고, 어떻게 부탁할까? _____

   _____

3. 직장 동료와의 관계에서 추구하는 가치: _____

이런 가치가 훼손되기 쉬운 상황: _____

_____

무엇을 거절하고, 어떻게 부탁할까? _____

_____

4. 가족과의 관계에서 추구하는 가치: _____

이런 가치가 훼손되기 쉬운 상황: _____

_____

무엇을 거절하고, 어떻게 부탁할까? _____

_____

5. 아는 사람 혹은 낯선 사람과의 관계에서 추구하는 가치: _____

이런 가치가 훼손되기 쉬운 상황: _____

_____

무엇을 거절하고, 어떻게 부탁할까? _____

_____

　　앞의 연습과제를 통해서, 당신이 여러 유형의 인간관계에서 추구하는 가치가 무엇인지 그리고 그것이 어떤 식으로 훼손되는지를 살펴보았습니다. 이미 앞에서 언급했듯이, 가치에 부합하는 행동과 가치에 위배되는 행동을 지혜롭게 변별하는 것이 중요합니다. 그렇지 않으면, 결정적인 단서를 놓치거나 무시해서 결국 뜨거운 난로에 손을

대는 일이 벌어질 가능성이 높아집니다.

외상경험 털어놓기

당신이 겪은 끔찍한 외상경험을 다른 사람에게 털어놓는 것은 몹시 어렵습니다. 그리고 긍정적인 효과가 있습니다. 지금까지 우리는 외상사건과 관련된 고통스러운 감정과 생각을 회피하려고 시도할 때 오히려 부질없는 괴로움이 증폭된다는 역설적 진실을 반복해서 이야기했습니다. 만약 당신이 끔찍한 고통을 이전에 겪었고 지금도 겪고 있다는 사실을 주변 사람에게 털어놓는다면 어떤 일이 벌어질까요? 비록 몹시 어렵겠지만, 털어놓기는 건강하고 적응적인 대처방법입니다. 물론, 주변 사람에게 외상경험을 고백했다가 오히려 상처를 받는 안타까운 경우도 있습니다. 이를테면, 성폭행을 당했던 경험을 어렵게 털어놓았는데 상대방이 어처구니없게 피해자를 비난하는 경우, 테러공격 혹은 자연재해를 당했던 경험을 힘들게 고백했는데 상대방이 너무 불안해하면서 더 이상 이야기하지 말라고 요구하는 경우 등이 그렇습니다. 이럴 때면, '절대로 털어놓지 말았어야 했는데, 내가 어리석었구나.' 혹은 '아무도 이런 이야기를 듣고 싶어 하지 않는구나.'라는 생각이 떠오를 것입니다. 그래서 외상경험을 털어놓는 것이 더욱 어려워집니다. 그러므로 외상경험을 털어놓을 때는 무엇을 이야기할 것인지, 언제 이야기할 것인지, 그리고 누구에게 이야기할 것인지를 신중하게 결정해야 합니다. 지금부터 외상경험을 털어놓음으로써 긍정적인 효과를 얻어 낼 수 있는 몇 가지 지침을 소개하겠습니다.

누구에게 이야기할 것인가

외상경험을 털어놓을 대상이 딱히 정해져 있는 것은 아닙니다. 당신이 신뢰하는 사람, 편안하게 느끼는 사람, 그리고 과거에 도움을 받았던 사람을 선택하십시오. 주변 사람에게 외상경험을 털어놓은 다음에는 흔히 수치심과 당혹감을 느끼게 됩니다. 이 것은 매우 자연스러운 감정 반응입니다. 그러므로 이러한 감정을 느낀다고 해서 털어 놓은 것을 후회하거나 자책하지는 마십시오. 오히려, 수치심과 당혹감은 외상경험을 진지하게 다룰 필요가 있다는 것을 알려 주는 신호입니다. 당신의 힘겨운 고백에 귀를 기울여 주는 사람과 고통을 공유할 수 있을 때 상당한 위로를 얻을 수 있습니다. 🔔 [지금 이 순간, 당신의 마음은 어떤 이야기를 재잘대고 있습니까? 알아차려 보십시오.]

● 털어놓을 사람과의 관계

외상경험을 털어놓을 대상을 선택할 때는 그 사람과의 관계를 고려하십시오. 그 사람을 어떤 맥락에서 알게 되었습니까? 친구입니까? 직장동료입니까? 가족인가요? 지위의 차이(즉, 상사 혹은 부하)가 있습니까? 적절한 대상인지 아닌지를 맥락만으로 결정할 수는 없지만, 긍정적인 결과를 얻으려면 이것을 고려해야 합니다. 특히, 당신이 추구하는 가치에 부합하는 선택을 해야 합니다. 예컨대, 당신이 공과 사를 구분하는 것을 중요하게 여긴다면 직장동료는 적절한 대상이 아닐 수 있습니다. 일반적으로, 공적인 관계로 만난 사람보다는 사적인 관계로 만난 사람에게 털어놓는 것이 더 낫습니다. 물론, 직장동료에게 털어놓아서는 안 된다는 의미는 아닙니다. 공적인 관계로 맺어진 인간관계도 소중한 친구관계가 될 수 있기 때문입니다. 궁극적으로, 선택권은 당신이 지니고 있습니다.

● 털어놓을 사람과의 친밀감

앞에서 언급했듯이, 주변 사람에게 외상경험을 털어놓은 다음에는 후회하거나 수치심을 느끼는 경우가 많습니다. 그런데 친밀한 사람에게 털어놓으면 이것을 조금 줄일 수 있습니다. 친밀한 사람이라고 해서 낭만적인 관계 혹은 성적인 관계를 맺고 있는 사람만을 이야기하는 것은 아닙니다. 당신이 얼마나 가깝다고 느끼는지가 더 중요합니다. "이 사람과 내가 얼마나 가깝지?"라고 자문해 보십시오. 물론, 외상경험을 공유하는 과정에서 친밀감이 증진될 수도 있겠지만, 대개는 이미 친밀하게 느끼는 사람에게 털어놓는 것이 더 낫습니다. 당신의 감정과 생각과 의견을 솔직하게 이야기할 수 있는 사람, 정서적인 지지와 도움을 받을 수 있는 사람을 선택하십시오. 그 사람과 외상경험을 공유하는 과정에서 긍정적인 경험을 하게 될 것입니다.

무엇을 어떻게 이야기할 것인가

외상경험을 편안하게 털어놓을 수 있는 사람을 찾았다고 하더라도, 어떻게 대화를 시작하고 무엇을 이야기할 것인지와 관련된 어려운 문제가 남아 있습니다. 다음 부분에서 이런 문제를 다루는 데 도움이 되는 몇 가지 제안을 드리겠습니다.

● 털어놓을 내용을 선택하십시오

아마도 당신은 '외상경험을 털어놓기로 마음먹었다면, 처음부터 끝까지 모든 것을 낱낱이 이야기해야 한다.'라고 생각할지도 모릅니다. 하지만 반드시 그렇게 해야 하는 것은 아닙니다. 당신은 주변 사람에게 털어놓을 내용과 털어놓지 않을 내용을 얼마든지 선택할 수 있습니다. 경우에 따라서는 외상경험의 일부만 부분적으로 공개할 수도 있고, 한 번에 하나씩 순차적으로 공유할 수도 있습니다. 예컨대, 과거에 외상사건을 겪었고 지금도 그것과 씨름하고 있다는 정도의 수준에서 직장동료에게 공개하면서 구체적인 세부사항은 언급하지 않을 수 있습니다. 당신이 충분히 편안하게 느끼지 못한다면 말입니다. 공개의 범위는 전적으로 당신의 선택에 달려 있습니다. 또한 당신이 겪은 외상사건을 상세하게 듣는 과정에서 상당한 불편감을 느끼는 사람도 있을 수 있다는 사실을 유념하십시오. 그러므로 일반적인 수준에서 털어놓는 것이 더 유익할 것입니다. 당신과의 관계가 어떠한지, 그리고 본인이 얼마나 감당할 수 있다고 여기는 지에 따라서 어떤 사람은 더욱 자세하게 이야기해 달라고 요청할지도 모릅니다. 하지만 상대방이 더욱 자세한 내용을 궁금해하지 않는다고 해서 당신을 돌보지 않거나 혹은 당신의 경험을 함부로 대하는 것은 아니므로 혹시라도 오해하지는 마십시오.

외상경험을 어느 정도까지 공개할 것인지를 충분히 생각한 다음에 털어놓는 것이 바람직합니다. 때로는 당신이 고백하려는 내용을 적어 보는 것도 도움이 됩니다. 상대방에게 무엇을 이야기할 것인지, 더 나아가서 그 사람이 어떤 반응을 보일지 그리고 당신은 어떻게 느낄지를 미리 생각하고 기록해 보십시오. 아울러, 당신이 아무리 신중하게 준비한다고 하더라도 모든 과정이 계획대로 순조롭게 진행되지는 않을 수 있다는 사실을 유념하십시오. 이를테면, 당신이 애초에 의도했던 범위보다 더 이야기하게 될 수도 있고 덜 이야기하게 될 수도 있으며, 상대방이 미처 예상하지 못했던 반응을 보일 수도 있습니다. 끔찍한 외상경험을 털어놓는 그 순간에 일어날 수 있는 모든 결과를 열린 마음으로 받아들이는 태도가 무엇보다 중요합니다. 그렇게 할 때 긍정적인 효과를 얻을 수 있습니다. 🔔[지금 이 순간, 마지막 문장을 읽으면서 어떤 반응이 떠올랐습니까? 알아차려 보십시오.]

● 털어놓을 상대에게도 준비할 기회를 주십시오

외상경험을 털어놓는 것은 위험 부담을 무릅쓰면서 긍정적인 효과를 기대하는 용감한 행위입니다. 그러므로 당신의 힘겨운 고백을 들어줄 사람에게도 준비할 시간과 기회를 주십시오. 철저하게 시간계획을 세우라는 뜻은 아닙니다. 사실, 자연스럽게 대화하는 과정에서 털어놓는 것이 가장 쉬운 방법이기 때문입니다. 그러므로 당신이 무언가 공개하고 싶은 이야기가 있다는 것을 상대방에게 미리 귀뜸해 주는 정도면 충분합니다. 예컨대, "내가 살아온 인생에 대해서 너에게 이야기하고 싶은 것이 있어. 나로서는 그런 이야기를 하는 것이 결코 쉽지 않은 일이야. 너에게 털어놓을 수 있게 되었다는 것이 나한테는 정말로 중요한 의미가 있어."와 같이 말씀하시면 됩니다. 이야기를 들어줄 사람을 준비시키면 보다 순조롭게 털어놓을 수 있습니다. 듣는 사람의 입장에서는, 이런 대화가 당신에게 무척 중요하다는 사실과 대화를 시작하는 것 자체가 몹시 어렵다는 사실을 알아차리게 될 것입니다. 다시 말해, 외상경험을 털어놓는 것이 당신의 입장에서 어떤 가치를 추구하는 것인지를 상대방이 파악하기가 쉬워지게 됩니다.

• 시간: 적절한 시간을 선택하는 것도 중요합니다. 당신의 이야기를 들어줄 사람이

신체적 및 정서적으로 가용한 시간을 선택해야 하기 때문입니다. 상대방이 다른 일에 주의를 기울이고 있어서 당신에게 온전히 집중하기 어렵다면 다른 기회를 찾아야 합니다. 또한 그 사람이 정서적으로 흐트러져 있는 경우, 예컨대 흥분했거나 산만하거나 약물을 복용하고 있는 상태라면 다른 시간을 고려해야 합니다. 상대방이 편안하고 가용할 때 고백해야 최선의 성과를 기대할 수 있습니다. 아울러, 당신에게도 충분한 시간이 있는지를 따져 보아야 합니다. 가령, 출근시간을 5분 앞두고 있다면 다음 기회로 미루는 것이 바람직합니다. 단순히 털어놓는 데 필요한 시간뿐만 아니라 고백하고 난 다음에 느낄 감정과 반응을 소화하는 데 필요한 시간까지 확보하시기 바랍니다.

• **장소**: 편안하게 대화를 나눌 수 있는 장소를 선택하는 것도 내용을 결정하는 것만큼 중요합니다. 은밀하고 개인적인 사건을 털어놓는 데 방해가 되지 않는 장소를 물색하십시오. 공공장소는 절대로 안 된다는 뜻이 아니라, 당신이 편안하고 자유롭게 이야기할 수 있는 장소를 찾으라는 뜻입니다. 만약 다른 사람이 들을까 봐 신경이 쓰이거나 혹은 주위 환경 때문에 주의가 산만해진다면 당신의 경험에 집중하는 데 어려움이 생길 수 있습니다.

• **당신이 원하는 것을 말씀하십시오**: 물론, 당신이 겪은 외상경험을 알게 된 상대방에게 어떤 반응을 보이라고 강요할 수는 없습니다. 하지만 당신이 원하는 것이 무엇인지 설명하고 부탁할 수는 있습니다. 당신을 진심으로 돌보려고 하고 위로하고 싶으면서도, 적절한 기술이 부족하기 때문에 그렇게 하지 못하는 사람도 있을 수 있습니다. 어떤 사람은 문제를 해결하는 쪽에 지나치게 초점을 맞추어서 당신의 고통을 바로잡아 주려고 할지도 모릅니다. 이런 경우, 당신은 이해받지 못했다는 느낌에 사로잡힐 수도 있고 기대했던 반응을 얻어 내지 못했다는 허탈감에 빠질 수도 있습니다. 불행하게도, 외상경험을 공유함으로써 더욱 친밀해지기는커녕 오히려 거리감만 늘어나게 되는 것입니다. 이런 상황에서는 당신의 반응이 중요

합니다. 당신이 원하는 것을 상대방에게 솔직하게 이야기한다면, 그 사람이 당신을 도와줄 가능성이 매우 높아집니다. 이렇게 말씀해 보십시오. "내 이야기를 들어주는 사람이 있다는 것만으로도 정말로 큰 도움이 되었어." 혹은 "무엇보다도 큰 도움이 된 부분은 내가 너에게 이런 이야기를 할 수 있었다는 거야." 이런 언급을 통해서 상대방은 당신이 무엇을 원하는지 알아차리게 될 것이며, 결국 당신은 더욱 긍정적인 경험을 할 수 있게 될 것입니다.

 **연습과제 10-11** **외상경험을 털어놓기**

잠시 시간을 내서, 당신이 겪은 외상경험을 어떤 사람에게 털어놓을지 생각해 보십시오. 아울러, 다음의 질문에 답하면서 중요한 요인들을 고려해 보시기 바랍니다.

1. 그 사람과 어떤 관계입니까?

_____

_____

2. 당신이 어떤 가치를 추구하기에 그 사람에게 털어놓으려고 하십니까?

_____

_____

3. 그 사람과 얼마나 친밀하십니까? 털어놓는다면 친밀감이 더욱 커질 것 같습니까?

_____

_____

4. 이전에 당신의 감정과 생각과 의견을 이야기했을 때, 그 사람이 어떻게 반응했습니까?

_____

_____

5. 그 사람에게 외상경험을 털어놓는 순간, 어떤 승객이 나타날 것 같습니까? 그 승객에게 어떻게 반응하는 것이 가장 바람직하겠습니까?

_____

_____

6. 당신의 고백에 그 사람이 어떻게 반응하든지 상관없이, 외상경험을 털어놓은 다음에 어떤 승객이 나타날 것 같습니까? 그 승객에게 어떻게 반응하는 것이 가장 바람직하겠습니까?

_____

_____

7. 만약 그 사람이 실망스러운 반응을 보인다면, 당신 스스로를 돌보기 위해서 어떻게 하시겠습니까?

_____

_____

당신이 선택한 가치 있는 삶

지금까지 우리는 당신이 선택한 가치 있는 삶에 대해서 이야기했습니다. 우리가 만났던 내담자들 중에는 다른 사람에 의해서 강요된 삶을 살고 있는 분들이 많았습니다. 그들은 스스로 선택할 수 없는 환경에서 성장했고, 항상 누군가로부터 지시를 받으면서 살아왔습니다. 하지만 우리가 제시한 치유의 과정은 과거와는 완전히 다른 삶을 살아가는 것입니다. 당신과 우리가 함께 살펴본 지침과 제안과 의견이 부디 당신에게 유익하기를 바랍니다. 당신이 진정으로 소중히 여기는 가치에 부합하는 인간관계를 선택하십시오.

마음기록장

◆ 생각

_____

_____

_____

◆ 감정

_____

_____

_____

◆ 자기판단

_____

_____

_____

◆ 신체감각

_____

_____

_____

_____

◆ 행동하고 싶은 충동(어떻게 하고 싶습니까?)

_____

_____

_____

Chapter 11

가치를 추구하는 삶

외상의 치유
인생의 향유

가치를 추구하는 삶

"우리는 정중동(靜中動)하고 동중정(動中靜)하는 기술을 배워야 한다."

– 인디라 간디

당신은 혼자가 아닙니다

비록 고통스러운 외상사건을 겪었다고 하더라도, 당신이라는 존재는 당신이 씨름하고 있는 외상경험에 의해서 정의되지 않습니다. 당신은 외상경험보다 더 큰 존재이기 때문입니다. 외상 생존자 중에는 자연스럽게 회복되는 분들도 더러 있으며, 외상의 후유증을 견뎌 내는 과정에서 과거보다 더 충만하게 살아갈 삶의 방향을 발견하는 분들도 많습니다. 그런데 당신은 이 책에서 소개한 내용을 열심히 읽고 연습과제를 충실히 실천했음에도 불구하고 여전히 고통을 겪고 있을 수도 있으며, 당신이 소중히 여기는 가치에 부합하는 방향으로 나아가지 못하게 방해하는 장애물에 걸려 있을 수도 있습니다. 만약 그렇더라도 너무 염려하지 마십시오. 당신은 혼자가 아닙니다.

외상경험을 극복하고 가치 있는 삶을 살아가기 위해서는 별도의 도움과 지지가 필요하다고 생각하는 분들도 많습니다. 당신과 우리는 외상사건의 후유증이 개인마다 상당히 다르게 나타난다는 사실과 외상사건의 후유증에서 벗어나려고 몸부림치는 시도는 지극히 정상적인 반응이라는 사실을 잘 알고 있습니다. 그리고 당신은 인생의 남은 시간을 외상경험과 씨름하면서 지낼 필요가 없습니다. 1장에서 언급했듯이, 외상사건의 후유증은 다음과 같은 여러 요인에 의해서 결정됩니다.

- 외상사건의 심각성(예: 사람이 개입된 폭력)
- 외상사건의 유형(예: 누가, 언제, 어디서, 어떻게 했는지와 관련된 맥락)
- 외상반복 및 외상지속의 여부(예: 전쟁, 아동학대, 배우자학대, 고문)
- 가해자와 피해자 사이의 관계
- 외상후 스트레스장애를 겪은 기간
- 개인적 취약성(예: 유전적 소인, 기질적 특성)
- 가용한 지지자원(예: 지지세력, 재정상태, 주거안정)
- 대처반응의 효율성
- 외상경험과 관련된 수치심 및 죄책감

전문적인 심리치료자의 도움을 받아야 하는 경우도 분명히 존재합니다. 심리치료자의 도움을 받는다고 해서 당신에게 어떤 문제가 있다는 뜻은 아니므로 속단하지는 마십시오. 만약 상당한 시간이 지났는데도 외상의 후유증이 경감되지 않거나 혹은 상당히 심각한 외상증상이 나타나서 고통스럽다면, 훈련받은 심리치료자를 만나 보시기 바랍니다. 외상후 스트레스장애를 겪고 있는 사람들 중에서 약 1/3 정도는 스스로의 노력만으로는 쉽게 호전되지 않는다는 연구결과가 있습니다(Kessler et al., 1995). 당신의 고통과 괴로움을 이해하고 치료해 줄 사람이 있으니 너무 걱정하지 마십시오.

심리치료를 받는 것이 바람직한 경우

외상 생존자가 심리치료자를 찾는 이유는 크게 두 가지입니다. 첫째, 외상후 스트레스장애의 핵심 증상을 다루기 위해서 찾아옵니다. 둘째, 제대로 작동하지 않고 있는 삶의 중요한 영역(즉, 인간관계, 약물남용, 부모양육, 직장생활)을 돌보기 위해서 찾아옵니다. 그들이 나약하기 때문에 심리치료를 받는 것이 아닙니다. 그들은 자신이 소중히 여기는 삶을 살아가려고 진지하게 노력하기 때문에 심리치료를 받는 것입니다.

다음과 같은 증후가 나타난다면 심리치료를 받으시라고 권유하고 싶습니다. 물론, 우리가 제시한 목록 외에도 다른 증후가 나타날 수 있으니 참고하십시오.

- 외상사건과 관련된 악몽이 지속되는 경우
- 외상사건을 떠올리게 하는 자극에 대해 극심한 반응(예: 해리, 약물남용)이 나타나는 경우
- 자살사고가 떠오르는 경우
- 자해행동이 발생하는 경우
- 가치에 반하는 행동을 반복하는 경우
- 극도의 신경질과 폭발적 분노로 인해 인간관계와 직장생활이 곤란한 경우
- 타인으로부터 학대를 당하는 경우
- 타인을 학대하거나 방치하는 경우
- 삶의 전부 혹은 일부 영역 혹은 모든 영역에서 옴짝달싹하지 못하는 경우

심리치료에 대한 기대

당신이 알아 둘 필요가 있는 무엇보다 중요한 사실은 심리치료자는 비밀을 철저하게 보장한다는 것입니다. 당신이 요구하지 않는 한, 심리치료자는 어느 누구에게도 당신에 관한 정보를 누설하지 않습니다. 처음 만났을 때, 심리치료자는 비밀보장의 원칙과 한계를 이야기해 줄 것입니다. 그(녀)는 당신의 안전이 위협받거나 혹은 법적인 문제가 발생하지 않는다면 약속을 철저하게 지킬 것입니다. 만약 심리치료자를 만난다면 궁금한 사항을 가급적 자세하게 질문하십시오. 첫 번째 만남에서는 접수면접과 심

리평가를 실시하는 것이 일반적인데, 이러한 과정을 통해서 당신이 현재 어떤 문제를 겪고 있는지를 상세하게 파악하게 됩니다. 때로는 전문적인 심리검사를 실시하는 경우도 있습니다. 심리치료자는 어떠한 이유로 심리치료를 받으려고 하는지 당신에게 질문할 것이고, 당신과 함께 적절한 치료목표를 수립하려고 노력할 것입니다. 만약 위기 상황에서 심리치료자를 만난다면, 그(녀)는 외상후 스트레스장애를 치료하는 것보다 먼저 당신의 안전을 확보하는 것을 우선순위에 놓고 작업할 것입니다. 예컨대, 가정폭력이 지속되고 있는 상황, 극단적인 자살사고를 드러내는 상황, 누군가를 해칠 위험성이 높은 상황, 그리고 심각한 수준으로 약물을 남용하는 상황 등이 여기에 해당됩니다. 본격적으로 외상후 스트레스장애 치료가 시작되면, 당신은 일주일에 한 번씩 그리고 한 번에 약 50분 정도씩 주기적인 심리치료를 받게 될 것입니다. 심리치료의 전체기간은 사람에 따라서 다릅니다.

외상 생존자를 돌보는 심리치료자는 특히 다음과 같은 중요한 문제를 능숙하고 민감하게 다룹니다.

- 심리치료자는 당신에게 안전한 환경을 제공하고 믿음직한 관계를 형성하기 위해 노력합니다. 외상후 스트레스장애를 겪고 있는 분들은 다른 사람을 신뢰하기 어렵기 때문입니다. 특히 학대나 폭행처럼 사람이 개입되어 있는 외상사건을 경험한 경우에 그렇습니다.
- 심리치료자는 당신의 안전에 세심하게 주의를 기울입니다. 이를테면, 얼마나 심층적인 치료작업을 진행할 것인지를 결정할 때 반드시 당신의 의견을 구하며, 폭력적 혹은 학대적인 인간관계를 중단하고 안전하게 생활할 수 있도록 돕습니다.
- 심리치료자는 외상후 스트레스장애의 핵심 증상을 설명하면서 당신이 안심할 수 있도록 배려하며, 그 밖에도 우울 증상 혹은 치료과정에 대한 정보를 제공할 것입니다.

덧붙이자면, 심리치료자는 외상경험의 후유증으로 당신이 겪고 있는 부수적인 문제까지도 간과하지 않고 중요하게 다룰 것입니다. 예컨대, 약물남용의 문제 혹은 부부관계의 문제를 중요하게 다룰 것입니다.

심리치료에 회의적이거나 혹은 너무 불안하십니까

심리치료를 받는 것에 대해서 회의적인 태도를 갖고 있는 분도 있고 지나치게 걱정하는 분도 있습니다. 우리는 역경에 굴복하지 않는 강인함을 칭송하는 사회, 문제를 스스로 해결하지 못하는 나약한 사람만 심리치료를 받는다고 폄하하는 사회에서 살고 있습니다. 하지만 소위 성공한 사람들 가운데 상당수가 심리치료를 받은 적이 있으며, 심리치료를 통해서 도움을 받았다고 이야기합니다.

외상사건을 직접 경험해 보지 않은 심리치료자가 당신이 겪었던 고통을 과연 진정으로 이해할 수 있을까 하는 의구심이 생길 수 있습니다. 하지만 우리는 전문적인 훈련을 받은 심리치료자는 본인이 직접적인 외상경험을 경험했는지의 여부와 무관하게 당신을 도와줄 수 있다고 믿습니다. 이렇게 비유해 보겠습니다.

외상경험에서 회복되는 과정은 곳곳에 위험이 도사리고 있는 험준한 산을 오르는 과정과 유사합니다. 심리치료자가 하는 일은 산을 오르다가 당신이 미끄러지는 지점과 힘들어하는 지점을 파악하는 것입니다. 그(녀)는 당신을 유심히 관찰하면서 어느 방향으로 움직이는 것이 좋겠다고 소리쳐서 알려 줄 것입니다. 만약 심리치료자가 당신과 같은 산을 오르고 있다면 이런 도움을 줄 수 없을 것입니다. 그(녀)가 산꼭대기에서 당신을 내려다보고 있는 상태라면 당신에게 도움을 주는 것이 불가능하다는 뜻입니다. 심리치료자는 골짜기 건너편의 다른 산에서 당신을 관찰하면서 적절하게 안내해 줄 것입니다. 그렇게 해야 어떤 방향으로 나아가는 것이 쓸모가 있는지 제대로 파악할 수 있기 때문입니다(Hayes, Strosahl, & Wilson, 1999).

외상후 스트레스장애에 효과적인 심리치료

지금까지 우리가 말씀드린 내용을 신중하게 읽으면서 모든 연습과제를 실천했다면, 아마도 당신은 그동안 자신이 얼마나 부질없는 씨름에 사로잡혀 있었는지를 알아차렸을 것입니다. 아울러, 그렇게 할 수밖에 없었던 이유도 파악했을 것입니다. 우리는 당신이 외상경험의 치유와 회복이라는 여행을 시작할 수 있도록 돕기 위해서 이 책을 썼습니다. 부디 자신에게 자비와 연민을 베풀면서 치유하고 성장하는 기회를 마련하시기를 바랍니다.

다행스럽게도, 여러 심리학 연구를 통해서 외상후 스트레스장애를 이해하고 치료하는 효과적인 방법들이 개발되어 있습니다. 만약 외상후 스트레스장애를 겪고 있다면, 다음 중에서 당신에게 가용한 방법을 선택하시기를 바랍니다.

- 개인 심리치료
- 집단 심리치료
- 약물치료
- 심리치료와 약물치료의 병행

이러한 방법의 치료효과는 여러 심리학적 연구를 통해서 경험적으로 검증되었습니다. 이것은 국제 외상후 스트레스장애 연구회(International Society for Traumatic Stress Studies)가 1997년에 발족시킨 치료지침 수립위원회가 추천하는 방법이며, 구체적인 내용은 포아, 킨 및 프리드먼(Foa, Keane, & Friedman, 2000)이 저술한 『외상후 스트레스장애의 효과적인 치료(Effective Treatments for PTSD)』에 소개되어 있습니다. 심리학자를 비롯한 정신건강 전문가들은 외상사건에 대처하는 방법과 외상경험이 초래하는 정서적 후유증을 다루는 방법을 교육하면서, 당신이 소중히 여기는 삶의 방향으로 나아갈 수 있도록 도울 것입니다.

전자정보

수용전념치료자를 검색하고 싶거나 수용전념치료에 대해서 보다 상세하게 배우기를 원한다면, 맥락적 행동과학협회(Association for Contextual Behavioral Science)가 운영하고 있는 홈페이지를 방문하여 정보를 얻으시기 바랍니다(www.contextualpsychology.org/therapist_referrals).

- 미국심리학회(American Psychological Association: APA) 홈페이지에 접속하면 당신이 거주하고 있는 지역에서 활동하는 심리학자와 접촉하는 데 도움이 됩니다. 미국에 거주하고 있는 분이라면, 웹사이트(http://locator.apahelpcenter.org/)에 방문해서 우편번호 혹은 거주도시를 입력하고 검색하시기 바랍니다.
- 인지행동치료학회(Association for the Advancement for Behavioral and Cognitive Therapies: ABCT) 홈페이지에서도 당신이 거주하고 있는 지역에서 활동하는 인지행동치료자를 찾아볼 수 있습니다. 홈페이지의 'Find a Therapist'(www.abct.org/members/Directory/Find_A_Therapist.cfm) 메뉴를 클릭한 뒤, 당신이 거주하고 있는 도시, 추구하는 치료 형태(개인치료, 집단치료, 커플치료), 도움받기 원하는 문제 등을 입력하면 됩니다. 또한 인지행동치료학회 홈페이지는 외상과 재난에 대한 정보와 조력을 제공하기 위해 구성한 메뉴(www.aabt.org/091101%20Folder/091101/index.html)에서 그 밖의 유용한 자료도 제공하고 있으며, 치료자를 찾는 데 참고할 만한 조언도 제시하고 있습니다.
- 국제 외상후 스트레스장애 연구회의 홈페이지(www.istss.org)를 방문하셔도 도움을 받을 수 있습니다.
- 국립 외상후 스트레스장애 센터(www.ncptsd.va.gov)에도 외상사건, 외상후 스트레스장애 및 이와 관련된 문제를 다루는 데 유익한 자료들이 제공되어 있습니다.

아울러, 당신은 우울과 불안을 비롯한 여러 삶의 문제에 대해서 도움을 제공하는 수용전념치료 워크북을 활용할 수 있습니다. New Harbinger 출판사가 운영하는 온라인 서점(www.newharbinger.com)에서 검색하고 구입할 수 있습니다. 전문가를 위한 수용 전념치료와 외상 관련 서적도 다수 구비되어 있습니다.

마지막으로, 당신이 그동안 꿋꿋하게 외상경험을 견뎌 낸 것에 대해서 경의를 표하고 싶습니다. 또한 당신이 인생에서 소중히 여기는 가치에 부합하는 방향으로 나아가기 위해서 얼마나 많은 노력을 기울이고 있는지 잘 알고 있습니다. 당신도 그것을 잘 알았으면 좋겠습니다. 우리는 외상경험을 치유하는 작업을 해낸 분들이 성장하고 성숙하는 것을 직접 목격했기 때문에 이 책을 썼습니다. 우리가 이 책을 쓴 목적은 그러한 경험을 당신과 공유하는 것이었습니다.

편안해지기를 바랍니다.

Addis, M., and C. Martell. 2004. *Overcoming Depression One Step at a Time.* Oakland, CA: New Harbinger.

American Psychiatric Association. 1994. *Diagnostic and Statistical Manual of Mental Disorders.* 4th ed. Washington, D.C.: American Psychiatric Press.

Blackledge, J. T., and J. Ciarrochi. 2006. Assessing values in Acceptance and Commitment Therapy. Paper presented at the 2006 conference of the Association for Behavior Analysis in Atlanta, Georgia.

Brach, T. 2003. *Radical Acceptance: Embracing Your Life with the Heart of a Buddha.* New York: Bantam.

Brenner, N. D., P. M. McMahon, C. W. Warren, and K. A. Douglas. 1999. Forced sexual intercourse and associated health-risk behaviors among female college students in the United States. *Journal of Consulting and Clinical Psychology* 67:252-259.

Breslau, N. 2002. Epidemiologic studies of trauma, posttraumatic stress disorder, and other psychiatric disorders. *Canadian Journal of Psychiatry* 47:923-929.

Breslau, N., and R. C. Kessler. 2001. The stressor criterion in DSM-IV posttraumatic stress disorder: An empirical investigation. *Biological Psychiatry* 50:699-704.

Breslau, N., R. C. Kessler, H. D. Chilcoat, L. R. Schultz, G. C. Davis, and P. Andreski. 1998. Trauma and posttraumatic stress disorder in the community: The 1996 Detroit area survey of trauma. *Archives of General Psychiatry* 55:626-632.

Brewin, C. R. 2003. *Posttraumatic Stress Disorder: Malady or Myth?* New Haven, MA: Yale University Press.

Bryant, R. A. 2006. Cognitive behavioral therapy for acute stress disorder. In *Cognitive Behavioral Therapies for Trauma*, 2nd ed., 201-227, edited by V. M. Follette and J. Ruzek. New York: Guilford Press.

Bureau of Justice Statistics. 1992. Drugs and Crime Facts, 1991. Washington, DC. September 19.

Chiles, J. A., and K. D. Strosahl. 2004. *Clinical Manual for Assessment and Treatment of Suicidal Patients.* Washington, DC: American Psychiatric Association.

Chodron, P. 2001. *The Places That Scare You: A Guide to Fearlessness in Difficult Times.* Boston: Shambala.

Cloitre, M., L. R. Cohen, and K. C. Koenen. 2006. *Treating Survivors of Childhood Abuse: Psychotherapy for the Interrupted Life.* New York: Guilford Press.

Cloitre, M., and A. Rosenberg. 2006. Sexual revictimization: Risk factors and prevention. *In Cognitive Behavioral Therapies for Trauma,* 2nd ed., 321-361, edited by V. M. Follette and J. Ruzek. New York: Guilford Press.

Cloitre, M., K. Tardiff, P. M. Marzuk, A. C. Leon, and L. Portera. 1996. Childhood abuse and subsequent sexual assualt among female inpatients. *Journal of Traumatic Stress* 9:473-482.

Cloitre, M. K., K. Tardiff, P. M. Marzuk, A. C. Leon, and L. Portera. 2001. Consequences of Childhood abuse among male psychiatric inpatients: Dual roles as victims and perpetrators. *Journal of Traumatic Stress* 14:47-61.

Cramer, D. 2002a. Relationship satisfaction and conflict over minor and major issues in romantic relationships. *Journal of Psychology: Interdisciplinary and Applied* 136:75-81.

Cramer, D. 2002b. Satisfaction with romantic relationships and a four-component model of conflict resolution. In *Advances in Psychology Research,* 129-137, edited by S. P. Shohov. Hauppauge, NY: Nova Science Publishers.

Creswell, J. D., W. Welch, S. E. Taylor, D. K. Sherman, T. Gruenewald, and T. Mann. 2005. Affirmation of personal values buffers neuroendocrine and psychological stress responses. *Psychological Science* 16:846-851.

DePrince, A. P., and J. J. Freyd. 2004. Forgetting trauma stimuli. *Psychological Science* 15:488-492.

Dong, M., R. F. Anda, S. R. Dube, W. H. Giles, and V. J. Filetti. 2003. The relationship of exposure to childhood sexual abuse to other forms of abuse, neglect, and household dysfunction during childhood. *Child Abuse and Neglect* 27:625-639.

Dugas, M. J., F. Gagnon, R. Ladouceur, and M. H. Freeston. 1998. Generalized anxiety disorder: A preliminary test of a conceptual model. *Behavior Research and Therapy* 36:215-226.

Foa, E. B., T. M. Keane, and M. J. Friedman. 2000. *Effective Treatments for PTSD.* New York: Guilford Press.

Follette, V. M., M. A. Polusny, A. E. Bechtle, and A. E. Naugle. 1996. Cumulative trauma: The impact of child sexual abuse, adult sexual assault, and spouse abuse. *Journal of Traumatic Stress* 9:25-35.

Follette, V. M., and J. I. Ruzek. 2006. *Cognitive-Behavioral Therapies for Trauma.* 2nd ed. New York: Guilford Press.

Forest, H. 1996. *Wisdom Tales from Around the World.* Little Rock, AR: August House.

Frankl, V. E. 1963. *Man's Search for Meaning.* New York: Washington Square Press.

Friedman, M. J. 2006. Posttraumatic stress disorder among military returnees from Afghanistan and Iraq. *American Journal of Psychiatry* 163:586-593.

Frijda, N. H. 2007. *The Laws of Emotion.* Mahwah, NJ: Lawrence Erlbaum Associates.

Hawking, S. 1998. *A Brief History of Time.* New York: Bantam.

Hayes, S. C., D. Barnes-Holmes, and B. Roche, eds. 2001. *Relational Frame Theory: A Post-Skinnerian Account of Human Language and Cognition.* New York: Plenum Press.

Hayes, S. C., V. M. Follette, and M. Linehan, eds. 2004. *Mindfulness and Acceptance: Expanding the Cognitive Behavioral Tradition.* New York: Guilford Press.

Hayes, S. C., J. Luoma, F. Bond, A. Masuda, and J. Lillis. 2006. Acceptance and commitment therapy: Model, processes, and outcomes. *Behaviour Research and Therapy* 44:1-25.

Hayes, S. C., and S. Smith. 2005. *Get Out of Your Mind and Into Your Life.* Oakland, CA: New Harbinger.

Hayes, S. C., and K. D. Strosahl, eds. 2004. *A Practical Guide to Acceptance and Commitment Therapy.* New York: Springer.

Hayes, S. C., K. D. Strosahl, and K. G. Wilson. 1999. *Acceptance and Committment Therapy: An Experiential Approach to Behavior Change.* New York: Guilford Press.

Hayes, S. C., K. G. Wilson, E. V. Gifford, V. M. Follette, and K. D. Strosahl. 1996. Emotional avoidance and behavioral disorders: A functional dimensional approach to diagnosis and treatment. *Journal of Consulting and Clinical Psychology* 64:1152-1168.

Heffner, M., and G. Eifert. 2004. *The Anorexia Workbook: How to Accept Yourself, Heal Your Suffering, and Reclaim Your Life.* Oakland, CA: New Harbinger.

Heidt, J. M., and B. P. Marx. 2003. Self-monitoring as a treatment vehicle. In *Cognitive Behavior Therapy: Applying Empirically Supported Techniques in Your Practice*, edited by W. T. O'Donohue, J. E. Fisher, and S. C. Hayes. Hoboken, NJ: John Wiley & Sons.

Herman, J. L. 1981. *Father-Daughter Incest.* Cambridge, MA: Harvard University Press.

Herman, J. 1992. *Trauma and Recovery: The Aftermath of Violence—From Domestic Abuse to Political Terror.* New York: Basic Books.

Hinsz, V. B., and R. Ployhart. 1998. Trying, intentions, and the processes by which goals influence performance: An empirical test of the theory of goal pursuit. *Journal of Applied Social Psychology* 28:1051-1066.

Hoge, C. W., C. A. Castro, S. C. Messer, D. McGurk, D. I. Cotting, and R. L. Koffman. 2004. Combat duty in Iraq and Afghanistan, mental health problems, and barriers to care. *New England Journal of Medicine* 351:13-22.

Kabat-Zinn, J. 1994. *Wherever You Go, There You Are: Mindfulness Meditation in Everyday Life.* New York: Hyperion.

Kabat-Zinn, J. 2005. *Coming to Our Senses: Healing Ourselves and the World Through Mindfulness.* New York: Hyperion.

Kelley, H. H. 1973. The processes of causal attribution. *American Psychologist* 28:107-128.

Kessler, R. C., A. Sonnega, E. Bromet, M. Hughes, and C. Nelson. 1995. Posttraumatic stress disorder in the National Comorbidity Survey. *Archives of General Psychiatry* 52:1048-1060.

Kiser, L. J., and M. M. Black. 2005. Family processes in the midst of urban poverty: What does the trauma literature tell us? *Aggression and Violent Behavior* 10:715-750.

Kulka, R. A., W. E. Schlenger, J. A. Fairbank, et al. 1988. *Contractual Report of Findings from the National Vietnam Veterans Readjustment Study.* Research Triangle Park, NC: Research Triangle Institute.

Lamott, A. 1994. Bird by Bird. New York: Pantheon Books.

Linehan, M. M. 1993a. *Cognitive-Behavioral Treatment of Borderline Personality Disorder.* New York: Guilford Press.

Linehan, M. M. 1993b. *Skills Training Manual for Treating Borderline Personality Disorder.* New York: Guilford Press.

Locke, E. A., K. N. Shaw, L. M. Saari, and G. P. Latham. 1981. Goal setting and task performance: 1969-1980. *Psychological Bulletin* 90:125-152.

Loftus, E. F. 1993. The reality of repressed memories. *American Psychologist* 48:518-537.

Masuda, A., S. C. Hayes, C. F. Sackett, and M. P. Twohig. 2004. Cognitive defusion and self-relevant negative thoughts: Examining the impact of a ninety-year-old technique. *Behaviour Research and Therapy* 42:477-485.

Merrill, L. L., C. J. Thomsen, S. R. Gold, and J. S. Milner. 2001. Childhood abuse and premilitary sexual assault in male navy recruits. *Journal of Consulting and Clinical Psychology* 69:252-261.

Najavits, L. M. 2006. Seeking safety: Therapy for posttraumatic stress disorder and substance use disorder. In *Cognitive-Behavioral Therapies for Trauma*, 2nd ed., 228-257, edited by V. M. Follette and J. I. Ruzek. New York: Guilford Press.

National Center for Victims of Crime and the Crime Victims Research and Treatment Center. 1992. *Rape in America: A Report to the Nation*. Arlington, VA: National Center for Victims of Crime.

Nhat Hanh, T. 1987. *The Miracle of Mindfulness: A Manual on Meditation*. Boston: Beacon.

Orkutt, H. K., D. J. Erickson, and J. Wolfe. 2002. A prospective analysis of trauma exposure: The mediating role of PTSD symptomatology. *Journal of Traumatic Stress* 15:259-266.

Orth, U., and E. Wieland. 2006. Anger, hostility, and posttraumatic stress disorder in trauma-exposed adults: A meta-analysis. *Journal of Consulting and Clinical Psychology* 74(4):698-706.

Pennebaker, J. W. 2004. *Writing to Heal*. Oakland, CA: New Harbinger.

Pistorello, J., and V. M. Follette. 1998. Childhood sexual abuse and couples' relationships: Female survivors' reports in therapy groups. *Journal of Marital and Family Therapy* 24:473-485.

Polusny, M., and V. M. Follette. 1995. Long-term correlates of child sexual abuse: Theory and review of the empirical literature. *Applied and Preventive Psychology: Current Scientific Perspectives* 4:143-166.

Rachlin, H. 2000. *The Science of Self-Control*. Cambridge, MA: Harvard University Press.

Rachlin, H. 1995. The value of temporal patterns in behavior. *Current Directions in Psychological Science* 4:188-192.

Rahe, R. H. 1978. Life change measurement clarification. *Psychosomatic Medicine* 40:95-98.

Resnick, H. S., D. G. Kilpatrick, B. S. Dansky, B. E. Saunders, and C. L. Best. 1993. Prevalence of civilian trauma and posttraumatic stress disorder in a representative national sample of women. *Journal of Consulting and Clinical Psychology* 61:984-991.

Riggs, D. S., S. P. Cahill, and E. B. Foa. 2006. Prolonged exposure treatment of posttraumatic stress. In *Cognitive-Behavioral Therapies for Trauma*, 2nd ed., 65-95, edited by V. M. Follette and J. I. Ruzek. New York. Guilford Press.

Roberts, L. J., C. F. Roberts, and K. E. Leonard. 1999. Alcohol, drugs, and interpersonal violence. In *Handbook of Psychological Approaches with Violent Criminal Offenders: Contemporary Strategies and Issues*, 493-519, edited by V. B. Van Hasselt and M. Hersen. New York: Plenum Press.

Rogers-Warren, A., and D. M. Baer. 1976. Correspondence between saying and doing: Teaching children to share and praise. *Journal of Applied Behavior Analysis* 9:335-354.

Roodman, A. A., and G. A. Clum. 2001. Revictimization rates and method variance: A meta-analysis. *Clinical Psychology Review* 21:183-204.

Salkovskis, P. M., and P. Campbell. 1994. Thought suppression induces intrusion in naturally occuring negative intrusive thoughts. *Behaviour Research Therapy* 32:1-8.

Schlenker, B. R., D. W. Dlugolecki, and K. Doherty. 1994. The impact of self-presentations on self-appraisals and behavior: The power of public commitment. *Personality and Social Psychology Bulletin* 20:20-33.

Sheldon, K., and A. Elliot. 1992. Goal striving, need satisfaction, and longitudinal well-being: The self-concordance model. *Journal of Personality and Social Psychology* 76:482-497.

Skinner, B. F. 1953. *Science and Human Behavior*. New York: The Free Press.

Smith, P. H., J. W. White, and L. J. Holland. 2003. A longitudinal perspective on dating violence among adolescent and college-age women. *American Journal of Public Health* 93:1104-1109.

Solso, R. L. 1991. *Cognitive Psychology*. Needham Heights, MA: Allyn and Bacon.

Stretch, R. H. 1991. Psychosocial readjustment of Canadian Vietnam veterans. *Journal of Consulting and Clinical Psychology* 59:188-189.

Stults, D. M., and L. A. Mees?. 1985. Behavioral consistency: The impact of public versus private statements of intentions. *Journal of Social Psychology* 125:277-278.

Tichener, E. B. 1916. *A Text-Book of Psychology*. New York: MacMillan.

Tjaden, P., and N. Thoennes. 1998. Full report of prevalence, incidence, and consequences of violence against women: Findings from the National Violence Against Women Survey. *Research in Brief* pp. 2 & 5. Washington, DC: National Institute of Justice, U.S. Department of Justice. November.

Tjaden, P., and N. Thoennes. 2000. Prevalence and consequences of male-to-female and female-to-male intimate partner violence as measured by the National Violence Against Women Survey. *Violence Against Women* 6:142-161.

U.S. Department of Health and Human Services, Public Health Service. 2000. *You Can Quit Smoking: Consumer Guide.* Washington, DC: U.S. Department of Health and Human Services, Public Health Service.

Walser, R. 2004. Stress, trauma, and alcohol and drug use. A National Center for PTSD fact sheet. *Iraq War Clinician Guide*, 2nd ed., edited by P. P. Schnurr and S. J. Cozza. Palo Alto, CA: Department of Veterans Affairs, National Center for PTSD.

Wegner, D. M. 1994. *White Bear and Other Unwanted Thoughts: Suppression, Obsession, and the Psycholoty of Mental Control.* New York: Guilford.

Wegner, D. M., R. Erber, and S. Zanakos. 1993. Ironic processes in the mental control of mood and mood-related thought. *Journal of Personality and Social Psychology* 65:1093:1104.

Wilson, K., and A. Murrell. 2004. Values work in acceptance and commitment therapy: Setting a course for behavioral treatment. In *Mindfulness and Acceptance: Expanding the Cognitive-Behavioral Tradition*, edited by S. C. Hayes, V. M. Follette, and M. M. Linehan. New York: Guilford.

Zindel, V., M. G. Williams, and J. D. Teasdale. 2002. *Mindfulness-Based Cognitive Therapy for Depression: A New Approach to Preventing Relapse.* New York: Guilford Press.

Victoria M. Follette, Ph.D.

외상후 스트레스장애의 원인과 치료에 정통한 임상심리학자로서 University of Nevada at Reno의 심리학과 교수이자 학과장이다. University of Memphis at Tennessee에서 심리학 박사학위를 받았고 우수 동문상을 수상하였다. 현재 수용전념치료를 적용하여 폭행사건 생존자를 돌보는 임상활동과 치료효과 연구에 주력하고 있다.

Jacqueline Pistorello, Ph.D.

University of Nevada at Reno에서 임상심리학 박사학위를 받은 뒤, 같은 대학의 상담센터에 재직 중이다. Brown University에서 임상수련을 받았으며, 최근에 NIMH로부터 연구비를 수혜하여 수용전념치료와 변증법적 행동치료를 대학상담센터에 방문한 내담자에게 적용하는 작업을 진행하고 있다. 1989년부터 Follette 교수와 협력하여 외상 생존자에게 수용전념치료를 실시하고 있으며, 특히 성폭력 피해아동에게 각별한 관심을 갖고 있다.

역자 소개

유성진(Yoo Seongjin)

　　서울대학교 심리학과 학사, 석사, 박사(임상 · 상담심리학 전공)
　　서울대학교병원 신경정신과 임상심리레지던트 수련
　　임상심리전문가, 정신보건임상심리사, 인지행동치료전문가
　　한국임상심리학회 총무이사 및 임상심리전문가수련이사 역임
　　현) 한양사이버대학교 상담심리학과 교수
　　　심리상담연구소 사람과 사람 자문교수

김진숙(Kim Jinsook)

　　서울대학교 심리학과 학사, 석사, 박사(임상 · 상담심리학 전공)
　　계요병원 임상심리레지던트 수련
　　임상심리전문가, 상담심리전문가, 정신보건임상심리사
　　한국임상심리학회 부회장 역임
　　현) 서울디지털대학교 상담심리학과 교수
　　　서울디지털대학교 심리상담센터장

하승수(Ha Seungsoo)

　　서울대학교 심리학과 학사, 석사, 박사(임상 · 상담심리학 전공)
　　University of Texas at Austin 석사(임상심리학 전공)
　　서울대학교병원 신경정신과 임상심리레지던트 수련
　　임상심리전문가
　　현) 한양사이버대학교 상담심리학과 교수
　　　심리상담연구소 사람과 사람 자문교수

정지현(Jung Jihyun)

중앙대학교 심리학과 학사

서울대학교 심리학과 석사, 박사(임상 · 상담심리학 전공)

계요병원 임상심리레지던트 수련

임상심리전문가, 상담심리전문가, 정신보건임상심리사

서울대학교 대학생활문화원 전임상담원 역임

현) 서울불교대학원대학교 상담심리학과 교수

　심리상담연구소 사람과 사람 자문교수

조현석(Cho Hyunseok)

고려대학교 심리학과 학사

서울대학교 심리학과 석사(임상 · 상담심리학 전공)

삼성서울병원 신경정신과 임상심리레지던트 수련

임상심리전문가, 정신보건임상심리사

서울대학교 대학생활문화원 전임상담원, 위기상담팀장 역임

현) 심리플러스상담센터 대표

외상의 치유 인생의 향유
-트라우마의 수용전념치료-

Finding Life Beyond Trauma:
Using Acceptance and Commitment Therapy to Heal from
Post-Traumatic Stress and Trauma-Related Problems

2014년 6월 20일 1판 1쇄 발행
2023년 3월 20일 1판 6쇄 발행

지은이 • Victoria M. Follette · Jacqueline Pistorello
옮긴이 • 유성진 · 김진숙 · 하승수 · 정지현 · 조현석
펴낸이 • 김 진 환
펴낸곳 • ㈜ **학지사**

04031 서울특별시 마포구 양화로 15길 20 마인드월드빌딩 5층
대표전화 • 02) 330-5114   팩스 • 02) 324-2345
등록번호 • 제313-2006-000265호

홈페이지 • http://www.hakjisa.co.kr
페이스북 • https://www.facebook.com/hakjisabook

ISBN 978-89-997-0395-9 93180

정가 20,000원

출판미디어기업 **학지사**

간호보건의학출판 **학지사메디컬** www.hakjisamd.co.kr
심리검사연구소 **인싸이트** www.inpsyt.co.kr
학술논문서비스 **뉴논문** www.newnonmun.com
원격교육연수원 **카운피아** www.counpia.com